Der Herausgeber, die Herausgeberin

Prof. Dr. Heinrich Greving lehrt an der Katholischen Hochschule Nordrhein-Westfalen, Abteilung Münster, Allgemeine und Spezielle Heilpädagogik.

Prof. Dr. Sabine Schäper lehrt an der Katholischen Hochschule Nordrhein-Westfalen, Abteilung Münster, Heilpädagogische Methodik und Intervention

Heinrich Greving
Sabine Schäper (Hrsg.)

Heilpädagogische Konzepte und Methoden

Orientierungswissen für die Praxis

2., erweiterte und überarbeitete Auflage

Verlag W. Kohlhammer

Dieses Werk einschließlich aller seiner Teile ist urheberrechtlich geschützt. Jede Verwendung außerhalb der engen Grenzen des Urheberrechts ist ohne Zustimmung des Verlags unzulässig und strafbar. Das gilt insbesondere für Vervielfältigungen, Übersetzungen, Mikroverfilmungen und für die Einspeicherung und Verarbeitung in elektronischen Systemen.

Die Wiedergabe von Warenbezeichnungen, Handelsnamen und sonstigen Kennzeichen in diesem Buch berechtigt nicht zu der Annahme, dass diese von jedermann frei benutzt werden dürfen. Vielmehr kann es sich auch dann um eingetragene Warenzeichen oder sonstige geschützte Kennzeichen handeln, wenn sie nicht eigens als solche gekennzeichnet sind.

Es konnten nicht alle Rechtsinhaber von Abbildungen ermittelt werden. Sollte dem Verlag gegenüber der Nachweis der Rechtsinhaberschaft geführt werden, wird das branchenübliche Honorar nachträglich gezahlt.

Dieses Werk enthält Hinweise/Links zu externen Websites Dritter, auf deren Inhalt der Verlag keinen Einfluss hat und die der Haftung der jeweiligen Seitenanbieter oder -betreiber unterliegen. Zum Zeitpunkt der Verlinkung wurden die externen Websites auf mögliche Rechtsverstöße überprüft und dabei keine Rechtsverletzung festgestellt. Ohne konkrete Hinweise auf eine solche Rechtsverletzung ist eine permanente inhaltliche Kontrolle der verlinkten Seiten nicht zumutbar. Sollten jedoch Rechtsverletzungen bekannt werden, werden die betroffenen externen Links soweit möglich unverzüglich entfernt.

Prof. Dr. Dieter Gröschke gewidmet

2., erweiterte und überarbeitete Auflage 2020

Alle Rechte vorbehalten
© W. Kohlhammer GmbH, Stuttgart
Gesamtherstellung: W. Kohlhammer GmbH, Stuttgart

Print:
ISBN 978-3-17-035561-3

E-Book-Formate:
pdf: ISBN 978-3-17-035562-0
epub: ISBN 978-3-17-035563-7
mobi: ISBN 978-3-17-036225-3

Inhaltsverzeichnis

Vorwort 9

I Theoretische Impulse für heilpädagogische Konzepte und Methoden

1 Heilpädagogisches Handeln in kontingenten Handlungsfeldern 15
Heinrich Greving

Eine kurze Einleitung in Konzepte und Pragmatik der Heilpädagogik 15
Konzeptionelles Handeln und methodische Handlungen 22
Kontingente Handlungsfelder – mehr als Zeichen der Zeit 24
Heilpädagogisches Handeln – Handeln an Grenzen 28
Über Grenzen hinaus – eine Hoffnung 29
Literatur 30

2 Heilpädagogische Ethik unter dem Primat der Praxis 31
Sabine Schäper

Heilpädagogische Ethik: die »Suche nach dem richtigen Leben« unter erschwerten Bedingungen 31
Heilpädagogische Ethik als Geschichtsschreibung 33
Heilpädagogische Ethik: Ethik »mit dem Gesicht zur Gesellschaft« ... 37
Bildung als Wahrnehmung des Anderen 47
Fazit: Anerkennung – und dann? 49
Literatur 50

3 Bewusste Personzentriertheit im heilpädagogischen Berufsalltag, oder – Was kann man von einem Navigationsgerät lernen? 53
Petr Ondracek

Personzentriertheit im Sinne von Carl R. Rogers 59
Was zeichnet das professionelle Handeln von heilpädagogisch Tätigen aus? 62
Last but not least – Was hat ein Navigationsgerät mit der Personzentriertheit zu tun? 65
Literatur 68

II Heilpädagogische Konzepte und Methoden: Betrachtungen zur Praxis

4 Beziehung – Grundlage und Ziel der Heilpädagogischen Erziehungshilfe und Entwicklungsförderung (HpE) 73
Wolfgang Köhn

Grundsätzliche Annahmen 73
Die Beziehung in der HpE – Praxisrelevanzen 75
Beziehung 84
Worte zum Schluss 93
Literatur 93

5 Heilpädagogische Entwicklungsförderung und Begleitung im Spiel nach dem Konzept der »Heilpädagogischen Übungsbehandlung« 95
Barbara Schroer und Elke Biene-Deißler

Die HPÜ im Gespräch 95
Meilensteine im Werdegang der HPÜ 98
Ein Blick in die Praxis der HPÜ 106
Reflexionen 118
Literatur 119

6 Kreativität als Erlebnis – bildnerische Gestaltungsprozesse in der heilpädagogischen Arbeit 121
Natascha Simanski

Kreativität als Erlebnis 121
Kreative Erlebnisse im heilpädagogischen Bereich: Malen und Gestalten – kunsttherapeutisches Arbeiten 124
Die (heil-)pädagogische Kunsttherapie – ein kreativer Zugangsweg in der heilpädagogischen Praxis 128
Vom kreativen Erlebnis in Studium und Ausbildung zur hermeneutisch-pragmatischen Heilpädagogik 132
Fazit 135
Literatur 136
Weiterführende Links 138

7 Realisierung sexueller Selbstbestimmung für Erwachsene mit Lernschwierigkeiten in Wohneinrichtungen – unverzichtbarer Teil gelingenden heilpädagogischen Handelns 139
Barbara Ortland

Vorwort 139
Menschen mit Behinderungserfahrungen kommen selber zu Wort ... 139
Absicht und Aufbau des Beitrags 143
Sexuelle Selbstbestimmung 144

Das Recht auf sexuelle Selbstbestimmung 145
Einschränkungen der sexuellen Selbstbestimmung bei Menschen mit
geistiger Behinderung in Wohneinrichtungen 146
Irritierende Ergebnisse der Befragung 150
Organisationskultur verstehen lernen 152
Möglicher Weg der Veränderung: lernende Organisationen 160
Eine (mögliche) gemeinsame Vision: Leitlinien gelingender sexueller
Selbstbestimmung 163
Leitlinien gelingender sexueller Selbstbestimmung in Leichter
Sprache 165
Leitlinien gelingender sexueller Selbstbestimmung in
Wohneinrichtungen der Eingliederungshilfe in schwerer Sprache ... 167
Abschluss 168
Literatur 169

8 **Die Syndromanalyse als diagnostische Methode der Heilpädagogik** **173**
Kai-Uwe Schablon

Zur Geschichte der Syndromanalyse 174
Die Syndromanalyse in der heilpädagogischen Ausbildung 175
Inhaltlicher und struktureller Aufbau einer (heilpädagogischen)
Syndromanalyse 176
Ein Beispiel für eine Syndromanalyse 182
Resümee: Bedarf es einer »heilpädagogischen« Syndromanalyse? 190
Literatur 191

9 **Unterstützte Kommunikation als Methode in der Heilpädagogik: Grundlagen und Leitlinien** **193**
Theresa Aßmann

Einleitung 193
Unterstützte Kommunikation: grundlegende Hinweise zu Konzept
und Methodik 194
Zum Forschungsstand 196
Zur Zielgruppe 199
Mögliche Leitlinien gelingender Unterstützter Kommunikation in
der Heilpädagogik 204
Fazit 214
Literatur 215
Internetquellen 218

10 **Fremderziehung unter erschwerten Bedingungen – Heilpädagogik in der Pflegekinderhilfe** **219**
Patrick Werth

Heilpädagogik als Ergänzung in der Pflegekinderhilfe 220

Eine heilpädagogische Perspektive auf Pflegeverhältnisse:
Pflegefamilien als Teilhabechance für benachteiligte Kinder und
Jugendliche 224
Heilpädagogik in der Pflegekinderhilfe – Eine Orientierungshilfe für
die Praxis der Beratung und Begleitung von Pflegeverhältnissen 232
Abschließende Bemerkungen und Ausblick für Praxis, Wissenschaft
und Ausbildung 241
Literatur 243

11 Peer-Beratung von und für Menschen mit geistiger Behinderung – eine Herausforderung für die heilpädagogische Praxis 245
Anna Roemer

Begrifflicher und geschichtlicher Hintergrund 246
Prinzipien der Peer-Beratung 247
Rahmenbedingungen für Peer-Beratung heute 250
Peer-Beratung in der heutigen heilpädagogischen Praxis 251
Literatur 254

12 Rhythmik in der Heilpädagogik – Bewegungs- und musikorientierte Zugänge von den Anfängen bis heute 256
Frank Francesco Birk

Einleitung 256
Rhythmus und Rhythmik 256
Scheiblauers Rhythmik als Ursprung der Heilpädagogischen
Rhythmik 257
Querverbindungen zu anderen heilpädagogischen Verfahren 259
Heilpädagogische Rhythmik heute 261
Didaktisch-methodische Durchführung und Ideen für die Praxis 263
Fazit 264
Literatur 265

13 Grundlegendes zur Biografiearbeit 267
Maximilian Buchka

Biografie als Lebenslauf und Lebensgeschichte 267
Biografiearbeit als »Biografisches Lernen« 269
Aufgaben und Wirkungen der Biografiearbeit 271
Phasen und Schritte in der Biografiearbeit 273
Schlussgedanke 283
Literatur 284

Die Autorinnen und Autoren 286

Vorwort

In einer Zeit, die von einer breiten Inklusionseuphorie in Politik und Praxis geprägt ist und in der die Heilpädagogik als »Sonder«-Disziplin unter Legitimationsdruck gerät, scheint es angezeigt, sich zu vergewissern, welchen Weg sie als Profession und Disziplin weiterhin gehen kann und soll. Die heilpädagogische Theoriebildung im Sinne einer Klärung des eigenständigen Status und Auftrags der Disziplin wurde in den letzten Jahrzehnten unter anderem durch Dieter Gröschke deutlich vertieft und in Auseinandersetzung mit benachbarten Disziplinen geschärft. Dass sein Ansatz einer geisteswissenschaftlichen Fundierung dabei einer unter verschiedenen ist, entspricht aus seiner Sicht gerade der Wissenschaftsstruktur der Heilpädagogik, insofern die Vielfalt theoretischer Ansätze »für eine etablierte und ausdifferenzierte Fachwissenschaft auch üblich und wünschenswert ist« (Gröschke 2009, 244). Sein Verständnis von Heilpädagogik als »*spezielle Bildungswissenschaft unter erschwerten Bedingungen*« (ebd., 248) weist den *Bildung*sbegriff als zentralen Referenzbegriff der Disziplin aus, die sich – darin über die schulisch orientierte Sonder- oder Behindertenpädagogik als *Erziehung*swissenschaft hinausweisend – auf alle Lebensalter bezieht und eine pragmatische, eine Handlungswissenschaft ist, insofern sie sich immer auf das konkrete heilpädagogische Handeln professionell tätiger Pädagoginnen und Pädagogen bezieht (vgl. Gröschke 2008).

In dieser konkreten pädagogischen Praxis heilpädagogisch Tätiger hat sich eine nahezu unüberschaubare Anzahl von Konzepten und Methoden etabliert. Nur wenige fußen dabei auf einem spezifisch heilpädagogischen Bildungsverständnis. Die Einheit von Praxis, Profession und Wissenschaft immer wieder neu auszuweisen, gehört gerade vor dem Hintergrund pluraler, sich ergänzender methodischer Angebote zu den zentralen Aufgaben der Weiterentwicklung der Heilpädagogik. Dazu möchte der Band, der zur Emeritierung von Dieter Gröschke im Jahr 2013 in der Erstauflage erschienen ist und nun in der zweiten erweiterten Auflage vorliegt, einen Beitrag leisten, indem methodische Konzepte in Verbindung gebracht werden mit theoretischen Basisannahmen zur Zielsetzung und ethischen Basierung heilpädagogischen Handelns. Der Band ist folgerichtig zweigeteilt: Der erste Teil bietet einen Diskurs zur theoretischen und ethischen Grundlegung heilpädagogischen Handelns und heilpädagogischer Praxiskonzepte, die im zweiten Teil konkretisiert werden. Die Palette dieser Praxiskonzepte reicht von dem klassischen Handlungskonzept der Heilpädagogischen Übungsbehandlung (HPÜ) bis hin zu Konzepten, die zentrale Bestimmungsstücke professionellen Handelns in den Blick nehmen – Beziehung, Kreativität, Kommunikation – bzw. zentrale pädagogische Leitideen wie Selbstbestimmung methodisch durchdeklinieren.

Die ersten drei Beiträge nehmen Aspekte der Disziplinentwicklung auf, wie sie von Dieter Gröschke in den letzten 25 Jahren thematisiert worden sind, und zeichnen den Weg von der Darlegung heilpädagogischer Praxiskonzepte bis hin zur Entfaltung einer heilpädagogischen Pragmatik nach. Dieser Weg endet (vorläufig) in grundlegenden Erläuterungen zu einer gesellschaftskritischen Sichtweise von Teilhabeoptionen und -chancen von Menschen mit Behinderungen im Lebensbereich Arbeit. Diese Erörterungen bilden eine kohärente (meta-)theoretische und interdisziplinär verankerte Begründung heilpädagogischer Konzepte und Methoden. Einige zentrale in den vergangenen Jahrzehnten entwickelten heilpädagogischen Handlungskonzepte auf die theoretischen Annahmen von Gröschke zurückzuführen und vor dem Hintergrund dieser theoretischen Folie zu differenzieren, ist Anliegen der Beiträge im zweiten Teil dieses Buches. Damit sind bereits zwei Zielsetzungen benannt. Ein drittes Ziel, das sowohl auf Theorie- wie auf Praxisentwicklung ausgerichtet ist, besteht darin, die Verschränkung von professionellem Handeln im Kontext sozialer Probleme und Exklusionsbedingungen einerseits und den personalen Entwicklungsaufgaben von Individuen unter erschwerten Bedingungen andererseits als notwendige Spannung zu verdeutlichen, die nicht nach einer Seite hin aufgelöst werden kann, sondern im professionellen Handeln gehalten werden muss.

Der erste Teil des Bandes stellt theoretische Grundlagen und Impulse für heilpädagogische Konzepte und Methoden vor. Aufbauend auf einer grundlegenden Darstellung und Diskussion der theoretischen Basisannahmen von Dieter Gröschke zu einer heilpädagogischen Pragmatik erörtert Heinrich Greving die Notwendigkeit, diesen Ansatz vor dem Hintergrund aktuell kontingenter Handlungsfelder auszuspannen und aufzufächern. Sabine Schäper schließt an die grundlegenden Aussagen zu einer heilpädagogischen Berufsethik an und bringt diese ins Gespräch mit einem Verständnis von Ethik als Philosophie der Befreiung, die in die Idee pädagogischen Handelns im Sinne einer Pädagogik als Wahrnehmung des Anderen mündet. Der anschließende Text von Petr Ondracek zu einer bewussten Personzentriertheit im heilpädagogischen Berufsalltag nimmt ethische Impulse in Richtung einer »tätigen Empathie« aus dem personzentrierten Ansatz der humanistischen Psychologie auf und dekliniert diese – in einer Form verschriftlichten Nachdenkens – im Blick auf konkrete Handlungssituationen aus der heilpädagogischen Praxis durch.

Der Beitrag von Ondracek zum personzentrierten Ansatz in der Heilpädagogik bildet zugleich die Brücke zwischen dem theoretisch orientierten ersten Teil des Bandes und dem zweiten, eher methodisch-konzeptionellen gemeinsam mit dem Beitrag von Wolfgang Köhn zur zentralen Bedeutung der Beziehung als Fundament heilpädagogischen Handelns: Köhn zeigt anhand von Auszügen konkreter Fallbeispiele auf, wie sich im gemeinsamen Erleben und Handeln, im Durchhalten und Durcharbeiten schwieriger Entwicklungsprozesse die Wahrnehmungs- und Beziehungsfähigkeit beider Dialogpartner weiterentwickelt und wie es gelingt, dass sich beide »auf diese Weise einen erweiterten Raum für ihre verantwortliche Entscheidungsfreiheit in den polaren Verhältnissen von Abhängigkeit und Autonomie ... erobern«. Das von Köhn entwickelte Konzept der »Heilpädagogischen Erziehungshilfe und Entwicklungsförderung (HpE)« stellt das erste von zwei genuin heilpädagogischen Konzepten dar, die hier vorgestellt werden.

Im zweiten Beitrag dieses Kapitels stellen Barbara Schroer und Elke Biene-Deißler die Heilpädagogische Entwicklungsförderung und Begleitung im Spiel nach dem Konzept der »Heilpädagogischen Übungsbehandlung« (HPÜ) von Clara Maria von Oy und Alexander Sagi dar. Sie gehen dabei einen ungewöhnlichen Weg, indem sie einen virtuellen Dialog inszenieren, der das Konzept der HPÜ in den Kontext aktueller Herausforderungen der Heilpädagogik stellt und in ein virtuelles Gespräch bringt.

Die Auseinandersetzung mit der Kreativität als Erlebnis bildnerischer Gestaltungsprozesse in der heilpädagogischen Arbeit steht im Mittelpunkt des Beitrags von Natascha Simanski. Sie weist die heilpädagogische Kunsttherapie als kreativen Zugang zu sich selbst und zum anderen und damit als »Bestandteil einer hermeneutisch-pragmatischen Heilpädagogik« aus.

Barbara Ortland setzt sich mit der Realisierung sexueller Selbstbestimmung für Erwachsene mit geistiger Behinderung auseinander – diese wird von ihr als ein unverzichtbarer Teil des gelingenden heilpädagogischen Handelns eingefordert und erörtert. Sie verweist dabei vor allem auch auf Elemente der Organisationskultur in Einrichtungen der Eingliederungshilfe und plädiert für organisationale Lernprozesse entlang der in ihrem Forschungsprojekt entwickelten »Leitlinien gelingender sexueller Selbstbestimmung in Wohneinrichtungen der Eingliederungshilfe«.

Die Syndromanalyse als diagnostische Methode (in) der Heilpädagogik steht im Zentrum des Beitrags von Kai-Uwe Schablon. Er stellt sie als mögliche Brücke zwischen »dem traditionellen diagnostischen Inventar« und einer Diagnostik, die »die Subjektlogik des Klienten achtet«, dar, insofern betrachtet er sie als zukunftsweisend im Kontext der Leitideen von Teilhabe und Inklusion.

Theresa Aßmann stellt in ihrem ausführlichen Beitrag die Grundlagen und Leitlinien der Unterstützten Kommunikation als Methode in der Heilpädagogik vor. Ein besonderes Augenmerk legt auch sie hierbei auf die Implementierung der Leitlinien gelingender Unterstützter Kommunkation in Organisationen.

Die Fremderziehung unter erschwerten Bedingungen, hierbei vor allem die Rolle der Heilpädagogik in der Pflegekinderhilfe, steht im Mittelpunkt der Betrachtungen von Patrick Werth. Er weist der Heilpädagogik die Rolle als professionelle Ergänzung in der Pflegekinderhilfe zu und stellt Pflegefamilien als Teilhabechance für benachteiligte Kinder und Jugendliche dar. Er formuliert hierzu eine konkrete Orientierungshilfe für die Praxis der Beratung und Begleitung von Pflegeverhältnissen.

Anna Roemer fokussiert daraufhin die Peer-Beratung von und für Menschen mit geistiger Behinderung. Dieses Beratungsformat beinhaltet eine Reihe von methodologischen und konzeptuellen Herausforderungen für die heilpädagogische Praxis. Die Prinzipien und die Rahmenbedingungen für eine aktuelle Peer-Beratung werden von ihr genauso erörtert wie konkrete Folgerungen für die heilpädagogische Praxis.

Mit der Rhythmik in der Heilpädagogik, hierbei vor allem bewegungs- und musikorientierte Zugänge von den Anfängen bis in die heutige Zeit ausdeutend, setzt sich dann Frank Francesco Birk auseinander. Er zeichnet die Ursprünge heilpädagogischer Rhythmik und Musikpädagogik bei Mimi Scheiblauer nach und skizziert didaktisch-methodische Ideen und Hinweise für die heilpädagogische Rhythmik insbesondere in der Arbeit inklusiver Kindertageseinrichtungen.

Den Abschluss bilden die Ausführungen zur Biografiearbeit von Maximilian Buchka. Er beschreibt ausführlich die besonderen Chancen der Methoden der Biografiearbeit im Sinne biografischen Lernens.

Die Beiträge des praktischen zweiten Teils dieses Bandes stehen für eine lebenslauforientierte Differenzierung heilpädagogischer Konzepte und Methoden und nehmen somit das Verständnis von »Heilpädagogik als spezielle Bildungswissenschaft der Lebensalter« (Gröschke 2009) auf. Damit schließt dieser Band an die »Einführung in die Didaktik und Methodik der Heilpädagogik« (»Heilpädagogisches Denken und Handeln«, Greving & Ondracek 2020) an und stellt in der Teilreihe der »Grundlagen« der Gesamtreihe »Praxis Heilpädagogik« somit das Bindeglied zwischen den theoretischen Erörterungen zur Profession und Disziplin der Heilpädagogik und der Einführung in die Didaktik und Methodik der Heilpädagogik dar.

Münster, im Dezember 2019
Heinrich Greving und Sabine Schäper

Literatur

Greving, Heinrich/Ondracek, Petr (Hrsg.) (2020): Heilpädagogisches Denken und Handeln – Eine Einführung in die Didaktik und Methodik der Heilpädagogik (2. Auflage). Stuttgart

Gröschke, Dieter (2008): Heilpädagogisches Handeln. Eine Pragmatik der Heilpädagogik. Bad Heilbrunn

Gröschke, Dieter (2009): Das Allgemeine im Speziellen: Heilpädagogik als spezielle Bildungswissenschaft der Lebensalter. Ein Entwurf auf Zukunft. In: Greving, Heinrich/Ondracek, Petr (Hrsg.): Spezielle Heilpädagogik. Eine Einführung in die handlungsfeldorientierte Heilpädagogik. Stuttgart

I Theoretische Impulse für heilpädagogische Konzepte und Methoden

1 Heilpädagogisches Handeln in kontingenten Handlungsfeldern

Heinrich Greving

In diesem Beitrag wird das heilpädagogische Handeln im Anschluss an die Arbeiten von Dieter Gröschke thematisiert und in Bezug auf kontingente Handlungsfelder, das heißt also Handlungsfelder, welche sich a priori mit Grenzen und Grenzerfahrungen beschäftigen, übertragen bzw. spezifiziert. Die theoretischen Begründungen zu diesem heilpädagogischen Handeln wurden von Gröschke vor allem in folgenden Werken entwickelt und dargelegt:

- Praxiskonzepte der Heilpädagogik (1997, 2. Auflage). München/Basel
- Heilpädagogisches Handeln. Eine Pragmatik der Heilpädagogik (2008). Bad Heilbrunn
- Arbeit, Behinderung, Teilhabe. Anthropologische, ethische und gesellschaftliche Bezüge (2011). Bad Heilbrunn

Dieter Gröschke spannt in diesen drei Werken den Bogen von einer Präzisierung und Spezifizierung der Praxiskonzepte der Heilpädagogik über die Darstellung einer Pragmatik der Heilpädagogik hin zu anthropologischen, ethischen und sozial-politischen und gesellschaftskritischen Bezügen im Kontext von Behinderung, Inklusion und Teilhabe mit der Spezifikation des Lebensbereichs Arbeit – ein heilpädagogisches Handlungsfeld, das immer einmal wieder gerne vergessen wird, so dass die Spezifizierung dieses Themenfeldes sehr relevant ist. Im weiteren Verlauf dieser Einleitung zu den dann folgenden vier Unterpunkten sollen die grundlegenden Annahmen von Gröschke zu Praxiskonzepten, zu heilpädagogischen Handlungen sowie zur Orientierung an anthropologischen und ethischen Grundlagen in Bezug auf Behinderung und Teilhabe skizziert werden. Dass dieses in der Tat nur eine Skizze sein kann, versteht sich beim Umfang eines solchen Beitrages von selbst und muss nicht weiter ausgeführt werden.

Eine kurze Einleitung in Konzepte und Pragmatik der Heilpädagogik

In seinem Grundlagenwerk zu den Praxiskonzepten der Heilpädagogik beschreibt Gröschke vor dem Hintergrund einer Strukturdiskussion zur Heilpädagogik historische und systematische Dimensionen (vgl. Gröschke 1997, 62 ff.). Nachdem er sich unmissverständlich für die Heilpädagogik als den Leitbegriff im Rahmen der sog. Behindertenhilfe ausgesprochen hat, entscheidet er sich, interdisziplinär begründet und geleitet, dazu, Heilpädagogik im Rahmen einer Handlungstheorie, so wie diese von Habermas grundgelegt worden ist, zu differenzieren:

> »Zwischen Systemtheorie und Handlungstheorie (Luhmann versus Habermas) entscheide ich mich für letztere. Die praktische Vernunft der Systemtheorie ist meist nicht mehr als eine technologisch halbierte Systemrationalität, in der das Leben des Einzelnen keine besondere Rolle mehr spielt. Ihren technomorphen Konnotationen kann auch die pädagogische Systemtheorie nicht ganz entkommen ... Ein personalistisches – und damit in gewisser Weise substanz-philosophisch fundiertes – Verständnis von Heilpädagogik widerspricht einem bloßen Systemfunktionalismus beliebig wählbarer Teilelemente, auch wenn der heuristische Ordnungsgewinn der Systemtheorie noch so groß sein mag« (Gröschke 1997, 67).

Diese deutliche Entscheidung für eine Handlungstheorie im Kontext der Habermasschen Begründungsmuster zieht sich durch nahezu alle Veröffentlichungen von Dieter Gröschke – auch wenn er in der Publikation von 2011 eine Annäherung zu systemischen Gedanken im Rahmen der Inklusionsdebatte sehr wohl vornimmt – aber hierzu später mehr. Die Beschreibung heilpädagogischer Praxiskonzepte orientiert sich somit stringent an einer geisteswissenschaftlichen Begründungslinie: Von dieser ausgehend und auf diese zurückzielend fundiert Gröschke die pädagogischen Strukturelemente sowie die Begründungszusammenhänge und Begründungskontexte der Praxiskonzepte, so wie diese in der Heilpädagogik als relevant erscheinen. Dieses »hermeneutisch-pragmatische Konzept« (Gröschke 1997, 105) legt schon in dieser ersten Auseinandersetzung mit den Praxiskonzepten in der Heilpädagogik die Basis für die pragmatischen Orientierungen, welche in den folgenden Jahren von ihm weiter bearbeitet und differenziert werden. Vor diesem Hintergrund entwickelt er eine Konzeptbegründung in der Heilpädagogik und für diese, so wie sie nach wie vor zielführend ist. Hierzu Gröschke ausführlich:

> »Konzepte, wie ich sie hier verstehe, als Brücken zwischen (wertabstinenter) allgemeiner Theorie und wertgeleiteter konkreter Berufspraxis, bilden eine Einheit von an Personen gebundenen Kognitionen (Fachwissen), wertenden Stellungnahmen (›Gewissen‹), Motiven (Absichten, Zielen) und Interaktionsbeziehungen zwischen mindestens zwei Personen. Diese beiden Personen sind nicht beliebig austauschbar; vielmehr ist das Handlungsergebnis (Zielkomponente des Konzepts) wesentlich von der ›Stimmigkeit‹ des Passungsverhältnisses zwischen Person und Konzept (›Authentizität‹) abhängig. Konzepte haben von daher einen anderen Stellenwert als (sozial-) technologische Regeln. Im Begriff von ›Konzept‹ geht es in erster Linie um die Klärung der personenbezogenen Ziele und Inhalte heilpädagogischen Handelns unter den konkreten Bedingungen der Alltagspraxis, dann erst um methodisch-didaktische Einzelschritte ihrer Anwendung in einer einzelnen Handlungssituation. Eine Zentrierung auf die Ziele und Inhalte des eigenen professionellen Handelns statt auf methodisch-verfahrenstechnische Aspekte (Praktiken, Techniken) bewahrt das fachliche Handeln vor blindem Aktionismus oder kurzschlüssigem Praktizismus/Technizismus« (Gröschke 1997, 115/116).

In dieser umfassenden Definition von Konzept(en) entsteht ein Handlungsmodell, welches in der Lage ist, die Brücke zu schlagen zwischen theoretischen Begründungen, konzeptionellen Ausdifferenzierungen und pragmatischen Handlungen – immer in Bezug auf ein Gegenüber, auf ein Du. Des Weiteren sind diese Konzepte geleitet von einer aktiven Auseinandersetzung mit einem ethisch und moralisch begründeten und differenzierten Menschenbild, von Alltagsnähe und einem sozialen und integrativen Anspruch (vgl. Gröschke 1997, 116). Diese Ausprägung einer Praxiskonzeption zielt somit immer auf ein Handlungsmuster, bzw. auf Handlungen, welche grundlegend an ein Dasein in Welt, besser: an ein Dasein in einer eigenen Verfasstheit und Betrachtung von Welt gebunden sind. Diese Welt wird von Gröschke dann im weiteren Kontext sehr deutlich als Praxis, als Berufspraxis gekennzeichnet. In und mit dieser äußert und entäußert der konzeptionell tätige Heilpädagoge dann seine Handlungen. Gröschke begründet diese Handlungen damit, dass er Grundphänomene der personalen Existenz beschreibt, diese sind das Fundament heilpädagogischer Konzepte (vgl. Gröschke 1997, 185 ff.). Zu diesen Grundphänomenen gehören, aus der Perspektive eines phänomenologischen Begründungskontextes und Ansatzes heraus, die Leiblichkeit, die Bewegung, die Entwicklung, das Spielen, das Lernen sowie die Sprachlichkeit und die Tätigkeit – bei letzterer verweist Gröschke auf kritisch-materialistische Begründungskontexte und bindet diese in seine geisteswissenschaftlichen, handlungstheoriebezogenen Begründungen ein.

Aus diesen Grundphänomenen bzw. aus seiner handlungstheoretischen Begründung der Praxiskonzepte entwickelt er dann eine Systematik heilpädagogischer Konzepte, in und mit welchen dann Methoden konkretisiert werden können. Auch hierbei distanziert er sich deutlich von Handlungsformen, welche eher technokratisch orientiert sind:

»Die Methodenfrage in der Heilpädagogik eröffnet ... ein Spannungsfeld von kommunikativen und strategisch-instrumentellen Handlungsformen, das auch ethisch sehr brisant ist ... Dieses immanente Spannungsverhältnis zwischen Kommunikation und Nützlichkeit spitzt sich in dem Maße zu, wie heilpädagogisches Handeln heute verstärkt genötigt ist, sich als nützlich (zum Beispiel kostengünstig) und erfolgreich auszuweisen« (Gröschke 1997, 264).

Schon in seiner ersten Begründung einer Praxiskonzeption für die Heilpädagogik nimmt er also Themenstellungen auf, welche aktuell im Rahmen einer Ökonomisierungsdebatte in der Heilpädagogik als höchst relevant erscheinen.

Vor dem Hintergrund des Leitkonzeptes der Entwicklungsförderung entwickelt er dann unterschiedliche Schwerpunkte, welche wiederum die Grundphänomene der Personalexistenz (so wie sie oben skizziert worden ist) aufnehmen. Aus dem Schwerpunkt der Leiblichkeit leitet er so die Förderpflege und die Basale Aktivierung, ab aus dem Schwerpunkt der Bewegung die psychomotorische Entwicklungsförderung, aus dem Schwerpunkt des Spielens die heilpädagogische Spielförderung, aus dem Schwerpunkt des Lernens die heilpädagogische Verhaltensmodifikation, aus dem Schwerpunkt der Tätigkeit die Kompetenzförderung sowie aus dem Schwerpunkt der Sprachlichkeit die Kommunikationsförderung. Mit diesem Modell legt Gröschke eine in sich logische und stringente Begründung konzeptionellen Handelns vor, welche auf die Alltagsgestaltung der beteiligten Menschen, also sowohl der Heilpädagogin und des Heilpädagogen als auch der Menschen mit Behinderung etc., verweist. Ethisch begründet, anthropologisch durchdrungen und pragmatisch ausgerichtet, stellen diese Dimensionen somit die grundlegende Orientierung dar, von welcher aus heilpädagogische Praxiskonzepte weiterentwickelt worden sind – diese Entwicklung hat Gröschke dann im Rahmen seiner Darstellung einer Pragmatik der Heilpädagogik weiter ausdifferenziert:

Grundlegend geht er hierbei davon aus, dass sich Heilpädagogik als Praxis, Profession und Wissenschaft beschreiben lässt, obwohl dies nicht ganz ohne Probleme vonstatten gegangen ist (vgl. Gröschke 2008, 15 ff.). Vor dem Hintergrund der Darstellung einer historischen Dimensionierung der Heilpädagogik erläutert er infolgedessen sehr umfassend die Praxis heilpädagogischen Handelns und erschließt diese als Lebenswelt, d. h. als Berufspraxis, und als Praxiswissenschaft, welche höchst ambivalent miteinander verwoben und aufeinander bezogen sind. Auch hierbei geht er stringent geisteswissenschaftlich vor und orientiert sich weiterhin konsequent an der Handlungstheorie sowie an der Lebensweltorientierung, wie diese von Habermas respektive von Husserl und seinen Nachfolgern im Kontext einer pädagogischen Betrachtung, z. B. von Thiersch, begründet worden sind (vgl. Gröschke 208, 54 ff.). Auch in dieser Begründung der Pragmatik der Heilpädagogik hebt Gröschke auf die Professionalität des Alltagsbezuges des heilpädagogischen Tätigseins ab. Die Alltagsexpertise, welche sich als praktisches Wissen und praktisches Können auszeichnet, welche aber auch im Hinblick einer ethischen Kompetenz praktische Urteilskraft verlangt, zielt auf ein Berufsethos hin, welches von einer grundlegenden ethischen Haltung der Gelassenheit gekennzeichnet werden kann (vgl. Gröschke 2008, 86 ff.). Heilpädagogik stellt sich hierbei als Praxiswissenschaft dar, eine Praxiswissenschaft, welche nach Gröschke wiederum geisteswissenschaftlich fundiert sein muss:

> »Die epistemische und wissenschaftstheoretische Grundoption für eine geisteswissenschaftliche Heilpädagogik hat auch methodologische Konsequenzen. Die Methodologie als wissenschaftliche Methodenlehre beschreibt die Denk- und Arbeitsmittel, mit denen Themen und Problemstellungen eines wissenschaftlichen Fachgebiets bearbeitet werden können (oder auch – normativ – sollten). Die drei grundlegenden geisteswissenschaftlichen Methoden sind die Historik (historische Methode), die Phänomenologie und die Hermeneutik« (Gröschke 2008, 101).

Auf der Basis dieser wiederum phänomenologischen Begründung entwickelt Gröschke dann zwei Zugangsweisen, welche eine heilpädagogische Pragmatik auszeichnen: Zuerst erläutert er eine sehr ausführliche Darstellung der Sprache als Paradigma von Praxis, in welcher die Verbindung von Reden und Handeln »als Einheit von Sprechen und Handeln« (Gröschke 2008, 164) begründet wird. Hierbei nimmt er erneut das Grundphänomen der Sprachlichkeit auf, welches er auch schon in seinen Praxiskonzepten skizziert hatte. Zentral erscheint hierbei, dass er auf die Praxis der Sprachspiele eingeht, aber auch die Vernetzung von Sprache und Macht darlegt, so wie diese im Kontext heilpädagogischen Handelns immer wieder einmal vorkommt – gerne aber verdrängt wird.

> »Wenn man im Sinne der Sprechakttheorie mit ›Worten Dinge tun kann‹, so kann man wohl mit Worten auch ›schlimme Dinge‹ tun. Wenn vom ›Reich der Sprache‹ die Rede ist, legt diese Metapher die Frage nahe, wer herrscht in diesem Reich, wer sind die Herrschenden und wer die Beherrschten. Wenn Sprache das ›Haus des Seins‹ ist, in dem der Mensch wohnt, fragt sich, wer ›Herr im Haus‹ ist. Wenn sprachliche Beziehungen (mit jemandem über etwas sprechen) zugleich immer auch Zweierbeziehungen sind, stellt sich unweigerlich die Machtfrage: Wer hat das Sagen; wer verfügt über die Definitionsmacht, über die Begrifflichkeiten, in denen man über etwas spricht?« (Gröschke 2008, 206)

Die Reflexion der sprachlichen Phänomene, die Umgangsweise im Kontext der Sprache, die Begründung, wie und wodurch Sprache zentral ist, gerade auch im

Rahmen von behindert erscheinender Sprache, prägen somit die Auseinandersetzung einer heilpädagogischen Pragmatik: Sprache ist, im Rahmen der Kommunikation, alles, Sprache ist Handlung, so wie Handlung sich auch durch Sprache differenziert.

In einem zweiten Punkt erläutert Gröschke ausführlich eine heilpädagogische Handlungsgrammatik (vgl. Gröschke 2008, 213 ff.). Ausgehend von der Skizzierung einer heilpädagogischen Professionalität, welche sich wiederum auf geisteswissenschaftliche Grundorientierungen bezieht, entwickelt er eine Beschreibung heilpädagogischen Handelns, welche die Ideen der Förderkonzepte, der Methoden sowie der grundlegenden Dimensionierungen der Praxiskonzepte (also der anthropologischen, der ethischen und der pragmatischen Dimension) wieder aufnimmt. Ziel ist hierbei unter anderem die Entwicklung einer »Berufskultur« (Gröschke 2008, 221) der heilpädagogischen Profession. Dieser Berufskultur »kommt eine identitätsstiftende und -verbürgende Funktion zu, sowohl für den individuellen Akteur wie auch kollektiv für die ganze Fachgemeinschaft« (Gröschke 2008, 222). Diese kulturelle Orientierung der heilpädagogischen Profession zieht sich somit wie ein roter Faden durch die Beschreibung der anthropologischen, ethischen, gesellschaftspolitischen und pragmatischen Bezüge, welche den Bogen schlagen zwischen der Begründung der Praxiskonzepte und der pädagogischen Pragmatik hin zur Auseinandersetzung mit Fragen zur Inklusion und Teilhabe. Ein grundlegendes Muster stellt hierbei die Spezifizierung des Menschen als fähigen sowie bedürftigen Menschen dar (vgl. Gröschke 2008, 247 ff.). Diese fundamental anthropologische Auseinandersetzung legt dann auch eine Basis für die Begründung heilpädagogischen Handelns in kontingenten Handlungsfeldern: Wer beschreibt, wer/was fähig, und wer, wer/was bedürftig ist? Kehrt sich nicht manchmal das Verhältnis zwischen diesen beiden Bezeichnungen um? Gerät nicht der fähige Mensch häufig in Kommunikationsnotstände und Kontingenzerfahrungen, wenn er auf einen scheinbar bedürftigen Menschen trifft? Ist dieser nicht häufig dazu genötigt, Grenzerfahrungen zu erleben und zu durchleiden, wenn er an die Grenzen seiner Fähigkeiten gelangt bzw. auf diese durch einen scheinbar befähigten Heilpädagogen verwiesen und hingewiesen wird? Wie dem auch sei: Diese kompetenzorientierte Sichtweise begründet und zentriert noch einmal Gröschkes Aussagen zu einer heilpädagogischen Pragmatik:

> »Die Abkehr von einer Defizit- hin zu einer Kompetenzorientierung kann als entscheidender Fortschritt im heilpädagogischen Verständnis von ›Behinderung‹ und im Menschenbild vom ›behinderten Menschen‹ gelten … Die Prinzipien und Maximen von Selbstbestimmung und Empowerment, also Ermächtigung und Befähigung, gehören in diesem Zusammenhang einer konzeptionellen Umorientierung in Theorie und Praxis der Behindertenhilfe, den man gelegentlich sogar ›Paradigmenwechsel‹ nennt. Diese Kompetenzorientierung, die Entdeckung und Erschließung von Fähigkeiten, Potentialen und Begabungen behinderter Menschen, ist auch Ausdruck Anerkennung menschlicher Vielfalt, von ›Behinderung‹ als menschlicher Lebensform, im Gegensatz zu einem Normalitätsdenken, das Behinderung als unerwünschte und zu behebende Mängellage und Abweichung von der gesellschaftlichen Norm auffasst« (Gröschke 2008, 248 f.).

Diese Fokussierung auf eine Kompetenzorientierung, welche wiederum im Rahmen von Selbstbestimmung und Teilhabe realisiert werden kann, deutet hin auf die dritte

Grundlegung heilpädagogischen Handelns bei Gröschke: die Auseinandersetzung mit Fragen der Teilhabe und Inklusion im Rahmen von Behinderung und Tätigkeit/ Arbeit:

Nach einer ausführlichen gesellschaftsanalytischen und gesellschaftskritischen Betrachtung, welche in diesem Fall auch systemtheoretische Elemente aufnimmt, stellt er in der Schrift hierzu den gesellschaftlichen Kontext von Arbeit, Behinderung und Rehabilitation dar (vgl. Gröschke 2011, 19 ff.). Eine sehr kritische Wahrnehmung der Verheißungen der Arbeitsgesellschaft bildet dann im weiteren argumentativen Verlauf die Basis für eine anthropologische Begründung für Arbeit und Tätigkeit. Dieses, das Tätigsein, ist hierbei »mehr als Arbeit« (Gröschke 2011, 151). Diese anthropologische Begründung von Arbeit und Tätigkeit knüpft deutlich und unmissverständlich an den Auseinandersetzungen an, welche er schon im Rahmen der Praxiskonzepte der Heilpädagogik vorgelegt hatte – doch diesmal sind sie deutlich sozialpolitischer und bildungspolitischer orientiert und zielen auf eine gesellschaftliche Veränderung bzw. auf eine veränderte Wahrnehmung gesellschafts- und sozialpolitischer Situationen, so wie sie sich in der Zeit zu Beginn des 21. Jahrhunderts deutlich wahrnehmen lassen. Eine rein konzeptionelle Orientierung heilpädagogischen Handelns, welche ausschließlich den einzelnen Menschen in einer nahezu autistischen Ich-Du-Beziehung sieht, wird hierdurch eine deutliche Absage erteilt, indem Gröschke heilpädagogisches Handeln nun eindeutig auf gesellschaftliche Vollzugsmomente bezieht bzw. auf diese verweist. Die grundlegende Auseinandersetzung und Anerkennung ethischer Fragestellungen ist hierbei ein erneutes Fundament, wird jedoch im Hinblick auf gesellschaftliche Bedingungen und Bedingtheiten erweitert:

»Diese Form basaler Anerkennung und Wertschätzung ist für die Selbstachtung und das Selbstvertrauen eines jeden Menschen konstitutiv ... Neben Arbeitslosigkeit, das heißt ohne jede Erwerbsarbeit zu sein, sind es heute auch weitere strukturelle Veränderungen in der Arbeitswelt (Prekarisierung), die das Ausmaß an sozialer Unsicherheit, als Gegenteil sozialstaatlich verbürgter sozialer Sicherung so erweitert, das die ihnen ausgesetzten Menschen von einer solchen umfassenden Teilhabe an der Gesellschaft tendenziell ausgeschlossen werden. Menschen mit (schweren) Behinderungen sind beiden gesellschaftlichen Bedingungen – Arbeitslosigkeit und Prekarisierung – und ihren desintegrativen Folgen besonders stark ausgesetzt. Das ist zusammengefasst die große Herausforderung durch die ›neue soziale Frage‹.« (Gröschke 2011, 118).

Heilpädagogisches Handeln orientiert und vollzieht sich daher immer an den Grenzen einer gesellschaftlichen Kultur, welche ausschließt, ja: welche vor allem im Bereich der Erwachsenenarbeit und des Tätigkeitsprinzips, durch die Etablierung und Ausdifferenzierung von Werkstätten und weiterer Arbeitsformen, konkret Ausschlussmechanismen betreibt. Gerade hinsichtlich von Menschen mit einer sog. schweren Behinderung stellt sich Arbeit und Tätigkeit im Hinblick auf Inklusion und Teilhabe als zentral dar, so dass Gröschke hierauf am Schluss seiner Begründungen deutlicher eingeht (vgl. Gröschke 2011, 179 ff.). Das Tätigsein sowie die Strukturierung von Arbeitsmomenten stellen hierbei ein unhintergehbares, besser: das zentrale Moment dar, an welchem sich entscheidet, ob heilpädagogische Praxiskonzepte ihren Namen, besser gesagt *ihre* Namen verdienen: Sind sie heilpädagogisch, sind sie praxisorientiert und sind sie konzeptionell verortet, so dass sie in der Tat lebenslauforientiert alle Phasen und Problemfelder bzw. Handlungsfelder im Kontext heilpädagogischer Pragmatik wahrnehmen?

So ist es schlussendlich nur konsequent, wenn die Beschreibung einer heilpädagogischen Pragmatik in Bezug auf Arbeit, Bindung und Teilhabe mit einer gesellschaftsanalytischen Frage schließt: »In welcher Gesellschaft wollen wir leben?« (Gröschke 2011, 193). Eine gesellschaftsanalytische Vorgehensweise ist somit Grundlage heilpädagogischen Handelns, muss Grundlegung der Entwicklung heilpädagogischer Praxiskonzepte sein, wenn diese nicht den Vorwurf unbeantwortet sein lassen will, sie sei ja, ausschließlich im Rahmen einer Ich-Du-Beziehung tätig werdend, gesellschaftsfremd und gesellschaftsfern. Heilpädagogik orientiert sich somit im Kontext einer »Wertegemeinschaft« (Gröschke 2011, 194), welche auf eine Arbeitsgesellschaft zielt, die sich permanent verändert. Teilhabe, Partizipation und Inklusion können daher nur gelingen, wenn heilpädagogisches Handeln und heilpädagogische Konzeptorientierung auch die Politik sowie die Veränderungen der Zivilgesellschaft in den Fokus nimmt. Hierzu noch einmal Gröschke ausführlich:

> »Die inzwischen von vielen Menschen getragene Initiative [die Gesellschafter der Aktion Mensch, H. G.] spiegelt ein in der Zivilgesellschaft, der Bürgergesellschaft, tief verankertes utopisches Bewusstsein wider und demonstriert nachhaltig die Bereitschaften und das Engagement, sich für die Verwirklichung von Realutopien ... auch praktisch einzusetzen. Diese ideelle zivilgesellschaftliche Ressource ist eine wertvolle Form von ›Sozialkapital‹, das man der Macht des ökonomischen Kapitals entgegen stellen kann. Wenn man ... allgemein bestimmen will, was für die nächste Zukunft die große gesellschafts-, sozial- und auch behindertenpolitische Herausforderung ist, von der das Gelingen des Reformprojekts gesellschaftlicher Integration und Teilhabe behinderter Menschen (ob mit oder ohne Arbeit) entscheidend abhängig ist, so ist es die Rekonstruktion des Sozialstaates als Garant sozialer Sicherheit seiner Bürger, als Gemeinwesen, in der das Gemeinwohl der übergeordnete Wertmaßstab gegenüber mächtigen Einzelinteressen ist, und als tragfähige und verlässliche Solidargemeinschaft, in der die Stärkeren für die Schwächeren eintreten und in dem schließlich die ganze soziokulturelle Vielfalt friedfertiger Formen des Zusammenlebens und der selbst bestimmten individuellen Lebensführung Anerkennung finden« (Gröschke 2011, 195 f.).

In dieser präzisen und differenzierten Wahrnehmung der Arbeitsgesellschaft spiegelt sich somit die Entwicklung einer Praxiskonzeption wider, wie sie von Gröschke konsequent und inhärent vorgeschlagen und durchkomponiert worden ist: von der Wahrnehmung einer Fachwissenschaft als pädagogischer Wissenschaft, welche handlungstheoretisch orientiert ist, über die Beschreibung der Grundphänomene personaler Existenz und der hiermit verbundenen Handlungskonzepte hin zu einer Pragmatik, welche die Geschichte, die Sprache und die Macht in diesen Bezügen aufnimmt, bis hin zu einer anthropologischen, ethischen und gesellschaftsanalytischen Betrachtung, welche Inklusion, Teilhabe und Behinderung in den Fokus der Tätigkeit und der Arbeit stellt. Von diesen Grundbezügen soll nun im weiteren Verlauf ausgegangen werden. Sie dienen dazu, konzeptionelles und methodisches Handeln noch einmal in Bezug auf die Professionsentwicklung in der Heilpädagogik zu spezifizieren bzw. hieran anschließend kontingente Handlungsfelder zu skizzieren und heilpädagogisches Handeln zu verorten.

Konzeptionelles Handeln und methodische Handlungen

Vor dem Hintergrund der vorhergehenden Begründungen kann somit festgehalten werden, dass es sich bei einem Konzept im Rahmen der Heilpädagogik immer um die Bezeichnung für eine handlungsleitende Leitidee sowie für einen Handlungsplan handelt (vgl. Greving & Ondracek 2020, 41 f.). Ein Konzeptbegriff, so wie er in der Heilpädagogik Verwendung finden soll, bezieht sich folglich immer auf das Wechselspiel zwischen Gesellschaft, Praxis, Pragmatik und Methodik bzw. sogar Praxis und Methodologie. Da sich hierbei gesellschaftliche Bezüge immer wieder verändern, muss sich auch die Konzeptform bzw. müssen sich die Konzepte in der Heilpädagogik auf diese veränderten Strukturen anpassen lassen bzw. auf diese reagieren. Ändern sich gesellschaftliche Bedingungen im Rahmen von Ausschlusskriterien, müssen heilpädagogische Konzepte mit Integrations- und Inklusionsansätzen hierauf reagieren, damit es nicht zu einer Aussonderung von Menschen mit Behinderung kommt. Hierauf aufbauend wäre dann eine spezifische Didaktik bzw. ein spezifisch methodisches Handeln zu entwickeln (vgl. Greving & Ondracek 2020, 41 f.).

Die hieran anschließenden heilpädagogischen Methoden zeichnen somit – nahezu wortwörtlich – den Weg nach, der von diesen Konzepten aus gegangen werden soll. Die griechischen Begriffe »meta« und »hodos« bezeichnen somit den Weg, den Weg zu etwas hin. Methoden zeichnen somit die Pfade nach, welche durch bestimmte Teilschritte im Hinblick auf eine umfassende Konzeption oder ein Konzept gegangen werden können, ja: gegangen werden müssen. Hierbei ist planmäßig und intentional vorzugehen, damit nicht ein zufälliges Ziel oder ein Ziel zufällig erreicht wird. Die Methodik bezeichnet hierbei die Theorie bzw. die Lehre der unterschiedlichen Methoden, welche dieses Ziel verfolgen (vgl. Greving & Ondracek 2020, 22). Jede Methode, welche im Rahmen der Heilpädagogik somit Anwendung finden soll, ist eingebunden in eine Konzeption, ja mehr noch: Eine höchst differenzierte und differente Form von Methoden kennzeichnet die Tätigkeiten im Sozialwesen und somit auch das Handeln in der Heilpädagogik, so dass diese Methoden immer wieder im Hinblick auf ihre Viabilität, d. h. auf ihre Passung in Bezug auf eine ganz bestimmte Lebenssituation und Fragestellung überprüft werden müssen. Somit gibt es nicht eine Methode per se, sondern es geht um die Bedeutung einer Methode für die beteiligten Personen in ihren jeweiligen Lern- und Handlungsfeldern. Erst in der stringenten, logischen und zielgerichteten Verknüpfung von Personen, Anliegen, Situationen und Methode kann erkannt werden, worin eine bestimmte Werthaftigkeit einer ganz bestimmten Methode im Rahmen einer ganz bestimmten Konzeption oder eines Konzeptes verortet ist. Somit sind heilpädagogische Methoden immer eng verbunden mit heilpädagogischen Praxisfeldern. Und wieder einmal: Die Modifikation und Veränderung eines Praxisfeldes zieht eine Veränderung der Methoden nach sich, so dass diese erneut von ganz bestimmten Konzepten, welche selber wieder in Theorien verortet sind, abgeleitet werden müssen (vgl. Greving & Ondracek 2020, 22).

Methoden zielen somit konsequent (wenn sie gelingen sollen) auf das Handeln in der Heilpädagogik. Dieses Handeln stellt sich als eine verberuflichte Form dar, welche auf Begleitung, Pflege, Unterstützung, Assistenz usw. von Menschen in – zumeist – Abhängigkeitssituationen zielt. An die Erfüllung dieser beruflichen Tätigkeit sind formal-inhaltliche Qualifikationsanforderungen gestellt, welche als Zugangsvoraussetzungen durch die Gesellschaft bzw. bestimmte Institutionen dieser Gesellschaft anerkannt werden. Da dieses Handeln somit im gesellschaftlichen Rahmen stattfindet, hat es sich immer an dieses zu binden bzw. reflektorisch die Handlungsprozesse im Hinblick auf Veränderungsstrukturen eben dieser Gesellschaft auszurichten. Auch dieses ist ein Aspekt der zunehmenden und sich ständig modifizierenden Professionalisierung des Handelns – in diesem Falle in der Heilpädagogik (vgl. Greving & Ondracek 2020, 27). Dieses Handeln ist durch ganz bestimmte Bedingungen und Bedingtheiten begründet (ebd., 164):

- Die subjektive Sinngebung der Aktivität, also das Konzept des sozialen, in diesem Falle heilpädagogischen Handelns.
- Die Identität und die Wertorientierung des Handelnden, also das Konzept seiner Sozialisation.
- Der soziale Status und die mit ihm einhergehenden Rollen, die es zu erfüllen sucht, also das Konzept der sozialen, in diesem Falle auch der beruflichen und berufsorientierten Rolle.
- Seine Überzeugungen und Einstellungen, also das Konzept in seinen ethischen und moralischen Begründungen und Begründbarkeit.
- Seine Gruppenzugehörigkeit und mit ihr zusammenhängende Anschauungen und Normen, somit das Konzept des Einflusses der Gruppe, in und mit der er gerade tätig ist.
- Die Zuschreibungsprozesse seitens der sozialen Umwelt, also das Konzept des ›labelling approach‹ bzw. der Stigmatisierungsprozesse, welche positiv wie auch negativ auf eine ganz bestimmte berufliche Handlung Einfluss nehmen können.
- Handeln im Kontext einer Profession ist somit immer intentionales, zielgerichtetes, produktives und regelgeleitetes Handeln, welches sich durch die Tat ereignet und immer eine ganz bestimmte, im besten Falle vorher antizipierte Wirkung nach sich zieht. Gelingt dies, kann man von einem professionellen Handeln bzw. von einer Professionalität des Handelns sprechen.

Konzeptionelles Handeln sowie methodische Handlungen in der Heilpädagogik zielen des Weiteren immer auf eine heilpädagogische Profession und Professionalisierung. Wodurch kann diese jedoch weiter gekennzeichnet sein? Mindestens folgende vier Punkte sind hierbei zu berücksichtigen (vgl. Greving 2011, 14):

- Die grundlegenden Bedingungen und Strukturmomente, welche zum Gelingen von Profession beitragen können, so zum Beispiel die Anerkennung und Wertschätzung des jeweils anderen Handlungspartners.
- Die Zusammenhänge und manchmal auch Widersprüche zwischen Berufsbiografie und professionellem Handeln.

- Die Darstellung möglicher Widersprüchlichkeiten, Paradoxien und professioneller Dilemmata.
- Die konkreten Interaktionen zwischen professionell Handelnden und ihrer jeweiligen Klientel im Kontext einer ganz bestimmten durch institutionelle Begründungsmuster differenzierten Organisation bzw. Organisationsformen.

Der Professionsdiskurs in der sog. Behindertenhilfe, so wie im Sozialwesen und der Pädagogik generell, kann hierbei als extrem zwiespältig gekennzeichnet werden (vgl. Greving 2011, 11 ff.). Die Positionen reichen hierbei von den Eckpositionen, dass Heilpädagogik keine Profession bzw. dass sie längst eine Profession sei, hin zu Aussagen, dass sie sich in der Phase einer sich entwickelnden Profession befinde, da sie zumindest über eine systematische Theoriebasis sowie über die Zuständigkeit für bestimmte Probleme verfüge. Da sich Gesellschaft aber im Kontext unendlich vielgesichtiger Einflussfaktoren und Beeinflussungen permanent verändert, muss sich die Profession ebenfalls verändern. Schlussfolgernd bleibt hierzu festzuhalten, dass der Weg über die Konzeption hin zur Methodik und zum Handeln im besten Falle eine Professionalität hervorbringt, welche immer wieder einmal überprüft werden muss – gerade wenn sich die Gesellschaft so radikal, das heißt nahezu wortwörtlich von der Wurzel (radix) ausgehend, wandelt, so dass die Erfahrung, an Grenzen zu operieren, für eine Profession handlungsleitend wird. Für die Profession der Heilpädagogik stellt sich die Erfahrung der Grenze infolgedessen nicht als neu dar, da sie häufig, und eigentlich schon so lange sie als Beruf existiert, mit Menschen tätig war, welche sich im Bereich der gesellschaftlichen, medizinischen, pädagogischen und Beziehungsgrenzen befanden. Die Auseinandersetzung mit Grenzerfahrungen und Krisensituationen stellt daher eine A-priori-Situation der tätigen Heilpädagoginnen und Heilpädagogen dar. Doch gerade diese Erfahrung scheint im Verlauf der letzten Jahre noch deutlich zugenommen zu haben.

Kontingente Handlungsfelder – mehr als Zeichen der Zeit

Im Rahmen der Entwicklung postmoderner Strukturen in der Gesellschaft, so wie diese seit Beginn des 20. Jahrhunderts in nahezu allen Handlungsfeldern vorkommen bzw. für diese beschrieben werden können, kam es immer intensiver zu Prozessen der Auflösung von fixen und eindeutigen Begründungs- und Handlungskontexten: Vieles, ja allzu vieles schien möglich zu sein, ohne hierbei das Handeln auf grundlegende Bedingungsfaktoren zurückführen zu können. Zudem kam es zu einer Auflösung rationaler Begründung für menschliches Handeln, die Emotion geriet somit immer intensiver in den Fokus der Betrachtung, von dieser aus wurde gehandelt, auf diese hin wurden Handlungen orientiert, sodass der Mensch als solcher mehr und mehr als nicht vernunftorientiertes Wesen bezeichnet werden konnte.

Diese Erweiterung im Hinblick auf den Fokus menschlichen Daseins zog auf der anderen Seite, im Kontext postmoderner Entwicklungen, immer auch nicht rational bezogene Entscheidungsmuster nach sich, sodass viele Handlungen in den Ruch gerieten, beliebig (und damit auch austausch- oder gänzlich negierbar) zu sein. Durch eine systemisch-konstruktivistische Sichtweise im Kontext dieser postmodernen Entwicklungen gewann zwar einerseits die Bezugnahme des Menschen bzw. sein Eingebundensein in sozial-systemische Kontexte mehr und mehr an Bedeutung, zudem wurde dieses konstruktivistisch orientierte Denken interdisziplinär orientiert, indem es unterschiedliche Wirklichkeiten und Wissensbereiche zueinander führte. Weiterhin kann es auch als wissenschaftskritisches und wissenschaftsoptimistisches Denken bezeichnet werden, da die Begründung systemisch-konstruktivistischer Verfasstheiten dazu führt, dass sie einerseits die Entwicklung von Wissenschaftlichkeit abbilden und andererseits diesen Fortschritt, wenn er denn einer ist, auch kritisch beurteilen (vgl. Greving 2011, 46). Auf der anderen Seite stellt diese systemisch-konstruktivistische Begründung aber auch eine Situation dar, in welcher sich Handeln immer einmal wieder auch als kommunikativ-kontingentes Handeln vollzieht bzw. dass es an Grenzen operiert. An dieser Stelle muss es nun zu einer Ergänzung der Konzeption von Dieter Gröschke durch systemisch-konstruktivistische Muster kommen: Eine alleinige Wahrnehmung und Begründung einer heilpädagogischen Konzeption aus dem Kontext der Handlungstheorie heraus scheint sich meines Erachtens vor diesem argumentativen Hintergrund zu verbieten: Konstruktivistische, systemische und handlungstheoretische Orientierungen können sehr wohl miteinander vernetzt werden, um einen differenzierteren Blick auf die Gesellschaft zu bekommen (auch wenn dies in der Differenz zwischen Luhmann und Habermas und von ihnen noch als vollständig unmöglich dargestellt wurde). Die Verbindung zwischen humanistischen und konstruktivistischen Elementen ist z. B. etwas, was für die Heilpädagogik sowie für die Beratung in jüngster Zeit versucht wurde (vgl. Greving & Ondracek 2020).

Im Rahmen einer systemisch-konstruktivistischen Betrachtung postmoderner Gegebenheiten wird die Ausdifferenzierung der Gesellschaft noch einmal sehr deutlich in den Fokus genommen. Eine heilpädagogische Professionalität muss sich nun auf all diese ausdifferenzierten, an Grenzen operierenden und durch die Grenzen bestimmten Handlungsweisen bzw. Muster orientieren, damit es zu einer Ausgestaltung eines professionellen heilpädagogischen Habitus kommen kann, welcher inter- und multidisziplinär auf unterschiedlichste Gegebenheiten zu reagieren in der Lage ist. Um welche Grenzen handelt es sich hierbei jedoch konkret?

Die individuelle wie gesellschaftliche Auseinandersetzung mit Grenzen stellt für den Menschen, so wie für unterschiedliche menschliche Systeme einer jeden Zeit und Kultur, ein grundlegendes Phänomen und Ereignis dar: Der Mensch bzw. seine Kultur erlebt sich als durch den Körper begrenzt, erfährt Begrenzungen des sozialen und tatsächlichen Raumes, be- und durchschreitet unterschiedliche Erlebensgrenzen und gelangt schließlich an eine (vielleicht auch scheinbar) letzte Grenze – den Tod. Was kann hierbei jedoch als Grenze definiert werden? In einem ersten Schritt gleicht sie einer Situation, die aufzeigt, was dem Menschen unbekannt erscheint, was ihm Krisen aufnötigt. Dort, wo er andere Menschen als potenziell und aktuell fremde Menschen wahrnimmt, genau dort erfährt er sich mit Begrenzungen und Grenzerfahrungen konfrontiert. Die Wahrnehmung der Erfahrung von Grenzen kann also als eine Erfahrung a priori, als conditio sine qua non des Menschen und Menschseins als solche beschrieben werden. Grenzen sind folglich Phänomene, welche sowohl lebenslauforientiert als auch durch unterschiedliche Perspektiven und Disziplinen bedingt und grundgelegt werden. Hierin und hierauf hat ein heilpädagogisches Handeln zu reagieren, welches, wie bereits erwähnt, professionsgeschichtlich immer in Grenzsituationen tätig war, welches aber aktuell noch viel deutlicher mit kontingenten Erfahrungen konfrontiert wird. Die Kontingenz stellt hierbei das Erleben dar, dass eine (zu erfahrene) Situation aber auch ganz anders sein kann oder hätte sein können.

Folgende Grenzen sind infolgedessen wahrzunehmen, wenn hierzu oder von hieraus heilpädagogische Konzepte und Methoden entwickelt werden sollen: In einem ersten Schritt muss generell ein Blick auf Begrenzungen, d. h. auf Unbekanntes, auf Krisen sowie auf den Anderen, vorgenommen werden: Wir sind als Menschen begrenzt in dem, was wir erleben, und in dem, was wir spüren, was wir kommunizieren können. Wir sind als Menschen dazu genötigt, unsere persönlichen Grenzen, eventuell sogar unsere Systemgrenzen wahrzunehmen und diese auszuhalten. Die erste Grenze, die hierbei deutlich wird, ist die Grenze der Geburt. Wir überschreiten die Grenze zwischen einem Zustand des Vorherseins und einem des Daseins. Wir überschreiten hierbei die Grenze von dem Verschmolzensein mit der Mutter zu dem Getrenntsein und der grundlegenden Einsamkeit als Gesellschaftswesen – worauf Martin Buber schon sehr früh verwiesen hat. Eine weitere Grenze ist die, vielleicht auch nur scheinbar natürliche, Grenze des Körpers: Er nötigt uns Krankheiten und Behinderungen auf, wir erleben durch diesen Körper Prozesse der Einschränkungen, welche wiederum Leidprozesse nach sich ziehen. Diese sind jedoch nicht statisch zu betrachten, sondern können immer wieder modifiziert und verändert werden – nicht allein durch pädagogisches Handeln. Wir erleben die Grenze des Raumes und die Grenzen der Zeit, sowohl durch unsere Lebenszeit als auch durch die Bedingtheit des Alltages, welcher uns dazu nötigt, unsere Zeiten einzuschränken. Der Raum wird begrenzt, indem wir nicht dazu in der Lage sind, all die Räumlichkeiten und Raummuster, die sind, durchschreiten und erleben zu können. Im weiteren Sinne und darüber hinaus erleben wir die Grenze der Generationen, da wir nur kaum einmal in der Lage sind, weiter als bis zu unserer Groß- oder Urgroßelterngeneration eine Betrachtung zu wagen. Was zeitgeschichtlich davor existierte und war, erst recht, was danach generationsmäßig am Horizont der Geschichte aufscheint, bleibt uns im Hinblick auf die Vergangenheit und erst recht im Hinblick auf die Zukunft verborgen. Die hiervon abhängigen Veränderungen in der Wahrnehmung der Gesellschaft, der Sprache, der Kultur, der Politik usw. können an dieser Stelle nur benannt, aber nicht weiter differenziert werden. Wir operieren des Weiteren an den Grenzen der Sprache und Sprachlichkeit. Das bezieht sich auf die Kommunikationsvorgänge, welche verbal wie nonverbal, aber auch durch Zeichen und Gesten realisiert werden. Wir geraten körpersprachlich an unsere Grenzen, und die Sprache, welche uns moderne Kommunikationsmittel wie das Internet, wie Twitter oder Facebook usw. abverlangen, bedingt und verändert die Art und Weise, wie wir sprechen. Gerade im Hinblick auf die Behinderung von Sprache, sei es nun Körpersprache, Verbalsprache oder Schriftsprache, sind all diese Phänomene noch längst nicht erschöpfend untersucht. Wir erleben uns an den Länder- und Staatsgrenzen, aber auch an den Grenzen der Geschichte sowie an den Grenzen des Glaubens und der Religion. Gerade im Hinblick auf Menschen mit Migrationserfahrungen und Behinderungen agieren wir hierbei extrem deutlich und immer wieder einmal sehr konflikthaft in kontingenten Situationen. Letztlich geraten wir in der Beschreibung unseres Lebens, in der Beschreibung der Fachwissenschaft und Profession der Heilpädagogik, aber auch in der Betrachtung aller Elemente, die wir alltäglich realisieren, welche wir konzeptionell begründen und methodisch handelnd umsetzen, an die Grenzen der Erkenntnis. Gerade im Hinblick auf eine konstruktivistische Betrachtungsweise der Erkenntnis stellen sich sehr deutlich die Fragen, was wir wissen können, wie wir dieses Wissen als valide einschätzen können, wie wir dieses Wissen bedingen bzw. durch welches es bedingt wird und wie uns dieses Wissen bedingt. Da die Forschungen, auch die neurophysiologischen und hirnorganischen, hierzu erst vor wenigen Jahren begonnen haben, kann behauptet werden, dass noch längst nicht umfassend deutlich ist, inwiefern die Grenzen menschlicher Erkenntnis menschliches Wissen deutlicher prägen, als dieses vielleicht bislang angenommen wurde. Im Letzten sind wir durch eine letzte Grenze gebunden, eine Grenze, von welcher aus unsere Tätigkeit und unser Leben eigentlich erst bestimmt sein kann und soll: die Grenze des Todes. In der Arbeit mit Menschen mit Behinderung, in der Auseinandersetzung mit Abschieds- und Leidprozessen ist diese Grenze ein ständiger Begleiter. Dieser »Bruder Tod«, wie ihn der heilige Franziskus benannt hat, ist ein Begleiter, ein Schatten, welcher auch durch die noch so intensive professionelle Wahrnehmung nicht abgeschüttelt, nicht negiert werden kann.

Die Wahrnehmung von Grenzen erscheint somit als eine, vielleicht sogar die einzige Chance jedweder Entwicklung, gerade auch bei der Entwicklung der Profession. Grenzen stellen infolgedessen Urerfahrungen des Menschen dar. In der Auseinandersetzung mit diesen kontingenten Situationen entwickeln sich Handlungsfelder, welche ebenfalls durch Kontingenzen und Grenzen gekennzeichnet sind, in und mit welchen die Heilpädagogik tätig werden muss. Die Wahrnehmung von Grenzerfahrungen ist somit deutlich mehr als nur ein Zeichen einer postmodernen Zeit, ja mehr noch: die Post-Postmoderne, so wie sie aktuell auch bezeichnet wird, scheint sich mehr und mehr aufzulösen und einer weiteren Beliebigkeit das Wort zu reden. So können die Grenzen, so können die Erfahrungen in kontingenten Situationen gegebenenfalls sogar als Sicherheit und Leitmotiv gelten – eine Situation, welche als dichotome Paradoxie charakterisiert werden kann.

In diesem Konglomerat unterschiedlicher Grenzerfahrungen hat sich die Entwicklung der Institutionen hin zu Organisationsformen und zu Handlungsfeldern in den letzten 120 Jahren deutlich verändert, bzw. sie muss als sich deutlich verändernde dargestellt werden (vgl. hierzu ausführlich Beck & Greving 2012, 31–69). Aus der Entwicklung einer Absprache der Gesellschaft zum Thema Bildung (also die Institution »Bildung«) erwuchs eine Schulform bzw. stellten sich unterschiedliche Schulformen dar, welche nun im Rahmen der Inklusionsdebatte wiederum modifiziert und aufgelöst werden. Wie an diesem Beispiel deutlich wird, vollzieht sich der Weg einer Institution über die Inanspruchnahme und Konkretisierung in einer Organisationsform zu einem Handlungsfeld – dieser Weg gerät bzw. geriet in den letzten 120 Jahren im Rahmen postmoderner Veränderungsprozesse jedoch immer auch als Weg, welcher Grenzen und Kontingenzen darstellt und ausprägt. Ob nun zum Beispiel eine Organisationsform als integrativ oder inklusiv, ob eine Wohneinrichtung als gemeindenah oder doch eher schützend und bewahrend, ob eine Arbeitseinrichtung eher als für Menschen mit Behinderung oder für den Ersten Arbeitsmarkt tätig werdend gekennzeichnet werden kann, ist alles andere als eindeutig und deutlich. Heilpädagogische Konzepte und Methoden müssen folglich vor dem Hintergrund dieser systemisch-konstruktivistischen Grundlegung, den hiervon abgeleiteten Grenzerfahrungen und den skizzierten Wegen zwischen Institution, Organisation und Handlungsfeld reagieren. Sie müssen sich hierbei jedoch nicht anpassen, sondern ihre Handlungsfelder in der bewussten Wahrnehmung kontingenter Prozesse kreativ ausformen.

Heilpädagogisches Handeln – Handeln an Grenzen

Wie bis hierher deutlich geworden sein dürfte, konkretisiert sich das heilpädagogische Handeln immer in bestimmten Grenzsituationen und mit ganz bestimmten Grenzen. Dieses kann beispielhaft an folgenden Punkten deutlich gemacht werden:

- Didaktische Grenzen: Die Didaktik heilpädagogischer Handlungen gerät vielfach an Lehrgrenzen, da nicht deutlich zu sein scheint, in und mit welchen Begründungen und Grundlagen Menschen Lernprozesse entgegennehmen bzw. entäußern.
- Methodische Grenzen: Hierbei kommt es dann zu Lehrgrenzen durch Heilpädagogen bzw. all diejenigen Menschen, welche im behindertenpädagogischen Bereich Lehrprozesse initialisieren und konkretisieren.
- Handlungsgrenzen: Hierbei können Barrieren benannt werden, wie sie vielfach noch in den Köpfen der Gesellschaft vorhanden sind, so dass heilpädagogische Handlungen nicht konform umgesetzt werden können.
- Grenzen der Handlungsfelder: Hierbei kommt es dann häufig zu Grenzen, welche in der jeweiligen Geschichte der Handlungsfelder bzw. in ihrer institutionellen Verortung grundgelegt sind.
- Grenzen der Organisationskultur: Hierbei entstehen Grenzen, welche in der Entwicklung der Organisation wahrnehmbar sind, wenn es dieser z. B. nicht gelingt oder nicht zu gelingen scheint, sich auf neue Herausforderungen einzustellen bzw. diese auch nur in Augenschein zu nehmen.
- Grenzen der Inter- und Transdisziplinarität: Beim Aufeinandertreffen unterschiedlicher Disziplinen und Professionen, welche in ihrer jeweiligen Darstellung vielleicht nicht einmal ein deutliches Bewusstsein dieser Professionalität bzw. ihrer disziplinären Orientierung entwickelt haben, kann es zu unterschiedlichen Grenzerfahrungen kommen, welche eine gemeinsame Kommunikation bzw. das Operieren an gemeinsamen System- und Sinngrenzen erschweren oder verunmöglichen.

- Das Handlungsfeld der Beratung: Hier kommt es gegebenenfalls zu Grenzerfahrungen im Rahmen der (Ko-)Konstruktion von gemeinsam entwickelten, aber doch sehr unterschiedlich verstandenen Beratungsmodalitäten und Beratungssettings.

Aus dieser kurzen Aufzählung wird deutlich, dass das heilpädagogische Handeln, so wie dieses von Gröschke mit den Wegmarkierungen der Entwicklung einer Praxiskonzeption, einer Pragmatik und einer Wahrnehmung anthropologischer, ethischer und gesellschaftlicher Bezüge im Hinblick auf die Teilhabe von Menschen mit Behinderung beschrieben worden ist, auch heute noch extrem aktuell ist: Eine intensive Ausgestaltung einer heilpädagogischen Konzeption, welche sowohl die Wissensanteile als auch die Motivationsanteile aller Beteiligten in Augenschein nimmt, kann nicht mehr umhin, das Wissen an und mit Grenzen sowie die Motivation und die Schwierigkeiten, welche sich ergeben, wenn in kontingenten Situationen gehandelt wird, als Basis dieser Konzeptentwicklung zu betrachten. Hieraus entsteht dann möglicherweise eine heilpädagogische Pragmatik, welche Grenzerfahrungen deutlicher ins Wort zu nehmen weiß, als dieses ohne eine Betrachtung von Kontingenzerfahrungen der Fall wäre. Die Auseinandersetzung mit dem Teilhabe-, Partizipations- und Inklusionsthemen kann und muss vor diesem Hintergrund immer auch von der Betrachtung der Grenzen aus erfolgen, so dass eine gesellschaftsdifferenzierende Sichtweise notwendig erscheint, um diesen Diskurs professionell voranzutreiben.

Über Grenzen hinaus – eine Hoffnung

Zum Abschluss dieser kurzen Diskussion des heilpädagogischen Handelns in kontingenten Handlungsfeldern bleibt eine Hoffnung zu beschreiben. Eine Hoffnung, welche darin besteht, dass Grenzen möglicherweise auch überschritten werden können. Hierzu gehören im Rahmen einer Professionsentwicklung der Heilpädagogik der Einbezug bildungspolitischer und sozialpolitischer Betrachtungen ebenso wie der einer konsequenten ethischen Perspektive, welche mit moralischen Themen und Schwerpunkten in heilpädagogischen Handlungsfeldern diskutiert wird bzw. sich auf diese bezieht. Allein die Auseinandersetzung mit gentechnologischen Fragestellungen, mit Ausgrenzungsproblemen, mit Migrationsthemen und Menschen mit Doppeldiagnosen sind nur wenige Beispiele, die eine solche Orientierung mehr als notwendig machen. Die Entwicklung eines gemeinsamen Bildungsgedankens – unabhängig, ob ein Mensch mit oder scheinbar ohne Behinderung lebt – gehört in den Fokus einer lebenslauforientierten Betrachtung und kann nicht allein einer Schulpädagogik überlassen werden. Die Profilbildung und Professionalisierung der Heilpädagogik kann folglich dargestellt werden als eine Überschreitung der heilpädagogischen Grenzen im Hinblick auf eine »Allgemeine Pädagogik«. Dies bedeutet nicht, dass die Heilpädagogik in einer Allgemeinen Pädagogik aufgeht, das ganze Gegenteil ist hierbei der Fall: Sie soll die Allgemeine Pädagogik darauf verweisen, dass sich auch diese im Rahmen der Erfahrung von Grenzen und Kontingenzen ihren Themen und Handlungsbereichen stellen muss, so dass eine gemeinsame Orientierung im Hinblick auf die Veränderung von Grenzerfahrung und Kontingenzsituationen im Rahmen einer gemeinsamen Modifikation gesellschaftlicher Prozesse denkbar und möglich wird.

Es ist somit abschließend eine Hoffnung zu thematisieren, dass Heilpädagogik sich ihrer Grenzen sehr wohl bewusst wird, dass sie diese Grenzen jedoch konzeptionell deutet und methodisch fokussiert, um hieraus Handlungsprozesse zu entwickeln, welche zur Professionalität und Professionsentwicklung, und zwar mehr als bislang, beitragen. Die Begründungen, welche Dieter Gröschke hierzu in den letzten 25 Jahren bereitgestellt hat, sind eine exzellente Basis, von welcher aus dieser Diskurs seinen Fortgang nehmen kann.

Literatur

Beck, I. & Greving, H. (2011): Institution und Organisation. In: Beck, I. & Greving H. (Hrsg.): Gemeindeorientierte pädagogische Dienstleistungen (Enzyklopädisches Handbuch der Behindertenpädagogik: Behinderung, Bildung, Partizipation, Band 6). Stuttgart, 31–69

Greving, H. (2011): Heilpädagogische Professionalität. Eine Orientierung. Stuttgart

Greving, H., Ondracek, P. (2020): Heilpädagogisches Denken und Handeln. Eine Einführung in die Didaktik und Methodik der Heilpädagogik (2. Auflage). Stuttgart

Gröschke, D. (1997): Praxiskonzepte der Heilpädagogik (2. neubearb. Auflage). Bad Heilbrunn

Gröschke, D. (2008): Heilpädagogisches Handeln. Eine Pragmatik der Heilpädagogik. Bad Heilbrunn

Gröschke, D. (2011): Arbeit, Behinderung, Teilhabe. Anthropologische, ethische und gesellschaftliche Bezüge, Bad Heilbrunn

2 Heilpädagogische Ethik unter dem Primat der Praxis

Sabine Schäper

Anknüpfend u. a. an das Verständnis von Ethik als »erste Philosophie« (prima philosophia) bei Adorno und Lévinas konzipiert die »Praktische Ethik der Heilpädagogik« Dieter Gröschkes (1993) eine Ethik heilpädagogischen Handelns als Grundlage heilpädagogischer Disziplin- und Professionsentwicklung. Sein Ansatz heilpädagogischer Ethik im Sinne einer professionellen Skepsis als Grundhaltung gegenüber politischen und gesellschaftlichen Entwicklungen soll in diesem Beitrag kritisch ins Gespräch gebracht werden mit der »Ethik im Ausgang von Erfahrungen des Intolerablen« bei Michel Foucault und einer handlungstheoretischen Begründung von Bildung als »Wahrnehmung des Anderen« bei Helmut Peukert.

Heilpädagogische Ethik: die »Suche nach dem richtigen Leben« unter erschwerten Bedingungen

Die Praxis heilpädagogischen Handelns ist in besonderer Weise mit erschwerten Lebensbedingungen konfrontiert: Menschen mit Behinderungen leben dauerhaft mit Grenzen, die sowohl in spezifischen individuellen Beeinträchtigungen als auch gesellschaftlichen Benachteiligungs- und Exklusionsmechanismen begründet sind. Kinder und Jugendliche mit Verhaltensstörungen erleben Grenzen der Tragfähigkeit familiärer Lebenskontexte und der Bindungsfähigkeit ihrer Bezugspersonen. Mitarbeitende in Einrichtungen müssen mit gesetzten ökonomischen Grenzen umgehen. Heilpädagog*innen erleben Ausgrenzung und Benachteiligung von Menschen mit Behinderungen und erarbeiten mit ihnen gemeinsam Möglichkeiten der Überwindung aussondernder Unterstützungsarrangements. Gleichzeitig sehen sie sich vielfach mit Vorwürfen konfrontiert, als »Sonder«-Disziplin Inklusionsverhinderer zu sein. Diese und viele andere berufstypische Situationen und Herausforderungen brauchen ethische Reflexion. Heilpädagogik untersteht – als Handlungswissenschaft verstanden – immer dem »Primat der Praxis« (Gröschke 1993, 142), daher kommt es auf das »je problem- und situationsangemessene richtige Handeln an« (ebd.), wissenschaftliche Theorie hat dabei eine »dienende Funktion« (ebd., 143). Heilpädagog*innen müssen in ihrem konkreten beruflichen Handeln, in der Art ihrer Begegnung mit Menschen mit Behinderungen und in der Art der Gestaltung entwicklungsförderlicher und inklusiver Lebens- und Lernbedingungen in der Lage sein, »am endlosen Prozess des Suchens nach dem richtigen Leben verantwortlich teilnehmen zu können und die eigene ethische Urteilsbildung in den wichtigen Fragen des persönlichen und beruflichen Lebens auf eine möglichst sichere Grundlage zu stellen« (Gröschke 1993, 70). Gröschkes Entwurf einer »Praktischen Ethik der Heilpädagogik« reagierte auf ein ethisches Reflexionsdefizit der Disziplin und Profession, das vor dem Hintergrund eines »universellen Prozess(es) der Verfraglichung« (ebd., 7) zentraler Werte und Maximen, wie sie in der Anfang der 1990er Jahre neu aufflammenden Debatte um das Lebensrecht von Menschen mit Behinderungen Ausdruck fand und in der sich zugleich eine generellere »Gefährdung des Humanen« zeigte. Ethische Reflexionskompetenz, die eine »selbständige Teilnahme am nie zu beendenden Gespräch über Ethik« (ebd., 70 f.) ermöglicht, erwies sich vor dem Hintergrund der Debatte als zentrale professionelle Kompetenz heilpädagogisch Handelnder. Die angemessene Grundhaltung im Sinne einer professionellen Tugend der Heilpädagogik sei dabei die Skepsis: ein illusionsloser Realismus, der »das Mögliche, trotz allem, zu verbessern sucht« (Horkheimer 1971, zit. bei Gröschke 1993, 168). Damit ist eben keine Resignation gemeint, sondern der Appell, sich – trotz allem und mit Widerständen rechnend – aktiv für die Lebensinteressen von Menschen mit Behinderungserfahrungen einzusetzen (ebd., 169). Die Skepsis bezieht sich dabei nicht nur auf die gesellschaftlichen Verhältnisse, sondern auch auf die menschliche Natur im Sinne eines anthropologischen Skeptizismus, der das Wissen um die Möglichkeit moralischen Versagens beinhaltet, die menschliches Handeln prägt und immer prägen wird (vgl. Gröschke 1993, 170).

Seither sind nahezu 30 Jahre vergangen, in denen die ethische Reflexion heilpädagogischen Handelns unter Bedingungen zunehmender Ökonomisierung in allen Handlungsfeldern weitergeführt wurde. Das Spektrum der Arbeiten ist auch in der inhaltlichen Ausrichtung breit. Exemplarisch seien hier die Arbeiten von Haeberlin und Schumann & Lob-Hüdepohl genannt: Haeberlin konzipierte bereits 1985 eine heilpädagogische Anthropologie, die normative Grundannahmen formuliert und einen normativen Entwicklungsbegriff (Haeberlin 1985, 79) zugrunde legt. Ziel heilpädagogischen Handelns ist danach eine »Vermenschlichung als ganzheitliche Entwicklung« (ebd.), folgerichtig entwickelt er ein Disziplinverständnis der Heilpädagogik als »wertgeleitete Wissenschaft« (Haeberlin 1996). Jakobs weist kritisch darauf hin, dass anthropologische Grundannahmen über das Wesen des Menschen als alleiniger Bezugspunkt einer heilpädagogischen Ethik nicht hinreichen, solange sie von historisch-gesellschaftlichen Bedingungen abstrahieren. Vielmehr müsse die »doppelte Differenz« der Anthropologie Ausgangspunkt ethischer Reflexion sein: die Differenz »zur tatsächlichen historisch-gesellschaftlichen Erscheinungsform (Lebenswirklichkeit) des Menschen wie zu einem (unerreichbaren) vollständigen und wahren Menschenbild (Ideal)« (Jakobs 1997, 112).

Schumann beschreibt im ersten Teil des gemeinsamen Beitrags mit Lob-Hüdepohl die ethische Dimension der Heilpädagogik auf dem Hintergrund der historischen Entwicklungslinien und stellt als zentrale Aufgabe der Profession vor dem Hintergrund aktueller Entwicklungen heraus, »das bedingungslose Existenz-, Bildungs- und Gestaltungsrecht für die eigene Lebensführung aller Menschen in sozialer Teilhabe zu verteidigen« (Schumann/Lob-Hüdepohl 2007, 226). Lob-Hüdepohl skizziert vor dem Hintergrund subtiler Entsolidarisierungstendenzen in der

Gesellschaft die zentralen moralischen Grundhaltungen in der Arbeit »mit Menschen in außergewöhnlich erschwerten Lebenslagen« (ebd., 232): die Haltung besonderer Aufmerksamkeit gegenüber den Äußerungen von Menschen mit schweren Behinderungen und Achtung seiner ureigenen »Sinnlogik«, den Grundsatz der Assistenz und die »Haltung des Anwaltlichen«. Letztere ermögliche es, »die Gestaltungsmacht auf der Ebene zwischenmenschlicher Beziehungen mit dem sozialen Wandel« so zu verknüpfen, dass die Teilhabechancen am gesellschaftlichen Leben sich erweitern (ebd., 234 f.).

Diese beiden Entwürfe einer heilpädagogischen Ethik markieren gewissermaßen die Bandbreite der recht breiten Theorieentwicklung auf der Suche nach einer (normativen) Professionsethik der Heilpädagogik. Ethische Reflexionen heilpädagogischen Handelns als deskriptive Ethik sind dagegen nur sehr punktuell zu finden: Die Studie von Eckert und Schlebrowski (2007) bleibt auf der Ebene von Ad-hoc-Aussagen zu möglichen »Verhaltens- und Reflexionsregeln«, die die befragten Studierenden der Heil- und Sonderpädagogik »für wichtig bzw. hilfreich erachten«.[1] Immerhin wird deutlich, dass die Betonung einer durch Wertschätzung und Respekt geprägten Haltung viel Zustimmung findet (etwa 67 %), während der Anspruch, »sich in der Öffentlichkeit für die Belange von Menschen mit einer Behinderung stark [zu] machen«, nur von unter 10 % der Befragten als zentrale Verhaltensregel benannt wird. Die Untersuchung erlaubt aber über solche groben Tendenzaussagen hinaus keine Aussage über den *state of the art* auf der Seite der gelebten Praxis von Berufsvertreter*innen. Die Frage nach deren faktisch gelebter ethischer Orientierung bleibt ein weißer Fleck im Wissen um die heilpädagogische Berufsethik.

Heilpädagogische Ethik als Geschichtsschreibung

Der bereits skizzierte Argumentationsgang von Schumann & Lob-Hüdepohl (2007) deutet darauf hin, dass eine heilpädagogische Ethik nicht geschichtslos zu denken ist: Ethische Reflexion, ethische Theoriebildung und ethisch reflektierte Praxis der Heilpädagogik können nicht von der historischen Realität der Ausgrenzung von Menschen mit Behinderungen bis hin zu ihrer Vernichtung abstrahieren. Eine Heilpädagogik im Zeitalter nach ihrer massenhaften Vernichtung in Grafeneck, Hartheim, Hadamar und andernorts ist nicht mehr denkbar ohne eine Reflexion der gesellschaftlichen und mentalen Bedingungen, die zu dieser Zuspitzung einer freilich in der Gesellschaft bereits vorhandenen und politisch instrumentalisierten Haltung gegenüber Menschen mit Behinderungen geführt haben. Die Vernichtungsmaschinerie des Nationalsozialismus zeigt, wozu ein »unkontrolliertes Freiwerden des instrumental-rationalen Potentials führen kann, wenn die technokrati-

---

[1] Die Studie basierte auf einer Befragung von 310 Studierenden im Grundstudium der Heil-/Sonderpädagogik.

sche Effizienz zum entscheidenden politischen Maßstab wird« (Bauman 1994, 131). Ein solches Denken in Kategorien technokratischer Effizienz erfreut sich bis heute hoher Plausibilität, die aber – darauf hat Michel Foucault mit seinem Theorem der »Gouvernementalität«[2] hingewiesen – eine neue Qualität erreicht hat: Der Preis der Ökonomisierung wird als ihr Gewinn »verkauft« und von den Subjekten auch so wahrgenommen, indem emanzipatorische Programme der Selbsthilfebewegung wie ›Empowerment‹ oder ›Inklusion‹ seitens der sozialpolitischen Akteure mit der Suche nach Einsparpotentialen angesichts steigender Fallzahlen verknüpft werden. Im Rückblick auf die Geschichte der Instrumentalisierung von Menschen mit Behinderungen bis hin zu ihrer Vernichtung zum vermeintlichen Wohl des »Volksganzen« müssen solche Strategien alarmieren.

Die negative Dialektik Adornos, für den Schmerz und Negativität »Motor des dialektischen Gedankens« (Adorno 1990, 201) sind, ist wesentlich durch die historische und individuelle Erfahrung des Leidens geprägt. Sogar die Kunst ist nur noch legitim als Kunst der Geschichtsschreibung, die »das Gedächtnis des akkumulierten Leidens« nicht abschüttelt, sondern ihm zum Ausdruck verhilft (Adorno 1998, 387). Der Streit um die Abgeschlossenheit oder Unabgeschlossenheit der Vergangenheit zwischen Walter Benjamin und Max Horkheimer in den 1930er Jahren kann auch heute noch als wichtiger Referenzpunkt für die heilpädagogische Ethik gelten: Während Benjamin auf der Unabgeschlossenheit der Vergangenheit bestand, hielt ihm Horkheimer entgegen: »Die Feststellung der Unabgeschlossenheit ist idealistisch, wenn die Abgeschlossenheit nicht in ihr aufgenommen ist. Das vergangene Unrecht *ist* geschehen und abgeschlossen. Die Erschlagenen sind *wirklich* erschlagen.«[3] Diese Aussage richtete sich vor allem religionskritisch gegen die Idee eines Jüngsten Gerichts, das die Gerechtigkeit für die Opfer kollektiv wiederherstellen sollte – das sei Opium fürs Volk. Benjamin aber ging es nicht um billige Jenseitsvertröstung. Seine Auffassung von Geschichte ist von der erschütternden Erfahrung von Verfolgung, Unterdrückung und Leid im Faschismus geprägt sowie vom hebräischen Denken, das Zeit und Zukunft anders denkt: Im Alten Testament heißt das Wort für Zukunft »aharit« – wörtlich »das im Rücken«, »das Rückwärtige«, »das, was nachher kommt« oder auch »das Ende« – hier scheinen die Zeitverhältnisse verdreht – und das Wort für Vergangenheit heißt »l^{e}fenim« oder »lifne«, und bedeutet so viel wie »vor Angesicht«, »vor Augen«, je nach Kontext auch »Gesicht«. Vor dem Hintergrund dieses Zeitverständnisses ging es Walter Benjamin darum, die Opfer eben nicht ein für allemal »aus den Augen zu verlieren«, sie für verloren und vernichtet zu erklären, sondern die Geschichte offen zu halten, damit die Opfer durch das Vergessen nicht ein weiteres Mal vernichtet werden. Auch Adorno sah in

---

2 Mit dem Begriff der Gouvernementalität (semantische Verbindung von frz. *gouverner* und *mentalité*) weist Foucault auf die Wechselwirkungen zwischen »Regierungstechnologien« (etwa dem sozialstaatlichen Reformprogramm der »Ambulantisierung«), fachlichen Diskursen und den »Selbsttechnologien« hin, d. h. der Weise, wie Menschen sich selbst wahrnehmen und in der ihre Identität durch die Wechselwirkungen zwischen Macht- und Wissensformen geprägt ist (vgl. Reichert 2004; Schäper 2009).
3 Max Horkheimer in einem Brief vom 16.03.1937 an Walter Benjamin, zit. n. Tiedemann 1975, 87.

einer Menschheit ohne Erinnerung die in Auschwitz Ermordeten noch um das einzige betrogen, »was unsere Ohnmacht ihnen schenken kann: das Gedächtnis« (Adorno 1971, 12). Walter Benjamin hat dies am Bild vom »Engel der Geschichte« veranschaulicht, den er in die Zeichnung »Angelus Novus« von Paul Klee hineininterpretiert hat.

> »Es gibt ein Bild von Klee, das Angelus Novus heißt. Ein Engel ist darauf dargestellt, der aussieht, als wäre er im Begriff, sich von etwas zu entfernen, worauf er starrt. Seine Augen sind aufgerissen, sein Mund steht offen, und seine Flügel sind ausgespannt. Der Engel der *Geschichte* muss so aussehen. Er hat das Antlitz der *Vergangenheit* zugewendet. Wo eine Kette von Begebenheiten vor uns erscheint, da sieht er eine einzige Katastrophe, die unablässig Trümmer auf Trümmer häuft und sie ihm vor die Füße schleudert. Er möchte wohl verweilen, die Toten wecken und das Zerschlagene zusammenfügen. Aber ein Sturm weht vom Paradiese her, der sich in seinen Flügeln verfangen hat und so stark ist, dass der Engel sie nicht mehr schließen kann. Dieser Sturm treibt ihn unaufhaltsam in die Zukunft, der er den Rücken kehrt, während der Trümmerhaufen vor ihm zum Himmel wächst. Das, was wir den Fortschritt nennen, ist dieser Sturm« (Benjamin 1980, 697 f.).

Menschen in heilpädagogischen Praxisfeldern sind oft auch in vielfältiger Weise verletzt, gedemütigt, haben in ihrer Identitätsentwicklung Schaden genommen durch die Bedingungen, unter denen sie aufwachsen und leben, sind Opfer struktureller, personeller oder auch kultureller Gewalt. Sie wurden und werden unter dem Vorzeichen von Fürsorge klein, bedürfnislos und machtlos halten. In den Praxisfeldern begegnen wir Menschen, die ähnlich wie Benjamins »Engel der Geschichte« ihre Augen nach rückwärts wenden – als wären sie »im Begriff, sich von etwas zu entfernen, worauf sie starren«, mit weit aufgerissenen Augen und Mündern, weil es ihnen Angst macht, und als wollten sie »das Zerschlagene zusammenfügen«. Dieses Bild Benjamins lässt zum Beispiel an Opfer von traumatisierender Gewalterfahrung denken. Walter Benjamin versteht historisches Wissen nicht als das Erkennen einer Objektivität, sondern als »Aneignen einer Erinnerung« und zwar »im Moment der Gefahr«. Das kollektive »Eingedenken« im Blick auf die Verletzungen der Vergangenheit kann davor schützen, dass solche Verletzungen sich aktuell – vor dem Hintergrund neuer Infragestellungen des Lebensrechts und der Unterstützungsansprüche von Menschen mit Behinderungen – wiederholen. Das Eingedenken der Verletzungen, das Benjamin als Haltung anamnetischer, rückwärtsgewandter Solidarität beschreibt, schützt auch davor, die Geschichte der Heilpädagogik nur als Fortschrittsgeschichte zu lesen. Im Rückblick auf die brüchige Geschichte der Unterstützung von Menschen mit Behinderungen zeigt sich eben kein geradliniger Fortschritt, die Entwicklung der Heilpädagogik ist keine stetig ansteigende Linie des Zugewinns an Teilhabemöglichkeiten und Freiheitsräumen für Menschen mit Behinderungen. Walter Benjamin mahnt, den Blick insbesondere auf die »Trümmer der Geschichte«, der individuellen wie der kollektiven Geschichte zu lenken, auf all das, was »verraten, unterdrückt und vergessen« wurde. Diese Solidarität *im Eingedenken* ist keine folgenlose innere Haltung, sondern eine *Praxis*, die im Handeln dem Anderen die Ehre erweisen will, in einer Praxis kommunikativen Handelns, die die Rettung für den Anderen nicht nur behauptet, sondern diese Behauptung »im Handeln zu bewähren versucht« – so hat es der Theologe und Erziehungswissenschaftler Helmut Peukert im Anschluss an Benjamin formuliert (Peukert 1978, 331). Peukert versteht eine solche Praxis der anamnetischen Solidarität als Bedingung der

Möglichkeit von Subjektsein überhaupt. Er geht so weit zu behaupten, dass man aus dieser anamnetischen Solidarität »nur um den Preis des Verlustes der eigenen Identität ausbrechen kann« (ebd., 355). Mein eigenes Subjektsein ist davon abhängig, ob es gelingt, der Geschichte eines Anderen, eines oder einer individuellen Anderen so zu begegnen, dass ich die Verletzlichkeit wahrnehme, ohne zu verletzen, Grenzen mit Respekt behandle, und der Anderen den Rücken stärke, damit der »Sturm vom Paradies her« ihr unter die Flügel packt und sie antreibt, aufzustehen und loszugehen. Und es bedeutet im Blick auf die Geschichte der Sorge für Menschen mit Behinderungen, der Professionsgeschichte der Heilpädagogik, sich selbst den Brüchen der Geschichte stellen, sich mit den Hinterhöfen und Kehrseiten der Erfolgsgeschichten auseinander zu setzen, mit nach wie vor misslingenden Inklusionsprozessen, mit fortdauernden Mechanismen der Entmündigung, der Ausgrenzung, der Missachtung. Eine Praxis des Eingedenkens sucht Antworten auf die Fragen der Opfer von Gewalt in totalen Institutionen der 1960er und 1970er Jahre, deren entmächtigende Mechanismen in Teilen bis heute fortbestehen. Auch heute leben Menschen mit Behinderungen, Kinder und Jugendliche und alte Menschen, die auf professionelle Lebenskontexte angewiesen sind, weil ihre familiären nicht mehr tragen, unter Bedingungen struktureller und kultureller Gewalt. Das Eingedenken findet dabei nicht nur als rationale Reflexion statt: Erinnerung braucht Rituale, die auch emotionalen Anteilen symbolischen Ausdruck verleihen und die Erfahrungen von Menschen verdichten.[4] Solche Rituale verdichteter Erfahrung verdeutlichen ein erstes wichtiges Kennzeichen heilpädagogische Ethik: ihre Narrativität. Eine heilpädagogische Ethik, die nicht-exklusiv sein will (vgl. Dederich/Schnell 2011), kann nicht aufhören, Geschichten zu erzählen von Menschen, die exkludiert werden, solange es exkludierende Bedingungen gibt. Eine narrative Ethik der Heilpädagogik kultiviert eine Form gefährlicher Erinnerung, die weder der Versuchung erliegt, die Vergangenheit im Rückblick zu beschönigen – noch der gegenteiligen Versuchung, die Vergangenheit als moralisch verwerfliche Praxis zu beschreiben, die aber überwunden sei. Erinnerung hat demgegenüber eine kritische Funktion im Sinne von Bewusstseinsbildung, von Sensibilisierung für die Risiken und Widersprüche im Hier und Jetzt. Insofern ist eine Heilpädagogik, die sich als Disziplin in der Geschichte begreift auch »auf die Einsicht in die Geschichte und unsere Rolle in ihr« angewiesen, so hat es der brasilianische Pädagoge Paulo Freire in seiner Pädagogik der Befreiung formuliert – genauer: Wir können nicht in der Welt sein, »mit der Welt und den anderen, und dabei indifferent ... bleiben hinsichtlich eines Verständnisses dessen, wofür wir machen, was mir machen: zum einen, wem es zugute kommt, was wir machen, zum anderen, gegen wen es sich richtet, was wir machen« (Freire 2007b, 106). Das Bewusstsein unserer Präsenz in der Welt ist notwendig ein Bewusstsein unserer Verstrickung in ungerechte Strukturen, die uns mit der Frage konfrontiert, gegen was und wen sich unser Handeln richtet – im positiven Sinne: befreiend, im negativen Sinne: paktierend.

---

4 Modelle für eine Gedenkfeier für die Opfer der Euthanasieverbrechen sowie zum erinnernden Umgang mit struktureller Gewalt in einer Einrichtung der sog. Behindertenhilfe finden sich bei Schilles 2006 sowie Schilles 2012.

Heilpädagogische Ethik: Ethik »mit dem Gesicht zur Gesellschaft«

Skepsis als Grundhaltung heilpädagogisch Handelnder

Gröschkes Plädoyer »Für eine Heilpädagogik mit dem Gesicht zur Gesellschaft« (2002) antwortet auf eine im Verlauf der 1990er Jahre sich zuspitzende Legitimationskrise sozialer und pädagogischer Berufe. Die Gesetzesnovellen der 1990er Jahre in den Sozialgesetzen markieren den Schwenk hin zur Ökonomisierung des Sozialen. Die heilpädagogische Berufstugend der Skepsis erhält in diesem Kontext eine neue Konnotation: Die Praxis der Heilpädagogik ist nicht nur Opfer der Verhältnisse, sie ist keine »pädagogische Provinz« (Gröschke 2002, 10), vielmehr ist die konkrete Ausgestaltung pädagogischer Prozesse von ökonomischem Gedankengut affektiert. Wie sehr heilpädagogische Praxis von ökonomischem Denken nicht nur affektiert, sondern sich mehr und mehr selbst in dessen Deutungsmustern verstrickt, machen Analysen zur Genealogie sozialer und pädagogischer Praxis im Ausgang der Analysen von Michel Foucault deutlich. Eine von ökonomischen Fragestellungen gänzlich freie Praxis der sog. Behindertenhilfe ist nicht erst seit den 1990er Jahren eine Abstraktion, vielmehr ist sie schon seit ihren Anfängen aufs engste verschränkt mit dem System des Sozialstaates. Foucault hat diese wechselseitige Verstrickung – zu beiderseitigem Gedeih! – treffend »Komplizität« (Foucault 1973, 77) genannt. Diese Deutung der Geschichte der sozialen Unterstützung Bedürftiger weist darauf hin, dass die institutionellen Hilfesysteme keineswegs nur Opfer, sondern immer auch Nutznießer sozialstaatlicher Entwicklungen und Programme waren und sind – mindestens zur Sicherung des eigenen Überlebens in den jeweiligen sozialstaatlichen Verhältnissen. Solche ›Komplizität‹ verlangt eine Haltung, die sich nicht mehr nur als Gegenüber der Verhältnisse wahrnimmt und positioniert: Foucaults Analysen der modernen Gouvernementalität konfrontieren uns mit der Sichtweise, dass wir uns nicht schad- und schuldlos halten können: Wir sind Teil des Systems. Die Konsequenz, die Foucault vorschlägt, lautet, Kritik zur Grundhaltung zu erheben – einschließlich einer Haltung der Kritik sich selbst und den Fallen und Verführungen gegenüber, denen wir – als ›Kinder‹ der Ökonomisierung – immer wieder auch selbst erliegen.

Kritik als Modus heilpädagogischen Denkens und Handelns

Die Ökonomisierungskritik Michel Foucaults unterscheidet sich vor allem dadurch von anderen, dass er kein Gegenüber von Subjekt und politischen Machtformen konstruiert, sondern vor allem an einer gründlichen Analyse der Verstrickungen zwischen Subjektivierungsweisen, Diskursen und Macht interessiert ist. Diese Sichtweise ist für die sog. Behindertenhilfe als Teil der sog. Freien Wohlfahrtspflege äußerst relevant, weil sie dem Modell des Dreiecks von Markt, Staat und Zivilgesellschaft eines entgegensetzt, das die Verbindungslinien anstelle der Unterschiede thematisiert. Die sog. Behindertenhilfe erscheint in der Sichtweise Foucaults nicht mehr als Partner im Gegenüber des Sozialstaates, sondern als Instanz, die in vielfältiger Weise an Diskursen, an der Produktion von Wissen und der Umsetzung von Praktiken beteiligt ist, die sich als sozialpolitisch funktional erweisen. Die Prozesse der Ambulantisierung von Hilfen für Menschen mit Behinderungen sind ein gutes Beispiel für die Verquickung fachlicher Diskurse (der Ebene des Wissens) mit politischem Kalkül erhoffter Einspareffekte (die Ebene der sozialstaatlichen Macht) einerseits und sich verändernden Subjektivierungsweisen im Sinne des selbstbestimmten, autonom handelnden und entscheidenden Subjektes andererseits. In Hilfeplanverfahren ist diese Verstrickung sichtbar, wenn sie nicht primär der Analyse des individuellen Unterstützungsbedarfs dienen, sondern der Quantifizierbarkeit eines in Personalressourcen umrechenbaren Betreuungsbedarfs – um den Preis der Reduktion auf diejenigen Aspekte des Unterstützungsbedarfs, die sichtbar, operationalisierbar, quantifizierbar sind. Das, was sich in der Begleitung von Menschen und den Bildungs- wie Entwicklungsprozessen letztlich einer Planbarkeit im Sinne von sicher vorhersagbaren Erfolgen grundlegend entzieht, ist als Gegenstand diesen Planungsprozessen nicht zugänglich. Und hinsichtlich der Art der Beteiligung von Menschen mit Behinderungen an Verfahren der Hilfeplanung reicht die Bandbreite der in der Praxis vorfindlichen Praktiken vom allseitigen Konsens über die Unmöglichkeit von Partizipation aufgrund der kognitiven Einschränkungen bis hin zu ernsthaften Versuchen, auch Menschen mit schwereren Beeinträchtigungen in die Aushandlungsprozesse zur Ausgestaltung ihrer Unterstützung einzubeziehen (mithilfe von Methoden der Unterstützten Kommunikation, Beobachtungsverfahren u. a.). Partizipation und Selbstbestimmung geraten allerdings in der Umsetzung von Hilfeplanverfahren vielfach eher zur Rhetorik.

Foucault versucht nun aus der Analyse der Verstrickung heraus Hinweise zu geben, welche Handlungsmöglichkeiten dennoch – oder gerade aufgrund der eigenen Verstrickung, die mich weiterhin aktive Akteurin, nicht Opfer der Verhältnisse sein lässt – bestehen:

> »Wenn es sich bei der Regierungsintensivierung darum handelt, in einer sozialen Praxis die Individuen zu unterwerfen – und zwar durch Machtmechanismen, die sich auf Wahrheit berufen, dann würde ich sagen, ist die Kritik die Bewegung, in welcher sich das Subjekt das Recht herausnimmt, die Wahrheit auf ihre Machteffekte hin zu befragen und die Macht auf ihre Wahrheitsdiskurse hin. Dann ist die Kritik die Kunst der freiwilligen Unknechtschaft, der reflektierten Unfügsamkeit. In dem Spiel, das man die Politik der Wahrheit nennen könnte, hätte die Kritik die Funktion der Entunterwerfung« (Foucault 1992, 15).

Dabei markiert der ursprünglich französische Terminus für »Entunterwerfung« – »désassujetissement« – die Ambivalenz des Subjektbegriffs im Sprachgebrauch Foucaults »zwischen einer unnachgiebigen Kritik an den aus der Aufklärung überkommenen universalen Subjektimplikationen und dem konstruktiven Entwurf einer Selbstkonstituierung des Subjekts in der Gegenwart« (Kolf-van Melis 2003, 179). Er kommt damit dem Appell Kants, sich aus selbst verschuldeter Unmündigkeit zu befreien, sehr nahe – unterscheidet sich aber in einem wesentlichen Punkt: Foucaults Subjektbegriff ist bereits ein durch das Wissen um die Dialektik der Aufklärung (v) ernüchterter Subjektbegriff. Das Theorem der Gouvernementalität verweist auf neue Subjektivierungspraktiken, die darauf ausgerichtet sind, das Subjekt durch subtile Techniken zur Selbstführung – im Sinne der politischen Macht – zu animieren.

Foucault distanziert sich damit von der eher ideologiekritischen Machtanalyse im Sinne ›falschen Bewusstseins‹, die das Verhältnis von Macht und Subjektivität nur äußerlich beschreibt und Macht als Repressionsmacht in asymmetrischen Beziehungen, als Unterdrückung und Ausbeutung versteht:» ... man muss sie [die Macht] als ein produktives Netz auffassen, das den ganzen sozialen Körper überzieht und nicht so sehr als negative Instanz, deren Funktion in der Unterdrückung besteht« (Foucault 1978, 35). Diese Macht setzt nicht die Unfreiheit, sondern gerade die Freiheit des Subjekts voraus. Thomas Lemke hat dies am Beispiel des Gesundheitswesens deutlich gemacht: »Der ›König Kunde‹ weiß ohne staatliche Bevormundung, angeleitet durch die Gesetze des Marktes, selbst am besten, welche medizinischen Leistungen man sich ›sparen‹ kann« (Lemke 2000, 252). Eine auf individuelle Vorsorge setzende Gesundheitspolitik setzt auf selbstbestimmte Kunden, die ihre Risiken selbst steuern und die Solidargemeinschaft ›nicht unnötig belasten‹.

Die angemessene Grundhaltung gegenüber diesen Verstrickungen ist die der Kritik, eine »individuelle und zugleich kollektive Haltung, aus seiner Unmündigkeit herauszutreten« (Foucault 1992, 41), das »Gegenstück zu den Regierungskünsten, gleichzeitig ihre Partnerin und ihre Widersacherin, als Weise ihnen zu misstrauen, sie abzulehnen, sie zu begrenzen und sie auf ihr Maß zurückzuführen, sie zu transformieren, ihnen zu entwischen oder sie immerhin zu verschieben zu suchen (...): die Kunst nicht regiert zu werden bzw. die Kunst nicht auf diese Weise und um diesen Preis regiert zu werden. Als erste Definition der Kritik schlage ich also die allgemeine Charakterisierung vor: die Kunst nicht dermaßen regiert zu werden« (Foucault 1992, 12).

Dass Foucault diese Grundhaltung der Kritik als »Kunst« bezeichnet, ist keine beschönigende Ästhetisierung, sondern verweist auf die Komplexität des Tuns, das aus dieser Haltung erwächst: Kritik im Sinne der Entunterwerfung beinhaltet sowohl eine differenzierte genealogische Analyse der Prozesse, die zur Unterwerfung des Subjekts im Sinne von Herrschaftstechnologien führen, als auch den Aufweis von Möglichkeiten, diesen Herrschaftstechnologien zu entgehen und das Regiert-Werden zu unterbrechen. Im Blick auf heilpädagogisches Handeln geht es damit um eine differenzierte Analyse der subtilen Mechanismen, die Inklusion verhindern und erschweren, die Selbstbestimmung oft schon im Ansatz torpedieren, um die kritische Analyse professionellen Handelns in Abhängigkeit von Rahmenbedingungen, die Leistungsträger setzen, um die selbstkritische Suche nach subtilen Formen der Machtausübung über Klient*innen, um die Konfrontation von Organisationen mit den Herrschaftstechnologien, die sie gefunden haben, um den eigenen Fortbestand zu sichern, und dabei sowohl Mitarbeitende als auch Betreute an der Realisierung ihrer Selbstbestimmungsrechte hindern. Und der zweite Schritt der Kritik, die konkrete Umformung von Herrschaftstechnologien, die primär disziplinieren, selektieren, normieren und ausgrenzen, in Handlungsmodi, die Freiheitsräume als Bedingungen für das Subjektseinkönnen und Subjektbleibenkönnen aller schaffen, ist nicht minder anspruchsvoll: Die permanente Konfrontation des Systems mit seinen Schwächen ist nicht nur konflikträchtig, sie »erfordert eine Gratwanderung, an den Grenzen der Anerkennbarkeit leben zu lernen und darauf zu verzichten, die Spannung von Affirmation und Kritik aufzulösen« (Lehmann-Rommel 2004, 279).

Damit verändert sich die Perspektive professionellen Handelns, wie Chambon dies – ausgehend von Foucault – im Blick auf die Profession der Sozialen Arbeit konstatiert: »The starting point is not inside the client but inside social work« (Chambon 1999, 53). Ausgangspunkt der Reflexion ist damit nicht primär das Subjekt mit seinen persönlichen Merkmalen, sondern die Beziehung, das gemeinsame Handeln und deren kritische Reflexion aus professioneller Perspektive. Die pädagogische Begleitung steht dabei in der Paradoxie, einen Handlungsmodus »nicht-beeinflussender Einflussnahme« (»noninfluential influencing«, so Epstein 1999, 8) als kommunikative Kunst und Spezialität der Profession zu realisieren. Diese Paradoxie, diese Dissonanz ist der Natur pädagogischen Handelns eigen (vgl. ebd., 9). Empowerment als Zielsetzung heilpädagogischen Handelns etwa stellt schon eine Paradoxie in sich dar, insofern der Prozess der Aneignung von Selbstbestimmung nur ein vom Subjekt selbst vollzogener Prozess sein kann. Durch die Nutzung und Reformulierung dieser Leitidee in sozialpolitischen Programmen wird Empowerment zu einer Selbst- und Regierungstechnologie, die die Lebensumstände dem Zugriff des Individuums gerade wieder entzieht, indem ein Zugewinn an Macht lediglich suggeriert wird, mit dem aber kein echtes Mehr an Regiekompetenz verbunden ist. Soziale Probleme werden neuerlich individualisiert – und zugleich wird dem Individuum der Einfluss auf politische Prozesse entzogen. Bröckling (2003) vermutet hinter der Euphorie, mit dem die Leitidee des Empowerment rezipiert wurde, eine sozialpolitische Strategie. Im Blick auf die Umsetzungsstrategien zur UN-Konvention wird der Mechanismus der Suggestion fortgesetzt, indem zwar Rechte zugesprochen, aber keine Ressourcen bereitgestellt werden, diesen auch Geltung zu verschaffen. Die von Bröckling aufgezeigte Ambivalenz des Empowerment-Paradigmas lässt sich hier wiederfinden: »Je mächtiger diese sich fühlen, umso weniger Probleme werden sie haben – und machen« (Bröckling 2003, 328).

Der Ethik der Heilpädagogik käme die Aufgabe zu, Reflexionsprozesse im Sinne der Entunterwerfung anzustoßen mit dem Ziel, auch in solchen Widersprüchen handlungsfähig zu sein und zu bleiben. Die Anfragen an das Selbstverständnis der Heilpädagogik als Profession und Disziplin, die aktuell von der UN-Konvention über die Rechte von Menschen mit Behinderungen ausgehen, machen eine solche ethisch reflektierte Kompetenz in neuer Weise dringlich: gilt es doch, in exkludierenden Verhältnissen inkludierende Prozesse anzustoßen und zu gestalten. Peukert konstatiert als pädagogische Herausforderung angesichts solcher Paradoxien den Versuch, selbst »als ein Selbst zu existieren, das angesichts radikaler Kontingenz und Widerspruchserfahrungen nicht in sich zerfällt, sondern fähig ist, die Belastungen durch globale Probleme, die in den Alltag hineinreichen, nicht zu verdrängen, sondern auszuhalten und sogar produktiv und gemeinsam mit anderen nach Lösungen zu suchen« (Peukert 1998, 22) – und andere darin zu unterstützen. Dazu bedarf es einer besonderen Form pädagogischer Sensibilität, um »eine Ahnung davon zu haben, was es bedeutet, verletzbarer Mensch zu sein und in verletzbaren kommunikativen Strukturen Mensch zu werden, und zwar in einer Gesellschaft, in der es Tendenzen gibt, solche Strukturen zu stören und zu zerstören; und es hieße bereit sein, für solches bedrohtes Werden auch gegenüber destruktiven gesellschaftlichen Tendenzen Verantwortung zu übernehmen; also Verantwortung für die Realisierung und institutionelle Sicherung kommunikativer Verhältnisse nicht nur in unmittelbaren Beziehungen, sondern auch in der Konstruktion einer differenzierten, durch Differenzverhältnisse bestimmten Welt. ... Und Erziehungswissenschaft hätte kommunikative Bildungsprozesse in diesen Dimensionen methodisch kontrolliert zu reflektieren« (Peukert 1998, 25 f.).

Heilpädagogische Ethik als Praxis der Selbstbesinnung

Die Grundhaltung der Entunterwerfung bei Foucault bietet Anschlussmöglichkeiten für das Verständnis von Ethik als negativ moralischer Praxis bei Adorno: Er beschreibt Ethik als kritische Selbstbesinnung. Auch hier ist der Fokus ethischer Reflexion das Subjekt selbst mit seinen Deformationen – die einzige für Adorno überhaupt denkbare Form von Ethik. Selbstbesinnung als Grundimpetus der Moralphilosophie zielt darauf, »das Bewusstsein ihrer Antinomien ins Bewusstsein aufzunehmen« (Adorno 1996, 248). Die Praxis der Selbstbesinnung verhilft dazu, Abstand zu gewinnen, wiederum nicht als Distanzierung im Sinne des Weg-Delegierens an andere Instanzen, sondern als Distanzierung, als Überschreitung im Vollzug der Reflexion. Die Freiheit des Subjekts wird so immer zusammengedacht mit seiner Brüchigkeit und Inkonsistenz, die Paradoxien werden – im Bewusstsein ihrer Unauflöslichkeit – in das eigene Handeln aufgenommen.

Pädagogisches Handeln geht noch darüber hinaus: Es beinhaltet den Auftrag, solche Prozesse der Selbstbesinnung nicht nur selbst zu vollziehen, sondern sie auch bei anderen anzustoßen. Die Leitidee der Selbstbestimmung kommt vor dem Hintergrund eine neue Konnotation: Ein sich selbst bestimmendes Subjekt wäre eines, das sich der Brüchigkeit der Selbstbestimmung bewusst ist und bleibt. Das Bildungsideal, das auch Grundlage der Entstehung der Heilpädagogik als Disziplin ist, ist kritisch auf die auch in ihm transportierten Ambivalenzen zu befragen, auf die u. a. Ricken (2006) aufmerksam macht: Pädagogisches Handeln ist zwiespältig, insofern es immer auch eine Form der Zurüstung von Menschen auf gesellschaftliche Verhältnisse hin ist. Durch die Verknüpfung des Bildungsideals mit politischen Interessen »vertieft sich der Zugriff der Macht« auf das Individuum in mehrfacher Hinsicht (Ricken 2006, 271): indem Bildung das Selbstverhältnis des Menschen zu sich selbst fokussiert und damit den Blick weglenkt von politischen Einflussnahmen; indem ›Bildung‹ deutlicher als ›Erziehung‹ eine ermöglichende Handlungsform ist, die das Subjektsein des Menschen anzielt und dadurch zur Internalisierung der Anforderungen der Gesellschaft an das Individuum beiträgt; und schließlich dadurch, dass aufgrund der Spannung zwischen »einer gleichzeitigen Selbstaffirmation und Selbstnegation« primär komparativische Beziehungsverhältnisse entstehen (ebd.). Die Bildungsfähigkeit aller Menschen mit Behinderungen zu postulieren und Bildungsprozesse mit ihnen zu gestalten, führt in diese Spannungsfelder, die nicht auflösbar sind. In heilpädagogischen Handlungsfeldern müssen daher Wege gemeinsam erschlossen werden, dem Subjekt*werden* und Subjekt*bleibenkönnen* von Menschen mit Beeinträchtigungen und Behinderungserfahrungen – gegen diese Erfahrungen – Geltung zu verschaffen, und zwar so, dass ihr Subjektsein nicht nur behauptet wird, sondern für sie konkret erlebbar als Subjektivierungs*prozess*. Denn das »Wort Subjekt hat einen zweifachen Sinn: vermittels Kontrolle und Abhängigkeit jemandem unterworfen sein und durch Bewusstsein und Selbsterkenntnis seiner eigenen Identität verhaftet sein. Beide Bedeutungen unterstellen eine Form von

Macht, die einen unterwirft und zu jemandes Subjekt macht« (Foucault 1987, 246 f.). In Bildungsprozessen kommt, »gerade wenn sie gelingen, immer schärfer sowohl die Kontingenz der eigenen Existenz, die unaufhebbare Andersheit der Anderen und die Verletzlichkeit kommunikativer Beziehungen ebenso zu Bewusstsein wie die Unmöglichkeit, ein abgeschlossenes System wissenschaftlichen Wissens aufzubauen oder auf Dauer eine Gesellschaft nach Regeln zu organisieren, die nicht erst gemeinsam gefunden werden müssten und nicht der gemeinsamen Kritik unterlägen. Bildung bleibt ein gewagter, offener, stets gefährdeter und korrekturbedürftiger Prozess« (Peukert 1998, 28 f.). Dieser Prozess muss die Praxis der Selbstbesinnung kultivieren, die letztlich nur als gemeinsame, dialogische Praxis denkbar ist. Eine solche gemeinsame Praxis ist mehr als Partizipation: Sie stellt das Subjektsein auch des pädagogisch Handelnden infrage. Der in der heilpädagogischen Ethik recht breit rezipierte Ansatz von Emmanuel Lévinas weist auf diese radikale Abhängigkeit des Selbstseins vom Subjekt-Sein-Können des Anderen hin: »Die ethische Beziehung stellt das Ich in Frage. Diese Infragestellung geht vom Anderen aus« (Lévinas 2003, 280).

Ethik als erste Philosophie »im Angesicht des Anderen«

In der dialogischen Philosophie bei Lévinas geht der »Enthüllung des Seins überhaupt als Voraussetzung der Erkenntnis und als Sinn des Seins ... die Erkenntnis der Beziehung mit dem Seienden voraus, das sich ausdrückt; früher als die Ebene der Ontologie ist die Ebene der Ethik« (Lévinas 2003, 289). Der Vorrang der Beziehung als ethische Basis vor jedem Erkennen zeigt sich auch in der realen Begegnung mit einem Gegenüber, die Lévinas mit dem Begriff des ›Antlitzes‹ beschreibt: »Der Andere ist nicht mein Thema, wenn ich dem Antlitz begegne – in der Begegnis [sic!] ist meine Ergebenheit an den Anderen das erste« (Lévinas 1989). Die Begegnung mit dem Anderen verlangt eine Antwort, das »Antlitz ist immer ein Antlitz als eine ausgestreckte Hand« (ebd.). Und diese Antwort mündet in eine Verantwortung, die – so Lévinas – bis zur Verantwortung für den Tod des Anderen reicht.

Die Philosophie der Anerkennung des Anderen in seiner Andersheit bei Lévinas ist vielfach als Referenztheorie heilpädagogischer Ethik aufgegriffen worden. Wichtig scheint dabei aber eine Klarstellung im Blick auf den Begriff der ›Andersheit‹: Er meint gerade nicht eine Wahrnehmung von Anderssein, die die Unterschiedenheit betont. Ein solches, distanzierendes Verständnis von ›Andersheit‹ wurde im Kontext von Theorien über die Geschichte der Kolonialisierung als »othering« bezeichnet: »Othering« ist der Vorgang, in dessen Verlauf ich den oder die Andere zur Anderen mache, auf die ›Andersheit‹ festschreibe. Ein solcher Umgang mit ›Andersheit‹ war letztlich Grundlage der Besonderung von Menschen mit Behinderungen in der Geschichte der sog. Behindertenhilfe als Geschichte der Konstruktion verkörperter Andersheit von Menschen mit Behinderungen mit dem Ziel der Normierung, einem Ziel, das paradoxerweise unerreichbar bleiben muss (vgl. Bösl 2009). Der Begriff der Alterität bei Lévinas ist dagegen als komplementärer Begriff zum Begriff der Identität zu verstehen: Der/die Andere im Sinne von »alter« ist eine von zwei einander zugeordneten Identitäten, die in ihrer je eigenen Identität wechselseitig voneinander abhängig sind. Die

Differenz zwischen dem Ich und der oder dem Anderen ist dabei immer zugleich eine fundamentale Nicht-Indifferenz: »Zwischen mir und dem Anderen klafft eine Differenz, die keine Einheit der transzendentalen Apperzeption überbrücken kann. Meine Verantwortlichkeit für den Anderen ist gerade die Nicht-Indifferenz dieser Differenz: die Nähe des Nächsten« (Lévinas 1983, 110). Der Begriff der Verantwortung ist hier nicht paternalistisch gemeint, sondern als Aufforderung, mich der »Anrufung« durch die Anderen zu stellen, der Begegnung nicht auszuweichen und die Verantwortung dafür zu übernehmen, dass die Anderen die Chance erhalten, sich in der Begegnung als Subjekt zu erleben, als Teilhabende und Beteiligte.

Entgegen einer romantisierenden Vorstellung von Anerkennung haben wiederum die Analysen Foucaults verdeutlicht, dass auch Anerkennungsverhältnisse nicht frei sind von Macht: »nicht nur, weil wir auf die Anerkennung anderer angewiesen sind und bleiben, sind wir regierbar; sondern auch, weil Andere und wir uns selbst immer auch entzogen sind, wollen wir regieren« – so Ricken (2004, 137) mit Bezug auf Judith Butler: Sie hat insbesondere das Ineinander von Selbstwerdung und Macht in den Blick genommen. Die Grundlage für die Selbstwerdung des Menschen ist – weil wir auf Anerkennung angewiesen sind – die »Annahme von Machtbedingungen«, die Akzeptanz der Notwendigkeit von Unterordnung: sie ist »der Preis der Existenz« (Butler 2001, 25). Auf Anerkennung sind wir in Prozess der Subjektwerdung unbedingt angewiesen – wie wir zugleich die Grundlagen dieser Anerkennung immer wieder infrage stellen müssen, um ein Selbst sein zu können. Butler konstatiert dabei eine besondere Anfälligkeit des Menschen für Ausbeutung, da die Angewiesenheit auf das Wahrgenommenwerden durch andere unsere Selbstwerdung bestimmt, »die Genese des Selbst vom Anderen her immer von ›Rissen‹ durchzogen ist, die nicht zu glätten sind und Momente wechselseitiger (aber ungleicher) Fremdheit enthalten« (Ricken 2004, 136). Im Blick auf Menschen mit Behinderungen ist von einer noch deutlicheren Vulnerabilität auszugehen: In asymmetrischen Interaktionsprozessen ist die Anfälligkeit für Missbrauch besonders groß – und sie ist dann besonders groß, wenn der oder die jeweils Überlegene für das eigene Selbstseinkönnen darauf angewiesen zu sein glaubt, das Bild des eigenen Selbst auf Kosten des oder der Anderen zu konstituieren und aufrecht zu erhalten. Dabei ist nicht nur an extreme Formen, sondern gerade an subtile Formen der Bemächtigung des oder der Anderen zu denken. Foucault (1985, 25 f.) hat die unterschiedlichen Spielarten der Macht daher unterschieden: »Strategische Spiele« nennt er die allen sozialen Beziehungen inhärenten Wechselspiele verschiedener Formen der Einflussnahme auf das Verhalten der anderen, die zwischen autonomen Subjekten gespielt werden, ohne dass eines von beiden grundlegend Schaden nimmt. »Herrschaftszustände« sind unmittelbar erkennbare Formen der Machtausübung, die in Strukturen und Institutionen fest etabliert und eingezogen sind und mit Gewalt als »mit ökonomischen, politischen oder militärischen Mitteln institutionalisierte Ausübung von Macht« durchgesetzt werden. Die subtilste Form der Machtausübung liegt zwischen diesen beiden Phänomen: »Regierungstechnologien« sind nicht sichtbare Phänomene von Machtausübung, die häufig noch das Gegenteil dessen suggerieren, was sie betreiben. Was als Zugewinn an Autonomie erscheint, ist etwa im Bereich des Gesundheitswesens die Zumutung zunehmender Selbstverantwortlichkeit für die eigenen Lebensrisiken.

Vor dem Hintergrund der Leitideen der Inklusion und Teilhabe erhält die Anerkennungsphilosophie Lévinas' – in der Verknüpfung mit den kritischen Analysen im Anschluss an Foucault – eine neue Aktualität: Sie macht auf die ethische Grundlage von Teilhabe und Inklusion aufmerksam, die in der Begegnung mit dem und der Anderen liegt. Inklusion als Leitidee zu verfolgen, bedeutet, in dieser konkreten Begegnung konkrete Möglichkeiten der Teilhabe zu schaffen. Der Fokus richtet sich dann nicht mehr primär auf die Ausgeschlossenen selbst, sondern auf die Interaktionsprozesse mit ihnen (vgl. Anhorn 2005). Es gilt, selbstkritisch zu prüfen, wo ich selbst an der »systematische[n] Beschränkung bzw. Vorenthaltung von Teilhabemöglichkeiten« mitwirke (Anhorn 2005, 32), und umgekehrt: Wie gelingt es, in der konkreten Interaktion zu ermöglichen, dass der Andere am Leben teilhaben kann? Welche konkreten Anstrengungen werden unternommen, um die Wünsche von Menschen mit komplexen Behinderungen zu verstehen? Und – mit Judith Butler: Inwieweit bin ich selbst auf Anerkennung durch den oder die Andere angewiesen und daher immer in der Gefahr, ihn oder sie für eigene Zwecke auszubeuten? Diese Anfrage bedeutet – bezogen auf die Profession und Disziplin der Heilpädagogik –, dass die Kritik sich auch auf Professionalisierungs- und Institutionalisierungsprozesse richten muss, denn Professionalisierung und Institutionalisierung tragen ihrerseits bei zur Entfaltung der Wirkmacht von Diskursen. Wenn auch die Entwicklung heilpädagogischer Professionalität verstanden wird als die »Summe von Praktiken, die die Hervorbringung, Verbreitung und Bestätigung von Wissen organisiert und kontrolliert und so eine ›Politik der Wahrheit‹ erzeugt und aufrechterhält« (Ziai 2003, 414), muss es zugleich Aufgabe heilpädagogischer Professionalität sein, sich kritisch zu sich selbst ins Verhältnis zu setzen. Wenn politische und kulturelle Konflikte zudem in den Bereich der Wissenschaft transferiert werden, um dort bearbeitet und erledigt zu werden (vgl. ebd.), tangieren diese Prozesse auch die Disziplinentwicklung. Profession und Disziplin wiederum haben (historisch) immer auch beigetragen zur »Etablierung von Institutionen, die auf der Grundlage dieses Wissens Techniken hervorbringen ..., die Sichtbarkeiten organisieren und Machtausübung ermöglichen« (Ziai 2003, 415) – und tun dies bis heute. Die Paradoxie besteht hier ein weiteres Mal darin, sich zugleich in institutionalisierten Kontexten bewegen und in die kritische Distanz ihnen gegenüber gehen zu müssen, um das eigene professionelle Handeln immer wieder neu zu justieren und das eigene machtförmige Agieren kritischer Selbstreflexion zugänglich zu halten.

Die Grundhaltung der Kritik kann nun aber nicht zum Selbstzweck werden – Kritik braucht eine Richtung. Wichtiger Gradmesser ist seit ihrem Inkrafttreten die UN-Konvention über die Rechte von Menschen mit Behinderungen. Sie postuliert Freiheits-, Gleichheits- und Teilhaberechte, die Erfahrbarkeitsbedingungen der Menschenwürde sind. Der Rekurs auf die unveräußerliche Würde des Menschen kann nicht mehr folgenlose »semantische Nostalgie« (Steinkamp 1998, 307) sein – die Menschenrechte sind immer schon Maßstab ihrer Realisierung. Die UN-Konvention bekräftigt diesen Anspruch im Blick auf Menschen mit Behinderungen in einer Weise, an der nun auch die Politik nicht mehr vorbei kommt. Dabei gibt die UN-Konvention nicht eine bestimmte Lebensweise für Menschen mit Behinderungen vor, zentral ist vielmehr das Wunsch- und Wahlrecht. Es kommt daher darauf an, die Freiheitsräume von Menschen mit Behinderungen zu erweitern. Anschlüsse für eine ethische Reflexion solcher Befreiungsprozesse bietet die Philosophie der Befreiung, in der der lateinamerikanische Philosoph Enrique Dussel in Weiterführung der dialogischen Philosophie bei Lévinas und der Pädagogik der Befreiung bei Paulo Freire den Gedanken der Exteriorität des Anderen auf Kontexte der Benachteiligung und Ausbeutung überträgt.

Heilpädagogische Ethik als Philosophie der Befreiung

Die Philosophie von Dussel (1989) denkt die Philosophie der Exteriorität aus der Perspektive der unterdrückten Anderen. Dussel sieht in der Philosophie der Exteriorität bei Lévinas »die ursprünglich-fundamentale ethische Frage nach der dem Anderen geschuldeten Gerechtigkeit«[5] (Fornet-Betancourt 1989, 7). Die Kategorie der Exteriorität wird so zur Chiffre einer Metaphysik, die Ausdruck der politischen Weltanschauung aus der Sicht der Unterdrückten an der Peripherie ist. Befreien bedeutet in dieser Philosophie, »den Mechanismus der etablierten moralischen Totalität beachten, die ethische Pflicht, diese Mechanismen außer Kraft zu setzen, die Notwendigkeit, den Ausweg aus dem System zu finden, und die spätere Verpflichtung, ein neues System aufzubauen, in dem der Unterdrückte von gestern der Bürger in der gerechten Moral von heute ist« (ebd.). Hermeneutischer Ausgangspunkt ethischer Reflexion ist bei Dussel die Lebensrealität der Armen, der Prozess der Erkenntnis besteht darin, Ungerechtigkeit und Unterwerfung in allen Facetten zu beschreiben und zu entlarven. Ort ethischer Reflexion im Sinne solcher Erkenntnis ist nicht die Studierstube, sondern der geschichtliche Befreiungsprozess selbst: Dort entsteht die Ethik der Befreiung.

Die Ethik als wissenschaftliche Disziplin wird damit vom Kopf auf die Füße gestellt. Die amerikanische Philosophin Eva Kittay beschreibt die zentrale Wende in ihrem eigenen philosophischen Denken als eine Hinwendung zum Leben in diesem Sinne: Die philosophische Reflexion über den Menschen kann Menschen mit Behinderungen nicht als Ausnahme- oder Grenzfall einer allgemeinen Anthropologie denken, vielmehr ist das Leben mit Grenzen und in Abhängigkeit der Ort, an dem Ethik entsteht: Ethik als die Reflexion der zentralen Frage, wie in asymmetrischen Beziehungen das Subjektsein beider (!) möglich bleibt (vgl. Kittay 2004). Dabei ist die Ambivalenz des Prozesses der Subjektwerdung zentral, wie sie sich bei Foucault in zwei Subjektbegriffen darstellt: (a) Das »*sujet*« als »das (der Macht) Unterworfene«, der Untertan, der der Machtausübung weniger durch Unterdrückung als durch Geständniszwang folgt (Foucault 1983, 78). (b) Das Subjektsein als Sich-zu-sich-Verhalten, als Sich-Verhalten zur eigenen Existenz, wodurch der Mensch zu sich findet. Subjektivierung, Subjektwerdung kann als Prozess der Entwicklung vom »*sujet*-« zum Subjektsein verstanden werden. Dabei ist die deutlichste Infragestellung des Subjektseins die, die das Subjekt sich selbst zufügt – durch die Internalisierung der Regierungstechnologien. Entsprechend findet der Prozess der Befreiung nicht im Außen, sondern im Innen statt: Es geht um die Befreiung von verinnerlichten Idealisierungen und Kolonialisierungen, letztlich von uns selbst als diejenigen, die

---

5 So Raúl Fornet-Betancourt in der Einleitung zu Dussels »Philosophie der Befreiung« (1989, 7).

durch Strategien der Gouvernementalität zu dem geworden sind, was wir sind bzw. sein sollen: »Man muss sich vom konstituierenden Subjekt, vom Subjekt selbst befreien, d. h. zu einer Geschichtsanalyse gelangen, die die Konstitution des Subjekts im geschichtlichen Zusammenhang zu klären vermag« (Foucault 1978, 32). Das Subjekt ist danach immer zugleich beides: Untertan und souveränes Subjekt seiner selbst. Eine solche Sichtweise führt weg vom Entweder-Oder und erlaubt eine Vorstellung von Subjekten, die *immer zugleich* strukturellen Bedingungen unterworfene Subjekte und gestaltende Subjekte ihrer Lebensgeschichte sind. Subjektsein ist kein Besitz, vielmehr als Seinsweise immer gefährdet. Will das moderne Subjekt den Versuchungen und Komplizitätsangeboten des Marktes widerstehen, geht es nicht darum, wie es sich gegen die Übergriffe eines übermächtigen Gegners zur Wehr setzen kann. Vielmehr ginge es darum, dass das Subjekt sich selbst von den Subjektivierungsweisen und Regierungstechnologien, mit deren Hilfe das System auf sein Leben einwirkt, zu befreien in die Lage versetzt wird.

Die Begleitung von Menschen mit Behinderungserfahrung führt nicht nur in die unausweichliche Verantwortung, die aus der Erscheinung des »Antlitzes« erwächst, sondern auch in die Selbstreflexion, die selbstkritische Prüfung derjenigen Mechanismen, die mich Komplize, Komplizin sein lassen. Die Begegnung mit dem Antlitz des oder der Anderen erfordert – so Dussel – »die Enteignung der Besitzer des Systems« – damit auch die Aufgabe meiner Privilegien (Dussel 1989, 78). Die Behauptung der Menschenrechte für Menschen mit Behinderung bleibt nicht folgenlos, sie treibt Solidarität voran bis hin zu einer Haltung konkreter »subversive[r] Illegalität« (Dussel 1989, 82). Damit ist kein Aufruf zu Straftaten gemeint, sondern eine Haltung, die die Bereitschaft beinhaltet, sich selbst im Prozess der Befreiung auch auszusetzen, sich angreifbar zu machen, sich in Rechtfertigungsnöte zu bringen – im Interesse der Idee der Befreiung. Befreiung ist nicht die Negation von Herrschaft, sondern gerade die Kenntnisnahme ihrer Existenz, besonders in ihre subtilen Erscheinungsformen kultureller Macht. Befreiung ist entsprechend nur denkbar als dialogische Praxis, das »Ich-existiere« wird erst durch das »Wir-existieren« ermöglicht, nicht umgekehrt. So beschreibt es Paulo Freire in seiner Pädagogik der Befreiung (Freire 2007a, 102). Über die intersubjektive Begegnung des »Wir-existieren« hinausgehend betont Freire immer wieder die vermittelnde Rolle der Welt als Objekt des gemeinsamen Erkennens der Dialogpartner: Der Dialog lässt sich nicht reduzieren auf die Intimität der pädagogischen Dyade, er ist immer Dialog über etwas, über die Welt. »Dialog ist die Begegnung zwischen Menschen, vermittelt durch die Welt, um die Welt zu benennen« (Freire 1973, 72), und erschöpft sich nicht sprachlicher Interaktion. Er beinhaltet ebenso das gemeinsame Tätigwerden in und an der gemeinsamen Wirklichkeit. So wie jedes Wort Reflexion und Aktion zugleich ist, ist der Dialog Kommunikation und Kooperation zugleich (vgl. Freire 1973, 71 f.). Der pädagogische Dialog wird zur »Aufgabe verantwortlicher Subjekte« und fordert zur pädagogischen Demut heraus: »Wie kann ich mich im Dialog engagieren, wenn ich fortwährend andere zu Unwissenden stemple und meiner eigenen Unwissenheit nie gewahr werde?« (Freire 1973, 73). Die pädagogische Demut lenkt den Blick – weg von den vermeintlich im Anderen verankerten Begrenzungen – auf die dialogfeindlichen Strukturen und Bedingungen, denen alle unterworfen sind, wie sie Freire als Strukturen des »Anti-Dialogs« beschrieben hat. Ihn kennzeichnet die

»Matrix: Lieblos, arrogant, hoffnungslos, misstrauisch, akritisch« (Freire 1977, 51). Heilpädagogische Ethik dagegen untersteht – diesem Verständnis von dialogischer Befreiungspraxis folgend – dem Primat der Praxis, und zwar im Modus der Kritik, was bedeutet, »das Spiel zu spielen und es gleichzeitig nicht zu akzeptieren – und es nicht zu akzeptieren, indem man es anders spielt« (Lemke 1997, 369).

Bildung als Wahrnehmung des Anderen

Die Frage, welches Verständnis von Bildung als Basis einer solchen heilpädagogischen Ethik anschlussfähig wäre, verweist auf die Ambivalenz von Bildungsprozessen im Sinne einer »Formation des Selbst«, das nicht die freie Erfindung seiner selbst und nicht ein Gegenüber der Macht ist, sondern immer zugleich »dessen erster Effekt« (Ricken 2006, 214). Bildungsprozesse zielen im idealistischen Bildungsideal Humboldts auf Selbstwerdung, Subjektivierung. Dieses Bildungsideal erscheint vor der Folie der Studien zur modernen Gouvernementalität bei Foucault nicht mehr nur als idealistisch, als letztlich unerreichbar, sondern wird zu einer Aufforderung zugleich zur permanenten »Selbstvervorläufigung und Mangelproduktion« (Ricken 2006, 272) und zu deren Überwindung durch Strategien der Selbstführung derart, dass Bildung »als gesellschaftliche Zurichtung gerade unsichtbar« (ebd., 271) wird. Eine Ethik der Heilpädagogik als Bildungswissenschaft hätte einen wichtigen Beitrag zu leisten zur Bewusstmachung dieser Zurichtungsprozesse. Im Blick auf Menschen mit Behinderungen und Benachteiligungen ist von besonderer Bedeutung, dabei auf die Tendenz hinzuweisen, dass aufgrund der Idee der Selbstführung und des Ausgleichs individueller »Mängel« neuerlich individualisierende Zuschreibungsprozesse sozialer Benachteiligungsbedingungen erfolgen als auch Bildungsprozesse selbst mehr und mehr auf dem Prüfstand stehen. Gemessen wird dabei das, was vergleichender Messung zugänglich ist: Leistung im Sinne der erfolgreichen Zielerreichung. Diese komparatistische Wirkung aktueller Bildungsideale zieht wiederum ausschließende Effekte im Blick auf Menschen mit Behinderungen nach sich. Bildung wird zur Anforderung an das Individuum, das bestimmte Bedingungen erfüllen muss, um den Anspruch auf Bildung nicht zu verlieren. Leistungsträger verlangen Wirksamkeitsnachweise pädagogischer Interventionen, etwa in Form des Nachweises, dass das Ziel der Eingliederungshilfe, ein Mehr an Teilhabe am Leben der Gemeinschaft (vgl. § 53 Abs. 1 SGB XII) – nachweislich und in einem überschaubaren Zeitrahmen – nicht nur erreichbar scheint sondern faktisch erreicht *wird*. Menschen mit Behinderungen im höheren Lebensalter werden von manchen Leistungsträgern der Eingliederungshilfe unter Verweis auf diese Vorschrift faktisch von Bildungs- und Teilhabeangeboten ausgeschlossen, wenn ein irgendwie gearteter Zugewinn an Teilhabe nicht (mehr) nachweisbar ist. So wird aus einer Rechtsvorschrift, die einen Nachteilsausgleich sichern soll, ein Instrument für den Ausschluss bestimmter Personen mit bestimmten individuellen Dispositionen von diesen Leistungen. Die Leitidee der Teilhabe wird so neu kontextualisiert, und Teilhaberechte verlieren letztlich ihren normativen Gehalt als »Erfahrbarkeitsbedingung« der Menschenwürde (Maaser 2010, 35).

Die Zeiten, in der das »Bildungssubjekt« als Widerstandsressource gegen entsubjektivierende gesellschaftliche Prozesse taugte, scheinen vorbei. Daher reicht eine rückwärtsgewandte Reklamation dieses Bildungsideals nicht mehr aus. Ricken und Masschelein (2003) stellten sogar deutlich die kritische Frage, ob wir das Konzept von »Bildung« überhaupt noch benötigen, und verwiesen damit sehr deutlich auf die notwendig selbstkritische Funktion der Pädagogik. Ricken (2006, 341) attestiert der Idee der Bildung in der aktuellen gesellschaftlichen Realität gerade eine grundlegende Unfähigkeit, mit Andersheit, Fremdheit oder Dezentrik »anders als überwiegend zentrisch umgehen zu können« – d. h. pädagogische Diskurse und Kontexte neigen dazu, Andersheit aufheben zu wollen, sie zu entwerten – und sie zugleich gerade dadurch wiederum als Gegenstand pädagogischer Intervention zu identifizieren. Ein solches Verständnis von Bildung setzt die Tendenz der »Selbstaufwertung durch Anderenabwertung« (ebd.) fort und verschärft Prozesse der Ausgrenzung von Menschen, indem die Wahrnehmung des und der Anderen auf komparativische Wahrnehmungsweisen reduziert wird. Ein Ausweg aus diesen Ambivalenzen heraus ist nicht erkennbar, allenfalls ein Weg *durch* diese Ambivalenzen hindurch: Eine Ethik der (Heil-) Pädagogik müsste Bildung neu buchstabieren als Disziplin, die, indem sie machtkritisch ist, selbst machtvoll agiert, die, indem sie die Andersheiten benennt, sie ausgrenzend unterstreicht, die, wenn sie Inklusion ermöglichen will, immer in und an exkludierenden Verhältnissen arbeiten muss. Zentrale Aufgabe von Bildungsprozessen muss es dann sein, Subjektseinkönnen zu sichern in einer Weise, die Menschen unter erschwerten Lebensbedingungen die Regie über ihre Subjektivierungsprozesse zurückzugeben. Bildung als professionelle Wahrnehmung des oder der Anderen (vgl. Peukert 1994) muss primär eine Wahr-Nehmung/Für-wahr-Nehmung ihrer, der jeweils eigenen Wahrheit des Gegenübers sein, ein Prozess, der das Wagnis des Abschieds von professionellen Gewissheiten beinhaltet und versucht, Wahrheit und Sinn zu rekonstruieren, der ehemals verstummten Sinn integriert (vgl. Chambon/Irving 1999, xvii). Und sie beinhaltet angesichts neuer »Formen und Formationen der Ausgrenzung« die Schaffung von Räumen »für die Ausgegrenzten ..., in welchen sie wenigstens für sich selbst sichtbar werden« (Winkler 2008, 125), in denen sie Möglichkeiten des Lebens und Lernens, der Entwicklung und Sicherung von (selbst definierter) Subjektivität finden.

Grundlegend für die Idee der Bildung unter Einbezug der Alteritätstheorie Lévinas' ist die Integration von Abhängigkeit, Bedürftigkeit und Bezogenheit in das Menschenbild. Das Subjektsein des und der pädagogisch Begleitenden steht dann primär auf dem Spiel, wenn Bildungsprozesse nicht gelingen. Eva Kittay beschreibt dieses Auf-dem-Spiel-Stehen in einer Weise, die nicht als moralischer Appell daherkommt, sondern auf einer tiefgreifenden Erfahrung basiert: Sie erlebte ihre eigene Existenz, ihre Subjektivität als Philosophin in existentieller Weise bedroht und angefragt durch die Geburt ihrer Tochter, die mit einer schweren Behinderung lebt. Ein Leben in Abhängigkeit ist seither für sie nicht mehr ein Ausnahmezustand, die Anerkennung von Abhängigkeit nicht mehr eine Möglichkeit, für oder gegen die man sich entscheiden kann, sondern eine Grundbedingung humanen Überlebens überhaupt (vgl. Kittay 1999, 29). Die Anerkennung von Abhängigkeit in diesem

Sinne wäre eine Konkretisierung dessen, was Adorno als zentrale Aufgabe der Philosophie beschrieben hat: die »Objektivation des Leidens« des oder der Anderen, dem die Philosophie zur Sprache zu verhelfen hat, um »damit der Macht des Bestehenden Widerstand zu leisten« (Knoll 2000, 33) – wissend, dass das eigene Denken wiederum an diese Macht des Bestehenden gebunden ist und bleibt.

Fazit: Anerkennung – und dann?

Der Weg zu einer nicht-exklusiven Ethik führt über ein zweidimensionales Verständnis von Anerkennung hinaus auf die Perspektive der Gerechtigkeit, die die Geltung des durch Anerkennung dem Anderen zuerkannten Selbstseins – einschließlich der damit verbundenen Benachteiligungen *und* Teilhabechancen – kontrolliert (vgl. Schnell 2011, 41). Auch hier bewegen sich pädagogisch Begleitende wiederum in der Ambivalenz von inkludierenden und exkludierenden Handlungsformen und gesellschaftlichen wie sozialpolitischen Rahmungen. Beide sind in der Begegnung in ihrem Subjektsein angefragt, jede und jeder von ihnen als Subjekt »hinter seiner Verdinglichung hertappend« und zugleich »diese durch das mimetische Rudiment ein[schränkend], Statthalter unbeschädigten Lebens mitten im beschädigten« zu sein (Adorno 1998, 179). Die Antinomie von Negativität und Überwindung der Negativität ist eine nicht auflösbare Spannung, die in Anerkennungsverhältnissen immer mitgedacht werden muss – die Anerkennung dieser Antinomie scheint der einzige Weg, dem Leiden Ausdruck zu geben, ohne die Würde der Leidenden ein weiteres Mal mit Füßen zu treten. Damit lässt sich wiederum an die geschichtsphilosophischen Thesen Benjamins anknüpfen: »Die Tradition der Unterdrückten belehrt uns darüber, dass der ›Ausnahmezustand‹, in dem wir leben, die Regel ist. Wir müssen zu einem Begriff der Geschichte kommen, der dem entspricht. Dann wird uns als unsere Aufgabe die Herbeiführung des wirklichen Ausnahmezustands vor Augen stehen« (Benjamin 1980, 697). In der Gestaltung von Lebenswelten für und mit Menschen mit Behinderungen wird es darum gehen, Anerkennung nicht nur als Haltung zu postulieren, sondern in der konkreten Begegnung und der Gestaltung von Lebensbedingungen zu zeigen, dass Teilhabe möglich ist – auch an den Grenzen des Lebens. Der heilpädagogischen Ethik kommt damit eine bedeutsame Aufgabe in der Umsetzung der UN-Konvention über die Rechte von Menschen mit Behinderungen zu: gerade in schwierigen Grenzsituationen sowohl die Möglichkeiten wie die Grenzen sozialer Anerkennung und Teilhabe zu verdeutlichen und sich dafür zu engagieren – im Bewusstsein der eigenen Abhängigkeit vom Gelingen dieses Prozesses.

Literatur

Adorno, Theodor W. (1971): Erziehung zur Mündigkeit. Frankfurt a. M.
Adorno, Theodor W. (1996): Probleme der Moralphilosophie (1963). Hrsg. von Thomas Schröder. In: Adorno, Theodor W.: Nachgelassene Schriften. Abteilung IV, Vorlesungen, Bd. 10. Hrsg. vom Theodor W. Adorno Archiv. Frankfurt a. M.
Adorno, Theodor W. (1998): Ästhetische Theorie (hrsg. v. Gretel Adorno und Rolf Tiedemann). Frankfurt a. M.
Anhorn, Roland (2005): Zur Einleitung: Warum sozialer Ausschluss für Theorie und Praxis Sozialer Arbeit zum Thema werden muss. In: Anhorn, Roland/Bettinger, Frank (Hrsg.): Sozialer Ausschluss und Soziale Arbeit. Wiesbaden, 11–41
Bauman, Zygmunt (1994): Dialektik der Ordnung. Die Moderne und der Holocaust. Hamburg
Benjamin, Walter (1980): Über den Begriff der Geschichte. In: Gesammelte Werke Bd. I/2. Frankfurt a. M., 691–704
Bröckling, Ulrich (2003): »You are not responsible for being down, but you are responsible for getting up.« Über Empowerment. In: Leviathan 31, 3, 323–344
Butler, Judith (2001): Psyche der Macht. Das Subjekt der Unterwerfung. Frankfurt a. M.
Chambon, Adrienne S. (1999): Foucault's Approach: Making the Familiar Visible. In: Chambon/Irving/Epstein 1999, 51–81
Chambon, Adrienne S. & Irving, Allan (1999): Introduction. In: Chamobn/Irivng/Epstein 1999, xiii-xxx
Chambon, Adrienne S., Irving, Allan & Epstein, Laura (Hrsg.) (1999): Reading Foucault for Social Work. New York
Chambon, Adrienne (2003): Socially committed discourse analysis and social work. In: Schweppe, C. (Hrsg.): Sozialpädagogik und qualitative Forschung. Opladen, 225–243
Dederich, Markus & Schnell, Martin W. (Hrsg.) (2011a): Anerkennung und Gerechtigkeit in Heilpädagogik, Pflegewissenschaft und Medizin. Auf dem Weg zu einer nichtexklusiven Ethik. Bielefeld
Dederich, Markus & Schnell, Martin W. (Hrsg.) (2011b): Anerkennung und Gerechtigkeit im Kontext von Bildungs-, Heil- und Pflegeberufen. In: Dederich/Schnell 2011, 7–20
Dussel, Enrique (1989): Philosophie der Befreiung. Hamburg
Eckert, Andreas & Schlebrowski, Dorothee (2007): Zur Bewertung ethischer Konfliktfelder rund um das Phänomen »Behinderung«. In: Zeitschrift für Heilpädagogik 5, 168–178
Foucault, Michel (1973): Wahnsinn und Gesellschaft. Frankfurt a. M.
Foucault, Michel (1978): Dispositive der Macht. Michel Foucault. Über Sexualität, Wissen und Wahrheit. Berlin
Foucault, Michel (1985): Freiheit und Selbstsorge (hrsg. von Helmut Becker). Frankfurt a. M.
Foucault, Michel (1987): Das Subjekt und die Macht. In: Dreyfus, Hubert L. & Rabinow, Paul: Michel Foucault. Jenseits von Strukturalismus und Hermeneutik. Frankfurt a. M., 243–261
Foucault, Michel (1992): Was ist Kritik? Berlin
Freire, Paulo (1973): Pädagogik der Unterdrückten. Bildung als Praxis der Freiheit. Reinbek b. Hamburg
Freire, Paulo (1977): Erziehung als Praxis der Freiheit. Reinbek b. Hamburg
Freire, Paulo (2007a): Unterdrückung und Befreiung, Münster
Freire, Paulo (2007b): Bildung und Hoffnung. Münster
Haeberlin, Urs (1985): Das Menschenbild für die Heilpädagogik. Bern
Haeberlin, Urs (1996): Heilpädagogik als wertgeleitete Wissenschaft. Bern
Gröschke, Dieter (1993): Praktische Ethik der Heilpädagogik. Individual- und sozialethische Reflexionen zu Grundfragen der Behindertenhilfe. Bad Heilbrunn
Gröschke, Dieter (2002): Für eine Heilpädagogik mit dem Gesicht zur Gesellschaft. In: Greving, Heinrich & Gröschke, Dieter (Hrsg.): Das Sisyphos-Prinzip. Gesellschaftsanalytische und gesellschaftskritische Dimensionen der Heilpädagogik. Bad Heilbrunn, 9–32
Jakobs, Hajo (1997): Heilpädagogik zwischen Anthropologie und Ethik. Bern u. a.
Kittay, Eva Feder (1999): Love's Labor. Essays on Women, Equality, and Dependency. New York

Kittay, Eva Feder (2004): Behinderung und das Konzept der Care-Ethik. In: Graumann, Sigrid u. a. (Hrsg.): Ethik und Behinderung. Ein Perspektivenwechsel. Frankfurt a. M., 67–80
Kolf-van Melis, Claudia (2003): Tod des Subjekts? Praktische Theologie in Auseinandersetzung mit Michel Foucaults Subjektkritik. Stuttgart
Knoll, Manuel (2002): Theodor W. Adorno: Ethik als erste Philosophie. Paderborn
Lehmann-Rommel (2004): Partizipation, Selbstreflexion und Rückmeldung: gouvernementale Regierungspraktiken im Feld Schulentwicklung. In: Ricken, Norbert & Rieger-Ladich, Markus (Hrsg.): Michel Foucault: Pädagogische Lektüren. Wiesbaden, 261–283
Lemke, Thomas (1997): Eine Kritik der Politischen Vernunft. Foucaults Analyse der modernen Gouvernementalität. Frankfurt a. M.
Lemke, Thomas (2000): Die Regierung der Risiken. Von der Eugenik zur genetischen Gouvernementalität. In: Bröckling, U., Krasmann, S. & Lemke, T. (Hrsg.): Gouvernementalität der Gegenwart. Studien zur Ökonomisierung des Sozialen. Frankfurt a. M., 227–264
Lévinas, Emmanuel (1986): Ethik und Unendliches. Gespräche mit Philippe Nemo. Wien
Lévinas, Emmanuel (1989): Über Auschwitz (Mitschnitt eines Fernsehinterviews mit Christoph von Wolzogen, Paris, 1989, verfügbar: http://www.levinas.de/texte.html (10.09.2012)
Lévinas, Emmanuel (2003): Totalität und Unendlichkeit. Freiburg/München
Maaser, Wolfgang (2010): Lehrbuch Ethik. Grundlagen, Problemfelder und Perspektiven. Weinheim/München
Masschelein, Jan & Ricken, Norbert (2003): Do We (Still) Need the Concept of Bildung? In: Educational Philosophy and Theory 35, 2, 139–154
Peukert, Helmut (1978), Wissenschaftstheorie – Handlungstheorie – Fundamentaltheologie. Frankfurt a. M.
Peukert, Helmut (1994): Bildung als Wahrnehmung des Anderen. Der Dialog im Bildungsdenken der Moderne. In: Lohmann, Ingrid & Weiße, Wolfram (Hrsg.): Dialog zwischen den Kulturen. Münster, 1–14
Peukert, Helmut (1998): Zur Neubestimmung des Bildungsbegriffs. In: Meyer, Meinert A. & Reinartz, Andrea (Hrsg.): Bildungsgangdidaktik. Denkanstöße für pädagogische Forschung und schulische Praxis. Opladen, 17–29
Reichert, Ramón (Hrsg.) (2004): Governmentality Studies. Analysen liberal-demokratischer Gesellschaften im Anschluss an Michel Foucault. Münster
Ricken, Norbert (2004): Die Macht der Macht – Rückfragen an Foucault. In: Ricken, Norbert & Rieger-Ladich (Hrsg.): Michel Foucault. Pädagogische Lektüren. Wiesbaden, 119–143
Ricken, Norbert (2006): Die Ordnung der Bildung. Beiträge zu einer Genealogie der Bildung. Wiesbaden
Schäper, Sabine (2010): Ethik unter erschwerten Bedingungen. Heilpädagogische Ethik als Orientierung in Grenzsituationen. In: Blätter der Wohlfahrtspflege 1, 24–27
Schelkshorn, Hans (1992): Ethik der Befreiung. Einführung in die Philosophie Enrique Dussels. Freiburg
Schelkshorn, Hans (1997): Diskurs und Befreiung. Studien zur philosophischen Ethik von Karl-Otto Apel und Enrique Dussel (Studien zur Interkulturellen Philosophie 6). Amsterdam-Atlanta
Schilles, Ferdi (2006): »Seht den Menschen…« – Ein Kreuzweg gegen das Vergessen, in: Bischöfliches Generalvikariat Münster Hauptabteilung Seelsorge (Hrsg.): Erinnern – Feiern – Handeln. Eine liturgische Handreichung für die Gemeinden und Einrichtungen der Seelsorge im Bistum Münster, Münster, 19–25
Schilles, Ferdi (2012): »Das war doch schwer…« Erfahrungen mit einer Erinnerungs- und Mahnfeier zum Thema strukturelle Gewalt. In: Behinderung & Pastoral 18 (Juli 2012), 51–53
Schumann, Monika & Lob-Hüdepohl, Andreas (2007): Ethik der Heilpädagogik. In: Lob-Hüdepohl, Andreas & Lesch, Walter (Hrsg.): Ethik Sozialer Arbeit. Ein Handbuch. Paderborn, 208–226
Siebert, Annerose (2016): Heimkinderzeit. Eine Studie zur Situation von Kindern und Jugendlichen in Einrichtungen der katholischen Behindertenhilfe in Westdeutschland (1949–1975), Freiburg
Steinkamp, Hermann (1998): Qualität und (christliches) Menschenbild. In: Wege zum Menschen 50, 307–318

Tiedemann, R. (1975): Historischer Materialismus oder politischer Messianismus? In: P. Bulthaup (Hrsg.): Materialien zu Benjamins Thesen ›Über den Begriff der Geschichte‹. Beiträge und Interpretationen. Frankfurt a. M., 77–121

Winkler, Michael (2005): Formationen der Ausgrenzung – Skizzen für die Theorie einer diskursiven Ordnung. In: Anhorn, Roland & Bettinger, Frank (Hrsg.): Sozialer Ausschluss und Soziale Arbeit. Wiesbaden, 107–127

Ziai, Aram (2003): Foucault in der Entwicklungstheorie. In: Peripherie. Zeitschrift für Politik und Ökonomie in der Dritten Welt 23, 92: Gouvernementalität, 406–429

3 Bewusste Personzentriertheit im heilpädagogischen Berufsalltag, oder – Was kann man von einem Navigationsgerät lernen?

Petr Ondracek

Auf dem Fachgebiet der Didaktik/Methodik der Heilpädagogik gehört die Suche nach dem Wesentlichen des positiv wirkenden Handelns zu den interessantesten Aufgaben. Manche Kollegen sind überzeugt, dass es vor allem die Diagnostik ist, weil sie dem spezifischen heilpädagogischen Handeln eine Orientierung gibt. Andere heben die Bedeutung von spezifischen Techniken bzw. Verfahren hervor – das Passende korrekt zu tun wirkt immer positiv. Eine andere Meinung verlangt nach der Beeinflussung des Systems, in dem ein Mensch lebt, denn dort haben die Erschwernisse und Beeinträchtigungen ihre Wurzeln. Diese Auflistung ließe sich weiter fortsetzen.

Die Mannigfaltigkeit der Meinungen ist wichtig – sie stellt einen guten Nährboden für spannende Diskussionen und hilfreiche Präzisierungen dar. Eigentlich sind alle erwähnten Versuche, das Wesentliche des positiv wirksamen Handelns zu finden, zutreffend. Diese bunte Landschaft wird im Folgenden um eine Betrachtung ergänzt, die von dem Selbstverständnis der Heilpädagogik ausgeht und dasjenige fokussiert, was wie ein Katalysator den diversen Formen des spezifischen Einflusses ein Mehr an positiver Wirksamkeit geben kann. Es geht um die Personzentriertheit im Sinne von Carl R. Rogers. Sie kann im heilpädagogischen Berufsalltag als professionelle Mitmenschlichkeit bezeichnet werden.

»Seit über 15 Jahren bin ich dabei und habe immer noch Freude an der Arbeit.« Das ist die Aussage einer Heilpädagogin, die im Gruppendienst unter den Standardbedingungen einer Einrichtung der sog. Behindertenhilfe arbeitet. Es gibt dort weder einen günstigeren Personalschlüssel noch sind da »leichtere Fälle« zu betreuen. Sie wird weder besser bezahlt noch führt sie besonders interessante Tätigkeit durch. Auch macht sie sich das Arbeitsleben nicht leicht und bekommt keine Extraunterstützung. Ihre Aufgaben und die Bedingungen sind also dieselben wie bei allen anderen, die in den Einrichtungen der sog. Behindertenhilfe arbeiten. Worin ist die Arbeitszufriedenheit dieser Fachperson begründet? Wie kommt das, dass sie eine solche Aussage machen kann?

Diese Heilpädagogin äußerte sich in der Vorstellungsrunde einer Fortbildung, die auf Entfaltung und Festigung der personzentrierten Arbeitsweise ausgerichtet war. Im Verlauf der Fortbildung wurde der Kollegin ihre selbstverständliche natürliche Art des Umgangs mit Bewohnern bewusst: Sie erledigt ihre Aufgaben so, dass die Bewohner sich dabei wohlfühlen. Hinter dieser Vorgehensweise steht ihr Selbstverständnis als Mitmensch. Der Berufsalltag verläuft für diese Heilpädagogin sicherlich nicht ohne Belastung und Stress. Ausgleichend wirkt die Tatsache, dass sie in der alltäglichen Kommunikation und Interaktion mit den Menschen in der Wohngruppe Tag für Tag befriedigende Begegnungen, Entwicklungen und Erfolge erlebt.

Und – last but not least – sie gibt und bekommt etwas menschlich sehr Wesentliches: Respekt und Bestätigung des Wertes als Person. Während der Fortbildung konnte sie ihre Art des Umgangs mit den Bewohnern ihrer Gruppe – nennen wir sie natürliche Mitmenschlichkeit – theoretisch untermauern, methodisch ausgestalten, bewusst einsetzen und dadurch zu einer professionellen Mitmenschlichkeit – nennen wir sie personzentrierte Arbeitsweise – entfalten.

Die personzentrierte Arbeitsweise ist für die praktisch tätigen Heilpädagogen und Heilpädagoginnen eine natürliche Folge der heilpädagogisch relevanten Haltung und im heilpädagogischen Berufsalltag grundlegendes Gebot des professionellen Handelns. Mehr noch – dies trifft nicht nur für die Heilpädagogik zu, sondern gilt in allen Berufsfeldern der Sozialen Arbeit, also überall dort, wo beruflich, d. h. gegen Bezahlung, Menschen mit Menschen zu tun haben.

Im Folgenden wird ein wichtiger Aspekt der Personzentriertheit hervorgehoben: die Tatsache, dass sie im Kontext des heilpädagogischen Berufsalltags eine bewusste und tätige sein muss, wenn die Heilpädagogen und Heilpädagoginnen dem Anspruch der Professionalität gerecht werden wollen. Was die Studierenden der Heilpädagogik in ihrer Mehrheit später im Beruf sicherlich auch möchten ...

Im Wesentlichen wird hier anhand von Beispielsituationen auf folgende Aspekte kurz eingegangen:

- Die Personzentriertheit in Anlehnung an die Ausführungen von Carl R. Rogers
- Merkmale des professionellen Handelns im heilpädagogischen Berufsalltag
- »Gewinn« und »Preis« der personzentrierten Arbeitsweise
- Was hat ein Navigationsgerät mit der Personzentriertheit zu tun?

Die Ausführungen sind als persönliche Stellungnahme des Autors zu dem o. g. Thema zu verstehen. Diese geht von seinem heutigen Wissenstand aus, basiert auf seinen bisherigen Erfahrungen und kann folglich keinen Anspruch auf allgemeine Gültigkeit erheben. Da es sich um eine Überlegung zum Thema in der Form des verschriftlichten Nachdenkens und nicht um wissenschaftliche Bearbeitung handelt, wird im Text weitestgehend auf die Elemente wissenschaftlicher Textgestaltung wie Zitate, Paraphrasierungen u. ä. verzichtet. Alle verwendeten Quellen sind im Literaturverzeichnis am Ende der Ausführungen angegeben.

Die Personzentriertheit ist eigentlich eine fachliche Bezeichnung von Mitmenschlichkeit. Als Mitmensch werden sich vermutlich alle Angehörigen der sozialen Berufe bezeichnen. Die Frage ist nur, ob allein die Überzeugung »Selbstverständlich bin ich ein Mitmensch!« für einen professionell-personzentrierten Umgang mit Menschen ausreicht. Die Antwort lautet: »Nein. Allein die Meinung, ein Mitmensch zu sein, macht noch nicht die positiv wirkende Einflussnahme aus, um die es im heilpädagogischen Berufsalltag geht.« Zweifelsohne ist diese Überzeugung wichtig. Noch wichtiger ist es aber, sie im professionellen Handlungskontext auf die bewusste Handhabungsebene zu heben. Dies lässt sich wie folgt begründen:

Die Personzentriertheit ist etwas, was alle Menschen als kleine Kinder von ihren Eltern mehr oder weniger erfahren haben und was sie selbst im Umgang mit anderen mehr oder weniger praktizieren. Es handelt sich um eine Art und Weise des Umgangs mit sich selbst und anderen Menschen, welche jenseits aller organisatorischen, technischen, finanziellen und sonstigen Faktoren der Arbeitswelt die wesentlichen Grundaspekte des gelingenden und das Wohlbefinden fördernden menschlichen Daseins wahrt: Annahme und Achtung. Die Fähigkeit, sich selbst und andere anzunehmen und zu beachten, stellt somit ein natürliches und entfaltungsfähiges Potenzial jedes Menschen dar. So weit, so gut. Nur – und das ist argumentativ ausschlaggebend – das mitmenschliche Handeln im privaten Alltag findet i. d. R. spontan-zufällig, nur ab und zu, unsystematisch und nicht bewusst statt. Es kommt eben darauf an, mit wem der handelnde Mensch gerade zu tun hat, um was es dabei geht, und was ihm wichtig ist. Das spontane Handeln wird am stärksten gesteuert von Automatismen, Gewohnheiten und Übertragungen, also von Kräften, die dem Handelnden nicht bewusst sind. Das Vorhandensein der Mitmenschlichkeit auf der privaten Alltagsebene variiert also in der Kommunikation und Interaktion u. U. erheblich.

Deshalb reicht es nicht aus, sich im Berufsalltag für einen Mitmenschen zu halten und zu glauben, damit wäre die Grundlage der eigenen positiven Wirksamkeit im professionellen Umgang mit den zu unterstützenden Menschen gegeben. Denn es wäre unprofessionell, die Person X, die mir sehr sympathisch ist, freundlich und tatkräftig bei den alltäglichen Verrichtungen zu unterstützen, und die Person Y, die mir ziemlich auf die Nerven geht, zu ignorieren und ihr meine Unterstützung zu verweigern. Bezahlt wird der heilpädagogisch Tätige nämlich dafür, dass er beide Personen unterstützt.

Das berufliche Handeln hat immer mit Aufgabenerledigung zu tun – wenn ich meine Aufgaben erfülle, bekomme ich mein Gehalt. Mit Erledigung von spezifischen fachlichen Aufgaben in der Heilpädagogik können und dürfen in unserer Berufswelt nur ausgewiesene und anerkannte Fachpersonen betraut werden. Um diese Grundbedingung zu erfüllen und beruflich heilpädagogisch tätig zu sein, müssen sich interessierte Laien zu Fachpersonen qualifizieren.

Das Studium der Heilpädagogik ist eine solche Berufsqualifizierung, die auf der akademischen Ebene stattfindet. Hierbei hat einen besonderen Stellenwert vor allem das wissenschaftlich erarbeitete Fach- und Methodenwissen. Dementsprechend groß ist das Bestreben vieler Studierenden nach »heilpädagogischen Werkzeugen«, d. h. nach Methoden und Techniken, die ihnen eine »»Wirksamkeitsgarantie« geben können. Sie fangen schon während des Studiums damit an, ihren »Werkzeugkasten« zu füllen. Nur wird ihnen dabei von den Lehrenden entweder nicht deutlich genug gemacht, dass die Wirksamkeit ihres Handelns von der Haltung des »Anwenders« und der persönlichen Art und Weise der An- bzw. Verwendung der methodischen Instrumente und Techniken abhängig ist. Oder aber sie nehmen solche Hinweise nicht wahr bzw. nicht ernst genug. Wie wichtig die Haltung und das Selbstverständnis der beruflich handelnden Fachperson sind, veranschaulichen folgende Beispiele.

Fallbeispiel
Meine Lösung ist wichtig ...
In einer Wohngruppe versucht der diensthabende Pädagoge einem Kind, das Angst hat, Kartoffeln aus dem Keller zu holen, seine Angst auszureden. Er will sein Wissen geltend machen, nämlich dass der Keller sicher ist und dass dort nichts

Schreckliches lauert. So sagt er dem Kind: »Hab keine Angst, im Keller kann dir nichts passieren. Ich war vorher unten und da ist wirklich niemand ...« Der Pädagoge versucht offensichtlich, ein »Werkzeug«, nämlich das Konzept der Ermutigung, zu verwenden. Hinter diesem Beruhigungsversuch steht seine Überzeugung, dass die Erfahrung und das Wissen eines Erwachsenen das Kind beruhigen und es dazu ermutigen, doch in den Keller zu gehen und die Kartoffeln zu holen.

Das Kind wird allerdings mit ziemlicher Wahrscheinlichkeit auf seiner Angstempfindung bestehen. Der Pädagoge wiederum wird auf seiner ermutigendlösungsorientierten Sichtweise bestehen. So werden bald sich zwei Menschen gegenüberstehen, die einander nicht verstehen und gegeneinander kämpfend für ihre jeweilige subjektive Auffassung auftreten.

Diese Art und Weise der Anwendung von »Werkzeugen« führt oft dazu, dass es am Ende einen »Besiegten« (das zum Holen der Kartoffeln aus dem Keller gezwungene Kind) und einen »Sieger« (der sich behauptende Erwachsene) gibt. Den »Preis« in diesem Fall bezahlt das Kind (Angst, Unsicherheit, sich nicht« wehren können ...). Diese Vorgehensweise ist auf den Erwachsenen ausgerichtet und zieht das subjektive Empfinden des Kindes nicht in Betracht. Also ist er eher Ich- und lösungszentriert, von Personzentriertheit kann hier nicht die Rede sein.

Fallbeispiel
Jetzt ist aber genug! ...
Während einer Fortbildung beschreibt eine Pflegehelferin das Verhalten ihrer Kollegin im Umgang mit einer Bewohnerin im Altenheim. Diese Kollegin, eine examinierte Fachkraft, steht bereits seit längerer Zeit unter starker Belastung im privaten Leben. Eine alte Dame (sie ist demenzkrank und bettlägerig) betätigt ca. alle fünf Minuten die Notklingel. Wenn die Kollegin kommt, weiß die Bewohnerin nicht mehr, was sie wollte. Die Kollegin ist immer mehr verärgert. Wenn sie zum fünften Male kommen muss und wieder nicht erfährt, was die Bewohnerin möchte, schreit sie diese an und schimpft mit ihr – sie sei eine verrückte alte Fuchtel und könne die Pflegerin (Originalton) »am Arsch lecken«. Sie (die Pflegerin) werde nicht mehr zu ihr kommen – egal, wie oft sie klingeln mag. Dann geht sie aus dem Zimmer und knallt die Tür hinter sich zu ...

Diese genervte Altenpflegerin setzt offensichtlich (ob bewusst oder nicht, das sei dahingestellt) das »Instrument« der Echtheit ein: »Sich nichts vormachen und für die Bewohnerin transparent, überzeugend und einschätzbar sein! Nur so kann ich glaubhaft Klarheit schaffen.« Nur wird durch die beschriebene Art und Weise aus der Echtheit – einem durchaus wichtigen Element der beruflichen Kommunikation und Interaktion – eine Keule, mit der das störende Verhalten der Bewohnerin beendet werden soll. Koste es, was es wolle.

Und in diesem Fall sind die »Kosten« für den momentanen »Gewinn« (die Pflegekraft hat ihre Verärgerung rausgelassen und erhofft sich nun mehr Ruhe) sehr hoch – mit der Beleidigung der Bewohnerin beginnend, über die Unterlassung der angeforderten Hilfe (auch wenn sie nicht sagen kann, warum, hat die Bewohnerin nicht ohne Grund die Klingel betätigt), bis hin zu arbeitsrechtlichen Konsequenzen für die Pflegerin (eine Abmahnung wäre durchaus angebracht).

Manche Menschen würden spontan auf die Aussage der Altenpflegerin mit Empörung reagieren: »Die Bewohnerin ist doch dement und weiß nicht, was sie tut. Also hat die Pflegerin kein Recht, mit ihr so zu reden.« Was nicht nur fachlich-methodisch, sondern auch menschlich zutreffend ist. Aber auch eine Reaktion mit Verständnis ist denkbar: »Die Pflegerin ist doch gestresst und wird immer wieder wegen nichts gerufen. Um sich zu schützen, hat sie einfach auf ihre Art die Reißleine gezogen« – was zwar menschlich nachvollziehbar sein mag, jedoch vom Blickwinkel des professionellen Handelns absolut inakzeptabel ist.

Fest steht, dass das beschriebene Verhalten der examinierten Fachkraft auf mehreren Ebenen problematisch ist – theoretisch-methodisch, ethisch und juristisch. Den schmerzhaft tangierten ethischen und den arbeitsrechtlichen Aspekt zu klären obliegt den dafür zuständigen Fachpersonen. Auch wenn dieses Verhalten eine deutliche stressbedingte situative Überforderung der Pflegerin offenbart, ist es keineswegs personzentriert und vom Blickwinkel der beruflichen Professionalität auf keinen Fall akzeptabel.

Fallbeispiel
Ich habe zwar zu tun, aber du bist nicht weniger wichtig ...
Ein Heilpädagoge in der Position eines Bereichsleiters kommt in eine Wohngruppe, um mit dem diensthabenden Kollegen etwas zu besprechen. Auf dem Weg zum Dienstzimmer begegnet er der fünfjährigen Michaela – sie hüpft auf dem Gang, schlägt mit einem Schuh gegen die Wände, knallt die Zimmertüren zu und schreit laut herum. Der Bereichsleiter reagiert auf das aufgedrehte Verhalten des Mädchens weder mit Tadel noch versucht er, das Verhalten zu verändern. Seine hermeneutische Hypothese sagt ihm, dass es höchstwahrscheinlich ein Signalverhalten ist, mit dem Michaela auf sich aufmerksam machen will: »Guck mal, ich bin auch da!«

Also hält der Bereichsleiter an und nimmt kurz Kontakt zu Michaela auf: Er wendet sich dem Mädchen zu, geht runter auf Augenhöhe zu ihr, begrüßt sie freundlich mit Namen und sagt ihr, dass er sich freut, sie zu sehen, was ehrlich und nicht gelogen ist. Sie beendet ihr aufgedrehtes Verhalten und fordert den Bereichsleiter auf, mit ihr zu kommen – sie wolle ihm etwas in ihrem Zimmer zeigen. Ein bisschen ist sie schon enttäuscht, als er ihr sagt, er käme zu ihr gleich nach dem Gespräch im Dienstzimmer und wird sich dann ein paar Minuten Zeit für sie nehmen. Sie nimmt aber sein Angebot an, beruhigt sich und wartet die ca. zehn Minuten ab. Als er dann zu ihr kommt, zeigt sie ihm in ihrem Zimmer stolz die Windmühle, die sie im Kindergarten gebastelt hat. Das Bild, was sie während der Wartezeit gemalt hat, schenkt sie ihm. Als er dann nach ca. fünf Minuten wieder geht, protestiert Michaela nicht.

Diese Vorgehensweise ist deshalb personzentriert, weil der Bereichsleiter die Situation mit Augen und Bedürfnissen des Kindes betrachtet hat. Er konnte Michaela zeigen, dass er sich bemüht, sie in ihrer aktuellen Lage zu verstehen und anzunehmen, ohne auf sein Anliegen zu verzichten. Sie fühlte sich ernstgenommen und stellte das auffällige Verhalten ein. Das, was unangenehm angefangen hat, endete als eine kurze und schöne Begegnung zwischen den beiden. Michaelas Bedürfnis nach Kontakt mit einer wichtigen Person (diesen Status hat ein Bereichsleiter zwangsläufig inne) wurde befriedigt, und er konnte seine Aufgabe (das Gespräch mit dem diensthabenden Kollegen) ungestört erledigen.

In dieser Situation hatten die beiden einen jeweils subjektiv wichtigen »Gewinn«. Die Zuständigkeit für den »Preis« lag bei dem Bereichsleiter. Es war seine Aufgabe, die Situation mit Augen von Michaela zu sehen, ihre Bedürfnisse zu erkennen und ernst zu nehmen, die eigenen Handlungsmöglichkeiten einzuschätzen, eine Konsenslösung zu finden und sie auch auf eine Art und Weise umzusetzen, die Michaela das Gesicht wahren lässt und für sie akzeptabel ist.

Häufig wird angenommen, dass man dazu ein Mehr an Zeit und Ruhe sowie Abschirmung von Störfaktoren und Verzicht auf Erfüllung von Aufgaben braucht, wenn die Wünsche, Bedürfnisse und Ansprüche des zu betreuenden Menschen verstanden und ernst genommen werden sollen. Die personzentrierte Arbeitsweise im Alltag besteht jedoch vielmehr darin, die Aufgaben trotz bestehender Einschränkungen, Grenzen und Meinungsunterschiede auf eine solche Art und Weise zu erfüllen, die dem Anderen das Gesicht wahren lassen und seine Würde nicht in Frage stellen.

Das klingt gut, nur wie soll das funktionieren? Hier gilt mehr als sonst wo das Sprichwort »Einmal ist keinmal«. Erst viele kurze persönliche Signale der Annahme und Beachtung im Verlauf der Alltagsbewältigung (Blickkontakt, Anrede mit Namen, Berührung, Interesse um Befinden, Beteiligungsmöglichkeiten, Entscheidungsspielraum, Lob und Anerkennung, gemeinsame Erlebnisse usw.) wirken positiv und verstärkend auf das Selbstwertgefühl und steigern die Erlebensqualität der gemeinsam verbrachten Zeit – sowohl bei dem zu betreuenden Menschen als auch bei dem/der Mitarbeiter/in.

Im o. g. Beispiel handelt die Fachperson bewusst personzentriert – also als ein professioneller Mitmensch. Diese Form des Mitmensch-Seins nimmt die subjektive Erlebens-, Denk- und Handlungsweise des zu unterstützenden Menschen wahr und ernst (ist also personbezogen), erhält und stärkt ihn als Person, fördert sein Erleben von Kontakt (zu sich, zu anderen Menschen, zur Situation) und ist auf partnerschaftliche Mitbeteiligung am Geschehen ausgerichtet. Die positive Wirksamkeit der bewussten Personzentriertheit besteht darin, dass die Alltagsbewältigung einerseits mit Kampf, Problemen und Misserfolgen weniger belastet und zugleich durch gemeinsames Tun, Kommunikation und Erfolgserlebnisse entlastet wird. Der berufliche Arbeitsalltag wird positiv erlebt und die Zufriedenheit gestärkt. Wir können diese Art der Aufgabenerledigung als verstehende und tätige Mitmenschlichkeit bezeichnen. Oder fachlich – in Bezug auf das Menschenbild der humanistischen Psychologie und die Lehre von Carl R. Rogers – als personzentriertes Arbeiten.

Wenn hier schon die beiden Begriffe von mir fast inflationär verwendet werden, ist es auch erforderlich, sie kurz fachlich zu erörtern. Was ist also die Personzentriertheit konkret? Zuerst wird sie in Anlehnung an die psychotherapeutische Auffassung von Rogers konkretisiert und dann in den Kontext des heilpädagogischen Handelns – also in das außertherapeutische Setting – transferiert.

Personzentriertheit im Sinne von Carl R. Rogers

Man könnte annehmen, dass die Sichtweise der Humanistischen Psychologie (die von Carl R. Rogers mitbegründet wurde) zumindest im groben Umriss zum Fachwissen jeder Fachperson im Bereich der Sozialen Arbeit gehört. Meine langjährige Erfahrung aus der Vermittlung von Grundlagen der personzentrierten Arbeitsweise in diversen Einrichtungen der Erziehungs-, Behinderten- und Altenhilfe bestätigt diese Annahme nur zum Teil – ca. 80 % der Fachpersonen ist der Name Carl R. Rogers aus der Ausbildung bekannt, aber nur ca. zwei Drittel von ihnen wissen auch etwas Konkreteres über den von ihm ausgearbeiteten Personzentrierten Ansatz. Die Meisten ordnen korrekt die klientenzentrierte Psychotherapie und die klientenzentrierte Gesprächsführung Rogers zu. Auch die sog. »Rogerschen Variablen« (Empathie, Akzeptanz, Kongruenz) sind ihnen bekannt. Den Unterschied zwischen »klientenzentriert« und »personzentriert« können allerdings nur die wenigsten erklären, und die Verwendbarkeit des personzentrierten Ansatzes in außertherapeutischem Setting ist für die meisten ein Novum. Außerdem wird das vorhandene Wissen oft von falschen Auslegungen verzerrt, was in der Praxis zu gewissem Misstrauen diesem Ansatz gegenüber führt. Am häufigsten ist der Faktor des empathischen Verstehens missverstanden: »Wenn ich mein Gegenüber verstehen soll, dann müsste ich auch alles billigen, was er macht. Und das geht doch nicht ...« Das ist zweifelsohne eine falsch verstandene praktische Umsetzung der Rogerschen Variable namens Empathie. Wie soll man also die Rogerschen Variablen verstehen?

Rogers war als ein »Standardpsychologe« in Diagnostik und therapeutischer Behandlung von verhaltensgestörten Jugendlichen ausgebildet. Die normbezogene Bewertung sowie den Macht- und Bestimmungsanspruch der Behandlung hat er als bedingt wirksam bis unwirksam erlebt, was sein Interesse um Bedingungen und Faktoren einer positiven Einflussnahme geweckt hat. So experimentierte er mit diversen Formen der Kommunikation mit Patienten und untermauerte seine Erfahrungen theoretisch. Zuerst hörte er dem Patienten nur aufmerksam zu und verzichtete auf jegliche Anweisungen zur Verhaltensänderung. Dies hat den Patienten dazu ermutigt, sich mitzuteilen sowie laut über sich selbst und mögliche Änderungen nachzudenken. Diese Art bezeichnete Rogers als nondirektive Psychotherapie. Sie zeigte sich zwar wirksamer als die bestimmend direktive behaviorale Art, hatte jedoch durch das Fehlen des kommunikativen Ich-Du-Wechselspiels auch Grenzen.

So experimentierte Rogers weiter und fand heraus, dass neben dem Zuhören auch noch das Bemühen um ein nichtbewertendes Begreifen dessen, was den Patienten bewegt, was ihm wichtig ist und wie er selbst seine Situation sieht, positiv wirkt. Eine diesbezügliche Rückmeldung an den Patienten trägt zur Entstehung einer vertrauensvollen kommunikativen Atmosphäre bei, in der Selbsterforschung des Patienten und von ihr ausgehende selbstbestimmte Änderungen möglich sind. Der Psychotherapeut tritt also nicht als der Experte, sondern als »Ermöglicher« (Facilitator) dieser Änderungsprozesse auf. Er steht nicht über dem Patienten, sondern beide stehen sich auf Augenhöhe gegenüber. Das Machtgefälle zwischen dem Therapeuten als einem mächtigen Subjekt und dem Patienten als einem zu bestimmenden Objekt wurde von Rogers aufgehoben – er sprach vom Klienten und bezeichnete diese Art der Unterstützung als klientenzentrierte Psychotherapie.

Sein Forschungsdrang brachte Rogers zur Überprüfung der Wirksamkeit und Funktionalität der sog. Therapeutenvariablen im außentherapeutischen Bereich, d. h. in Erziehung, Bildung, Partnerschaft, Arbeitswelt usw. Die Ergebnisse bestätigten seine Hypothese – die Variablen wirken positiv überall dort, wo Menschen mit Menschen zu tun haben, weil sie eine Kommunikations- und Interaktionsatmosphäre erzeugen, die von Annahme, Sicherheit durch Bewertungsverzicht, Ich-Du-Kontakt, Begegnung, Offenheit geprägt ist. Wir können vom Klima der Mitmenschlichkeit sprechen. Die Beteiligten fühlen sich darin wohl, sind weniger auf Abwehr und mehr auf Kooperation ausgerichtet und verhalten sich entsprechend.

Als den eigentlichen Wirkungsfaktor einer psychotherapeutischen Unterstützung von Menschen mit psychischen Störungen hat Rogers also einen allgemein, d. h. bei allen Menschen unterstützend wirkenden Faktor postuliert – das bewusste Mitmensch-Sein des Facilitators. Darauf hat die Fachwelt der spezialisierten psychotherapeutischen Vorgehensweisen nicht unbedingt mit Jubel reagiert. Im Endeffekt bedeuten nämlich die Forschungsergebnisse von Rogers, dass ein so unspezifisches Wirkungselement wie die mitmenschliche Präsenz einer Fachperson positiver wirkt und wichtiger ist als ihr theoretisches und methodisches Expertenwissen. Anders gesagt: laut Rogers verstärkt bzw. ermöglicht sogar erst diese Form des bewussten Mitmensch-Seins als »Katalysator« die Wirksamkeit der eingesetzten spezifischen Wissens- und Methodenelemente (»Werkzeuge«). Mittlerweile haben viele psychotherapeutische Ansätze die Bedeutung der persönlichen Präsenz des Therapeuten für die Wirkung der Therapie erkannt und in ihr methodisches Fundament aufgenommen.

Die Art des Mitmensch-Seins ist schwer definitorisch zu fassen. Sie lässt sich eher durch direkte Erfahrung erschließen. Rogers zufolge sind theoretische Modelle, das Fachwissen und auch die Techniken der Unterstützung weniger wichtig als die Einstellung des Facilitators und die Art, wie dieser seine aus dem verinnerlichten Menschenbild entstammende Einstellung dem Gegenüber übermittelt, um ihm eine »hilfreiche Beziehung« anzubieten. Rogers formulierte die grundsätzlichen Aspekte dieser Haltung in Form von folgenden Fragen:

- Kann ich so sein, dass mein Gegenüber mich wirklich als vertrauenswürdig, verlässlich und beständig wahrnimmt?
- Kann ich das, was ich bin, unzweideutig ausdrücken?
- Kann ich es mir erlauben, zu meinem Gegenüber positive Einstellungen (Wärme, Fürsorglichkeit, Zuneigung, Interesse und Respekt) zu empfinden?
- Kann ich als Mensch stark genug sein, um in der Welt meines Gegenübers nicht befangen zu sein?
- Bin ich meiner selbst sicher genug, um meinem Gegenüber sein Anders-Sein zu erlauben?
- Darf ich voll und ganz in die Welt meines Gegenübers eintreten, kann ich seine Gefühle und persönliche Sinngebungen so sehen wie er?
- Kann ich jede Aussage meines Gegenübers akzeptieren und ihn annehmen, wie er ist?

- Bin ich in der Lage, mit einem Feingefühl in der Beziehung zu meinem Gegenüber so zu agieren, dass mein Verhalten von ihm nicht als bedrohlich empfunden wird?
- Kann ich mein Gegenüber vor der Gefahr einer Fremdbewertung schützen?
- Kann ich, unbefangen von seiner und meiner Vergangenheit, meinem Gegenüber als jemandem begegnen, der sich in einem Prozess des Werdens befindet?

Diese Fragen bedürfen keiner Abwandlung oder Interpretation – sie erfassen das Wesentliche der personzentrierten Haltung auf einer allgemein geltenden Ebene. Sie richten sich allein an den Facilitator, weil sie die wesentlichen Aspekte seiner »Mitmenschlichkeit« erfassen. Wenn der heilpädagogisch Tätige die Fragen bejahen kann, ist er in der Lage, eine wahrhaft personzentrierte Arbeit zu leisten, ganz gleich welchen Verfahrens- bzw. Methodenansatz er vertritt.

Die Heilpädagogik ist ihrem Selbstverständnis nach keine Therapie. Es wird immer wieder gesagt, ihre Wirkung sei »pädagogisch-therapeutisch«, was auch stimmt, jedoch vor allem im ursprünglichen semantischen Sinne. Dies ist wie folgt zu verstehen: Die heilpädagogisch Tätigen setzen pädagogische Mittel ein (»Pädagoge« kommt aus dem Altgriechischen »paidagogos« und bedeutet: Begleiter des Knaben außerhalb des Elternhauses), wobei es ihnen nicht um Gesundmachung bzw. Heilung geht. Vielmehr soll ihr Handeln den Personen in beeinträchtigten Lebenslagen für eine »Entbeeinträchtigung« dienlich sein (»Therapeut« kommt aus dem Altgriechischen »therapeutés« und bedeutet: Diener, Wärter, Pfleger).

Wie schon erwähnt, wirkt die personzentrierte Arbeitsweise auf den zu unterstützenden Menschen positiv vor allem durch eine ehrlich annehmende, verstehende, nichtbewertende und einschätzbare Präsenz der Fachperson. Diese hat also nicht vorrangig die Aufgabe zu heilen/gesund zu machen, sondern vielmehr laut Rogers ein mitmenschliches Klima zu erzeugen und aufrechtzuerhalten, in dem der unterstützte Mensch

- sich als Person angenommen, sicher vor Bewertung und folglich auch wohlfühlt,
- die eigenen Empfindungen, Gedanken und das eigene Verhalten bewusst wahrnimmt,
- mutiger im eigenverantwortlichen Handeln und offener für Kooperation mit anderen ist.

Ein solches positiv wirkendes mitmenschliches Klima kann nur im Rahmen einer Beziehung entstehen (Rogers spricht vom psychologischen Kontakt).

Ein wesentlicher Bestandteil der pädagogischen Mittel ist die persönliche Wirkung auf der Beziehungsebene. Dies trifft bei der Heilpädagogik in besonderem Maße zu. Es ist eine Binsenweisheit, dass die Nachhaltigkeit pädagogischer Einflussnahme – egal, ob es um Wissenserwerb, Erziehung oder Entwicklung geht – von der Beziehung zwischen dem Klienten und dem Pädagogen abhängig ist. Ebenfalls unumstritten ist die Tatsache, dass die Art der persönlichen Präsenz des Pädagogen für die Beziehung ausschlaggebend ist: Tritt der Pädagoge als Mitmensch auf, kann eine positive Beziehung entstehen und seine fachliche Wirkung nachhaltig unterstützen. Tritt er aber als Machtmensch auf – was ihm mit seinem Fachwissen, seiner

Lebenserfahrung, seinem Status und als ein Teil der institutionellen Macht durchaus möglich ist –, ist eine negative Beziehung vorprogrammiert, die seiner fachlichen Wirkung nachhaltig im Wege steht. Dies kann mit einem Beispiel aus dem Bereich der allgemeinen Erfahrung belegt werden: Die meisten Menschen haben während ihrer Schulzeit den einen oder anderen Pädagogen erlebt, der gegenüber den Schülern als Mitmensch aufgetreten ist. Nicht nur, dass sie den Unterricht bei diesen Pädagogen als anregend und befriedigend erlebt haben – sie haben in der Regel auch mehr kooperiert, mehr gelernt und das Gelernte besser behalten. Ein Gegenteil davon haben die meisten Menschen im Unterricht bei den Pädagogen erlebt, die als Machtmenschen aufgetreten sind.

Was zeichnet das professionelle Handeln von heilpädagogisch Tätigen aus?

Eine heilpädagogische Unterstützung ist nicht primär auf die »Reparatur« von organischen oder funktionalen Schädigungen des Menschen ausgerichtet. Sie beschäftigt sich vielmehr mit den Reaktionen des sozialen Umfeldes auf die von der Durchschnittsnorm abweichende biologische, organische und psychische Ausstattung sowie auf das Verhalten des betreffenden Menschen. Emil E. Kobi spricht von individuell und sozial bedingtem Behinderungszustand. Demnach konzentriert sich die Heilpädagogik weniger auf die dem Individuum anhaftenden Gebrechen und Merkmale als auf die Sozialisations- und Interaktionsprozesse in der Gesellschaft, in Institutionen, in Gruppen und in Familien, wo die Resonanz aus der sozialen und fachlichen Umwelt des betroffenen Menschen eine Entfaltung des unbelasteten und positiven Lebensgefühls beeinträchtigt. Damit ist nicht gesagt, dass die sog. funktionale Ertüchtigung in der Heilpädagogik keinen Platz hat. Die Mobilisierung von Restfunktionen sowie Anbahnung von Kompensationen für nicht gewinnbare geistige, sinnliche, motorische und sprachliche Möglichkeiten stellen eine wichtige Aufgabe der heilpädagogischen Arbeit mit Menschen in beeinträchtigten Lebenslagen dar.

Ein solch umfangreiches und komplexes Anliegen verlangt zwangsläufig nach Professionalität in der Umsetzung. Heilpädagogisches Handeln stellt also ein begründetes, zielgerichtetes, planmäßiges, gekonnt durchgeführtes und reflektiertes Streben nach einer »Entbeeinträchtigung« von belastenden Zuständen, Prozessen und Lebenslagen von unterstützten Personen dar. Das sind die wichtigsten Eckpunkte der heilpädagogischen Handlungsprofessionalität. Sie setzt eine Orientierung in der Situation und Person des Gegenübers, in der zu erfüllenden Aufgabe und auch in der eigenen Person als »Hauptinstrument« der professionellen Einflussnahme voraus. Es gibt selbstverständlich auch diverse Kompetenzen, die das heilpädagogische Handeln auszeichnen. Sie werden allerdings von Autor zu Autor recht uneinheitlich definiert und klassifiziert. Folglich wird hier auf sie nicht näher eingegangen.

Grundlage des heilpädagogischen Handelns ist der fördernde Dialog von Personen, die aufeinander bezogen agieren – der Heilpädagoge bzw. die Heilpädagogin und die zu unterstützenden Menschen. Das verlangt den heilpädagogisch Tätigen eine bewusste Handhabung der eigenen Beziehungsbereitschaft und die gezielte Entfaltung der Beziehungsfähigkeit ab. Die Bedeutung der Beziehung für das pädagogische Handeln macht die von Rogers definierte und theoretisch untermauerte Personzentriertheit für die heilpädagogisch Tätigen (und eigentlich für Angehörige aller pädagogischen Berufe) zu einer »conditio sine qua non« ihrer positiven Wirksamkeit.

Die Personzentriertheit ist allerdings eine nicht blind helfend agierende, sondern empathisch orientierte Mitmenschlichkeit. Sie stellt den zu unterstützenden Menschen als Person in den Mittelpunkt, nicht so sehr seine Taten bzw. sein Verhalten, sondern seine aktuell vorhandenen Gefühle, seine Gedanken, seine Wichtigkeiten, sein Anliegen usw. Es gilt, diese subjektiven Eckpunkte des situativen Erlebens zu verstehen, um unterstützend handeln zu können. Genauso wichtig sind auch die Bemühungen des heilpädagogisch Tätigen um eine Orientierung in weiteren Kontexten und Faktoren der subjektiven Sicht-, Denk- und Verhaltensweise (Lebensgeschichte, Ereignisse, familiäre Situation, schulische Lage, Gesundheit usw.). Auch das Aushalten belastender Verhaltensweisen und Interaktionen wird durch das Begreifen der subjektiven Erlebens-, Denk- und Handlungsweise ermöglicht. Paul Moor hat alle diese Aspekte der Personzentriertheit mit dem Leitsatz »Wir müssen das Kind zuerst verstehen, bevor wir es erziehen« auf den Punkt gebracht.

Fallbeispiel: Und trotzdem stehe ich dir bei ...
Der achtjährige Stefan, der im Kinderheim lebt, wird zunehmend im Dienst desjenigen Erziehers auffällig, der sich als seine Bezugsperson versteht. Es gibt keine nachvollziehbare Erklärung für diese Tatsache, weil der Kollege dem Jungen keinerlei Anlass für das auffällige Verhalten gibt. Im Gegenteil, er bemüht sich sehr um Stefan. Dieser selbst erklärt nichts und verhält sich weiterhin dem Erzieher gegenüber sehr verletzend.

So fängt der Kollege allmählich an zu glauben, dass es um irgendeine persönlich gemeinte Rache geht, weil der Junge bei anderen Erziehern nicht so negativ auffällt. Erst wenn mit Hilfe der Fallbesprechung und Supervision die subjektive Sicht-, Denk- und Handlungsweise von Stefan erörtert wird, kann der Erzieher begreifen, was sich auf der Beziehungsebene zwischen ihm und dem Kind abspielt und welche Rolle er selbst dabei hat:

- Stefan hat in zerrütteten Familienverhältnissen gelernt, dass akute Not nur durch massive Auffälligkeit zur Kenntnis genommen wird.
- Als seine Mutter mehrere Wochen lang die geplanten Besuche ersatzlos abgesagt hat, fühlte sich Stefan von ihr vergessen – es entstand für ihn eine existenzbedrohende Notsituation.
- Er setzte die altbewährte Art ein und wurde seinem Erzieher gegenüber massiv auffällig, weil er von ihm als seiner Bezugsperson Aufmerksamkeit und Interesse für die bedrohliche Lage sowie eine Hilfe erzwingen wollte.

Auch das ist eine wichtige Form der heilpädagogischen Personzentriertheit – außerhalb der direkten Interaktion die Wirkung von Gegebenheiten und Zuständen auf das Empfinden, Denken und Verhalten der zu unterstützenden Person zu untersuchen. Aufgrund der hierbei gewonnenen Erkenntnisse regt der Erzieher die Wiederaufnahme der Kontakte seitens der Mutter an, wodurch sich Stefans Notsituation entschärfen kann. Sein Verhalten dem Erzieher gegenüber verändert sich positiv. Die Beziehung zwischen ihm und seinem Erzieher hat die Belastungsprobe überstanden und ist wieder tragfähig.

Gerade die von dem Verstehen der Zusammenhänge ausgehende Reaktion auf das auffällige Verhalten zeichnet den fördernden Dialog aus. Die heilpädagogische Handlungskompetenz bei Verhaltensauffälligkeiten basiert auf der Fähigkeit des Heilpädagogen, sich auf der Basis des Verstehens anders zu verhalten, als das ursprüngliche soziale Umfeld des zu Erziehenden es getan hat, nämlich offen, transparent und im dreifachen Sinne orientiert – bezüglich des Anderen, sich selbst und der Situation.

Eine grundlegende Orientierung ist also für das professionelle Handeln unabdingbar: Ohne zu wissen, wie die Situation von der zu unterstützenden Person wahrgenommen und gedeutet wird und was ihr wichtig ist, ohne Klarheit zu haben, was der Auftrag ist, für dessen Erfüllung ich bezahlt werde, und ohne die eigenen aktuellen Empfindungs- und Verhaltenstendenzen zu kennen, kann ich im besten Falle nach dem Versuch-Irrtum-Prinzip handeln. Oder meine eigenen Interpretationen und Wichtigkeiten als Wegweiser des Handelns verwenden. Oder aber mich restlos dem Verlangen des Gegenübers unterwerfen. Oder, oder, oder ... Bei aller Wertschätzung von Handlungsspontaneität (die auch zum beruflichen Handeln gehört) gilt, dass fehlende Orientierung im o. g. Sinne die Gefahr in sich birgt, dass die heilpädagogisch Tätigen dem Anspruch der beruflichen Handlungsprofessionalität nicht gerecht werden.

An dieser Stelle kommt eine Feststellung, die vielleicht angeberisch klingt, jedoch den Unterschied zwischen dem psychotherapeutischen und dem heilpädagogischen Setting deutlich macht. Rogers blieb in therapeutischen Gesprächen konsequent auf der Ebene des empathischen Verstehens. Sein Hauptanliegen war es, ein förderndes Klima zu erzeugen, welches den Klienten zur Selbstexploration ermutigt. Dass der Therapeut den Klienten in alltäglichen Angelegenheiten und bei der Bewältigung seiner Lage tätig handelnd unterstützen würde, kam dabei nicht in Frage. Das gehört auch nicht in den Aufgabenkatalog von Psychotherapeuten. Dagegen agieren die heilpädagogisch Tätigen im gemeinsamen Tun. Das empathische Verstehen wirkt zwar schon an sich wohltuend, ist jedoch vor allem als orientierende Hilfe des Handelns erforderlich. Folglich kann man im heilpädagogischen Handeln von einer tätigen Empathie sprechen. Die Heilpädagogen und Heilpädagoginnen gehen also – vorausgesetzt, sie praktizieren die Personzentriertheit wirklich konsequent – einen Schritt weiter als die Psychotherapeuten. Diese Feststellung bezieht sich selbstverständlich nicht nur auf die heilpädagogisch Tätigen, sondern umfasst alle sozialen Berufe im außertherapeutischen Setting, in denen Fachpersonen andere Menschen unterstützen.

Aus den bisherigen Ausführungen und Beispielen ergeben sich folgende fünf Aspekte, die sowohl für den personzentrierten Ansatz nach Rogers als auch für die heilpädagogische Denk- und Handlungsweise charakteristisch sind:

- *Das Menschenbild*: Der Mensch wird als eine Person mit ihrem hohen Wert als unteilbare Einheit gesehen. Von dieser Auffassung leitet sich die ganzheitliche, humanistische und durch das Vertrauen in die Entwicklungskräfte geprägte Grundeinstellung zum Menschen ab.
- *Die Beziehung*: Als methodisches Grundelement wird die Beziehung gesehen. Auf der Beziehungsebene wirkt laut Rogers das förderliche Klima, im heilpädagogischen Berufsalltag ist es das von tätiger Empathie ausgehende gemeinsame Tun.
- *Die Hermeneutik*: Beide Ansätze sehen im Verstehen der subjektiven Erlebens-, Denk- und Handlungsweise des Gegenübers eine Voraussetzung für positive Wirksamkeit der Unterstützung.
- *Die Kommunikation und Interaktion*: Das hauptsächliche Wirkungsfeld des Rogerschen Ansatzes ist die zwischenmenschliche Kommunikation (das Gespräch). Im heilpädagogischen Berufsalltag kommt noch die Interaktion hinzu (das gemeinsame Tun). Beide Wirkungsbereiche sind praktische Konkretisierungen des dialogischen Prinzips im Sinne von M. Buber.
- *Die Ermutigung*: Als ein wesentliches Wirkungsanliegen wird die Ermutigung betrachtet – im förderlichen Begegnungsklima des therapeutischen Gesprächs traut sich der Klient eher, die belastenden Elemente seines Selbstkonzepts wahrzunehmen, und im gemeinsamen Tun der heilpädagogischen Einflussnahme traut sich der zu unterstützende Mensch eher, eigenständig zu handeln.

Last but not least – Was hat ein Navigationsgerät mit der Personzentriertheit zu tun?

In der Überschrift dieses Beitrags wird angedeutet, dass man für eine bewusste Personzentriertheit im heilpädagogischen Berufsalltag von einem Navigationsgerät etwas lernen kann. Was ist damit gemeint? Die Heilpädagogen und Heilpädagoginnen sind doch keine Maschinen. Das stimmt auch, und es geht selbstverständlich nicht darum, irgendwelche mechanisch-technischen Kniffe in die bewusste Personzentriertheit von lebendigen Fachpersonen zu implementieren. Vielmehr ist es ein Hinweis auf das Navigationsgerät als Beispiel einer respektierenden, nichtbewertenden, beständigen und aufgabetreuen Unterstützung des Fahrers auf dem Weg zum Ziel – alles Merkmale, die durchaus für personzentrierte Kommunikation und Interaktion im Berufsalltag nicht nur relevant, sondern unabkömmlich sind. Hinter diesem Hinweis auf das Navigationsgerät steht folgende persönliche Erfahrung des Autors (sie wird in der Ich-Form erzählt):

Bei einer Fahrt in Tschechien von Iglau (Jihlava) nach Prag habe ich durch das Eintippen der Zieladresse das Navigationsgerät »beauftragt«, mich dorthin zu lotsen. Da ich für diese eine Fahrt keine Autobahnvignette kaufen wollte, musste ich die Autobahn meiden. Allerdings vergaß ich das Navigationsgerät entsprechend einzustellen, sodass die Autobahnen als Prioritätsbestimmung für die Streckenauswahl geblieben sind. Ich kenne zwar den Weg und bräuchte eigentlich die Führung nicht, aber ich wollte wissen, über welche Straßen ich von dem Navigationsgerät nach Prag geführt werde. Und so kam es, wie es kommen musste: Die Frauenstimme des Navigationsgeräts (ich nenne sie Helga und bleibe im weiteren Text bei dieser Bezeichnung) forderte mich alsbald auf, in Richtung Autobahn zu fahren. Was ich natürlich aus dem o. g. Grund nicht tat. Die Reaktion von Helga war durchaus angenehm – in einer ruhigen Tonlage hat sie mich zuerst gebeten, in 300 Metern zu wenden. Als ich nicht gewendet habe und mich weiter von der Autobahn entfernte, kam noch zweimal die gleiche Bitte, der ich wiederum nicht gefolgt bin. In diesem Moment kam mir der Gedanke in den Kopf, wie wohl ein verkleinerter Mensch in dieser Situation reagieren würde – wenn einer in dem Navigationsgerät säße und mich nach Prag navigieren müsste (das war doch der Auftrag, den ich eingegeben habe):

- Wäre er überzeugt, dass der von ihm gefundene Weg der einzig richtige ist (lösungsorientierte Haltung wie in dem o. g. Beispiel mit dem Holen von Kartoffeln aus dem Keller), würde er sich mit hoher Wahrscheinlichkeit aufregen und mich mit Nachdruck versuchen dazu zu zwingen (Drohungen oder Manipulation), seine Führung und die Weganweisungen als die einzig richtigen anzuerkennen und ihnen zu folgen.
- Wäre er darauf aus, die innere Anspannung herauszulassen und sich zu entlasten (wie in dem o. g. Beispiel mit der Altenpflegerin), würde er mir nichts vormachen und seine Aufregung sowie Enttäuschung zeigen. Auch käme von ihm wahrscheinlich eine negative Bewertung meiner Person, verbale Gewalt und Verweigerung weiterer Unterstützung – er würde mir keine weiteren Vorschläge zum Weg nach Prag machen, damit ideell weggehen und die Tür hinter sich zuknallen.

Helga ist anders – weder zeigt sie Nervosität, noch bewertet sie mich, noch schimpft sie mit mir, noch droht sie mir mit Konsequenzen für meine Ungehorsamkeit, und schon gar nicht schmollt sie und verweigert den Dienst. Sicherlich ist sie als ein elektronisches Gerät nicht imstande, sich aufzuregen oder zu versuchen, mich zur Annahme ihrer Anweisungen zu zwingen. Auch kann sie nicht bemüht sein, meine Stimmung mitzuempfinden, mein Anliegen zu verstehen und die Bedeutung der Fahrt außerhalb von Autobahnen zu begreifen. Was wichtig und ausschlaggebend ist – sie ist nämlich so programmiert (das lässt sich durchaus mit einer Haltung vergleichen, die das Verhalten und Handeln eines Menschen steuert), dass sie bei Ungehorsamkeit des Fahrers beständig, geduldig und konsequent nach Alternativwegen zum Ziel sucht.

So hörte ich von Helga – nachdem sie mich mehrmals vergeblich gebeten hat zu wenden – in der gleichen ruhigen Tonlage wie bisher eine andere Mitteilung: »Neuberechnung im Gang«. Es dauerte nicht lange, und sie lotste mich auf den Bundesstraßen in Richtung Prag. Klar kam immer dann die Aufforderung wieder, die Autobahn anzusteuern, wenn ich in der Nähe der Autobahn war. Ich verweigerte jedes Mal den Gehorsam, und Helga hat jedes Mal wieder nach Alternativwegen gesucht, um ihre Aufgabe zu erfüllen. Und obwohl ich glaubte, den Weg sehr gut zu kennen, fuhr ich unter Helgas Führung auch über solche Straßen und Umgebungen, die mir gänzlich neu waren. Also haben mir meine Dickköpfigkeit und Helgas

Durchhalte- und Anpassungsvermögen eine Erweiterung der Orientierung im tschechischen Straßennetz ermöglicht. Letzten Endes sind wir ohne Kampf, Enttäuschung, Stress und in Kooperation nach Prag gekommen. Klar – der Prozess war durch mein widerspenstiges Verhalten erschwert, aber er verlief trotzdem im gemeinsamen Tun. Helga hat meinen Auftrag, mich nach Prag zu führen, im Sinne ihrer Programmierung erfüllt, ohne mich etwa durch die aufgezwungene Fahrt über die Autobahn zu »besiegen«.

Nun – wozu soll diese überzogene Anthropologisierung eines Navigationsgeräts gut sein? Die herausphantasierten Vorstellungen und Überlegungen hinsichtlich Helgas konsequent praktizierter Personzentriertheit sind keineswegs wissenschaftlich. Der Sinn dieser Metapher besteht in der Veranschaulichung der wesentlichen Merkmale des bewusst personzentrierten Umgangs mit Verhaltensphänomenen, die im heilpädagogischen Berufsalltag häufiger vorkommen, als es den Heilpädagogen und Heilpädagoginnen lieb ist – Widerstand, Verweigerung, Ungehorsamkeit, Dickköpfigkeit, Widerspenstigkeit, Aggressivität usw. Die auf ein Navigationsgerät metaphorisch übertragene Mitmenschlichkeit dürfte beim guten Willen und mit ein bisschen Phantasie für das Begreifen wesentlicher Handlungselemente der bewusst personzentrierten Aufgabenerfüllung im Berufsalltag hilfreich sein: Respekt, Nichtbewertung, Beständigkeit, Durchhaltevermögen, innere Stabilität, Einfallsreichtum und Aufgabentreue.

An dieser Stelle wird der Unterschied zwischen einem Navigationsgerät und einem Heilpädagogen deutlich: Das Gerät wird auf diese Reaktionsart in der Fabrik programmiert, also reagiert es zwangsläufig so, weil es nicht vom eigenen Willen gesteuert wird. Der Heilpädagoge muss sich im Sinne eines personzentrierten Umgangs mit Erschwernissen bei Aufgabenerfüllung selbst »programmieren« (also eine entsprechende Haltung verinnerlichen) und die Beständigkeit, die Geduld, das Durchhaltevermögen, die Bereitschaft zur Suche nach Alternativwegen zum Ziel usw. bewusst (d. h. sich willentlich selbst steuernd) praktizieren. Also nicht mehr und nicht weniger, als die beschriebene Art von Helga persönlich und dadurch lebendig zu machen, was – wie immer, wenn es um die Ausgestaltung und Verinnerlichung von Haltungen/Einstellungen geht – keine leichte Aufgabe ist.

Wie schon oben erwähnt, trägt die Veranlagung zum personzentrierten Arbeiten dank des naturgemäßen Mitmensch-Seins jedes Individuum in sich. Die Professionalität dagegen muss erworben werden. Sie besteht neben dem erforderlichen Fach- und Methodenwissen insbesondere in einer bewussten, begründeten und reflektierten Vorgehensweise. Wir können davon ausgehen, dass die Studierenden der Heilpädagogik mit der Überzeugung, ein Mitmensch zu sein (sonst würden sie ja nicht einen sozialen Beruf erlernen wollen), eine Grundlage haben, die im Studium und dann auch in der Berufspraxis weiter entwickelt, kultiviert, gestärkt und gezielt verwendet werden kann.

Die akademische Qualifizierung von Heilpädagoginnen und Heilpädagogen fokussiert vor allem die theoretisch-methodischen Handlungsaspekte. Die persönlichen Beziehungsfaktoren der heilpädagogischen Einflussnahme werden im Studium zwar als wichtig deklariert und auch tangiert – z. B. mit dem Hinweis auf die Theorie des inneren und äußeren Haltes von Paul Moor. Das war aber schon alles, und so werden die Absolventen und Absolventinnen des Heilpädagogikstudiums oft ohne eine klare Orientierung in eigener Personzentriertheit in die Praxis entlassen. Folglich sollte im Studium der Entfaltung der Personzentriertheit bei angehenden Heilpädagogen und Heilpädagoginnen eine größere Bedeutung zuteilwerden, allein deswegen, weil die sich als Beziehungsdisziplin verstehende praktische Heilpädagogik eine Form beruflicher Mitmenschlichkeit ist. In dieser Tatsache liegt auch die Bedeutung der Personzentriertheit für das heilpädagogische Handeln.

Es ist (hoffentlich) klar, wozu die bisherigen Ausführungen beitragen sollen: Im Studium der Heilpädagogik (und auch anderer Berufe aus dem Feld der Sozialen Arbeit) soll die Sensibilisierung der Lehrenden und Studierenden für eine gezielte Entfaltung der personzentrierten Arbeitsweise mehr an Bedeutung und Raum gewinnen. Voraussetzung hierfür auf der persönlichen Ebene ist Interesse und Motivation für eigenes Vorankommen in der Sache »bewusste Personzentriertheit«. Folglich ist das Anliegen dieses Beitrags, Interesse um das Phänomen der Mitmenschlichkeit im beruflichen Kontext zu wecken und Denkanstöße zu der persönlichen Auseinandersetzung mit der eigenen Personzentriertheit zu geben. Wenn dadurch der eine oder andere von den Leserinnen und Lesern sich zu einer ernsthaften Beschäftigung mit der eigenen Personzentriertheit bewegen lässt, dann hat dieser Beitrag seinen Zweck erfüllt. Es bleibt nur noch zu wünschen, dass möglichst viele Heilpädagogen und Heilpädagoginnen möglichst viele berufliche Begegnungen in personzentrierter Atmosphäre erleben. Und wenn es im Berufsalltag auch mal schwerfallen soll, in bestimmter Situation gegenüber einer bestimmten Person personzentriert zu sein (was durchaus vorkommen darf), kann es hilfreich sein, sich eine kurze Auszeit zu nehmen und eine Spazierfahrt zu machen. Wichtig ist, dabei das Navigationsgerät einzuschalten, sich nicht immer an seine Vorgaben zu halten und dann die nichtbewertende Beständigkeit zu genießen, mit der dieses Gerät seine Aufgabe erfüllt – nämlich den Fahrer zum eingegebenen Ziel zu lotsen. Mit dieser »Helga-Erfahrung« wird es nach der Spazierfahrt hoffentlich besser möglich sein, in der beruflichen Interaktion bewusst personzentriert aufzutreten. Ob das wirklich so funktionieren wird, sei dahingestellt – es ist auf jeden Fall einen Versuch wert.

Literatur

Bourne, L. E. & Ekstrand, B. R. (1992): Einführung in die Psychologie. Frankfurt a. M.
Buber, M. (1979): Das dialogische Prinzip. Heidelberg
Hagel, J. (1990): Zum Selbstverständnis der Heilpädagogik als Handlungswissenschaft. Bochum: EFH RWL, Reihe Denken und Handeln, Bd.11
Kobi, E. (1977): Grundfragen der Heilpädagogik und der Heilerziehung. Bern
Leber, A. (1987): Heilpädagogik. In: Eyferth/Otto/Thiersch: Handbuch zur Sozialarbeit und Sozialpädagogik. Luchterhand, 475–486
Moor, P. (1974): Heilpädagogik. Ein pädagogisches Lehrbuch. Stuttgart
Ondracek, P. (1993): Der personzentrierte Ansatz – Aspekte einer heilpädagogisch relevanten Haltung (Antrittsvorlesung vom 16.12.1993, EFH-RWL Bochum, unveröffentlicht)
Ondracek, P. (2002a): Personbezogenheit – Ein wichtiger Aspekt der Qualität heilpädagogischer Arbeit. In: BHP Info. Vierteljahresschrift des BHP, 17, 2, 3–12

Ondracek, P. (2002b): Sie können es auch! Personzentriertes Arbeiten in der Altenhilfe. In: Rundum. Das Journal der Rheinischen Gesellschaft, Nr. 10, 1, 23–25

Ondracek, P. (2004): Personzentriertes Arbeiten und Kontaktförderung – Ansatz zur Wirksamkeitserfassung. In: Fachbereichstag Heilpädagogik (Hrsg.): Jahrbuch Heilpädagogik 2004. Aktuelle Entwicklungen und Tendenzen in der Heilpädagogik. BHP-Schriftenreihe 4/ 04, 3. Jahrgang. Berlin: BHP, 75–124

Ondracek, P. (2007): Personzentriertheit in der Heilpädagogik. In: Greving, H. (Hrsg.): Kompendium der Heilpädagogik, Band 2 I–Z. Troisdorf, 155–154

Ondracek, P. (2020): Professionalität in der Heilpädagogik. In: Greving, H. & Ondracek, P.: Heilpädagogisches Denken und Handeln. Eine Einführung in die Didaktik und Methodik der Heilpädagogik. Stuttgart, 26–31

Rogers, C. R. (1978): Die Kraft des Guten. München

Rogers, C. R. (1982): Meine Beschreibung einer personzentrierten Haltung. In: Zeitschrift für personzentrierte Psychologie und Psychotherapie, 1, 75–77

Rogers, C. R. (1985a): Entwicklung der Persönlichkeit. Stuttgart

Rogers, C. R. (1985b): Die Eigenschaften einer hilfreichen Beziehung. In: Rogers: Entwicklung der Persönlichkeit. Stuttgart, 53–72

Rogers, C. R. (1991): Die notwendigen und hinreichenden Bedingungen für Persönlichkeitsentwicklung durch Psychotherapie. In: Schmid, P. F. & Rogers, C. R.: Person-zentriert. Mainz, 165–184

Watzlawick, P. (1986): Vom Schlechten des Guten. München

Wörterbuch altgriechisch-deutsch. Aus: http://www.operone.de/griech/wad109.html (18.11.2012)

II Heilpädagogische Konzepte und Methoden: Betrachtungen zur Praxis

4 Beziehung – Grundlage und Ziel der Heilpädagogischen Erziehungshilfe und Entwicklungsförderung (HpE)

Wolfgang Köhn

Grundsätzliche Annahmen

Bevor sehr praxisnah die Beziehung in den Mittelpunkt der Betrachtung dieses Beitrags gerät, sollen die grundlegenden Annahmen des Handlungskonzeptes der Heilpädagogischen Erziehungshilfe und Entwicklungsförderung skizziert werden (vgl. Köhn 2008, 15 f.). Es handelt sich hierbei um

- kurze theoretische Begründungen zur Bedeutung von Beziehung,
- Gedanken zur Entwicklung und
- Perspektiven zur Förderung.

Zur Bedeutung von Beziehung

Die heilpädagogische Beziehung ist das relevante Fundament für eine heilpädagogische Begleitung des Menschen, vor allem des Kindes. Sie ist die grundlegende Voraussetzung für eine Pädagogik und Erziehung, welche unter erschwerten Bedingungen wirksam werden soll und werden kann. Sie unterstützt, wenn sie gelingt, den Prozess der Identitätsentwicklung und dient hierbei dem Ziel der dialogisch orientierten Vermenschlichung des Handlungspartners. Eine professionelle heilpädagogische Beziehung wird ausgeformt und gestaltet in den Situationen des Einzelkontaktes, der Arbeit in der Kleingruppe sowie der Begleitung in der Lebensgruppe des Kindes oder Jugendlichen im heilpädagogischen Milieu. Das die heilpädagogische Beziehung prägende Menschenbild ist das der Menschen- und Nächstenliebe sowie dasjenige der Liebe zum Leben generell. Des Weiteren geht die Grundlegung, Gestaltung und Gestaltbarkeit einer heilpädagogischen Beziehung von einer berufsethischen Haltung aus, in welcher die personale Mitverantwortung der heilpädagogisch Tätigen, also ihre und seine Entwicklung der Selbsterkenntnis und Selbstreflexion im Mittelpunkt stehen. Der Weg und die Suche nach der Identität ist folglich eine doppelte: In der heilpädagogischen Beziehung umfasst und umgreift sie die Kinder und Jugendlichen wie auch die professionell heilpädagogisch Handelnden. Alles, was somit als Erziehungswirklichkeit wahrnehmbar und gestaltbar wird, ereignet sich in Prozessen des Dialogischen, ist immer auf ein »Du« hin realisiert (s. u.).

Zur menschlichen Entwicklung

Jeder Mensch ist auf Entwicklung hin angelegt. Entwicklung ist hierbei, also auch im Rahmen der HpE, zu verstehen als multifaktorieller, komplexer und fortschreitender Prozess von Wechselwirkungen, in welchem sich der Mensch mehr und mehr der Welt, der Mitmenschen und sich selbst bewusst wird und sich zu seiner Persönlichkeit entwickelt, die ihrerseits zunehmend Einfluss auf diese Entwicklung zu nehmen in der Lage ist (vgl. Köhn 2008, 33). Eine solchermaßen verstandene Entwicklung ereignet sich in der Integration genetischer, soziokultureller und innerpsychischer dynamischer Faktoren. Die Ziele einer solchen Entwicklung bestehen (nach Schenk-Danziger 1991, 21 f.) darin,

- dass der Mensch lernt und (weiter-)lernen lernt,
- dass er seine Fähigkeit zur Selbstreflexion entwickelt,
- dass er sich als zeitlich orientiertes, aber auch begrenztes Wesen (in Vergangenheit, Gegenwart und Zukunft) wahrnimmt,
- dass er für eben diese Zukunft planungsfähig wird und plant,
- dass er sich auf andere Menschen hin orientiert und sich an diese binden kann,
- dass er seine Bedürfnisse nach Sicherheit, Geborgenheit, Liebe und Selbstverwirklichung wahrnimmt und leben lernt sowie
- dass er moralische Instanzen entwickelt und mit und in diesen kommuniziert.

Damit diese Entwicklungsziele erreicht werden (können), benötigt der Mensch Hilfe und Unterstützung. Gerade bei Kindern und Jugendlichen, welche in problematischen sozialen Situationen aufwachsen, ist eine solche Unterstützung angezeigt. Sie kann auch durch unterschiedliche Prozesse der Förderung angeregt und begleitet werden.

Zum Veständnis von Förderung

Auch wenn aktuell eher die Postulate und Prozesse der Assistenz das heilpädagogische Handeln gestalten, kann und soll an dieser Stelle dennoch auf eine pädagogische Begründung und Ausformung von Förderung eingegangen werden. Förderung, so wie sie hier verstanden wird, ereignet sich immer in einem pädagogischen Gesamtzusammenhang und geschieht durch die bewusste Gestaltung von entwicklungsfördernden und -förderlichen Situationen. Hierbei zielt Förderung immer auf zu gestaltende Lernprozesse ab (vgl. Strasser 1997, 23). Die Gestaltung heilpädagogischer Maßnahmen und Handlungen ereignet sich hierbei nun aber nicht in der additiven Anwendung spezieller und spezifischer pädagogisch-therapeutischer Methoden. Heilpädagogik ist nicht machbar! Dies muss an dieser Stelle ganz deutlich behauptet werden. Vielmehr kann und muss es in der Umsetzung dieser Förderorientierung darum gehen, ökologisch orientierte Förderansätze und -konzepte zu realisieren, welche sich in der Lebenswelt der Kinder und Jugendlichen ereignen und auf diese bezogen sind (vgl. Köhn 2008, 42). Eine heilpädagogisch ausgerichtete Förderung spricht hierbei immer den ganzen Menschen als Subjekt an. Hierbei wird der Mensch immer als Individuum, als unteilbar Ganzes, als er selbst angesprochen. Dieses bedeutet auch, vorhandene Störungen, Behinderungen oder Beeinträchtigungen zunächst aus dem Blickfeld zu rücken. Oder anders formuliert: Der und die heilpädagogisch Tätige geht nicht symptom- bzw. defizitorientiert vor, um funktionalistisch ganz bestimmte Teilbereiche der Person zu diagnostizieren und zu therapieren. Im Gegenteil: Eine heilpädagogische Beziehung, welche förderorientiert gestaltet ist, ereignet sich in den Prozessen dialogischer Bemühungen und Gestaltungen, mit dem Ziel, in allen menschlichen Bereichen Entwicklungen anzuregen. Eine solche Haltung des Anregens und Gewährenlassens im Rahmen heilpädagogischer Förder- und Entwicklungskonzepte kann an der sokratischen Methode der »Mäeutik« verdeutlicht werden, also der (Frage- und Gesprächs-)Kunst, im Dialog mit dem Gesprächspartner die Wahrheit (in diesem Falle der wechselseitigen Lebensgestaltung) zu ergründen. Die wahre und eigentliche Erkenntnis liegt hierbei bereits im Gegenüber, sie ist ihm jedoch verborgen und nicht bewusst. Im Rahmen der Heilpädagogik kann diese Haltung und Kunst analog zu einem ressourcenorientierten Vorgehen verstanden werden: Verborgene Hilfsquellen des Menschen werden vorsichtig und behutsam entdeckt, aufgedeckt und freigelegt (vgl. Köhn 2008, 44). Eine solchermaßen verstandene Haltung der und zur Förderung kann dann einer (aktuell dargelegten) Begründung von Assistenz recht nahe kommen. Vor diesem Hintergrund können dann die Aussagen zur Entwicklung und zur Förderung integriert und in den Prozess der Entwicklungsförderung eingebracht werden, so wie dieser von Gröschke für die Heilpädagogik beschrieben worden ist (vgl. Gröschke 1997, 268 f.).

Die Beziehung in der HpE – Praxisrelevanzen

»Hallo, wer zieht denn da? Lass' mich los, ich will nicht!« – »Hallo, zieh' mich, lass mich nicht los, halt' mich fest!«

Zwei sehr unterschiedliche Wünsche in zwei sehr unterschiedlichen Situationen – so scheint es. Es geht aber in beiden Situationen um dasselbe: Um *Festhalten* und *Loslassen*. Ist das nicht doch etwas absolut Unterschiedliches, etwas Unvergleichbares? Festhalten und Loslassen sind doch Gegensätze – oder etwa nicht? Zweifelsohne kommt es auf die jeweilige Situation an, in der festgehalten oder losgelassen wird; und außerdem darauf, *wie* festgehalten oder losgelassen wird.

Fallbeispiel
Ein zwölfjähriger Junge – nennen wir ihn Peter – , der in einem Heim lebt, tobt morgens nach seinem Erwachen wild herum, brüllt immer wieder »Scheiße!«, wirft Stühle um, tritt gegen sein Bett, dass die Bretter knirschen. Vielleicht hat er schlecht geträumt? Der Heilpädagoge hört den Lärm, öffnet die Tür, geht in das Zimmer und schließt die Tür hinter sich. Wütend stürmt der Junge auf den Heilpädagogen los, versucht ihn zu treten und mit den Fäusten zu schlagen. Der Heilpädagoge weicht aus, schützt sich und sagt: »Guten Morgen«. »Scheiße,

Scheiße, Scheiße!«, schreit der Junge, tobt noch wilder und greift noch heftiger an. Es entsteht – ohne dass der Heilpädagoge dies beabsichtigt hätte – ein körperliches Gerangel zwischen den beiden. Der Heilpädagoge achtet darauf, sich soweit wie möglich zurückzunehmen und gleichzeitig Halt zu geben. Schließlich gibt Peter erschöpft und keuchend auf und beginnt zu weinen.

Was nun? Was hätten Sie anstelle des Heilpädagogen getan? Und was würden Sie jetzt tun?

Versuchen Sie einmal, *für sich* eine Antwort zu finden. Wenn möglich, achten Sie dabei auf Ihre Gedanken und Gefühle. Beide sind oftmals sehr unterschiedlich, so dass es schwerfällt, überhaupt etwas zu sagen oder zu tun. Versuchen Sie es trotzdem:

- Was *denke* ich gerade?
- Wie *fühle* ich?
- Was *möchte* ich am liebsten tun?
- Was *muss* ich jetzt tun – ob ich will oder nicht?

Gedanken und *Gefühle* sind in kritischen Situationen oftmals völlig gegensätzlich, so dass Sie unter Druck geraten können und nicht wissen, mit was und wie sie anfangen sollen. Überlegen Sie aber nicht zu viel und erst recht nicht lange, denn dann geht Ihre Spontaneität, einer plötzlichen Eingebung folgend, völlig verloren, und diese benötigen Sie jetzt ganz dringend, sonst werden Sie in einer solchen Situation genötigt (= in Not geraten, gezwungen), oder Sie geben auf! Wäre das eine – die innere Nötigung – oder das andere – das Aufgeben – dann noch sinnvoll und hilfreich auszurichten?

Wie lösen Sie die hier an Sie gestellte Not-wendige Auf-Gabe durch eine heilpädagogisch sinnvolle und verantwortungsvolle Handlung? Wie auch immer: Wenn Sie für sich eine überzeugende Handlung als Antwort gefunden haben oder wenn Sie abwehrend und verzweifelt aufgeben: Teilen Sie einer Partnerin oder einem Partner Ihre *Gefühle* und *Gedanken* mit, und schildern Sie sowohl Ihre Gedanken und Gefühle für eine mögliche Lösung oder auch die Gedanken und Gefühle Ihrer Hilflosigkeit, vielleicht auch Ihrer Ängste, in einer solchen Situation unentschlossen zu sein und zu versagen oder aber nach Ihrem Gefühl übergriffig und möglicherweise ungerecht zu handeln.

Wie heißt ein weises Sprichwort: »Wer nicht wagt, der nicht gewinnt!« Das stimmt! Es gibt nun aber wagemutige und waghalsige Menschen. Der Waghals ist ein wagemutiger Mensch, jemand, der sich nicht scheut, ein Wagnis einzugehen, dessen Auswirkung er nicht vollständig »berechnen« kann. Dies kann aus verschiedenen Gründen geschehen: Entweder »echt«, also aus Mut und teilweise einschätzbarem Risiko; oder aber aus psychischer Abwehr, d. h. durch Verleugnung eigener Ängste und Furcht vor dem Verlust von Anerkennung durch andere und daher aus Selbstbetrug, der sich in seiner Auswirkung gegen den- oder diejenige auswirkt, der oder die sich selbst betrogen hat. Wie schätzen Sie sich selber als Partner/in ein, und welche Situationen fallen Ihnen ein, wie Sie mit Unwägbarkeiten und nicht vorhersehbaren Risiken umgegangen sind?

In unserem »Fall« bemerkt der Heilpädagoge die Aufgabe, die der Junge sich selbst und dem Heilpädagogen stellt. »Auf-Gabe« bedeutet, dass jemandem etwas gegeben wurde, das er nun zu tragen hat, das er nun stemmen soll, sei es Arbeit, Auftrag oder Pflichterfüllung – freiwillig oder gezwungen, überflüssig oder »Not«-wendig. Welche Aufgabe vermuten Sie nach Ihrem bisherigen Wissensstand? Auf welche Weise würden Sie die von Ihnen vermutete Aufgabe erfüllen?

Vermutlich stellen sich verschiedene Ideen ein, die Sie abwägen. Jede Idee erwächst aus *Erfahrung, Gedanken* und *Gefühlen*, und vor diesem Hintergrund hat sie einen einmaligen Wert, ganz gleich, ob Sie die Idee spontan als »objektiv richtig« betrachten oder nicht. Beachten – und wenn möglich, notieren Sie – Ihre eigenen *Gedanken* und *Gefühle* zu jedem Vorschlag, so dass Sie sich später dialogisch, im inneren oder im echten Zwiegespräch, mit den verschiedenen Handlungsoptionen auseinandersetzen können. Oftmals wissen oder bemerken wir nicht: Gefühle sind *emotionale Intelligenz*. Es gibt keine Intelligenzleistungen ohne Gefühle! Emotionale Intelligenz stellt demnach grundsätzlich die bewusste Verknüpfung von Affekten und Kognitionen dar. Leider verdrängen wir öfter unsere Gefühle, weil wir mutig sein wollen, wenn wir Angst verspüren, weil wir nicht dumm dastehen wollen, wenn uns etwas nicht klargeworden ist. Diese Haltung versperrt uns aber den Weg zu neuem Wissen und zu neuem Handeln, und sie macht uns dumm! »Wer nicht wagt, der nicht gewinnt!« Wir lernen nur dann durch unser Handeln, wenn wir auch unsere Gefühle sorgfältig *miterleben* und *reflektieren*! Das bedeutet: Wir schauen uns wie im Spiegel an, nehmen uns sorgfältig wahr, akzeptieren, was wir fühlen, und entscheiden dann bewusst, auf was wir uns einlassen, ohne Ängste zu verdrängen oder durch Über-Mut oder Rückzug zu scheitern. So lernen wir viel über uns, über andere und über Dinge und bereichern uns so für unser Leben, durch Entschlusskraft und Mit-Verantwortung in unseren Beziehungen.

Der Heilpädagoge (HP) merkt im Verlauf der Aktion mit dem Jungen, dass Peters Kraftanstrengungen nachlassen, dass er erschöpft und im wahrsten Sinn des Wortes »niedergeschlagen« ist. Er spürt großes *Mitgefühl* für Peter und versucht, auf ihn einzugehen. Er stemmt die Hände auf den Boden, erhebt leicht sein Gesäß von Peters Hinterteil und stöhnt: »O Mann, was bist du stark, au, ich kann kaum noch sitzen und mich bewegen, Junge, Junge, hast du dich tapfer geschlagen!« Stöhnend und strauchelnd erheben sich beide auf wackligen Füßen. HP: »O, Mann, mir tut das Kreuz weh – dir auch?« Peter nickt und greift sich mit beiden Händen an den Rücken. HP: »Und ich hab' Durst – du auch?« Peter nickt. HP greift Peter an die Schulter und drückt ihn an seine Seite: »Komm, wir gehen was trinken.« Beide verlassen Peters Zimmer, Peter hat HP um die Hüfte gefasst, und so wanken sie über den Flur zum Waschraum. Dort füllt HP ein Glas mit Wasser und reicht es Peter: »Hier Peter, das hast du wirklich verdient! Ich wusste gar nicht, wie stark du bist, einfach toll!« Peter trinkt, hält sein Glas hoch und sagt: »Noch eins!« Peter trinkt eifrig, und HP schenkt sich selber ein Glas ein und trinkt daraus. Peter stößt mit seinem halb leeren Glas an HP's Glas. HP antwortet: »Auf dein Wohl!«, und beide trinken.

Beide umarmen sich gegenseitig und drücken sich ganz fest. Anschließend gehen beide Hand in Hand über den Flur in Peters Gruppenraum. Peter läuft auf die

Gruppenleiterin zu und erzählt ihr, wie er und der HP miteinander gekämpft und sich versöhnt haben.

Aus dieser Situation erwuchs eine tragfähige Beziehung, Peter suchte immer wieder Kontakt, der sich im Alltagsgeschehen normalisierte. HP spielte mit Peter zusammen Fußball mit anderen gleichaltrigen Jungen, die Peter bisher immer abgelehnt hatten, »weil der nix kann«. HP behauptete das Gegenteil, übte – wann immer es beiden möglich war – mit ihm Ball schießen, Tor treffen und dribbeln, so dass Peter nach und nach als Mitspieler von den anderen Jungen erst geduldet und später erwünscht war.

Ergebnis und Schlussfolgerung: Wie beurteilen Sie die Vorgehensweise des HP?

- Bitte notieren Sie Ihre *Gedanken* und *Gefühle*, und tauschen Sie diese mit anderen aus.
- Achten Sie dabei auf unterschiedliche Einschätzungen, ohne diese zu kritisieren,
- und versuchen Sie, alle Handlungsoptionen sowohl *sachlich* wie *emotional* nachzuvollziehen.
- Versuchen Sie, in der Selbstreflexion oder gemeinsam mit anderen einen guten Weg zu beschreiben, wie Sie in einer vergleichbaren Situation handeln würden.

Das Thema dieses Beitrags lautet kurz und bündig »Beziehung«. Was verstehen Sie selbst darunter? Versuchen Sie einmal, diesen Begriff zu definieren, zu erklären, begrifflich zu bestimmen, und tauschen Sie Ihre Gedanken wenn möglich mit anderen aus, bevor Sie die folgenden Seiten weiterlesen! Vielleicht bemerken Sie, dass die Bestimmung dieses vielfach gebrauchten Begriffs durch Angabe seiner wesentlichen Merkmale gar nicht so einfach ist und dass vielleicht jede und jeder ganz andere Varianten – Abwandlungen und Spielarten – des Begriffs beisteuern kann, die sie oder er aus eigenen Erfahrungen ableitet.

Ludwig Knoll beschreibt *Beziehung* folgendermaßen:

> »Beziehung ist das Verhältnis zu einer Sache, einer Idee, einem Menschen oder einer Gruppe. Erst in einer solchen Beziehung wird etwas für uns wichtig. Was nichts mit uns zu tun hat, existiert gleichsam gar nicht. Wenn wir uns von der Umwelt abgekapselt haben, erleben wir sie als belanglos und ›beziehungslos‹. Das Verhältnis kann negativ sein, bis zum Hass, oder positiv, bis zur Liebe. In einer Beziehung können auch gegensätzliche Gefühle nebeneinander bestehen. Im Verhältnis zu anderen Menschen zählt nicht nur die Beziehung, die wir zu ihnen haben, sondern auch die antwortende, die sie zu uns herstellen. In einer Gruppe bestehen die verschiedensten Kreuz- und Querbeziehungen, die insgesamt das seelische Klima der Gemeinschaft bestimmen, oft neben der Beziehung, die alle Mitglieder der Gruppe zu einer gemeinsamen Sache oder zu ihrem Führer haben. Eine zwei- oder mehrseitige Beziehung scheint geradezu eine selbständige Kraft auszuströmen, die mehr oder jedenfalls etwas anderes ist als die Summe der einzelnen Beiträge.
>
> Vor allem für die Entwicklung des Kindes ist es außerordentlich wichtig, dass es sich an einem bestimmten nahen Menschen, einer ›Bezugsperson‹ orientieren kann. Die Lehren von Vater oder Mutter werden nicht deshalb aufgenommen, weil sie richtig erscheinen, sondern weil sie von einem Menschen ausgehen, von dem das Kind Liebe und Geborgenheit erwartet oder Liebesentzug und Strafe befürchtet. Die Anpassung an die Gebote und wohl noch mehr an das Vorbild der ›Bezugsperson‹ geschieht ihr ›zuliebe‹. Je inniger und auch je einseitiger das Verhältnis zu einem bestimmten Menschen ist, desto stärker ist die Prägung.

4 Beziehung – Grundlage und Ziel der Heilpädagogischen Erziehungshilfe

Die Tatsache, dass das Lernen auf eine solche gefühlsbestimmte Beziehung zurückgeht, wird in der modernen Schulerziehung zum Teil verkannt. Das Schulkind sieht sich heute mit mehreren Fachlehrern nebeneinander konfrontiert, die alle nur einer Sache dienen, und es kann auf keinen von ihnen Gefühle konzentrieren, die einst dem Klassen- und Universal-Lehrer gegolten haben. Überhaupt nimmt in unserer modernen Gesellschaft die Möglichkeit zu persönlichen Beziehungen ab. Im Wohnblock kennt man den Nachbarn kaum noch, im Betrieb ist das Verhältnis zu Arbeitskollegen vor allem durch die Organisation bedingt. Im Film oder Fernsehen begegnet man oft nicht mehr ›Menschen‹, sondern oft nur ihren Schemen, Trugbildern, Sinnestäuschungen, Bilder der Phantasie z. B. ein Gespenst, Masken, Umrisse im Nebel, undeutlich, geheimnisvoll und manchmal beängstigend oder eine unrealistische Hoffnung.

Die Verminderung der Bezugsperson ist eine der Ursachen für die heutige Form der Entfremdung. Um uns zu orientieren, vergleichen wir unsere Erfahrungen mit ähnlichen, ordnen sie in Kategorien ein und schaffen so ein ›Bezugssystem‹. Dieses Bezugssystem mag wechseln, etwa indem ein Mann eine Frau einmal als ›Weib‹, dann wieder als Angehörige einer Schicht, als Berufsgenossin oder in einer bestimmten Funktion einschätzt. In vielen zwischenmenschlichen Beziehungen gelten mehrere Bezugssysteme nebeneinander oder wechselnd, so in der Ehe, in der beide Partner mehrere Rollen zu spielen haben. Wertungen sind ohne Vergleiche in einem Bezugssystem kaum möglich« (Knoll 1991).

Der Mensch neigt dazu, alles um sich her *zu sich selbst in Beziehung* zu setzen, als sei er der Mittelpunkt der Welt. Praktiken wie Astrologie (Sterndeutung), Chiromantie (Handlesekunst), gewisse Grundprinzipien der Magie (Zauberei), der *Glaube* an die Schicksalsbedeutung von *Zufällen* und ähnliche Formen des *Aberglaubens* (»Wo das Wissen aufhört, fängt der Glaube an« – Aurelius Augustinus) beruhen auf dem Eindruck, dass alles mit allem zusammenhängt, und auf dem Irrtum, dass alles irgendwie auf den Einzelnen zielt, der es betrachtet.

Im Verkehr mit anderen Menschen sehen wir in kleinen Zeichen ihres Verhaltens den Ausdruck ihrer Beziehung zu uns, ihre Wertschätzung oder Verachtung. Oft haben wir darin sogar Recht. Aber diese Art der Beobachtung kann zum »Beziehungswahn« werden, einer seelischen Krankheit, deren Inhalt es ist, dass sich der kranke oder behinderte Mensch dauernd beobachtet, ausgebeutet und verfolgt fühlt. Typisch ist der Beziehungswahn für die *Paranoia* (Wahnvorstellungen) oder die *Schizophrenie*, die von dem Schweizer Nervenarzt Eugen Bleuler so benannte Psychose, die durch grundlegende Störungen des Denkens, der Wahrnehmung und der Affektivität gekennzeichnet ist. Sie tritt in unterschiedlichen Erscheinungsformen auf. Um solche psychischen Krankheiten zu erkennen, ihnen in der Beziehung ausweichen oder sie angemessen begleiten zu können, bedarf es des Wissens und der Erfahrung fachlich geschulter Kolleginnen und Kollegen, die unseren Blick lenken, unsere Gefühle erkennen, sie reflektieren und so unser Handeln begleiten. Dazu gehört es, dass Heilpädagoginnen und Heilpädagogen lernen, *Übertragungen auf die eigene Person wahrzunehmen*, z. B. frühkindliche Konflikte und Gefühle, die positiven oder negativen Gefühls- oder Affektbindungen anderer Menschen, vor allem der Kinder und Jugendlichen, *und mögliche Gegenübertragungen zu vermeiden*, damit es nicht zu hilflosen oder Beziehung zerstörenden Reaktionen kommt. Das so genannte *Szenische Verstehen* (Schlaghecken 2001) ist ein Baustein tiefenpsychologisch orientierter Heilpädagogik und kann nach Schlaghecken (2001) wie folgt beschrieben werden:

1. »Mit dem ›Szenischen Verstehen‹ wird eine besondere Art des Verstehens beschrieben, mit deren Hilfe unbewusste Themen in Interaktionen erfasst werden können. Die The-

men sind zwar *unbewusst*, wirken aber auf das Erleben und Handeln des Menschen, auf seine Interaktionen ein. Das *Szenische Verstehen* zeigt eine Möglichkeit des Zuganges auch zu den *unbewusst handlungsleitenden* Motiven auf.
2. Es umfasst sowohl *logisches Verstehen, psychologisches Verstehen* und *psychoanalytisches Verstehen*: d. h. die bewussten und unbewussten Interaktionsfiguren, die sich zwischen zwei Menschen oder mehreren Beteiligten herstellen.
3. Das Besondere des *Szenischen Verstehens* oder anders gesagt, der *psychoanalytischen Tiefenhermeneutik*[6] liegt darin, dass der Pädagoge oder Heilpädagoge seine eigene *affektive Beteiligung* an der Interaktion zur Erkenntnisgewinnung nutzt; ganz gleich, ob es sich um die Arbeit mit Einzelnen, Gruppen oder Institutionen handelt. Es geht dabei *nicht nur* um die affektive Teilhabe an der Interaktion. Die Professionalität im Sinne der psychoanalytischen Pädagogik setzt gleichzeitig die *Fähigkeit zur optimalen Distanz* von den Konflikt- und Belastungspotenzialen der Klienten voraus. Dies ist notwendig, um *reflexiv* erfassen zu können, welche Rollen und Funktionen dem Pädagogen *unbewusst* von Kindern und Jugendlichen zugedacht werden.
4. Diese unbewussten, *konflikthaften Zuschreibungen* werden mit Hilfe des Szenischen Verstehens als *Übertragungsreaktionen* zu entschlüsseln versucht. Damit ist gemeint: Unverarbeitete und unerträgliche Konflikte und Belastungen aus anderen wichtigen Beziehungen werden unerkannt in der Beziehung zum Pädagogen wiederbelebt. Er kann dabei als Stellvertreter des Vaters, der Mutter so erlebt werden, als ob er ein ›strafender Vater‹ oder eine ›vereinnahmende Mutter‹ wäre. Diese Übertragungsreaktionen äußern sich in konkreten Interaktionen und Beziehungsangeboten, wenn auch in verschlüsselter Form« (zit. n. Köhn 2002, 586).

Im folgenden Beispiel beschreibt Schlaghecken (ebd.) die von einer Heilpädagogin erlebte Szene mit einem Kind, die zur Vorbereitung auf eine Supervisionssitzung aufgeschrieben worden war:

> »Einige Daten: Sara lebt seit zwei Jahren in einer heilpädagogischen Mädchengruppe im Heim. Sie ist altersgemäß entwickelt, wirkt sympathisch und voller Energie. Ihre Freizeit nutzt sie fantasievoll für kreative Tätigkeiten. Sara hat eine eher geringe Frustrationstoleranz[7]. Seit ihrem 4. Lebensjahr übernahm die Großmutter die Erziehung. Die leibliche Mutter war stets unzuverlässig, wechselte oft den Partner und den Wohnsitz. Sie war vier Jahre inhaftiert, weil es zu sexuellen Übergriffen kam. Da sie nun auf Bewährung entlassen worden war, wurde die Wiederaufnahme der Kontakte zu Sara erlaubt. Saras Vater ist unbekannt. Geschwister hat sie keine.
>
> Der Besuch der Mutter im Heim war angekündigt worden. Kurzfristig aber sagte die Mutter wieder ab, ohne weitere Begründung. Saras erste Reaktion war eher Gleichgültigkeit. Sie sagte zunächst nichts, dann aber bemerkte sie: ›Ist mir doch egal‹.«

Die Heilpädagogin schreibt jetzt in Ich-Form:

> »Ich hatte als Betreuerin gerade Tagesdienst und ahnte, dass es noch zu weiteren Äußerungen kommen würde. In den letzten 2 Jahren kam es zwischen Sara und mir öfter zu heftigen Auseinandersetzungen und verbaler Konfrontation. Sara drohte dann mit Weglaufen und

---

6 Tiefenhermeneutik: Methode, die in Gegensatz zur erklärenden der Naturwissenschaften gesetzt wird, will Bedeutung und Sinn von Äußerungen und Werken des menschlichen Geistes aus sich und in ihrem Zusammenhang verstehen (Bibliographisches Institut & F. A. Brockhaus AG, 2009).

7 Frustrationstoleranz ist die Fähigkeit eines Individuums, vorübergehende oder dauernde Versagungen von Wünschen oder Enttäuschungen von Erwartungen zu verarbeiten. Frustrationstoleranz gilt als wesentliches Zeichen der Reife und Anpassungsfähigkeit einer Person.

packte mit Vorliebe ihren Koffer. Einmal schleppte sie den Koffer um den Block herum und kam wieder zurück. Ein anderes Mal ging ich ihr nach. Sie ließ sich dann von mir an die Hand nehmen und zurückführen. – Eine ähnliche Situation erwartete ich auch heute...« (ebd.).

Stellen Sie sich vor, Sie seien die Heilpädagogin:

- Welche *Gedanken* und *Gefühle* gehen Ihnen durch Kopf und Bauch?
- Was wird Sie erwarten? Wie würden Sie sich auf die kommende Situation einstellen?

Tauschen Sie anschließend ihre vorbereitenden Vermutungen und Erwartungen aus, und reflektieren Sie miteinander die *Eindrücke* und *Gefühle*, die Sie aufgrund der gegenseitigen Schilderungen bei sich wahrnehmen. Die Heilpädagogin in Ich-Form:

»Nach der Absage der Mutter wurde Sara zunehmend unruhig und unzufrieden. – Sie begann, Forderungen zu stellen, die weder in die Tageszeit, noch in den Gruppenalltag passten: Sie wollte Videos anschauen, mehr Taschengeld bekommen u. ä. Die Anspannung nahm zu – es kam immer mehr zu einem Streit. Sara attackierte mich mit Anschuldigungen: ›Bei dir darf ich eh nix‹ – ›dir ist alles egal, du Hure!«« (ebd.).

Wie würden Sie als Heilpädagogin oder Heilpädagoge reagieren[8] bzw. handeln[9]? Notieren Sie bitte Ihre *Gedanken* und *Gefühle* zu den affektiven Bemerkungen von Sara, und tauschen Sie diese aus. Finden Sie in Saras Formulierungen einen Zusammenhang zu ihrer Mutterbeziehung?

»Ich sagte, sie solle sich doch beruhigen, aber Sara war mit Worten nicht zu erreichen.« Wie wirkt die »Beruhigungsformel« der Heilpädagogin auf Sie, wenn Sie sich in Saras Gefühlssituation hineinversetzten? Versuchen Sie, eine andere Reaktion zu finden, tauschen Sie Ihre Antworten aus und teilen Sie sich kollegial mit, wie Ihre Antworten *gefühlsmäßig* auf Ihre Gesprächspartner wirken.

»Die Situation spitzte sich weiter zu. Sara ergriff ein Einmachglas von ihrem Schreibtisch (sie hatte es als Windlicht beklebt), schlug das Glas mit Wucht auf die Tischdecke, so dass es teilweise zerbrach und bedrohte mich mit den Scherben. Wild damit herumfuchtelnd, sogar mit einem Grinsen im Gesicht, stand sie vor mir« (ebd.).

Wenn Sie sich in dieser Situation mit der Heilpädagogin identifizieren[10]:

---

8 Reaktion, Psychologie: Durch einen Reiz ausgelöstes Verhalten reflexhafter, emotionaler oder rationaler Art, zum Teil angeboren, zum Teil erlernt. Reaktionsprüfungen spielen u. a. bei Untersuchung der Berufseignung eine Rolle.
9 Handlung: Auf die Verwirklichung von Motiven gerichtete, verhältnismäßig geschlossene sowie zeitlich und logisch strukturierte Tätigkeiten. Man kann bewusste und unbewusste Handlungen unterscheiden.
10 Identifikation (Identifizierung): Die bewusste oder unbewusste Übernahme von Eigenschaften, Denk- und Verhaltensweisen anderer Menschen in das eigene Ich durch Verinnerlichung (Introjektion), die innere Gleichsetzung mit anderen. Dabei werden bewunderte, aber auch gehasste oder gefürchtete Züge übernommen, so z. B. Verhaltensweisen, Auffassungen, Interessen einer anderen Person (eines Idols), und zu eigen gemacht (nach Bibliographisches Institut & F. A. Brockhaus AG 2009).

II Heilpädagogische Konzepte und Methoden: Betrachtungen zur Praxis

- Was *fühlen Sie?*
- Was *denken* Sie?
- Wie *reagieren* bzw. *handeln* Sie?

Versuchen Sie herauszufinden, inwieweit Ihre *Gefühle, Gedanken* und möglichen *Reaktionen* bzw. *Handlungen* sich mit eigenen Erlebnissen verbinden, die Sie vielleicht längst als vergessen und bewältigt glaubten, und tauschen Sie Ihre Erfahrungen einfühlsam miteinander aus – ohne »Besserwisserei«, stattdessen in ernsthaften Versuchen des *Mit-Gefühls*.

»Reflexion der Gegenübertragung[11]: Meine Reaktion war völliges Erschrecken und Angst. – Dann aber kam Wut hoch auf dieses unverschämte Verhalten von Sara. Mir wurde richtig heiß, ich spürte mein Herz schneller klopfen. Blitzschnell kam mir der Gedanke: Bevor sie mich verletzt, muss ich ihr zuvor kommen, stärker sein und sie ggf. zu Boden reißen o. ä. ...

Sara verharrte in ihrer wütenden Haltung und beschimpfte mich weiter. Wie von Ferne dachte ich bei mir: Wo sind die anderen Kinder? – Wenn die jetzt kommen, bin ich restlos überfordert! Ich sprach Sara ruhig an, begründete meine Haltung und begann vorsichtig, sie in die Realität zurückzuführen. Freundlich, aber mit fester Stimme sagte ich: ›Du darfst und wirst mich auf keinen Fall verletzen. – Obwohl du mich sehr wütend machst, werde ich nicht aus deinem Zimmer gehen. Du sollst dich auch nicht verletzen«« (ebd.).

Wenn Sie sich bis hierhin mit der Heilpädagogin identifiziert haben, werden Sie bemerken, dass Sie immer noch bei sich und Ihren eigenen Ängsten sind. Es besteht immer noch *kein Mitgefühl*, sondern die *persönlichen Unsicherheiten* und Ängste überwiegen in dieser Situation. Kennen Sie solche Situationen? Teilen Sie sich gegenseitig Ihre Beispiele mit, und versuchen Sie, in *Identifikation* mit Ihrer Gesprächspartnerin, Ihrem Gesprächspartner, deren Gefühle nachzuvollziehen und zu reflektieren, was diese in Ihnen auslösen und wie Sie damit umgehen würden!

»Sara fuchtelt wieder mit dem zerbrochenen Glas vor meinem Gesicht herum. Ich sage zu ihr: ›Sara, du möchtest mir so viel Angst machen, wie du sie schon lange hast. – Ich soll wohl heute so wütend sein wie du, weil deine Mama nicht kommt, die dich ja schon so oft im Stich gelassen hat.‹

Sara hält inne. Sie lässt den Arm mit den Scherben in der Hand langsam sinken. – Ich achte darauf, körperlich nicht zurückzuweichen, halte den Blickkontakt und spreche weiter: ›Ich bleibe jetzt mit dir hier und möchte, dass du mir das Glas gibst, damit du dir nicht weh tust.‹ Sara steht einige Sekunden regungslos vor mir. Dann wirft sie mir das Glas vor die Füße. – Ich hole tief Luft, bemüht, mich nicht erneut provozieren zu lassen« (ebd.).

Versuchen Sie abermals, sich in die Heilpädagogin einzufühlen: Wie hat sich ihr Blick, ihr Verhalten zu Sara verändert – was war der auslösende Moment? Teilen Sie sich Ihre Wahrnehmung und Ihr Gefühlserleben mit! Achten Sie darauf, keine

---

11 Gegenübertragung: Begriff aus der Behandlungstechnik der Psychoanalyse für die Gefühlsreaktionen, die im Analytiker durch den Patienten ausgelöst werden. Der Psychoanalytiker nutzt diese Reaktionen diagnostisch, indem er davon ausgeht, dass sie in engem Zusammenhang mit »inneren Bildern« des Patienten stehen. Fühlt er sich z. B. unvermutet wütend, so kann er im Folgenden seine Aufmerksamkeit darauf richten, ob der Patient das innere Bild eines wütenden Gegenübers in sich trägt und auf den Psychoanalytiker projiziert (nach Bibliographisches Institut & F. A. Brockhaus AG 2009).

Wertungen des Erlebten – weder bei sich noch bei anderen – vorzunehmen, sondern einfach nur zuzuhören und die unterschiedlichen Empfindungen und Gefühle wahrzunehmen, die Sie bei sich spüren. Die Heilpädagogin fährt fort:

> »Reflektierend denke ich: Sara hat in ihrem Leben die Entwertung und Geringschätzung ihrer Person erlebt. Mit ihr wurde nicht wertschätzend und erst recht nicht verständig und liebevoll umgegangen ... Ich hob nun die größeren Scherben auf und setzte mich auf Saras Schreibtischstuhl. – Sara beobachtet mich eine Weile und verlässt dann das Zimmer. Verdutzt bleibe ich sitzen ... Zu meinem Erstaunen kam Sara dann mit Handfeger und Kehrblech zurück und nahm den Rest der Scherben auf. – Wortlos. Ich war sehr berührt. Dann wollte Sara etwas Süßes haben und am Abend Fernsehen. Das konnte ich ihr gut zusagen« (ebd.).

Versuchen Sie bitte – allein oder mit Kolleg/innen –, die geschilderte Szenerie rückschauend nochmals zu reflektieren: Was hat sich hier abgespielt, welche Ursachen gibt es dafür, wie ist die Situation verlaufen und ausgegangen und aus welchen Gründen? Wie hätten Sie sich in der Rolle der Heilpädagogin *gefühlt* und *verhalten*? Die Heilpädagogin reflektiert:

> »Wäre ich als HP in der Gegenübertragung stecken geblieben, hätte ich mich vielleicht auf Kosten des Kindes verteidigt. Vielleicht wäre ich – wie Saras Mutter – zur ›Täterin‹ geworden und hätte damit eine erneute Traumatisierung begünstigt.
> Da ich jedoch gleichzeitig auf meine eigenen Gefühle achtete, ließ ich mich nun nicht mehr in die Szene verstricken. So habe ich angemessen reagieren und heilpädagogisch handeln können. Im Ansatz war es gelungen, dem Kind seine Konfliktgeschichte mit der Mutter bewusst zu machen. So konnte Sara zu mir als HP zurückfinden und für ihr Verhalten schrittweise Verantwortung übernehmen lernen. Sara konnte mir am Schluss der Szene das Glas nicht geben, wie ich es erwartet hatte. Das war noch zu viel in diesem Moment. Vielleicht aber testete sie auch erneut, ob sie mir wirklich vertrauen konnte – ob ich sie *aushalten* und *zu ihr stehen* würde – ob ich tatsächlich meine, was ich sage und ob ich auch in Zukunft an ihrer Seite bleiben werde« (ebd.).

In der beschriebenen Praxissituation wird deutlich, dass es im heilpädagogischen *Beziehungshandeln* sowohl um Objektivität wie auch um Subjektivität geht. Als Heilpädagoge bzw. Heilpädagogin benötige ich zunächst die *Subjektebene*, wenn ich mit einem Klienten in Beziehung trete, wenn ich im realen Umgang mit ihm stehe, mich mit ihm auseinandersetze, wenn wir uns gegenseitig erleben, dann bin ich als Heilpädagogin oder Heilpädagoge ganz persönlich angefragt – wie auch in Beratungssituationen mit Erwachsenen (z. B. Eltern). Zugleich darf aber die Objektivität nicht außer Acht gelassen werden. Um ein Kind oder einen Jugendlichen entwicklungspsychologisch zu betrachten, Symptome wie Akzeleration[12] versus Retardation[13] oder evtl. Krankheitsbilder zu erkennen, benötigen wir die *Objektebene*, z. B. wenn ich gerade nicht mit einem Klienten zusammen bin, sondern am Schreibtisch meine Stundenprotokolle und Beobachtungen protokolliere und reflektiere. Dazu gehört das Nachdenken und Besinnen, die Überlegung und Betrachtung, das vergleichende und prüfende Denken sowie die Vertiefung in einen Gedankengang. Dies

---

12 Akzeleration [lateinisch]: Die »Beschleunigung« (und damit Vorverlegung) der körperlichen Entwicklung.
13 Retardierung, Retardation [lateinisch »Verzögerung«]: allgemein Verzögerung, Verlangsamung eines Ablaufs, einer Entwicklung.

ist aber nur die eine Seite heilpädagogischer Arbeit, zugleich darf die *Subjektebene* nicht außer Acht gelassen werden. Immer gehört es dazu, die objektiven Tatbestände als Folge des derzeitig vermuteten subjektiven Ist-Zustandes zu erkennen und zu formulieren. Um also die Befindlichkeit, das existenzielle In-der-Welt-Sein eines Menschen zu erkennen, bedarf es drei miteinander verbundene Ebenen heilpädagogisch-diagnostischer Befunderhebung: der Vermutungsdiagnose, der Hypothetischen Diagnose und der Verstehensdiagnose (s. Köhn 2002, 296 ff.).

Das Nachvollziehen der *Befindlichkeit* eines mir anvertrauten Kindes oder Jugendlichen und die Reflexion ihrer aktuellen Erlebensweisen vor dem Hintergrund ihrer individuellen Biografie, der Darstellung der Lebensgeschichte, ist die Subjektebene, auf der ich Vermutungen anstellen kann, warum sich das Kind, der Jugendliche in entsprechender Weise verhält. So wird deutlich, dass eine reine Interpretation der Symptomatik auf der Objektebene – wie es häufig in medizinischer, öfter auch in rein psychologischer Betrachtungsweise geschieht – nicht ausreicht und damit auch kein Fundament für eine Beziehungsaufnahme sein kann. Erst die reflektierte Subjektebene schafft die Möglichkeit, das »objektiv« Beschriebene zu verstehen und auf der Beziehungsebene darauf einzugehen. Dabei geht es letztlich nicht darum, »bestimmte Merkmale als Symptome aus dem Beziehungsnetz herauszulösen, sondern im Gegenteil ›objektive Befunde‹ als subjektive, interaktionale Befindlichkeiten auszuweisen« (Kobi 1983, 50).

Beziehung ...

Das Thema dieses Artikels heißt »Beziehung«. Beziehung bedeutet Zuwendung, vor allem elterliche Aufmerksamkeit, Zeit, Einsatz, Einfühlung und Liebe, die die Eltern der Erziehung und Betreuung ihrer Kinder widmen. Die Zuwendung ist für den psychischen Entwicklungsprozess des Kindes, Jugendlichen von fundamentaler Bedeutung. Geborgenheit und die verlässliche Anwesenheit von Vertrauenspersonen sind wichtige Voraussetzungen für die Entwicklung von Ich-Stärke und Selbstsicherheit des Kindes, die ihrerseits eine Bedingung für die lernende Auseinandersetzung mit der Umwelt sind. Mangelnde Zuwendung führt zu seelischer Verarmung und damit zu psychischen Fehlentwicklungen des Kindes.

Bildlich gesprochen ist Beziehung ein Seil, das an einer wackeligen, hölzernen Brücke über eine tiefe Schlucht führt. Lässt man dieses Seil los, besteht die Gefahr, dass man bei einem schief liegenden Brückenbalken oder einer Lücke daneben tritt, den Halt verliert und in die Tiefe abstürzt. Ob man tot oder lebendig, schwer oder leicht verletzt davonkommt, hängt von der Festigkeit des Seiles und der Festigkeit des Zugriffs auf dieses Seil ab – und von der Beschaffenheit des Untergrundes, auf den man fällt: Fällt man ins Wasser, mit einer gewissen Tiefe, kann man auftauchen und sich vielleicht ans Ufer retten; fällt man auf sumpfigen und schlammigen Boden, kann man zwar schlittern und einsacken, aber schließlich doch auf die Beine kommen und Schritt für Schritt – etwas einsinkend – dennoch weiter fortschreiten; fällt man aber auf harten und steinigen Boden, wird man sich aller Wahrscheinlichkeit nach die Knochen brechen oder den Kopf einschlagen, wenn man nicht ganz unglücklich sofort zu Tode kommt.

Die folgende Aussage eines 17-jährigen Mädchens, das in einem Heim lebt, verdeutlicht dieses Geschehen:

> »Bei uns wimmelt es von Erziehern und Fachpersonal. Sie haben sehr viel mit sich selbst zu tun, haben oft Sitzungen. Das ist auch ganz gut, denn dann lassen sie uns in Ruhe. Aber ich fühle mich doch oft recht einsam und ärgere mich oft, wenn ich merke, dass sie dort auch über mich reden – ohne mit mir zu reden« (Mehringer 1980, 14).

Dieses Mädchen »schlittert«[14] beziehungslos dahin, auf sich selbst zurückgeworfen. Das tut weh, führt in die Einsamkeit, lässt als Trotzreaktion zum Überleben alle möglichen Verhaltensweisen auftauchen, weil es eben keinen »Halt« gibt; und alle diese selbsterhaltenden Bemühungen werden von der Umwelt als »negativ« und »abartig«, als »unerzogen«, »beziehungslos« und »beziehungsunfähig« abgewertet. Daraus schließend können wir feststellen: Eine Beziehung ist nicht »herstellbar«, sie kann nicht erzwungen werden. Sie bedarf des Dialoges[15].

Geborgenheit, Halt und Rückhalt kann ein Kind nie durch die »Welt« allgemein erfahren. Es braucht immer mindestens einen Menschen in einer *personalen Beziehung*. Es bedarf eines Menschen, der sich verlässlich als »Du« anbietet und dadurch Sicherheit vermittelt. Ein Kind kann nur Vertrauen in die Umwelt entwickeln, »weil es diesen Menschen gibt, das ist das innerlichste Werk des erzieherischen Verhältnisses« (Buber 1956). Weil es *diesen* Menschen gibt, kann das Schwierigste und Schrecklichste, das einem zustößt, nicht ganz so furchtbar sein, eben weil es diesen Menschen gibt. So gewinnt das Kind sein Selbstvertrauen.

Leider kommt es auch in (heil-)pädagogischen Beziehungen vor, dass – je nach persönlichen und situativen Umständen – nicht wirklich ein Dialog, eine Zwiesprache erfolgt. In einem echten Gespräch zwischen Heilpädagoge/in und Kind bzw. Jugendlichen wird der Heranwachsende als wesenhaft anders in seiner Einzigartigkeit bejaht und bestätigt. Wirkliche beziehungsorientierte Zwiesprache setzt voraus, dass sich beide Seiten vorurteilslos zuhören, wobei das Kind bzw. der Jugendliche dies nur erlernen kann, wenn sein Gegenüber sich genauso verhält und dadurch Vertrauen schafft. In einem echten Dialog wird das »Du« immer so angenommen,

---

14 Schlittern: Nach einem Anlauf auf den Füßen über eine Eisfläche rutschen; auf glatter Fläche gleiten, rutschen, immer wieder ausgleitend gehen; in etwas hineinschlittern = unbeabsichtigt in eine Lage geraten (meist) hineinschlittern: »Ich bin in diese Tätigkeit, diese Situation, in diese Abhängigkeit geschlittert, ohne zu wissen, wie …« (auszugsweise: Das deutsche Wörterbuch)

15 Dialog (griechisch »Unterredung«, »Gespräch«): Ein mit fortwährendem Rollenwechsel verbundener Austausch sprachlicher Botschaften zwischen zwei Kommunikationspartnern. Der Wechsel zwischen Sender und Empfänger (Sender-Empfänger-Modell) wird vorwiegend durch nonverbale Zeichen gesteuert, z. B. durch Anblicken oder Absenken der Stimme. Der Einsatz von Kommunikationsmedien wie Telefon oder E-Mail beeinflusst die Form dialogischer Interaktionen. Philosophisch gesehen kann sich der Mensch von vornherein nur in einer unableitbaren Du-Beziehung als Ich erleben; seine Welt ist die gemeinsame Welt des menschlichen Miteinanderdaseins (nach Bibliographisches Institut & F. A. Brockhaus AG 2009)

wie es augenblicklich ist – in seinem Dasein und Sosein. Insofern bedarf es in einem Dialog nicht immer vieler Worte; sogar ein Schweigen kann diese gegenseitige Bejahung ausdrücken. Wichtig ist, dass sich jeder aufrichtig mit seinen eigenen Gedanken und Gefühlen äußert. Das, was jeder in seinem ehrlichen Bemühen um das Verstehen des Gesprächsinhaltes erkannt hat, versucht er seinem Gegenüber mit-zuteilen, zu reflektieren, d. h. das Wahrgenommene mimisch und/oder sprachlich widerzuspiegeln. Beide Gesprächspartner versuchen ihren Aussagen aufmerksam zu folgen, um in gegenseitiger Achtung vor dem Anderen und dessen Gedanken eine Verbindung herzustellen oder gegenteilige Meinungen erst einmal stehenzulassen.

Der Wert eines Gespräches – auch einer Auseinandersetzung, die sowohl ein gründliches Sich-Beschäftigen mit etwas oder jemandem wie auch ein energisches Gespräch, möglicherweise sogar einen Streit bedeutet – besteht nicht darin, ein *Scheinbild* von sich selbst für den anderen aufzubauen oder ein *Wunschbild* von sich selbst darzustellen. Ein Gespräch braucht auch Zeit. Es kann manchmal lange dauern, bis ich das Gefühl habe, einen Menschen annähernd zu verstehen. Kinder müssen im frühesten Alter bereits ernst genommen werden, und die Erwachsenen müssen wirklich bemüht sein, Kindern Sachverhalte zu erläutern, Regeln zu erklären und sie zu ermuntern, eigene Gedanken neu zu formulieren, wenn das Gegenüber sie nicht verstanden hat – ohne Abwertung oder Bevormundung. Selbst wenn ein Kind völlig verschlossen scheint, selbst wenn ein junger Mensch absolut unansprechbar wirkt, selbst dann ist in ihm eine Ur-Sehnsucht vorhanden, angesprochen zu werden, in Beziehung zu treten und bejaht zu werden: Denn diese Sehnsucht ist Letztverborgenes in jedem Menschen, welches meist durch Enttäuschung, Verlust von Vertrauen bis zu dessen Missbrauch verschüttet wurde. Dann wartet diese Ur-Sehnsucht verkrustet, manchmal wie unter einer Asphaltdecke oder wie verborgen hinter einer Betonwand auf ein Du, auf eine Beziehung, an die der verletzte Mensch nicht mehr glauben kann und deshalb Schutzdämme um seine Ur-Sehnsucht gebaut hat, um sich vor erneuter Verletzung zu schützen. Dort, wo der Erzieher Antwort gibt mit seinem Leben, mit seiner Zugewandtheit, mit seinem Ringen, das Richtige aus bester Überzeugung zu tun, bewusst zu leben, dort übernimmt er auch Verantwortung. Denn eine echte »Verantwortung gibt es nur, wo es ein wirkliches Antworten gibt« (Martin Buber). In einem dialogischen Leben geht es nicht darum, dass man mit vielen Menschen zu tun hat, sondern darum, dass »man mit den Menschen, mit denen man zu tun hat, *wirklich* zu tun hat« (Buber 1978, 44). Wer dialogisch leben kann, der erfährt auch in äußerster Verlassenheit eine stärkende Ahnung von gegenseitiger Bezogenheit und ist nicht allein. Zusammenfassend können wir deshalb Folgendes festhalten (nach Köhn 2008, 26 ff.):

Die Beziehung ist das Fundament für die heilpädagogische Begleitung des Mitmenschen auf seinem Lebensweg, sei er oder sie ein Kind, ein(e) Jugendliche(r) oder ein alter Mensch. Sie ist:

- Voraussetzung für die Erziehung »unter erschwerten Bedingungen« (= Heilpädagogik);
- Hilfe bei der Entwicklung vom Ist-Zustand zum Soll-Zustand, verstanden als
- Prozess der Identitätsentwicklung, mit dem Ziel der
- Hilfe zur Vermenschlichung.

Die heilpädagogische Beziehung wird gestaltet

- in der individualisierenden Einzelsituation wie
- in der spezifischen Kleingruppe und vor allem
- in der Lebensgruppe im heilpädagogischen Milieu.

Die heilpädagogische Beziehung ist geprägt von einem *heilpädagogischen Menschenbild*, in dem humane Menschenliebe und Liebe zum Leben sowie eine berufsethische Haltung der personalen Mitverantwortung grundgelegt ist, die erworben werden kann im Ringen um Selbsterkenntnis und Selbsterziehung der Heilpädagogin bzw. des Heilpädagogen als Mensch auf der Suche nach der eigenen Identität, dem subjektiven Gefühl, *wer* man ist. Die Identität beginnt sich zu entwickeln, wenn ein Kind zwischen sich und anderen zu unterscheiden beginnt: Es übernimmt Eindrücke von seinen Bezugspersonen in sein Inneres. Diese frühen Identifizierungen bilden zusammen mit den genetischen Anlagen den Kern der Identität. Mit zunehmendem Alter und dem Fortschreiten der kognitiven und emotionalen Entwicklung kommt es zur Ausdifferenzierung der persönlichen Identität; das Kind entscheidet dann bewusster, was es übernehmen oder worin es sich unterscheiden will, besonders im so genannten Trotzalter, das etwa zwischen dem 18. und 30. Monat in der psychosozialen Entwicklung des Kindes liegt. Hier treten häufiger Trotzreaktionen angesichts von Forderungen oder Anweisungen anderer Personen, v. a. der Eltern, auf. Das Kind übt in dieser Phase die neu erworbene Fähigkeit, seinen eigenen Willen zu erleben und diesen auch gegen Widerstände durchzusetzen.

Am stärksten ausgeprägt ist dieser Prozess in der Pubertät und Adoleszenz, dem Lebensabschnitt zwischen Kindheit und Erwachsenenalter, der etwa die Spanne zwischen dem 11. und 21. Lebensjahr umfasst, wenn der Jugendliche sich mit den elterlichen und gesellschaftlichen Normen und Werten auseinandersetzt, wobei frühe (11–14 Jahre), mittlere (14–17 Jahre) und späte (18–21 Jahre) Adoleszenz unterschieden werden. Beginn und Ende der Adoleszenz unterliegen starken kulturellen Variationen. Der Beginn der Adoleszenz wird in der Regel durch das Einsetzen der Geschlechtsreife markiert (Menarche, erste Regelblutung des Mädchens [Menstruation], und Samenerguss [Ejakulation] des Jungen in der Pubertät). Die Adoleszenz bezeichnet eine Phase beschleunigten körperlichen Wachstums, starken hormonellen Wandels sowie zahlreicher psychischer und sozialer Veränderungen, die meist mit dem Erreichen des vollen Erwachsenenstatus in der Gesellschaft abgeschlossen ist. Die Zeit zwischen Pubertät und vollem Erwachsenenstatus war früher sehr viel stärker mit Einweihungsriten verbunden, die den Übergang erleichtern sollten. Heute sind davon nur noch schwache Reste (z. B. Konfirmation, Firmung, Bar Mizwah – die feierliche Einführung des Jungen in die jüdische Glaubensgemeinschaft – und Jugendweihe) erkennbar.

Neben diesen bewussten Vorgängen bleiben aber immer auch unbewusste Identifizierungen erhalten, die mehr oder weniger starken Einfluss haben. Am deutlichsten wird dies, wenn man sich in seinem Verhalten selbst nicht wiedererkennt. Eine stabile, positive Identität, das subjektive Gefühl, wer man ist, bietet die Voraussetzung für Selbstsicherheit und ein gutes Selbstwertgefühl; durch ungünstige Einflüsse in der Kindheit kann die Identitätsentwicklung gestört werden, wenn z. B.

durch häufigen Wechsel der Bezugspersonen oder durch deren unberechenbares Verhalten keine konstanten Identifizierungen möglich sind.

Die *heilpädagogische Beziehung* basiert auf der pädagogischen Theorie, die bestimmt ist durch die

> »Eigentümlichkeit dessen ..., was mit ›Erziehung‹ und mit ›Erziehungswirklichkeit‹ umschrieben ist. ... Innerhalb von Erziehung (*dieser* Erziehungswirklichkeit) konzentriert sich das pädagogische Geschehen auf ein Du, von dem der individuelle Anspruch ausgeht, durch Erziehung ›Mensch‹ zu werden. Dieser Anspruch ist immer ein personaler, d. h. er wird nur im unmittelbaren Bezug zum anderen Menschen, zum Mitmenschen realisierbar. Mitmenschlichkeit ist daher die zentrale Aussageweise des Menschlichen. Erst im Vollzug wird ›Pädagogisches‹ möglich: Absichten mit dem Ziel, dem Anderen dazu verhelfen, mündig zu werden, sich selbst zu bestimmen, zu sich selbst zu stehen, sozialgerecht zu sein, sich selbst immer in Bezug zu anderen zu sehen ...« (Dickopp 1983, 29).

Der Prozess der kindlichen und jugendlichen Persönlichkeitsbildung wird in einem großen Umfang von der sozialen Umgebung beeinflusst. Wichtige Erziehungsziele sind heute z. B. *Selbstbewusstsein, Mündigkeit* und *Autonomie*. Sie werden jedoch häufig nur gegen und in Auseinandersetzung mit Erziehungsabsichten im Kind oder Jugendlichen verankert. Um diese Ziele zu erreichen, basiert die heilpädagogische Beziehung nach Nohl (1961) und Klafki (1970) auf pädagogischen Grundlagen eines interpersonalen Erziehungsverhältnisses (vgl. Huppertz & Schinzler 1983, 18 ff.):

1. Die heilpädagogische Beziehung wird um des Kindes willen gestiftet, und alles, was innerhalb dieser Beziehungsgestaltung geschieht, geschieht um des Kindes willen.
2. Die heilpädagogische Beziehung ist eine Beziehung der Wechselwirkung.
3. Die heilpädagogische Beziehung kann nicht erzwungen werden.
4. Die heilpädagogische Beziehung ist in ihrem Intensitätsgrad altersgemäß und entsprechend der vorhandenen körperlichen, geistigen, seelischen und oder psychosozialen Beeinträchtigungen angemessen zu gestalten.

Die heilpädagogische Beziehung ist eingebettet in eine *pädagogische Atmosphäre*, die auf Einstellungen, Haltungen und Formen der menschlichen Zuwendung – vom Erzieher zum Kind, vom Kind zum Erzieher – in besonderen Situationen und im Lebensalltag beruht. Diese vor allem auch gefühlsmäßigen zwischenmenschlichen Voraussetzungen und menschlichen Haltungen werden von Bollnow als »erzieherische Tugenden« bezeichnet.

Tugend meint ursprünglich eine Kraft, ein Vermögen oder eine Fähigkeit, etwas zu bewirken und durchzustehen im Sinne von Tüchtigkeit, Tauglichkeit. Es geht bei der Tugend um eine über die aktuelle Situation hinausgehende Wertantwort, um das rechte Menschsein. Tugend ist also nicht ein mehr oder weniger Tun oder Lassen, sondern eine Optimierung, d. h., es geht um das Bestmögliche. Thomas von Aquin definiert Tugend als »Ultimum potentiae«, als das Äußerste, was ein Mensch sein kann, als die Erfüllung menschlichen Sein-Könnens. Durch seine Mühe im Erwerb von Tugenden wird der Mensch »tüchtig«; Tugenden ermöglichen dem Menschen, für etwas »tauglich« zu sein. Platon unterscheidet vier Kardinaltugenden: Weisheit (Klugheit), Besonnenheit (Maß), Tapferkeit (Starkmut) und Gerechtigkeit, wobei die

Gerechtigkeit den anderen vorgeordnet ist. Aristoteles versteht Tugend als eine durch Übung erworbene, gefestigte Haltung, das Finden der jeweils richtigen Mitte in der und aus der konkreten Situation. In der christlichen Tradition werden den o. g. Kardinaltugenden die drei göttlichen Tugenden Glaube, Hoffnung und Liebe vorangestellt. In der chinesischen Tradition des Fernen Ostens steht die ganzheitlich kontemplative, d. h. ein konzentriert-beschauliches Nachdenken in der Tugendlehre im Vordergrund, mit den Haupttugenden: Wohlwollen als Liebe und Erbarmen, Rechtheit (Gerechtigkeit) und Ehrfurcht, das Wissen um den Menschen, Aufrichtigkeit und Treue.

Die nach Bollnow so bezeichneten »erzieherische Tugenden« können nur in einer pädagogischen Atmosphäre wachsen:

> »Die pädagogische Atmosphäre ... ist eine gefühlsmäßige Einstellung des Kindes zum Erwachsenen, das andere jene entsprechende Haltung, die der Erwachsene von seiner Seite aus dem Kind entgegenbringt ... Es geht ... um die pädagogische Situation im Ganzen und insbesondere die Kind und Erzieher gemeinsam übergreifende Gestimmtheit und Abgestimmtheit des einen auf den anderen, die für das Gelingen der Erziehung erforderlich ist« (Bollnow 1965, 12).

Diese »Doppelseitigkeit der erzieherischen Atmosphäre« und die zu entwickelnden »erzieherischen Tugenden« können in Anlehnung an Bollnow (1965) wie folgt skizziert werden.

Keine falschen Erwartungen

Bezugspersonen bringen Kinder oft zum Scheitern, weil ihre Erwartungen bereits vorauseilend in die Zukunft gerichtet sind und dabei die – vor allem emotionale – Belastbarkeit des Kindes in der Gegenwart »überziehen«. Neben den notwendigen Spannungen zwischen den vorauseilenden Erwartungen der Erzieher mit der langsamer oder anders als erwartet verlaufenden Entwicklung des – beeinträchtigten, behinderten oder psychosozial gestörten – Kindes wird es noch sehr viel gefährlicher,

> »wenn Erzieher und besonders die Eltern in ihren Erwartungen über das vernünftige Maß hinausgehen, wenn sie in ihrer Eitelkeit vom Kind erwarten, dass es einmal ungewöhnliche Leistungen hervorbringt oder bestimmte von ihnen gestellte Aufgaben übernimmt, etwa einen bestimmten, von den Eltern für wünschenswert gehaltenen Beruf ergreift oder das elterliche Geschäft übernimmt und vorwärts führt« (Bollnow 1965, 54 f.).

Daher gilt es, sich um Entwicklung folgender erzieherischer Tugenden in der Beziehung zum einzelnen Kind zu bemühen, um eine entwicklungsfördernde, heilpädagogische Atmosphäre zu schaffen, durch ...

... Zutrauen und Vertrauen ...

... weil das Kind sich nicht einfach aus sich selbst entwickelt, sondern in vielem von den Erwartungen abhängig ist, die ihm – insbesondere durch seine Bezugspersonen – entgegengebracht werden. Deshalb ist es für die kindliche Entwicklung wichtig, grundsätzlich den körperlichen, geistigen und seelischen Kräften des Kindes zu vertrauen. Die Erzieher/innen sollten davon überzeugt sein, dass es diese oder jene *Entwicklungsaufgabe* gut erfüllen kann.

Geduld ...

... weil beim Kind nie vorausgesetzt werden darf, was es noch lernen soll. Der gute Erzieher engagiert sich, aber er kann auch warten. »Die Geduld ist die Tugend des Wartenkönnens. Wir verstehen sie am besten von ihrem Gegenteil her, von der Ungeduld – oder direkter ausgedrückt von der Hast« (Bollnow 1965, 56 f.).

Hoffnung ...

... weil alle Erziehung letztlich getragen wird vom Vertrauen in die Zukunft. Dies gilt für die Heilpädagogin/den Heilpädagogen besonders dort, wo keine »Besserung« eines Leidens oder einer Behinderung erwartet werden kann oder wo im Sinne von Paul Moor eine »Schwererziehbarkeit« vorliegt: »Die Hauptaufgabe der Heilpädagogik besteht darin, nach Möglichkeiten der Erziehung zu suchen, wo etwas Unheilbares vorliegt« (Moor 1994, 43).

Voraussetzung für eine hoffnungsvolle Erziehung ist die positive Zukunftsperspektive des Erziehers, der Erzieherin, denn nur so vermögen sie diese auch anderen atmosphärisch zu vermitteln:

> »Es ist die Hoffnung, dass sich das Kind in der rechten Weise entwickelt, nicht so sehr in eigener Anstrengung, sondern dass die Natur sich in ihm entwickelt. In den schwersten Enttäuschungen und aussichtslos erscheinenden Verwicklungen behält sie die Gewissheit, dass sich alles ›irgendwie‹ schon lösen wird, und bewahrt darin eine innere Überlegenheit zu den Schwierigkeiten, die auch das Kind, wo es verzagen möchte, mittragen kann ... Hoffnung und Geduld sind so in ihrer notwendigen Polarität zu begreifen. Sie sind in innerster Zusammengehörigkeit und wechselseitiger Ergänzung aufeinander bezogen und bestimmen gemeinsam den zeitlichen, zukunftsbezogenen Aspekt der Erziehung« (Bollnow 1965, 61 f.).

Humor ...

... weil alle Erziehung – auch im unaufhebbaren Beeinträchtigt- und Behindertsein – letztlich getragen ist von der ›Fülle des Lebendigen‹, die das Leben in den so genannten ›kleinen Dingen‹ alltäglich bereithält als Quelle der Lust, der Freude und des Trostes, als Sinnfindung selbst in Belastung, Schmerz, Trauer und Leid.

> »Humor bedeutet in der erzieherischen Perspektive die Fähigkeit, die Kümmernisse des Kindes aus einer gewissen Überlegenheit zu sehen und sie so leichter zu nehmen. Würde der Erzieher jedes Leid, das dem Kind oft unendlich und nicht mehr zu ertragen scheint, ebenso schwer nehmen wie dieses, so könnte er gar nicht mehr in der rechten Weise helfen. Durch den Humor löst der Erzieher die Spannung. Dieser Humor muss sich besonders da bewähren, wo sich das Kind in Zorn oder Unart gegen den Erzieher selber wendet, wenn es etwa trotzig aufbegehrt oder diesem gar wehtun will. Hier darf dieser nicht gleich menschlich gereizt reagieren. Dieser überlegene Humor würde freilich entarten, wenn er nicht von der Warmherzigkeit des Mitgefühls getragen ist oder gar in kalte Ironie oder

bissigen Spott umschlägt. Wirkliche Ironie, in dem Sinn, wie das Wort heute verstanden wird, kann kein Kind ertragen. Ironie mag eine Waffe im Kampf mit einem gleichwertigen Gegner sein, dem Kind gegenüber aber ist eine ironische Behandlung schlechterdings verboten. Es ist ihr gegenüber in seiner Schwachheit hilflos und fühlt sich durch die ironische Behandlung aus dem menschlichen Bezug gerissen und im innersten Kern verletzt« (Bollnow 1965, 68 f.).

»Was Humor nun wirklich ist, scheint sich einer Definition zu entziehen. Humor kann aber beschrieben und an Beispielen erläutert werden ... Der gute Pädagoge nimmt die gegebene Situation wahr und spürt den in ihr verborgenen Sinn auf. Sein Handeln wird nicht von den angetroffenen Bedingungen bestimmt, sondern von den Entscheidungen, die er im Hinblick auf die Sinnfrage trifft. Hier wandelt er im Verständnis der Heilpädagogik von Paul Moor das Gegebene in das Aufgegebene. Das hat der polnische Arzt und Pädagoge Janusz Korczak getan ... Korczak hat seinen Waisenkindern, die hungerten, seelisch schwer litten und voll unerfüllter Sehnsüchte waren, durch gemeinsames Singen und Spielen einen Lebensraum der Freude und Zuversicht geschaffen. Er gab ihnen im Warschauer Ghetto eine Herberge des fröhlichen Lebens, er führte mit ihnen ein Theaterstück auf und organisierte ein Konzert, während draußen der Holocaust tobte ... Angesichts der erschwerten pädagogischen Situation benötigen wir eine Halt gebende und zukunftweisende innere Kraft. Heinrich Hanselmann (1885–1960), für den 1931 die erste Professur für Heilpädagogik an der Universität Zürich geschaffen worden ist, charakterisierte diese Kraft als Humor, als Gelassenheit und innere Heiterkeit: ›Inwendige Heiterkeit ist das beste und verlässlichste Gut, das der Mensch in dieser Welt erwerben kann. Er kann sie mitbringen, wohin ihn das Leben führt; selbst im Armenhaus kann sie ihm niemand nehmen; weder Mode noch irgendeine Polizei kann sie verbieten. Die inwendige Heiterkeit macht weit und führt hinaus über das Ich, zu anderen hin und auch über die anderen hinaus ... Inwendige Heiterkeit ist fröhliche Sehnsucht‹« (Hanselmann 1931, 52, zit. n. Klein 2012).

Die heilpädagogische Beziehung enthält spezielle erzieherische Aufgaben und Angebote der Heilpädagogin an das ihr anvertraute Kind, den Jugendlichen und deren Bezugspersonen, die die Heilpädagogin und der Heilpädagoge – ausgehend von der »heilpädagogischen Bedürftigkeit« (Hagel 1990) des Kindes – als gezielte Interventionen in die heilpädagogische Begleitung einbringt. Aufgrund der meist schweren Entbehrungs-, Trennungs-, Gewalt- und Entwurzelungserlebnisse und durch die mit einer Krankheit oder Behinderung einhergehenden Schmerzen und Traumatisierungen der Kinder gehören zu den Aufgaben und Angeboten der *personalen heilpädagogischen* Beziehung vor allem:

- *äußerer Halt*, gegeben durch Sicherheit und Geborgenheit spendende Zuverlässigkeit;
- *innerer Halt*, gegeben durch Sicherheit und Geborgenheit spendende Zuverlässigkeit;
- *Vertrauen*, gegeben durch die unmittelbar spürbare selektive Authentizität (Echtheit) in der Selbst- und Fremdwahrnehmung sowie Selbstakzeptanz und der daraus erwachsenden grundlegenden positiven Selbst- und Fremdwertschätzung;
- *Empathie* (Einfühlungsvermögen), gegeben durch die Fähigkeit, Reaktionen, Handlungsweisen, Auffassungen des Kindes oder Jugendlichen von deren Voraussetzungen her zu verstehen und darauf angemessen einzugehen;
- *Offenheit und Spontaneität*, gegeben im Sich-Einlassen auf affektives, psychosomatisches und intellektuelles Geschehen bei sich und den Kindern und Jugendlichen sowie Bereitschaft zur freien Kommunikation im Geben und Empfangen solcher Informationen;

- *Permissivität* (Freizügigkeit), gegeben durch Gewähren von individueller Freiheit beim sinnvollen Suchen und Bestimmen eigener Ziele;
- *Interdependenz* (gegenseitige Abhängigkeit), gegeben durch ein ausgewogenes Verhältnis zwischen eigener und kindlicher bzw. jugendlicher Autorität sowie eigenen und kindlichen bzw. jugendlichen Mitbestimmungsbedürfnissen und Selbständigkeitswünschen im Sinne »ausgleichender Gerechtigkeit«.

Die heilpädagogische Beziehung ist auf *Entwicklungsförderung* hin ausgerichtet. Dabei reflektiert die Heilpädagogin, der Heilpädagoge neben den körperlichen und geistigen Fähigkeiten des Kindes oder Jugendlichen insbesondere auch die innerseelischen dynamischen Faktoren der bewussten und unbewussten Selbststeuerung vor dem Hintergrund der

*Real-*Beziehung

Jedes Kind gestaltet die Hier- und Jetzt-Situation entsprechend seinem Lebensalter mit den ihm gegebenen Möglichkeiten: Es ist neugierig, es möchte wissen, wer die Heilpädagogin, der Heilpädagoge ist; Kinder fragen und interessieren sich auch für intime Dinge (Haare, Schminke, Schmuck, Kleidung, Familienstand usw.), kurz: Sie wollen sich mit der Person der Heilpädagogin, des Heilpädagogen vertraut machen und suchen – wie die beiden Praxisbeispiele zu Anfang dieses Artikels zeigen – die Auseinandersetzung mit dem Erwachsenen, um sich ins Leben einzuüben.

*Übertragungs-*Beziehung

In der heilpädagogischen Beziehungsgestaltung werden – gerade durch die heilpädagogische Atmosphäre – frühkindliche Haltungen und Gewohnheiten reaktiviert, die sonst unterdrückt (d. h. aus Angst vor Liebesverlust verdrängt) oder besonders heftig nach außen abgewehrt werden müssen. Dadurch kommt es zu einer Wiederbelebung unbewusster Konflikte bzw. Komplexe. Diese bestehen aus Vorstellungen und Gedanken, die mit starken Gefühlen verknüpft und unbewusst sind. Die bekanntesten Beispiele für Komplexe sind der von Sigmund Freud beschriebene Ödipuskomplex und der von Alfred Adler beschriebene Minderwertigkeitskomplex, d. h. die unbewusste Überzeugung der eigenen Wertlosigkeit und Mangelhaftigkeit, die z. B. durch besonderes Geltungsstreben kompensiert wird. In der Alltagssprache sind Komplexe ein Ausdruck für seelische Probleme schlechthin geworden. Dabei wird die Heilpädagogin, der Heilpädagoge als Funktionsträger mütterlicher und/oder väterlicher Verhaltens- und Erlebensweisen angesehen und erlebt, so wie diese vom Kind introjiziert, d. h. in die eigene Person, in das eigene Ich oder in das Ich-Ideal übernommen wurden. Werden die damit verbundenen Eigenschaften, Vorstellungen oder Wünsche nicht verarbeitet und sinnvoll an die Erfahrungen der eigenen Person im Ich oder Ich-Ideal angeglichen, können solche Introjekte einen störenden Einfluss auf das Seelenleben ausüben.

Die fachlich kompetente Arbeit mit Übertragungsreaktionen, kindlichen Widerständen und Abwehrhaltungen ermöglicht es, frühe Erfahrungen mit dem Kind neu zu durchleben und mit heilpädagogischer Hilfe im Spiel- und Übungsgeschehen und in alltäglichen Situationen anders zu gestalten und durchzuarbeiten als durch rein reaktives Erwidern, so dass es zur Auflösung von Wiederholungszwängen und stattdessen zu alternativen Konfliktlösungen kommt, wie die beiden Praxisbeispiele in diesem Artikel zeigen. Auf diese Weise kann das Kind, der Jugendliche mit der und an der Heilpädagogin, dem Heilpädagogen seine Möglichkeiten und Grenzen erproben; es lernt, sicherer zu werden in Wünschen und Ansprüchen; in der Übernahme ihm möglicher Eigen- und Mitverantwortung; im Treffen von Entscheidungen als Problemhandlungen für weiterreichende Entscheidungsfindung; es lernt, angenehme und unangenehme Konsequenzen als Folge eigenen Handelns wahrzunehmen und durch veränderte Eigeninitiative in Versuch und Irrtum aus eigenem Willen positive Bedingungen für sich herzustellen. Aus der Sicherheit und der unbedingten Zuverlässigkeit der Heilpädagogin und des Heilpädagogen, in ihren Halt gebenden Stützen und zumutenden Herausforderungen, erarbeiten sich Kinder und Jugendliche gemeinsam mit ihnen ein wachsendes Selbstbewusstsein und daraus wachsendes Selbstvertrauen sowie ein gefestigtes Selbstwertgefühl. Dadurch können sie eine stabilere Identität entwickeln, um ihre realen Lebenssituationen unter »erschwerten Bedingungen« angemessener meistern zu können.

Dieses *heilpädagogische, gemeinsame Erleben* und *Handeln* führt im Durchhalten und Durcharbeiten schwieriger Entwicklungsprozesse auf dem Lebensweg des Kindes und Jugendlichen zu deren Fähigkeit, Beziehungen in mitmenschlichen Bezügen angemessener und damit menschlicher zu gestalten und sich auf diese Weise einen erweiterten Raum für ihre verantwortliche Entscheidungsfreiheit in den polaren Verhältnissen von Abhängigkeit und Autonomie zu erobern.

Worte zum Schluss

Am Ende der heilpädagogischen Beziehung steht – wie in jedem Prozess des nach und nach Erwachsenwerdens – die Verabschiedung und das Entlassen-Werden, verbunden mit Hoffnungen und Glückwünschen für den verantwortlich zu gestaltenden eigenen Lebensweg.

Literatur

Biene, Elke (1988): Zusammenarbeit mit den Eltern (Arbeitshefte zur heilpädagogischen Übungsbehandlung Bd. 5). Heidelberg
Bollnow, Otto Friedrich (1965): Die pädagogische Atmosphäre. Freiburg
Buber, Martin (1956): Reden über Erziehung. Heidelberg

Buber, Martin (1978): Zwiesprache. Traktat vom dialogischen Leben. Heidelberg
Dickopp, Karl-Heinz (1983): Lehrbuch der systematischen Pädagogik. Düsseldorf
Eitle, Werner (2003): Basiswissen Heilpädagogik. Troisdorf
Faust, Mirjam (2007): Aktuelle theoretische Ansätze in der deutschen Heilpädgogik – Eine Einführung für Studierende der Heilpädagogik und fachlich Interessierte. Opladen/Farmington Hills
Flosdorf, Peter (2009): Heilpädagogische Beziehungsgestaltung (2. Auflage). Freiburg i. Br.
Gerspach, Manfred (1981): Kritische Heilpädagogik (Psychoanalytische Reflexion und therapeutische Verfahren in der Pädagogik, Band 12, hrsg.: Aloys Leber, Hans Georg Trescher). Frankfurt a. M.
Greving Heinrich & Gröschke Dieter (Hrsg.) (2002): Das Sisyphos-Prinzip. Gesellschaftsanalytische und gesellschaftskritische Dimensionen der Heilpädagogik. Bad Heilbrunn
Greving, Heinrich & Ondracek, Petr (2014): Handbuch Heilpädagogik (3. Auflage). Köln
Greving, Heinrich & Ondracek, Petr (2020): Heilpädagogisches Denken und Handeln – Eine Einführung in die Didaktik und Methodik der Heilpädagogik (2. Auflage). Stuttgart
Greving, Heinrich & Ondracek, Petr (Hrsg.) (2009): Spezielle Heilpädagogik – Eine Einführung in die handlungsorientierte Heilpädagogik. Stuttgart
Gröschke, Dieter (1993): Praktische Ethik in der Heilpädagogik. Bad Heilbrunn
Gröschke, Dieter (1997): Praxiskonzepte der Heilpädagogik (2., neubearb. Auflage). München/Basel
Gröschke, Dieter (2005): Psychologische Grundlagen für Sozial- und Heilpädagogik. Bad Heilbrunn
Hagel, Hans. J. (1990): Zum Selbstverständnis der Heilpädagogik als Handlungswissenschaft. In: W. Trautmann (Hrsg.): Denken und Handeln, Bd. 11. Bochum
Hellmann, Marianne & Rohrmann, Eckard (Hrsg.) (1996): Alltägliche Heilpädagogik und ästhetische Praxis. Heidelberg
Hülshoff, Thomas (1999): Emotionen. München/Basel
Hülshoff, Thomas (2005): Medizinische Grundlagen der Heilpädagogik. München/Basel
Huppertz, Norbert & Schinzler, Engelbert (1983): Grundfragen der Pädagogik. München
Iben, Gerd (Hrsg.) (1988): Das Dialogische in der Heilpädagogik. Ostfildern
Klafki, Wolfgang et al. (1970): Funkkolleg Erziehungswissenschaft Bd. 1–3. Frankfurt
Klein, Ferdinand (2012): Freude und Humor bei der heilpädagogischen Arbeit. In: heilpaedagogik.de, Fachzeitschrift des Berufs- und Fachverbandes Heilpädagogik e. V., 1, 6–10
Knoll, Ludwig (1991): Lexikon der praktischen Psychologie. Augsburg
Kobi, Emil, E. (1983): Grundfragen der Heilpädagogik (2. Auflage). Bern/Stuttgart.
Köhn, Wolfgang (2008): Heilpädagogische Erziehungshilfe und Entwicklungsförderung (HpE) – ein Handlungskonzept (4. Auflage). Heidelberg
Köhn, Wolfgang (2002): Heilpädagogische Begleitung im Spiel – Ein Übungsbuch zur Heilpädagogischen Erziehungshilfe und Entwicklungsförderung (HpE). Heidelberg
Mehringer, Andreas (1980): Beziehungen in der heilpädagogischen Arbeit – Erwartung und Wirklichkeit. In: Bericht der 12. Fachtagung des Berufsverbandes der Heilpädagogen. Berlin
Moor, Paul (1994): Heilpädagogik: Ein pädagogisches Lehrbuch. Luzern
Nohl, Hermann (1961): Die pädagogische Bewegung in Deutschland und ihre Theorie. Frankfurt
Oy, Clara Maria von & Sagi, Alexander (2011): Lehrbuch der heilpädagogischen Übungsbehandlung – Hilfe für das Kind mit Entwicklungsstörung oder Behinderung (14. Auflage, vollständig überarbeitet und erweitert von Elke Biene-Deißler und Barbara Schroer). Heidelberg
Schenk-Danziger, Lotte (1991): Entwicklungspsychologie (21. Aufl.). Wien
Schlaghecken, Hedwig: Szenisches Verstehen als Baustein psychoanalytischer Pädagogik. Vortrag (unveröffentlicht) zum Praxis- und Begegnungstreffen 2001 im Studiengang Heilpädagogik an der Abteilung Münster der Kath. Hochschule Nordrhein-Westfalen (KatHO NRW)
Senckel, Barbara (1998): Du bist ein weiter Baum – Entwicklungschancen für geistig behinderte Menschen durch Beziehung. München
Strasser, Urs (1997): Wahrnehmen – Verstehen – Handeln. Förderdiagnostik für Menschen mit einer geistigenBehinderung (3. Auflage). Luzern

5 Heilpädagogische Entwicklungsförderung und Begleitung im Spiel nach dem Konzept der »Heilpädagogischen Übungsbehandlung«

Barbara Schroer und Elke Biene-Deißler

Die HPÜ im Gespräch

Eine mögliche Begegnung: Wir laden Sie ein, mit uns in einer virtuellen Gesprächsrunde Platz zu nehmen. Mit Ihnen am – zugegebenermaßen imaginären – Tisch sitzen Prof. Dr. Dieter Gröschke, Prof. Clara Maria von Oy, Elke Biene-Deißler und Barbara Schroer und sprechen über das Förderkonzept der Heilpädagogischen Übungsbehandlung (HPÜ). Das Gespräch verläuft durchaus angeregt, denn eine Studierende der Heilpädagogik fördert den Austausch von Positionen und Erfahrungen durch eine Reihe interessierter und unbefangener Fragen.

Aufgrund der idealtypischen Bedingungen formulieren die Teilnehmenden meist druckreif. Diese Beiträge sind durch Quellenangaben gekennzeichnet. Andere Antworten (die hoffentlich nicht weniger druckreif sind) wurden mit unseren Erfahrungen als lehrende Heilpädagoginnen (HP) ergänzt.

Dieter Gröschke: Wenn wir Heilpädagogik als Handlungswissenschaft verstehen, hat sie »letztlich nur Sinn, wenn es ihr gelingt, Konzepte für die Praxis zu entwickeln, die alltägliches heilpädagogisches *Handeln* reflexiv aufklären und ethisch und pragmatisch anleiten« (Gröschke 1997, 105).
Studentin: Ich habe gehört, es gibt ein Praxiskonzept, das sich HPÜ nennt – also heilpädagogische Übungsbehandlung. Von wem ist sie denn entwickelt worden?
Elke Biene-Deißler: Aus ihren langjährigen Praxiserfahrungen in der Behindertenhilfe hat Clara Maria von Oy diese Methode entwickelt und in Zusammenarbeit mit Alexander Sagi 1975 das *Lehrbuch der Heilpädagogischen Übungsbehandlung* veröffentlicht. Clara Maria von Oy war meine Lehrerin im Heilpädagogischen Seminar in Freiburg. Kreativ und einfallsreich verbreitete sie eine ansteckende Freude, schenkte wohltuende, zugewandte Aufmerksamkeit und berührte den Anderen im Herzen. – Und sie kann auch unerbittlich deutlich werden, wenn es darum geht, konfrontativ Oberflächlichkeiten, Nachlässigkeiten beim Namen zu nennen (vgl. von Oy 2002, 9 f.).
Studentin: Das ist aber lange her, dass Frau von Oy Ihre Lehrerin war.
Elke Biene-Deißler: Ja. – Später waren wir Kolleginnen. Meine Erinnerungen an diese Zeit bleiben lebendig, erfüllte Erlebnisse und Begegnungen, die meine – unsere – Seele immer noch berühren und in unserem Miteinander weiter geschehen werden. Nach acht Jahren in Freiburg bin ich als lehrende Heilpädagogin 1984 nach Münster gegangen und war an der Katholischen Fachhochschule NW (KFH) zusammen mit Prof. Dr. Dieter Gröschke tätig. Die HPÜ blieb für mich ein überzeugender, me-

thodisch einzusetzender Arbeitsansatz, und sie ist es in ihrem zeitlosen inneren Anliegen auch heute noch. Vielleicht können wir das später konkretisieren (vgl. von Oy 2002, 9 f.).
Studentin: Die persönlichen Bezüge finde ich sehr interessant. Wie wurde die HPÜ als Methode im Studium vermittelt?
Barbara Schroer: Während meines Heilpädagogik-Studiums an der KFH NW Münster (2001–2005) hat Frau Biene-Deißler vor allem in der Begleitung der Praxis den methodischen Ansatz mit Leben gefüllt. Geduldig hat sie meine mitunter kritische Auseinandersetzung aufgenommen, mich immer wieder auf das Wesentliche, auf das, was Heilpädagogik ausmacht, hingewiesen und mir so einen neuen Zugang eröffnet. Während meiner praktischen Durchführung der HPÜ hat sie meine wöchentlichen Protokolle kommentiert. Ich kann mich noch gut daran erinnern, wie gespannt ich diese gelesen habe. Viele Kommentare sind hängengeblieben und haben sich bei mir gesetzt. Noch heute taucht in einigen Spielstunden die Stimme von Elke Biene-Deißler auf, die mich auf bestimmte Aspekte aufmerksam macht. Von Elke Biene-Deißler habe ich viel gelernt und lerne in unseren andauernden fachlichen und persönlichen Gesprächen noch immer hinzu. Unsere Aktualisierung des Lehrbuches ist von diesem lebendigen, intensiven und bereichernden Austausch geprägt.
Studentin: Ach, Sie haben dieses Förderkonzept weiterentwickelt? Und wer sind die Nutzer?
Clara Maria von Oy: Die *Nutzer*? – Die Kinder mit Behinderung, die uns ans Herz gelegt werden, dürfen wir in der HPÜ förderlich begleiten.
Studentin: Welche Methoden-Techniken werden in der HPÜ angewendet, und welche muss ich als angehende Heilpädagogin beherrschen bzw. in meinem Werkzeugkoffer parat haben?
Elke Biene-Deißler: »Das Spiel des Kindes als seine Sprache zu verstehen, das heißt, sie wahrzunehmen und zu entschlüsseln, um dann entscheiden zu können, ob dieses Kind seine ihm eigene Sprache nur mit gezielter Anleitung erlernt oder ob es Anregungen braucht, diese seine Sprache lustvoll zu differenzieren, um sich mit Welt konstruktiv auseinandersetzen zu können: Das ist das innere Anliegen der HPÜ« (von Oy 2002, 10). Im Spiel setzt sich das Kind mit seiner Umwelt auseinander, es drückt seine emotionale Befindlichkeit aus und gelangt über das Spiel zu seiner Ich-Findung. Im Zentrum steht die Begegnung, die Beziehungsgestaltung zwischen Heilpädagogin und Kind im Spiel-Dialog. – Ihre Frage nach Techniken mag ich hier nur indirekt beantwortet haben (vgl. von Oy & Sagi 2011, 156).
Dieter Gröschke: In erster Linie kommt es auf die Person des Heilpädagogen an. »Heilpädagogik als personale Beziehung fordert die Person in einem umfassenden und ganzheitlichen Sinne, nicht nur ihr Fach- oder Regelwissen oder ihre Verfügung über effiziente Techniken der Verhaltensbeeinflussung« (Gröschke 1997, 119). Die beiden Personen (HP und Kind) sind nicht beliebig austauschbar; vielmehr ist das Handlungsergebnis von der Stimmigkeit zwischen Person und Konzept abhängig (vgl. Gröschke 1997, 115).
Studentin: So verstehe ich den Sinn der berufsbezogenen Selbsterfahrung in der Supervision besser. Doch reicht es aus, ein »Gut-Mensch« zu sein, meine eigenen

Anteile zu reflektieren und auf der Beziehungsebene auf das Kind hin ausgerichtet zu sein?
Barbara Schroer: Die Basis, das Fundament ist die tragfähige Beziehung und die Haltung der Heilpädagogin, die durch ihre Annahme des Kindes in seiner Einzigartigkeit geprägt ist. Darauf aufbauend werden im Förderkonzept der HPÜ systematische und zu begründende Handlungsschritte aufgezeigt und umgesetzt. Es braucht mehr als nur altruistisch ausgerichtet zu sein.
Studentin: Und welche Handlungsschritte wären das?
Barbara Schroer: Einer der ersten Schritte führt in die Spieldiagnostik, die einen verstehenden Zugang zum Kind ermöglicht. Sie zeigt auf, wo das Kind Stärken und Schwächen hat und was es braucht. Es gilt das Prinzip, dem Kind dort zu begegnen, wo es sich bewegt. Aus der diagnostischen Einschätzung werden konkrete, nachvollziehbare und überprüfbare Ziele abgeleitet. Entsprechend der Zielsetzung wird das methodische Vorgehen geplant, durchgeführt und reflektiert. Es kann dann immer wieder modelliert und an den Prozess angepasst werden. – Die Zusammenarbeit mit den Eltern und dem Netzwerk des Kindes ist ein integrierter Bestandteil der HPÜ (vgl. von Oy & Sagi 2011, 222 f.).
Studentin: Wird der Inklusions-Gedanke in der HPÜ aufgegriffen? Oder anders gefragt: Ist die HPÜ auch eine inklusive Förderung?
Barbara Schroer: Mit der Inklusion sprechen Sie ein zentrales Thema der Heilpädagogik an, das durch die UN-Konvention über die Rechte von Menschen mit Behinderung im rechtlich-politischen Raum aktuell an Bedeutung gewonnen hat. Viele neue Publikationen beschäftigen sich explizit mit der konzeptionellen Umsetzung einer inklusiven Bildung in der Praxis.
Elke Biene-Deißler: Die Grundsätze und methodischen Vorgehensweisen in der HPÜ werden mit der Inklusion nicht überflüssig. In einer »Kita für alle« braucht das einzelne Kind eine an seinen Bedürfnissen und Möglichkeiten orientierte Förderung im Spiel. Das Spiel ist nämlich das zentrale Medium in der Bildung unserer Kinder mit oder ohne Behinderung. Dazu ein Beispiel: Die Heilpädagogin übt zurzeit mit Kurt (fünf Jahre) den Turmbau. Im gemeinsamen Spiel mehrerer Kinder in der Bauecke regt sie an, zusammen eine Stadt zu bauen. Jedes Kind bringt das, was es kann, ein. Kurt baut einen Turm für die Kirche, der von Lisa (fünf Jahre) mit dem dreidimensionalen Kirchenschiff erweitert wird. Paul (fünf Jahre) legt die Klötze aufgereiht als Straße davor.
Studentin: An dieser Spielszene wird mir manches deutlich. – Aber es gibt auch Autoren, die den Ansatz der HPÜ kritisieren. Untersuchungen zur Wirksamkeit von Förderkonzepten belegen nicht, dass ein systematisch aufgebautes Übungsprogramm eine signifikante und nachhaltige Beschleunigung der Entwicklung von Kindern mit kognitiver Retardierung bewirkt (vgl. Sarimski 2009, 95). Ist die HPÜ damit nicht überholt?
Elke Biene-Deißler: Nein. Im Gegenteil. Wir sind überzeugt von dem Förderkonzept der HPÜ, das in seinem inneren, zeitlosen Anliegen nicht an Aktualität verloren hat. Selbstverständlich gibt es Kritiken, die an uns nicht vorübergegangen sind und von uns ernst genommen werden. In unserer Neubearbeitung haben wir den Kern der HPÜ mit aktuellen Theorien neu begründet und durch praktische Umsetzungen veranschaulicht.

Barbara Schroer: Schauen wir uns die Studien, auf die sich K. Sarimski bezieht, genauer an, wird deutlich, dass in erster Linie die responsive Beziehung in gemeinsamen Spielsituationen zur Prävention von Entwicklungs*störungen* beiträgt. Auf die Bedürfnisse des Kindes einzugehen und Entwicklungsschritte sensibel zu unterstützen sowie durch Übungsanleitung dazu zu motivieren, ermöglicht eine Entwicklungs*förderung* – im Sinne der HPÜ (vgl. Sarimski 2009, 96).
Studentin: Wurde eine objektive, wissenschaftlich fundierte und aktuelle Evaluationsstudie zur Effizienz der HPÜ durchgeführt?
Dieter Gröschke: »Der Primat der Praxis … bedeutet vor allem die Anerkenntnis, daß heilpädagogisches *Tun* vorrangig ist vor allen Versuchen seiner Theoretisierung. … Heilpädagogisches Handeln muß verantwortet werden, und zwar in erster Linie ethisch, erst dann stellt sich die Frage nach seiner wünschenswerten *theoretisch-wissenschaftlichen* Fundierung« (Gröschke 1997, 110).
Clara Maria von Oy: »Ich glaube, auch in einer wissenschaftlichen Bearbeitung muss Raum sein für etwas, das wir nicht kategorisieren, über das wir nicht verfügen können. Im Zusammenhang der HPÜ ist das die individuelle Persönlichkeit der Beteiligten, des Kindes und der Heilpädagogin oder des Heilpädagogen. Für mich persönlich ist dieser Respekt unmittelbarer Ausdruck meines Glaubens, dass wir Menschen in der Liebe Gottes aufgehoben sind – jeder so, wie er ist. Dieser Glaube ist für mich Grundlage, aber nicht Bedingung für die fruchtbare Praxis der HPÜ« (von Oy & Sagi 2011, 9).
Dieter Gröschke: Die fast vier Jahrzehnte »während Theorie und Praxis der HPÜ, die inzwischen 14 Auflagen des Lehrbuchs, haben sicherlich eine gewisse empirische Beweiskraft für die Sinnfälligkeit, Nützlichkeit und heilsame Wirksamkeit dieses pädagogisch-therapeutischen Förderkonzepts« (Gröschke 2007, 36).

Meilensteine im Werdegang der HPÜ

1975

> Clara Maria von Oy (Heilpädagogin, Dipl.-Pädagogin) und Alexander Sagi (Theologe, Dipl.-Psychologe) veröffentlichen das Lehrbuch der Heilpädagogischen Übungsbehandlung (Umfang: 205 Seiten).
> Von Oy und Sagi, Fachhochschullehrer im Fachbereich Heilpädagogik/Freiburg, reflektieren in diesem Buch ihre langjährigen praktischen Erfahrungen in Feldern der Erziehungs- und Behindertenhilfe: Sie entwickeln eine erste, genuin heilpädagogische Methode.

Übungsbehandlung (Definition): »Im Spiel und durch Spiel werden – durch ein ausgewogenes Angebot von Übungseinheiten mit Hilfe von ausgewählten Materialien und Techniken – systematisch Handlungs- und Verhaltensbereitschaften sowie

Haltungen in Einzel- und Gruppensituationen aufgebaut und gefestigt. Unter Berücksichtigung der individuell verschiedenen Möglichkeiten des Behinderten ist die Übungsbehandlung grundsätzlich auf dessen Gesamtförderung ausgerichtet.« (Text vom Buchdeckel)

Zeitgeist: Die Bezeichnung »Übungsbehandlung« wurde offensichtlich in den 60er/70er Jahren des 20. Jahrhunderts populär: E. J. Kiphard veröffentlichte 1960 »Bewegung heilt. Psychomotorische Übungsbehandlung bei entwicklungsrückständigen Kindern«. W. Klenner entwickelte im Institut für Heilpädagogik Bethel/Bielefeld eine Übungsbehandlung für die heilpädagogische Praxis (Heilpädagogik als Handlungswissenschaft – dargestellt am Beispiel der Heilpädagogischen Übungsbehandlung. In: Schneeberger 1979). Die Tätigkeit der beiden Autoren in einer medizinisch/psychiatrischen Einrichtung verlangte wohl nach einer an klinischen Begriffen angelehnten heilpädagogischen Methode.

Pionierarbeit: »Das Spiel des gesunden Kindes wird das Lernziel für das geistig behinderte Kind« (von Oy & Sagi 1975, 56). Das war damals, 1975, ein neuer Gedanke und Ansatzpunkt, mit dem von Oy und Sagi eine Pionierarbeit in der Heilpädagogik geleistet haben.

Spiel: »Die Möglichkeiten der Entwicklung und Bildung im Spiel sind für das geistig behinderte Kind, das sich selbst überlassen bleibt, sehr gering oder gar nicht vorhanden ... Dem behinderten Kind muß also das Spiel gelehrt werden« (ebd., 65). Es »kann am besten durch das systematisch vorbereitete und angebotene Spiel gefördert werden. Mit Hilfe des Erwachsenen soll das behinderte Kind im Spiel neue Ausdrucksmittel finden und gleichzeitig ... auch die Möglichkeit, eigene Probleme zu verarbeiten« (ebd., 66).

Übung: »Übung bedeutet eine wiederholte Betätigung zum Zwecke der Erlangung oder Steigerung einer Fertigkeit. ... In der HPÜ bedeutet Üben ... die Wiederholung einer Betätigung mit dem Mittel ›Spiel‹, um Kenntnisse, Fertigkeiten und soziale Verhaltensweisen aufzubauen« (ebd., 42). »Systematische Übung, welche den Spielcharakter und das Ziel der individuellen Spielbetätigung endgültig verliert und dem Kind nicht mehr die Freiheit läßt ... selbst zu bestimmen, verliert ihr wichtigstes Mittel und kann wegen der fehlenden Motivation des Kindes nicht zum Erfolg führen« (ebd., 43)

Bedingung: »Die erste Voraussetzung wirksamer heilpädagogischer Hilfe liegt darin, zum geistig Behinderten einen Zugang zu finden, eine persönliche Bindung aufzubauen, sie zu entwickeln und durchzutragen« (ebd., 71).

Fallbeispiele:

- Franz (fünf Jahre), ein Junge mit »mongoloider Behinderung«
- Johannes (vier Jahre), ein Junge mit einem allgemeinen Entwicklungsrückstand und autistischen Zügen
- Thomas (fünf Jahre), ein Junge, der nach einer Masernencephalitis eine spastische Hemiparese links aufweist und in seiner sprachlich-kognitiven Entwicklung behindert ist

1977

> Ergänzung des Lehrbuchs: 2., ergänzte Auflage (Umfang: 220 Seiten).

Spiel-Diagnostik: Der aktuell entwickelte Beobachtungsbogen als diagnostischer Beitrag zur Durchführung der HPÜ wird in dieser 2. Auflage erstmals veröffentlicht.

1981

> Bearbeitung des Lehrbuchs: 4., bearbeitete Auflage (Umfang: 239 Seiten).

Spiel und Wahrnehmung: Weitere differenzierende Aussagen zum Wesen und zur Bedeutung des Spiels sind nachzulesen: »Spiel ist jede Tätigkeit, die um ihrer selbst willen getan wird ...« (von Oy & Sagi 1981, 36). »Spiel ist keine Lehre, sondern eine Erprobung. Und doch lernt das Kind im Spiel ...« (ebd., 37). »Durch das Spiel soll das behinderte Kind in Kontakt treten zu seiner Umwelt, sich aus seiner Passivität und Ich-Verhaftung lösen« (ebd., 38)
Überlegungen zur Lehre der Wahrnehmungsfunktionen und -störungen finden Eingang (vgl. ebd., 31 ff.).
Standort der HPÜ: »Auch bei der HPÜ handelt es sich um einen eklektischen Wissensbereich. Sie bedient sich der Erkenntnisse und Methoden verschiedener Wissensbereiche: der Entwicklungspsychologie (insbesondere der Entwicklung des Spielverhaltens), der Lernpsychologie (insbesondere der Motivationslehre), der Psychopathologie und der Pädagogik« (ebd., 34). Die heilpädagogische Rhythmik und die heilpädagogische Spieltherapie werden inhaltlich dargestellt in ihrer Überschneidung und Abgrenzung zur heilpädagogischen Übungsbehandlung (vgl. ebd., 26 ff.).

Fallbeispiel:
Veronika (8 Jahre), ein Mädchen mit schwerst-mehrfacher Behinderung, das dauerhaft Spuren in den »Erinnerungen an eine geschenkte Zeit« hinterlässt (vgl. von Oy 2002, 42 ff.).

1984

> Lehrbuch: 5. Auflage (Umfang: 239 Seiten).

Die Zusammenarbeit mit den Eltern (Biene) wird als integrierter Bestandteil der HPÜ formuliert.

1988

> Überarbeitung des Lehrbuchs: 7., überarbeitete Auflage (Umfang: 371 Seiten).

Übungsbehandlung: Nach von Oy und Sagi ist die Bezeichnung »Heilpädagogische Übungsbehandlung« im Sinne einer philosophischen und pädagogischen Anthropologie zu verstehen, die sich auf die Grundaussagen von Bollnows »Vom Geist des Übens« (1978) bezieht.
»Der Mensch kommt durch Übung – und nur durch Übung – zur vollen Entfaltung und Erfüllung seines Lebens. Übungen sind also nicht nur auf den Erwerb eines bestimmten Könnens ausgerichtet, sondern sie bewirken zugleich eine innere Wandlung im Menschen« (Oy & Sagi 1988, 77). »Die jeweilige Übung bedeutet in sich selbst schon eine nicht zu überbietende Erfüllung des Lebens ...« (ebd., 78).
Spiel-Pädagogik: In die Geschichte der Spielpädagogik (vgl. ebd., 81 ff.), in der Fröbel, Itard, Séguin und Montessori behandelt werden, wird die bedeutende Arbeit von Milan Morgenstern hinzugenommen (vgl. ebd., 98).
Methoden-Bausteine: Aufgenommen werden die heilpädagogische Anamnese und die systematische Beobachtung. Neben der heilpädagogischen Rhythmik und Spieltherapie wird die basale Förderung als eine weitere Methode aufgeführt. Bei der heilpädagogischen Übungsbehandlung können daraus Elemente berücksichtigt und integriert werden oder – je nach Vorkenntnis – auch Ansätze aus der Motopädagogik und der Musiktherapie (vgl. ebd., 53 ff.).
Situationsanalyse und Zielsetzung: Die diagnostischen Voraussetzungen, der Beobachtungsbogen und die Beobachtungskriterien zur Beschreibung des Entwicklungsstandes werden durch die Kapitel zur Situationsanalyse und zur Zielformulierung erweitert (vgl. ebd., 242 ff.).
Reflexions-Material: Zur Vorbereitung, Durchführung und Reflexion der HPÜ findet der Leser eine Raum-Material-und-Person-Orientierung (vgl. ebd., 247 ff.). Auch ein Fragebogen/Arbeitsbogen wird vorgelegt, der aus langjähriger Praxis Hinweise zum Verlauf der HPÜ gibt und eine Ermutigung für den Heilpädagogen sein soll, eigene Wege des Suchens und Findens einzuschlagen (vgl. ebd., 255 ff.).

Fallbeispiele:

- Daniel (sechs Jahre), ein Junge mit infantiler Cerebralparese nach perinataler Hypoxie und generalisierten epileptischen Anfällen, bei dem sich eine motorische und sprachliche Entwicklungsstörung abzeichnet
- Peter (sechs Jahre), ein Junge, der den Regelkindergarten besucht und durch eine motorische Koordinationsstörung und Störung des Sozialverhaltens auffällt. Hier wird eine übend-therapeutische Spielbehandlung notwendig und eine Kombination aus HPÜ und HPS (Heilpädagogische Spieltherapie) umgesetzt. Es ist das erste Fallbeispiel, das aus der Katholischen Fachhochschule NW, Abteilung Münster beigetragen wird
- Sebastian (vier Jahre), ein Junge mit globaler Entwicklungsretardierung bei »Down-Syndrom«

Kritische Würdigung 1988

> Dieter Gröschke: »Erfülltheit des Augenblicks und Vorbereitung auf die Zukunft – Spiel und Übung in der heilpädagogischen Übungsbehandlung«. In: Zeitschrift für Heilpädagogik 12, 1988, 813–819.

Spiel und Übung verbinden die Erfülltheit des Augenblicks mit einer Erziehung für die Zukunft: Die HPÜ ist eine eindeutig pädagogisch fundierte Methodik, weil sie an das zentrale Medium kindlicher Lebensäußerung – das Spiel – anknüpft. Bei dieser aktiven Auseinandersetzung mit den Objekten der Umwelt braucht das Kind mit Behinderung Anregungen, um sich weiterzuentwickeln. Schon beim Einüben von Lernprozessen im Funktionsspiel zeigen sich »Widerständigkeiten«. Es bleibt weder dem Kind noch dem Erzieher erspart, diese in der HPÜ zu überwinden (Gröschke 1988, 815). Mit Schleiermacher formuliert Gröschke hier die ethische Brisanz: »Ist der Erzieher berechtigt, die Unwillensäußerungen im aktuellen Augenblick des kindlichen Lebens um eines in der Zukunft liegenden Zieles willen zu übergehen? ›Darf man einen Moment einem anderen aufopfern? Offenbar nein ...‹ Aber hier ergibt sich ein immanenter Widerspruch, denn: ›Dies ist ja die Natur der pädagogischen Einwirkung, auf die Zukunft gerichtet zu sein‹« (Schleiermacher 1957, 380, zit. n. Gröschke 1988, 815). »Die Lebenstätigkeit, die ihre Beziehung auf die Zukunft hat, muß zugleich auch ihre Befriedigung in der Gegenwart haben ... Je mehr sich beides durchdringt, umso sittlich vollkommener ist die pädagogische Tätigkeit« (Schleiermacher 1957, 48, zit. n. Gröschke 1988, 815). Diese beiden Momente gehören in Spiel und Übung unauflösbar zusammen. Insbesondere Bollnow rehabilitiert die »Übung als anthropologisches Prinzip« (Gröschke 1988, 818). »Die durch geduldiges und ausdauerndes Üben – bei Kindern unter pädagogischer Leitung – erreichbare innere Verfassung hat nach Bollnow als solche eine hohe erzieherische Bedeutung: ›Sie wirkt sich über das spezielle eingeübte Können hinweg ... auch in anderen Leistungsbereichen aus.‹ Als ein ›Zustand beruhigten Lebens [wird sie] auch schon vom Kind beglückend erfahren‹« (Bollnow 1978, 116, zit. n. Gröschke 1988, 818).

Kritische Würdigung 1989

> Gröschke: »Praxiskonzepte der Heilpädagogik – Versuch einer Systematisierung und Grundlegung«

HPÜ als Konzept: Die HPÜ wird als heilpädagogisches Handlungskonzept im Schwerpunktbereich Spielen dargelegt. Basierend auf den Grundphänomenen personaler Existenz wird die Grundsystematik theoretisch stringent aufgezeigt (vgl. Gröschke 1989, 169 ff.).
Spielen und Lernen: »Das Phänomen Spielen weist eine doppelte Eigenschaft auf ...: Das Kleinkind *kann* von Anfang an spielen und muß zugleich spielen *lernen*«

(ebd., 145). Spielen ist an Entwicklung und damit an Lernen gebunden, so dass ein unmittelbarer Zusammenhang existiert (vgl. ebd., 145 f.). Die HPÜ »ist eine Entwicklungsförderung durch Spielen zum Spielen« (ebd., 195).

Dialektik von Spiel und Übung: Gröschke belegt akzentuiert, »daß die methodischen Prinzipien Spiel und/oder Übung keine Gegensätze bilden, sondern daß im kindlichen Spiel beide Pole bereits dialektisch-dialogisch vermittelt sind ... und von daher der häufig polemisch heraufbeschworene Gegensatz von ›Ganzheitlichkeit‹ (im ›freien Spiel‹) und ›Funktionszentrierung‹ (durch Übung und Lernen) ein bloß scheinbarer ist« (ebd., 196). Er bestätigt damit »die methodische Kombination eines geplanten pädagogischen Lernprozesses (Prinzip Übung) mit fallspezifisch definierten Entwicklungszielen« (ebd., 194).

Lernziel-Überfrachtung: »Die in der Förderpraxis – besonders bei jüngeren behinderten Kindern – durchaus bestehende Gefahr einer Lernziel-Überfrachtung des gemeinsamen Spielens ist dabei im Auge zu behalten« (ebd., 196).

Standortbeschreibung: »Die Bezeichnung ›Heilpädagogische Übungsbehandlung‹ (HpÜ) ist nicht reserviert für einen einzigen fest definierten und standardisierten Ansatz, sondern bezieht sich auf ein ganzes Programm heilpädagogischer Entwicklungsförderung, in dem besonders das Medium Spiel als kindgemäße Vermittlungsform eingesetzt wird« (ebd., 194).

Kritische Würdigung 1991

> Gröschke: »Das Spiel in der heilpädagogischen Übungsbehandlung««. In: Lernen konkret. 1991a, 4, 22–23.
> Gröschke: »Das Spiel in der Entwicklung des geistig behinderten Kindes«. In: Lernen konkret. Unterricht mit Geistigbehinderten. 1991b, 4, 2–8.

Erweiterung der Zielgruppe: Die HPÜ »ist ein Verfahren der Entwicklungsförderung retardierter Kinder, speziell von Kindern mit einer geistigen Behinderung. Auch für Kinder mit basalen Wahrnehmungsstörungen und daraus resultierenden Lern- und Verhaltensauffälligkeiten ist sie hilfreich, bei entsprechender Anpassung der Lern- und Förderziele an die kognitive Kapazität dieser Kinder« (Gröschke 1991a, 22).

Notwendigkeit der Spielführung bei Kindern mit geistiger Behinderung: Auf der Grundlage der entwicklungspsychologischen Bedeutsamkeit des Kinderspiels leitet Gröschke Prinzipien der Spielförderung ab: »Ein lerntheoretisch begründetes Konzept von Spielförderung gerade beim geistig behinderten Kind verlangt nach einer eher direkten Spielführung: Es genügt in der Regel nicht, dem Kind nur ›Spielräume‹ mit geeigneten Spielmaterialien und sozialen Spielpartnern zur Verfügung zu stellen; es braucht vielmehr oft aktive Hilfestellung in Form von Übung ..., um mit heilpädagogischer Hilfe von vergleichsweise niedrigen Spielniveaus (sensomotorische Funktionsspiele) zu den ihm höchstmöglichen elaborierten Spielformen zu gelangen (Phantasie-, Rollen- und Regelspiele). Es braucht mit anderen Worten eine stärker gestaltete und gestaltende Spielanleitung ...« (Gröschke 1991b, 6).

Kritische Würdigung 1997

> Gröschke: »Praxiskonzepte der Heilpädagogik. Anthropologische, ethische und pragmatische Dimensionen«, 2. Auflage.

Heilpädagogische Spielförderung: In der neubearbeiteten Auflage der Praxiskonzepte spricht Gröschke von der heilpädagogischen Spielförderung. Einerseits erweitert er die Entwicklungsförderung im Schwerpunkt Spielen mit spieltherapeutischen Ansätzen für Kinder mit Verhaltensauffälligkeiten und Erziehungsschwierigkeiten (vgl. Gröschke 1997, 293 f.). Andererseits begegnet er damit den kritischen Stimmen in den 90er Jahren des 20. Jahrhunderts. Die »geübte Kritik an förderziel-bezogener, gestalteter und strukturierter Spielförderung ... trifft dann nicht zu, wenn das Spiel als selbstaktive, und selbstgesteuerte Tätigkeits- oder Handlungsform respektiert wird« (ebd., 294).

Kritische Würdigung 2007

> Gröschke: »Therapiekonzepte auf den Punkt gebracht: Die Heilpädagogische Übungsbehandlung«. In: Frühförderung interdisziplinär, 1, 2007, 33–36.

30-jährige Tradition: »In der inzwischen mehr als 30-jährigen Tradition der HPÜ wird das Konzept vor allem in der Methodenausbildung pädagogischer Fachkräfte gelehrt und praktisch vermittelt (Erzieher, Heilerziehungspfleger, Sozial- und Heilpädagogen)« (Gröschke 2007, 35).
Evaluation: »Eine systematische Evaluation der HPÜ als Förderkonzept gibt es bisher nicht; es existieren auch keine methodisch kontrollierten empirischen Wirksamkeitsnachweise. Im Hinblick auf eine evidenzbasierte Frühförderpraxis und das Erfordernis empirisch evaluierter Fördermethoden ist dies sicherlich ein Manko. Allerdings besteht die prinzipielle Schwierigkeit, breit angelegte pädagogische Förderkonzepte nach empirisch-statistischen Kriterien, wie etwa ihrer ›Effektstärke‹, zu untersuchen. In realen pädagogischen ›Settings‹ existiert eine Unzahl potenzieller Einflussfaktoren, die forschungsmethodisch kaum kontrolliert werden können; außerdem ist unklar, wie im Einzelfall pädagogischer Erfolg operationalisiert werden könnte« (ebd., 35 f.).
Kritik: »Eine kritische Lektüre der Einführungskapitel des Lehrbuchs der HPÜ vom heutigen Stand muss zu dem Urteil kommen, dass einige Aussagen (Kap. 1–5) nicht mehr dem heutigen wissenschaftlichen Erkenntnisstand entsprechen; zumindest die Terminologie wirkt oft missverständlich und veraltet« (ebd., 36).
»Die von C. M. von Oy gelegentlich angeregte Übertragung des Konzepts auf die heilpädagogische Arbeit mit erwachsenen Menschen mit geistiger Behinderung ist ... sehr fragwürdig; seine spielpädagogische Fundierung ist dafür unangemessen« (ebd., 26).

»Leicht missverständlich kann die Bezeichnung des Konzepts als ›Behandlung‹ wirken, da ihr pädagogischer Ansatz ja gerade Interaktion, Kooperation und Kommunikation im gemeinsamen Spielen betont« (ebd., 36).

»Da das Spiel ein Grundphänomen des Kinderlebens ist ... und da die HPÜ grundlegend spielpädagogisch fundiert ist, bleibt sie auf Dauer aktuell, offen und anschlussfähig für andere, spielorientierte Förderkonzepte für das frühe Kindesalter« (ebd., 36).

2011

> Aktualisierung des Lehrbuchs von Elke Biene-Deißler und Barbara Schroer: 14., vollständig überarbeitete und erweiterte Auflage (Umfang: 463 Seiten)

Neue Struktur: Theorie und Praxis (Denken – Verstehen – Handeln) beziehen sich aufeinander und formulieren so die Legitimation von diagnostischem und methodischem Vorgehen – gebunden an Werte, Normen und Leitsätze der Handelnden.

Annäherung an das Phänomen Behinderung im Grundlagenkapitel: Medizinische, Psychologische und Heilpädagogische Sichtweise und ihre Relevanz für das Förderkonzept der HPÜ.

Definition: Heilpädagogische Entwicklungsförderung und Begleitung im Spiel.

- *Spiel*: Als Grundphänomen personaler Existenz; Spieltheorien; Spielentwicklung in ihrer sozial-emotionalen Bedeutung und Besonderheit bei Behinderung; Spielpädagogik.
- *Übung*: »Vom Geist des Übens« (O. F. Bollnow); Bindung und Exploration; Aktivierung von Hirnzentren; organisch bedingte Zeitfenster; Erfahrung und Übung.
- *Behandlung*: Rehabilitationsversuch eines Begriffes: Behandlung im pädagogisch-subjektivierenden Sinn als Miteinander-Handeln und Aufeinander-Eingehen.

HPÜ als Förderkonzept – basierend auf dem Entwurf nach Gröschke: Grundphänomene personaler Existenz als systematisierendes Prinzip.

- *Förderdiagnostik*: Anamnese (Entwicklungsleiste); Spielbeobachtung (Beobachtungsbogen, Beschreibung des Entwicklungsstandes); Entwicklungstests.
- *Förderung und Begleitung*: Begegnung mit dem Kind im Spiel; Zielformulierung; Methodisches Vorgehen; Prozessverlauf; Einzel- und Gruppenangebote
- *Beratung und Anleitung*: Begegnung mit den Eltern; Explorationsgespräche; Hausbesuche; Beratungsgespräche; Anleitung; Information/Koordination.

Fallbeispiele:

- Lea (sechs Monate), ein Mädchen mit globaler Entwicklungsstörung bei Trisomie 21

- Jule (elf Monate/korrigiert sieben Monate), ein ehemaliges Frühgeborenes der 24. SSW, das nach einem komplikationsreichen neonatalen Verlauf eine globale Entwicklungsretardierung zeigt
- Sam (sieben; elf Jahre), ein Junge mit kombiniert umschriebenen Entwicklungsstörungen und Auffälligkeiten im Sozialverhalten
- Leon (sechs; zehn Jahre), ein Junge, bei dem Beeinträchtigungen in der Wahrnehmungsverarbeitung mit emotionalen Störungen einhergehen

Das Projekt Heilpädagogik ist nicht abgeschlossen, sondern »das Vorhandene muß ergänzt und weiterentwickelt werden, es ist eine Herausforderung an alle, die in der Heilpädagogik tätig sind« (von Oy & Sagi 1975, 55). Mit diesem Zitat von 1975 schließt sich der Kreis im historischen Abriss der HPÜ, die auch 2020 nicht an aktueller Bedeutung verloren hat.

Ein Blick in die Praxis der HPÜ

Einige Arbeitsschritte aus dem Förderkonzept der HPÜ sollen anhand einer Praxisbegleitung veranschaulicht werden. Dazu greifen wir auf die anonymisierten Berichte der HP-Studentin Nadine van Almsick zurück, die in ihrem Praxissemester an der KFH NW (jetzt KatHO-NRW) in Münster entstanden sind.

Steffen (ein Jahr; vier Jahre) ist ein Junge mit Trisomie 21, der aufgrund einer globalen Entwicklungsretardierung mit Gaumenspalte und Syndaktylie bds. im Rahmen der heilpädagogischen Frühförderung begleitet wird. Der erste Kontakt mit Steffen und seiner Mutter findet in der wöchentlichen Krabbelgruppe der Frühförderung statt. Um das weitere Vorgehen der Fallübernahme zu besprechen, wird ein Termin mit der Mutter vereinbart. Inhalt dieses Gesprächs ist über das gegenseitige Kennenlernen hinaus eine Information zur HPÜ und eine erste Kontraktabsprache. Die Fördereinheiten werden wöchentlich im häuslichen Umfeld im Beisein der Mutter stattfinden (vgl. von Oy & Sagi 2011, 198 ff., 221).

Nachdem Steffens Mutter sich damit einverstanden erklärt hat, dass die Studentin die Frühförderung von Steffen unter Praxisanleitung übernimmt, wird ein intensives Aktenstudium betrieben. Die anamnestischen Daten werden in der Entwicklungsleiste zusammengetragen und diagnostisch gewichtet (vgl. ebd., 213 f.). Als Vorbefund liegt eine aktuelle Verlaufsdiagnostik vor. Die »Münchener Funktionelle Entwicklungsdiagnostik« (MFED) im Lebensalter von einem Jahr; vier Jahren zeigt in den unterschiedlichen Entwicklungsbereichen folgende Spanne vom Entwicklungsalter bis zum Toleranzalter auf: Laufalter 10,5–13,5 Monate; Handgeschicklichkeitsalter 10–13 Monate; Perzeptionsalter 9,5–13 Monate; Sprechalter 10–13,5 Monate; Sprachverständnisalter 10,5–14 Monate; Sozialalter 11,5–15,5 Monate; Selbstständigkeitsalter 11–15 Monate (vgl. ebd., 64 ff., 96 ff.).

Die Studentin führt zu Beginn ihrer Förderung von Steffen eine gezielte Beobachtung im freien und gelenkten Spiel durch, um eine qualitative und differenzierte Einschätzung seiner Spielkompetenzen zu erstellen. Orientierung gibt der Spiel-Beobachtungsbogen zur HPÜ (vgl. ebd., 94 ff., 209 ff.; www.winter-verlag.de). Im gemeinsamen Spiel stehen in den ersten Stunden die Kontaktaufnahme und der Aufbau einer vertrauensvollen Beziehung im Vordergrund. Ziel ist es, einen verstehenden Zugang zu Steffen zu finden.

Spielbeobachtung

Im Anschluss an jede Spielszene folgt in Klammern eine Interpretation bezogen auf die Theorie der Spielentwicklung (vgl. ebd., 121 ff.).

Steffen sitzt in seinem Kinderzimmer im Zwischenfersensitz auf dem Boden und spielt mit einer farbigen Rassel. Er schüttelt sie und macht Musik. Dem Klang lauscht er nach. Ich setze mich zu ihm auf den Teppich und beobachte sein Spiel. Steffen klopft mit der Rassel auf den Boden. Ich klopfe mit meiner Hand im gleichen Rhythmus dazu. Steffen merkt auf, hält inne und schaut mich an. Ich halte den Blickkontakt und lächle ihn an, er lächelt zurück. Steffen klopft erneut auf den Boden, und ich steige in sein Klopfspiel mit ein.

(→ Steffen gelingt der Blickkontakt, erste Auge-Hand-Koordination setzt er ein. Er hat Freude an Effekt-auslösenden Spielen. Die Funktionslust wird in der Wiederholung einfacher Schemata deutlich. So kann er sich als selbstwirksam erleben. Seine Handlung – das Klopfen – wird von mir nachgeahmt und so gespiegelt: Dadurch erfährt er eine aufeinander bezogene Spielsituation. Seine Zugewandtheit verstehe ich als Interesse an meiner Person und als eine erste Annäherung.)

Als er erneut in seinem Tun innehält, hole ich einen Softball aus meinem Korb und rolle diesen langsam zu Steffen rüber. Er schaut erst kurz mich an und dann den Ball. Er greift nach dem Ball, schaut abwechselnd zu mir und dem Ball und wirft ihn dann in meine Richtung zurück. Ich fange den Ball auf, suche den Blickkontakt mit Steffen und rolle den Ball mit einem »Hallo« wieder zu ihm. Er verfolgt die Bewegung des Balls mit den Augen.

(→ Steffen gelingt es, den Gegenstand visuell zu fixieren und zu verfolgen. Er beherrscht einen triangulären Blickkontakt, da er den Gegenstand mit dem Du verbindet: seriale Reizverarbeitung und eine sich differenzierende Figur-Grund-Wahrnehmung. Steffen kann die gemeinsame Aufmerksamkeit herstellen, das ist eine grundlegende kommunikative Kompetenz: Über das Spiel mit dem Ball kommt eine Kontaktaufnahme zustande.)

Steffen nimmt den Ball in beide Hände, dreht diesen und betrachtet ihn rundum. Dann versucht er, ihn in den Mund zu stecken, und er leckt einmal mit der Zunge über die Oberfläche. Er wedelt mit dem Ball und lässt ihn fallen.

(→ Orales, haptisch-manuelles und visuelles Erkunden des Gegenstandes. Steffen bekommt darüber wesentliche Informationen über die Materialbeschaffenheit, eine basale Kompetenz im Funktionsspiel.)

Ich fange den Ball auf und verstecke ihn unter einem Tülltuch. Steffen nimmt das Tuch ab, hält es hoch und versteckt sich dahinter. Das Tuch berührt sein Gesicht, er lächelt und schüttelt sich etwas. Er lässt das Tuch auf seinem Kopf liegen und zieht es mit einem Ruck herunter, wobei er auflacht. Er nimmt das Tuch wieder auf und versteckt erneut sein Gesicht dahinter. Dann zieht er das Tuch weg und taucht lachend wieder auf. Sein Spiel begleite ich mit »Guck-Guck« und stimme in sein Lachen ein. Steffen lässt das Tuch auf dem Boden liegen. Ich nehme es auf, halte es hoch und verstecke mich dahinter. Steffen folgt mit seinem Blick dem Tuch und schaut mich lächelnd an, wenn ich wieder da bin.

(→ Im Guck-Guck-Spiel verschwinden Personen und tauchen wieder auf. Dabei steht der Affekt-Abgleich, die lustvolle Spannung im gemeinsamen Spiel im Mittelpunkt. Beim Versteckspiel wird auch die Merkfähigkeit geübt. Das Spiel hat einen hohen Aufforderungscharakter für Steffen, und er geht ausdauernd in die Wiederholung.)

Nach einigen Wiederholungen schaut er mich beim Guck-Guck-Spiel nicht mehr an, wendet sich ab und greift erneut nach dem Softball. Er dreht ihn hin und her und wirft ihn dann weg. Ich hole einen weiteren Ball, der aus zwei zusammengesetzten Hälften besteht und Löcher hat, aus dem Korb. Steffen betrachtet neugierig den Ball und beobachtet genau, wie ich das Tuch in den Ball stecke. Einen kleinen Zipfel vom Tuch lasse ich rausgucken. Steffen nimmt mit einem Palmargriff sofort den Zipfel in die Hand und zieht daran, bis er das Tuch herausbekommen hat. Ich teile den Ball in zwei Hälften und verstecke das Tuch unter einer Hälfte. Steffen klopft auf die Ballhälfte, stößt sie um und holt das Tuch hervor. Dann verstecke ich das Tuch erneut. Steffen nimmt die Ballhälfte auf, erkundet sie mit dem Mund und wirft sie dann weg. Das Tuch am Boden beachtet er nicht weiter.

(→ Sein aktives Suchverhalten von Gegenständen ist von seiner Motivation abhängig. Steffen hat eine einfache Objektpermanenz erworben, die noch brüchig ist. Er signalisiert mir sein nachlassendes Interesse, und über ein weiteres Materialangebot gelingt ein erneutes Miteinander.)

Dann setze ich den Ball wieder zusammen und knote das Tuch daran fest. Steffen untersucht den Ball und zerrt an dem Tuch. Ich lege den Ball ein Stück von ihm entfernt auf den Boden. Steffen lehnt sich vor und versucht, den Ball zu erreichen. Dann zieht er an dem Tuch und bekommt so den Ball. Ich lege den Ball wieder zurück, und er zieht erneut den Ball an dem Tuch zu sich heran.

(→ Steffen wiederholt seine ursprüngliche Spielidee (Tuch herausziehen), was in der veränderten Situation nicht mehr funktioniert. Er passt sich der neuen Anforderung an, wobei seine vorherige Absicht wegrutscht und diese von ihm nicht situativ kombiniert werden kann. Erste Mittel-Zweck-Differenzierung wird erlebbar: Steffen zieht an dem Tuch, um an den Ball, den er haben will, zu gelangen: Er schaltet einzelne Handlungsschritte so hintereinander, dass der erste als Mittel dient, um das Ziel zu erreichen.)

Steffen verliert das Interesse an dem Spiel und wird unruhig. Ich lasse den Ball an dem Tuch hin und her baumeln, wodurch seine Neugierde wieder geweckt wird. Dies begleite ich singend mit »Ding-Dong«. Steffen wird ruhiger, beobachtet den Ball und schaukelt im Takt hin und her.

(→ Seine Unruhe weist darauf hin, dass ihm weitere Spiel-Variationen fehlen und ihn die Anforderungssituation angestrengt und ermüdet hat. Nach der Anspannung scheint er sich beim Singen und Schaukeln zu entspannen und genießt sich in Bewegung. Die Bedürfnisse von Steffen werden aufgegriffen, und er kann sich durch das auf ihn abgestimmte Angebot angenommen fühlen.)

Im Anschluss an das Lied hole ich mehrere, mit unterschiedlichen Spielmaterialien gefüllte Stoffbeutel aus dem Korb und lege sie vor Steffen auf den Boden. Er nimmt sich einen Beutel, klopft damit auf den Boden und schüttelt ihn dann. Ein Glockenton erklingt, er hält inne und lauscht. Erneut schüttelt er den Beutel, um die Glocke zu läuten. Gemeinsam horchen wir an dem Beutel. Ich nehme den Beutel, öffne ihn und schaue hinein. »Steffen! Schau! Da ist was drin!« Er beugt sich über die Öffnung und schaut ebenfalls hinein. Von sich aus greift er nicht in den Beutel. Ich greife hinein und hole die Glocke heraus. Steffen nimmt sie in die Hand, schaut sie sich kurz an und wirft sie dann weg.

(→ Steffen erzeugt Geräusche. Er erfährt so den Zusammenhang zwischen seiner Handlung und dem Effekt: Ursache – Wirkung. Da er die Glocke nicht aus dem Beutel nimmt, wird er noch nicht erfasst haben, dass sich ein Gegenstand, der nicht zu sehen ist, in einem anderen befinden kann. Auch ist die erforderliche intermodale Verknüpfung von Hören, Sehen und Tasten/Greifen bei dieser Spielhandlung noch zu komplex. Bei einem einzelnen, hier auditiven Reiz gelingt ihm der 3er-Schritt von aufmerken, fixieren und verweilen. Die emotionale Abstimmung beider Spielpartner gelingt.)

Steffen ergreift den nächsten Beutel, den er ebenfalls auf den Boden klopft und schüttelt. Da nichts passiert, schaut Steffen sich den Beutel an, dreht ihn in den Händen und nimmt ihn in den Mund. Als er den Beutel wieder auf den Boden legt, knülle ich den Beutel mehrmals kräftig zusammen, so dass ein Knistern erzeugt wird. Steffen hält inne und horcht. Ich warte einen Moment ab und knülle den Beutel erneut zusammen. Dann gebe ich ihm den Beutel, und Steffen haut mit den Händen darauf, wodurch er auch das Knister-Geräusch auslöst. Ich nehme seine Idee auf, und wir schlagen zusammen auf den Beutel.

(→ Steffen wendet sein vertrautes Schema – Klopfen und Schütteln – bei jedem neuen Gegenstand an: Assimilation. Als er mit seiner Handlung nicht den gewünschten Effekt auslösen kann, geht er dazu über, das Material oral, haptisch-manuell und visuell zu erkunden: Rückgriff auf eine einfachere Spielhandlung. Meine vorgegebene Handlung (Beutel knüllen) imitiert er nicht. Möglicherweise fällt es ihm auch feinmotorisch von der Kraftdosierung her schwer, den Beutel zu knüllen. Er greift auf ein ihm vertrautes Schema zurück und schlägt mit den Händen auf den Beutel, um das Geräusch zu erzeugen: Akkommodation gelingt hier noch nicht. In dieser Spielsituation ist uns eine Kommunikation über die gemeinsame Handlung gelungen.)

> Ich greife das Schlagen auf, indem ich ihm einen Metalleimer und einen Hammer anbiete. Den Eimer stelle ich umgedreht auf den Boden. Steffen klopft mit den Händen darauf. Nach einiger Zeit zeigt er Interesse an dem kleinen Holzhammer und schlägt damit auf den Boden. Ich halte ihm den Eimer hin, er schlägt darauf und dann wieder auf den Boden. Ich nehme einen zweiten Hammer und schlage damit auf den Eimer. Dazu singe ich: »Bimmel, Bammel, Bommel, die Katze schlägt die Trommel.« Steffen schaukelt im Rhythmus zur Musik.

(→ Steffen assimiliert erneut sein Muster (schlagen), kombiniert Objekte noch nicht von sich aus. Er ist zunehmend erschöpft und über das Singen schwingen wir uns wieder aufeinander ein.)

> Ich drehe den Eimer um und lege drei Holzkugeln hinein, die ich hin und her rollen lasse. Steffen hört sofort die neuen Geräusche, hält inne und streckt die Arme nach dem Eimer aus. Ich neige den Eimer in seine Richtung, so dass er in den Eimer schauen kann. Steffen greift hinein und versucht, eine Kugel zu greifen, was ihm nicht sofort gelingt, da diese immer wieder wegrollen. Seine Mutter nimmt eine Kugel aus dem Eimer, dann nehme ich eine heraus. Als nur noch eine Kugel im Eimer ist, schafft es Steffen, diese zu greifen. Ich werfe meine Kugel wieder in den Eimer, was ein lautes, schepperndes Geräusch macht. Steffen lacht und wedelt mit den Händen. Seine Mutter lässt ihre Kugel auch in den Eimer fallen. Dann neige ich den Eimer zu Steffen, und er wirft seine Kugel mit Handführung, die er zulässt, hinein.

(→ In dieser Spielsituation hat er erfasst, dass sich ein Gegenstand in einem anderen befindet. Die größere Öffnung des Eimers ist wohl besser einzusehen als der Inhalt im dunklen Stoffbeutel: Er muss den Gegenstand sehen (brüchige Objektpermanenz). Die Schwierigkeiten in der feinmotorischen Bewegungssteuerung bei Syndaktylie weisen auf eine eingeschränkte Auge-Hand-Koordination und eine nicht angepasste Kraftdosierung bei allgemeiner muskulärer Hypotonie hin. Steffen lernt über Beobachtung und Nachahmung von Handlungen.)

Zusammenfassende Auswertung

Im Kontakt ist Steffen zugewandt, sucht den sozialen Abgleich und verfügt über gute kommunikative Kompetenzen. Sein Spielverhalten weist eine hohe Eigenmotivation auf. Spielmaterialien, vor allem solche, die Töne erzeugen, haben einen Aufforderungscharakter für ihn, und er kann sich konzentriert und ausdauernd in sein Tun vertiefen.

Das Spielentwicklungsniveau entspricht einem Entwicklungsalter von achthier: , neun bis zwölf Monaten. Die Funktionsspielkompetenzen stabilisieren und differenzieren sich in der serialen Reizverarbeitung. Steffen erfährt den Zusammenhang zwischen Ursache und Wirkung: sein aktuelles Spielthema. Er löst Effekte aus und schaltet einzelne Handlungsschritte hintereinander. Bei zunehmender Komplexität greift er auf einfache Schemata zurück. Objekte kombiniert er noch nicht von sich aus. Das aktive Suchverhalten ist von seiner Motivation abhängig. Die einfache Objektpermanenz ist noch brüchig. Das Aus- und Einräumen von Materialien gelingt mit Hilfe, und diese ersten intentionalen Spielimpulse zeichnen die Zone nächster Entwicklung ab: das Verfolgen von Absichten.

Steffen braucht in gemeinsamen Spielsituationen sowohl einen Spielraum, in dem er eigene Spielideen einbringen und sich als selbstwirksam erleben kann, als auch gezielte Anregungen und eine übende Wiederholung, um seine Spielkompetenzen auszubauen.

Ziele in der HPÜ mit Steffen

Richtziel 1: Aufbau und Gestaltung einer vertrauensvollen Beziehung und Stärkung der sozial-emotionalen Kompetenzen.
Nahziele:

- Steffen soll in unseren gemeinsamen Stunden Sicherheit und Geborgenheit erfahren.
- Steffen soll ein individuell geformtes Selbstkonzept entwickeln: Er soll ein positives Körpergefühl erleben.
- Steffen soll sich in seinen Äußerungen verstanden fühlen und ein feinfühliges Eingehen auf seine Bedürfnisse erfahren.
- Steffen soll den sozialen Abgleich im Dialog aktiv gestalten und sich als Urheber der Aufmerksamkeitslenkung erleben.

Richtziel 2: Erweiterung der Spielkompetenzen im komplexen gegenstandsbezogenen Funktionsspiel.
Nahziele:

- Steffen soll aktiv Suchspiele gestalten und versteckte Gegenstände wiederfinden.
- Steffen soll Effekt-auslösende Spiele gezielt gestalten, dabei Objekte kombinieren und seine Spielhandlungen variieren.
- Steffen soll Gegenstände aus- und einräumen und darüber räumliche Bezüge erfassen und herstellen lernen.
- Steffen soll Funktionen beherrschen lernen und die Gegenstände zunehmend funktionsgerecht verwenden.

Richtziel 3: Stabilisierung und Differenzierung der frühen kognitiven Leistungen in der senso-motorischen Entwicklung.
Nahziele:

- Steffen soll seine Figur-Hintergrund-Wahrnehmung in komplexen Situationen festigen.
- Steffen soll seine serialen Leistungen stabilisieren und eine sichere Objektkonstanz erwerben.
- Steffen soll seine seriale Reiz-Verarbeitung differenzieren – sachliche, räumliche und personenbezogene Zusammenhänge erkennen, diese abrufen können und in Handlung umsetzen lernen.
- Steffen soll intentionale Handlungen aufbauen, Absichten verfolgen und neue Mittel durch Ausprobieren entdecken.

Richtziel 4: Ausbau der feinmotorischen Bewegungssteuerung in der Senso-Motorik.
Nahziele:

- Steffen soll seine Grifftechniken verfeinern und einen Pinzettengriff einsetzen können.
- Steffen soll seine Auge-Hand-Koordination stabilisieren.
- Steffen soll seine Kraftdosierung anpassen.

Richtziel 5: Erweiterung der sprachlich-kommunikativen Kompetenzen: Sprachverständnis und Sprachproduktion.
Nahziele:

- Steffen soll vermehrt über wechselseitiges Handeln kommunizieren – seine triadische Kommunikation und gegenseitige Aufmerksamkeitslenkung ausbauen und die Zeigegeste verstehen und einsetzen lernen.
- Steffen soll erste Begriffe verstehen, ein situatives Wortverständnis erwerben und auf Aufforderungen reagieren.
- Steffen soll durch bestimmte Laute und Gesten Wünsche äußern und erste sinnvolle Silben/Worte bilden.

Die Lernziele für Steffen finden sich im Stundenbild (▶ Tab. 1).
Hinweis: Die Formulierung »soll« weist auf einen Anspruch hin, den die HP einlösen muss. Allgemeine Aussagen zu der Notwendigkeit, Ziele zu formulieren, können nachgelesen werden (vgl. von Oy & Sagi 2011, 81 f., 223 ff.).

5 Heilpädagogische Entwicklungsförderung und Begleitung im Spiel nach dem Konzept

Tab. 1: Stundenbild – 5. Kontakt mit Steffen (ein Jahr; sechs Jahre)

Lernziele	Material	Spielangebot	HP-Verhalten
Über den Blickkontakt soll Steffen aufmerken und fixieren. Er soll seine Aufmerksamkeit auf den Ball richten und einen triangulären Blickkontakt herstellen. Über das Spiel mit dem Ball soll er mit mir in Kommunikation treten (zu den Richtzielen (RZ) 1 und 5 mit ihren Nahzielen (NZ)). Steffen soll zu einer Raum- und Zeitorientierung finden. Er soll den Zusammenhang erfassen zwischen: den Ball bekommen und begrüßt werden (zu RZ 3 mit seinen NZ).	Softball	Sitzen auf dem Boden – Steffen zwischen den gegrätschten Beinen seiner Mutter Ball zur Begrüßung zurollen: Kind – Mutter – HP Begrüßungslied: »Hallo lieber Steffen …« aktive Teilnahme der Mutter	Die Begrüßung werde ich visualisieren und ritualisieren. Ich werde Steffen mit seinem Namen ansprechen und einen Blickkontakt zu ihm herstellen. Dann rolle ich ihm den Ball zu. HP: »Schau, Steffen, der Ball rollt!« Anschließend werde ich anfangen zu singen. Wenn Steffen den Ball ggf. mit Hilfe seiner Mutter zurückgerollt hat, werde ich seine Mutter begrüßen und ihr den Ball zurollen. Anmerkung: Ich möchte Steffen mit diesem eingeführten Ritual Orientierung und Halt geben und die Mutter von Beginn der Stunde an in die Durchführung einbeziehen.
Steffen soll Freude am eigenen Tun empfinden und sich als selbstwirksam erleben (zu RZ 1 mit seinen NZ). Steffen soll sich aktiv am Such-/Versteckspiel beteiligen. Er soll sich auf den momentan wichtigen Reiz fokussieren und die für die jeweilige Situation bedeutsamen Teilelemente wahrnehmen. Er soll eine erste Objektkonstanz erfahren (zu den RZ 2 und 3 mit ihren NZ).	Gelöcherter Kunststoffball aus zwei Hälften; darin versteckt ist ein kleines Hunde-Plüschtier mit Tierlaut-Funktion beim Drücken	eigenaktive Materialerkundug Suchspiel Effekt-auslösendes Spiel Versteckspiel Inhalt-Behälter-Spiel in Wiederholung mit der HP, dann mit seiner Mutter	Das Material, den Ball, kann Steffen als vertraut willkommen heißen. Ich spreche ihn an: »Steffen schau! Hier ist der Ball!« Mache ihn damit auf das Material in meinen Händen aufmerksam, wecke seine Neugierde und rolle ihm den Ball zu. Über das Material möchte ich seine Explorationslust anregen. Ich warte ab, gebe ihm Raum und beobachte sein Spiel. Dosiert werde ich seine Spieltätigkeit verbal begleiten, mich aber zurückhalten, da die begleitende Sprache zu viel seiner Aufmerksamkeit fordern kann. Ich werde die Spielideen von Steffen aufgreifen und weiterentwickeln – Impulse geben.
Steffen soll dem feinmotorischen Bewegungsablauf und der notwendigen Kraftdosierung nachspüren (zu RZ 4 mit seinen NZ).			Ich werde den Ball gemeinsam mit Steffen öffnen. Das Suchen will ich spannend gestalten und so sein aktives Suchverhalten anregen. Steffen kann das Plüschtier herausholen und erkunden.

113

II Heilpädagogische Konzepte und Methoden: Betrachtungen zur Praxis

Tab. 1: Stundenbild – 5. Kontakt mit Steffen (ein Jahr; sechs Jahre) – Fortsetzung

Lernziele	Material	Spielangebot	HP-Verhalten
Steffen soll den Zusammenhang nachvollziehen: Ursache – Wirkung (zu den RZ 2 und 3 mit ihren NZ). Steffen soll einen Gegenstand in einen anderen legen und so die räumliche Beziehung erfassen (zu den RZ 2 und 3 mit ihren NZ). Steffen soll einzelne Handlungsschritte miteinander kombinieren und zu einer Raum-Material-Person-Orientierung finden (zu RZ 3 mit seinen NZ).			Ich werde den Hund zusammendrücken (HP als Modell), so dass ein Bellen ertönt, und Steffens Reaktion darauf abwarten. Er kann mit mir gemeinsam auf den Hund drücken und das Bellen auslösen. Ich werde beim Drücken des Hundes Steffens Hand führen, damit er den ausübenden Druck spüren kann (Spürinformationen geben). Ich werde den Hund bellen lassen und ihn dann hinter meinem Rücken verstecken. Die Reaktion von Steffen abwartend, werde ich ihn entweder in seiner Suche bestärken oder den Hund wieder auftauchen lassen. Anschließend verstecke ich den Hund unter einer Ballhälfte und fordere Steffen auf, diesen zu suchen. Der Hund wird wieder in den Ball gelegt. Erst mache ich es Steffen vor, dann kann er den Hund ggf. unterstützt mit Handführung zurück in den Ball legen. Der Ball wird wieder verschlossen und zur Seite geräumt: »Fertig«. So möchte ich die Spielsequenz abschließen und diese dann mehrmals wiederholen (Ball öffnen ...). Der Mutter gebe ich den Impuls, das Spiel im vorgegebenen Rhythmus mit Steffen zu wiederholen.
Steffen soll sich in Bewegung lustvoll spüren und sich entspannen (zu RZ 1 mit seinen NZ).		Singen und Schaukeln	Nach der intensiven Auseinandersetzung im Spiel möchte ich Steffen eine Erholungsphase anbieten (Wechsel von Anspannung und Entspannung). Ich greife seine Freude an Musik auf und singe das Lied: »Wenn ich nicht ein Kind schon wäre ...«, begleitet mit entsprechenden Gesten. Steffen kann dazu nach eigenem Rhythmus schaukeln.

Tab. 1: Stundenbild – 5. Kontakt mit Steffen (ein Jahr; sechs Jahre) – Fortsetzung

Lernziele	Material	Spielangebot	HP-Verhalten
Steffen soll auf neue Dinge zugehen können (zu RZ 1 mit seinen NZ). Steffen soll die Gegenstände (Hammer und Kugel im Klopfkasten) miteinander kombinieren. Er soll den Zusammenhang zwischen seiner Handlung (klopfen) und dem Effekt (Kugel verschwindet und rollt raus) nachvollziehen (zu den RZ 2 und 3 mit ihren NZ). Steffen soll seine feinmotorischen Bewegungen mit Hilfe koordinieren und seine Kräfte ausprobieren (zu RZ 4 mit seinen NZ). Steffen soll den Begriff mit dem Gegenstand verbinden und sich diesen vertraut machen (zu RZ 5 mit seinen NZ).	Klopfkasten mit Holzkugeln und Hammer	eigenaktive Materialerkundung, gemeinsames Klopfen mit dem Hammer mit dem Hammer auf die Kugel schlagen, bis sie im Kasten verschwindet und herausrollt	Das neue Spielzeug habe ich bewusst auf Steffen hin ausgewählt: Es soll einen Aufforderungscharakter haben und ihn ansprechen. Er kann den Klopfkasten nach eigenen Vorstellungen erkunden und sich mit dem Material vertraut machen. Ich beobachte ihn bezogen auf seine intermodalen Verknüpfungen und seine serialen Leistungen. Dann führe ich die spezifische Handhabung des Spielzeugs in kleinen Schritten ein. Ich gebe ihm den Hammer in die Hand und benenne den Gegenstand: »Das ist ein Hammer« (Dreierschritt in der Begriffsbildung n. Montessori). Dann werden wir gemeinsam mit dem Hammer auf den Boden klopfen. Im Einstieg greife ich sein Klopfspiel auf, das noch ungerichtet ist (siehe Spielbeobachtung). In einem weiteren Schritt stelle ich den Klopfkasten so vor Steffen, dass die Öffnung zu ihm gerichtet ist. Ich werde Steffens Aufmerksamkeit auf die Kugel richten: »Das ist eine Kugel.« Mit dem Hammer werde ich auf die Kugel schlagen. Das Klopfen begleite ich verbal mit »klopf, klopf, klopf und plong«, wenn die Kugel durchfällt und zu Steffen rollt. Ich warte seine Reaktion ab und weise ggf. auf die Kugel hin. »Da ist die Kugel.« Die Kugel lege ich zurück auf den Klopfkasten, und Steffen kann mit meiner Hilfe die Kugel einschlagen. Ich werde mich hinter ihn setzen, um ihm über Körperkontakt Bewegungsimpulse geben zu können und gemeinsam Handlungen durchzuführen. Da er mich inzwischen besser kennt und in der letzten Stunde von sich aus auf meinen Schoß geklettert ist, wird er diese Nähe zulassen können. In der Situation werde ich sein

Tab. 1: Stundenbild – 5. Kontakt mit Steffen (ein Jahr; sechs Jahre) – Fortsetzung

Lernziele	Material	Spielangebot	HP-Verhalten
			Bedürfnis nach Distanz erspüren und entsprechend darauf eingehen. Mit seiner Mutter, die vor ihm sitzen wird, kann er Blickkontakt aufnehmen.
Steffen soll das Ritual als Signal erfassen und in der Wiederholung eine Zeitorientierung finden (zu RZ 3 mit seinen NZ). Steffen soll Freude am Bewegtwerden erleben (zu RZ 1 mit seinen NZ).	Decke	Schaukeln in der Decke Abschlusslied	Den Abschluss der Stunde werde ich ritualisieren. Ein Ritual gibt Orientierung und Halt. Das Setting werde ich so gestalten, dass ich als HP in den Hintergrund trete. Steffen wird so in der Decke geschaukelt, dass er seiner Mutter zugewandt ist und so ein Dialog zwischen beiden entstehen kann. Beim Schaukeln werde ich, in Abstimmung mit der Mutter, das Tempo an Steffens augenblickliche Bedürfnisse anpassen. Dabei singen wir gemeinsam das Abschlusslied: »Auf Wiedersehn, es war sehr schön ...« Hinweis: Das didaktisch-methodische Vorgehen der Heilpädagogin ist in diesem Stundenbild auf Steffen hin abgeleitet und entwickelt worden. Das Förderkonzept der HPÜ bietet umfassende und vielseitige handlungsleitende Prinzipien, die für das jeweilige Kind ausgewählt und angepasst werden müssen (vgl. von Oy & Sagi 2011, 237 ff.).

Ausschnitt aus dem Verlauf der Stunde

... Als Nächstes hole ich den Klopfkasten heraus. Da ich dem Spiel für Steffen einen guten Aufforderungscharakter geben möchte und er sehr gern mit Folie spielt, habe ich mich spontan dazu entschlossen, ein Stück Folie in eines der Löcher im Klopfkasten zu stecken. Steffen hört das Knistern und will direkt in die Richtung, aus der das Geräusch kommt ... Nach einigen Minuten hat Steffen das Interesse an der Folie verloren und fixiert den Klopfkasten. Er haut mit den Händen darauf und hebt ihn hoch und lässt ihn wieder fallen. Diese Sequenz wiederholt er mehrmals. Als er den Kasten auf dem Boden stehen lässt und nur noch mit den Händen haut, nehme ich mir den Hammer und schlage im Rhythmus zu Steffens Bewegungen auf den Boden. Er bemerkt sofort meine Handlung, schaut mich an und fährt dann mit seinem Schlagen fort. Als Nächstes greift er nach dem Hammer. »Steffen möchte den Hammer?« Er lächelt mich an, und ich gebe ihm den Hammer. Zuerst schlägt er unkontrolliert mal auf den Boden, mal auf den Klopfkasten. Ich nehme mir einen zweiten Hammer und schlage auf den Klopfkasten. Dazu bewege ich mich mit dem ganzen Körper nach vorne und wieder zurück. Steffen nimmt diese Bewegung auf und schlägt dann auch auf den Klopfkasten ... Um das Schlagen um eine Funktion zu erweitern, lege ich eine Kugel in die Öffnung auf dem Klopfkasten. Gemeinsam mit Steffen schlage ich mehrmals auf die Kugel und begleite es mit: »klopf, klopf, klopf – plong«. Die Kugel fällt nach unten durch. Von dort rollt sie nach vorne raus, direkt in Steffens Schoß. Steffen wirkt irritiert und scheint den Vorgang noch nicht begreifen zu können. Ich nehme die Kugel und lege sie unten rein, so dass sie wieder auf Steffens Schoß rausrollt. Steffen nimmt den Klopfkasten und kippt ihn hin und her. Ich lege die Kugel wieder unten in den Kasten, und gemeinsam bewegen wir die Kugel hin und her und lassen sie dann herausrollen. Steffen beobachtet die Kugel ...

(→ Die Planung: Schlagen der Kugel durch das Loch war als Spielhandlung sicherlich zu komplex und konnte von Steffen nicht nachvollzogen werden. Das Schlagen auf den Kasten und das Rollenlassen der Kugel – jeweils als Einzelschritte – waren ein guter Anfang ...)

Auswertung der Stunde

... Ich habe gemerkt, dass sich bei mir langsam ein Gefühl der Sicherheit einstellt. Ich erlebe mich selbst etwas kompetenter in der Durchführung der Stunde und kann auch besser die Stimmungslagen von Steffen erspüren und darauf adäquater eingehen ... Sowohl Steffen als auch ich haben heute viel gelacht. Er schien sich in der Stunde wohlgefühlt zu haben. Es waren Phasen voller Motivation und Konzentration und auch Phasen der Entspannung zu beobachten ... Um die Stunden für die Mutter transparenter zu machen, möchte ich in den nächsten Stunden die Lernziele und Spielangebote zu Beginn mit ihr besprechen. Zudem werde ich sie fragen, was sie sich für die Stunden wünschen würde und welche Ziele sie sieht. So ist Steffens Mutter noch besser einbezogen, und sie kann sich sicher und kompetent im gemeinsamen Spiel erleben. Eine gemeinsame, kurze Reflexion kann ich mir gut vorstellen, um die gemachten Beobachtungen auszutauschen ...

Kommentar

Die ausgewählte Szene aus dem Stundenprotokoll zeigt, dass sich die Heilpädagogin situativ angemessen auf Steffen einstellen kann: Sie erkennt sein Spielentwicklungsniveau und beantwortet seine Aktivität auf der ihm entsprechenden Handlungsebene – seinen aktuellen Interessen entsprechend: Funktionen ausprobieren, Geräusche produzieren – verbunden mit Körperbewegungsmustern, die Steffen Lust machen, die er imitieren kann. Im Aufeinander-Einwirken gelingt so ein Miteinander-Erleben und -Handeln.

In der Planung dieser HPÜ-Stunde, orientiert an der »Zone der nächsten Entwicklung« (Wygotski), war das Angebot: Hammer-Kugel-Klopfkasten offensichtlich zu hoch gegriffen. Die Heilpädagogin wird in ihrer weiteren Planung ihr Angebot an dieser Stelle kleinschrittiger auf Steffen abstimmen.

Reflexionen

Reflexionen sind im pädagogischen Sinn vornehmlich kognitiv orientierte Tätigkeiten (Denk- und Kommunikationsprozesse), die sich bewusst mit der eigenen Wahr*nehmung* und Wahr*gebung* auseinandersetzen und sie in ein emotional-soziales Verhältnis zur beruflichen Umwelt bringen: Über die Selbstvergewisserung hinaus wird ein wachsendes, sich zunehmend differenzierendes Erkennen und Verstehen beruflicher Arbeitsprozesse angestrebt.

Es bleibt notwendig, im sich leicht verselbständigenden Fluss alltäglicher Arbeitsabläufe innezuhalten und das eigene berufliche Handeln – aus einer gewollten Distanz – aufmerksam in den Blick zu nehmen. Das meint: einzelne Arbeitssequenzen auswählen, festhalten, sie betrachten und zu einer neuen Gestalt miteinander verknüpfen. Eine Annäherung an objektivierbare Inhalte von Reflexion muss die persönlichen »blinden Flecken« berücksichtigen und die eigenen Überlegungen in einem supervisorischen Kontext überprüfen (lassen).

Reflexionen als bewusstes Sich-ins-Verhältnis-Setzen zu sich selbst und zu den eigenen sozialen Bezügen vollziehen sich auf den unterschiedlichen Ebenen gesellschaftlicher Verhältnisse. Ausgangspunkt und Mitte bleibt die Person »Heilpädagogin«:

- ihr biografisch bestimmtes Gewordensein
- ihr aktuelles Selbstverständnis
- ihr Sachwissen (berufliche Kompetenzen).

Die heilpädagogische Arbeit wird nicht nur auf der persönlichen Ebene: HP-Kind-Eltern reflektiert, sondern ebenso auf den Ebenen

- HP als Kollegin im Team
  - Verantwortlichkeiten übernehmen
  - Umgang mit kritischen Beiträgen zum eigenen Arbeitsstil
- HP als Mitarbeiterin einer bestimmten Institution
  - Ausprägung der Identifikation mit dem Leitbild, mit Normen und Kommunikationsstrukturen
- HP als Mitglied im sozialen Netzwerk
  - Grad der aktiven Mitarbeit: etwas einbringen/geben wollen versus etwas bekommen wollen

Es gilt auch, sich immer wieder grundsätzlich zu befragen und nach Antworten zu suchen:

- Was fällt mir leicht – was fällt mir schwer?
- Was hat mich geprägt – was bewegt mich heute?
- Was bewege ich – wo wirke ich prägend?
- Welche Bilder möchte ich lebendig halten?

Dieses Nachsinnen im Reflexionsprozess hilft der HP, sich selbst in den alltäglichen Anforderungen nicht zu verlieren und Spannungszustände zu balancieren. So kann ein Anfang gesetzt werden, der Ressourcen freisetzt und eine erneuerte Lebensqualität ermöglicht.

Literatur

Biene, E. (1981): Zusammenarbeit mit den Eltern. Ravensburg
Bollnow, O. F. (1978): Vom Geist des Übens. Freiburg i. Br.
Gröschke, D. (1988): Erfülltheit des Augenblicks und Vorbereitung auf die Zukunft – Spiel und Übung in der heilpädagogischen Übungsbehandlung. In: Zeitschrift für Heilpädagogik 12, 813–819
Gröschke, D. (1989): Praxiskonzepte der Heilpädagogik – Versuch einer Systematisierung und Grundlegung. München
Gröschke, D. (1991a): Das Spiel in der heilpädagogischen Übungsbehandlung. In: Lernen konkret., Heft 4, 22–23
Gröschke, D. (1991b): Das Spiel in der Entwicklung des geistig behinderten Kindes. In: Lernen konkret. Unterricht mit Geistigbehinderten, Heft 4, 2–8
Gröschke, D. (1997): Praxiskonzepte der Heilpädagogik. Anthropologische, ethische und pragmatische Dimensionen (2. Auflage.). München/Basel
Gröschke, D. (2007): Therapiekonzepte auf den Punkt gebracht: Die Heilpädagogische Übungsbehandlung. In: Frühförderung interdisziplinär, Heft 1, 33–36
Hünnekens, H./Kiphard, E. J. (1960): Bewegung heilt. Psycho-motorische Übungsbehandlung bei entwicklungsrückständigen Kindern. Gütersloh

Klenner, W. (1979): Heilpädagogik als Handlungswissenschaft – dargestellt am Beispiel der Heilpädagogischen Übungsbehandlung. In: Schneeberger, F. (Hrsg.): Erziehungserschwernisse. Luzern

Sarimski, K. (2009): Frühförderung behinderter Kleinkinder. Göttingen

Schleiermacher, F. D. (1957): Pädagogische Schriften, Bd 1. In: Wenning, E. (Hrsg.). Düsseldorf/München

von Oy, C. M. (2002): Erinnerungen an eine geschenkte Zeit. Heidelberg

von Oy, C. M./Sagi, A. (1975): Lehrbuch der Heilpädagogischen Übungsbehandlung (1. Aufl.). Ravensburg

von Oy, C. M./Sagi, A. (1977): Lehrbuch der Heilpädagogischen Übungsbehandlung (2. Aufl.). Ravensburg

von Oy, C. M./Sagi, A. (1981): Lehrbuch der Heilpädagogischen Übungsbehandlung (4., bearb. Aufl.). Ravensburg

von Oy, C. M./Sagi, A. (1984): Lehrbuch der Heilpädagogischen Übungsbehandlung (5. Aufl.). Heidelberg

von Oy, C. M./Sagi, A. (1988): Lehrbuch der Heilpädagogischen Übungsbehandlung (7., überarb. Aufl.). Heidelberg

von Oy, C. M./Sagi, A. (2011): Lehrbuch der Heilpädagogischen Übungsbehandlung (14., vollständig überarbeitete und erweiterte Auflage von Elke Biene-Deißler und Barbara Schroer). Heidelberg

6   Kreativität als Erlebnis – bildnerische Gestaltungsprozesse in der heilpädagogischen Arbeit

Natascha Simanski

> »Wer es könnte
> die Welt hochwerfen
> daß der Wind hindurchfährt.«
> (Hilde Domin)

Kreative Erlebnisse stehen im Mittelpunkt dieses Beitrags. Allerdings stellt sich hier das Problem, wie ein Erlebnis, das mit sinnlicher, körperlicher, emotionaler Erfahrung und mit Stimmungen und Bildern verbunden ist – also individuell, bunt und eigentlich mit Worten nicht zu beschreiben – in einen Text gebracht werden kann. Mein Anliegen in der Lehre von werdenden Heilpädagoginnen[16] ist es, genau diese Erfahrungen zu ermöglichen, um den Wert dieser Erlebnisse zu kennen, sich selbst dabei näher kennenlernen zu können und Lust daran zu bekommen, auch anderen Menschen/Klientinnen diese Erlebnisse im professionellen Rahmen, d. h. mit Hilfe von heilpädagogischen Handlungskonzepten zu ermöglichen.

In diesem Beitrag soll also gezeigt werden, inwieweit kreative Erlebnisse einen Teilbereich der konzeptionellen und methodischen Ausprägung einer hermeneutisch-pragmatischen Heilpädagogik darstellen. Hierfür wird das bildnerische Gestalten in kunsttherapeutischen Arbeiten gewählt, um es in seinen schöpferischen Prozessen als Möglichkeit der heilpädagogischen Arbeit sowohl in der Umsetzung in verschiedenen Praxisfeldern als auch als grundlegendes Selbst-Erlebnis in der Ausbildung oder dem Studium zur Heilpädagogin herauszustellen.

Kreativität als Erlebnis

»Xambrilama oder ohne Worte«, der Name eines Bildes in zwei Teilen, das in der heilpädagogischen Arbeit mit zwei neunjährigen Schülern einer Förderschule mit dem Förderschwerpunkt »sozial-emotionale Entwicklung« entstand, bringt ein kreatives Erlebnis auf den Punkt oder hier passender: auf die Leinwand. In einem mehrwöchigen schöpferischen Prozess im Sinne der pädagogischen Kunsttherapie bekamen die beiden Schüler die Möglichkeit zum kreativen Handeln – ein Erlebnis

---

16 In diesem Text wird zur besseren Lesbarkeit ausschließlich die weibliche Form genutzt, die männliche Form ist dabei immer mitgedacht.

mit dem Ziel »Große Bewegungen – Laute Gesten – Kraftvolle Handlungen«. Sie sollten die Chance bekommen, neben der in ihrem Klassensystem eingenommenen »defensiven Rolle« andere und neue Selbst- und Welterlebnisse erfahren und gestalten zu können. Ausgehend von diesem Fallbeispiel aus der heilpädagogischen Praxis wird im Folgenden versucht, die theoretischen Hintergründe kreativer Erlebnisse näher zu bestimmen.

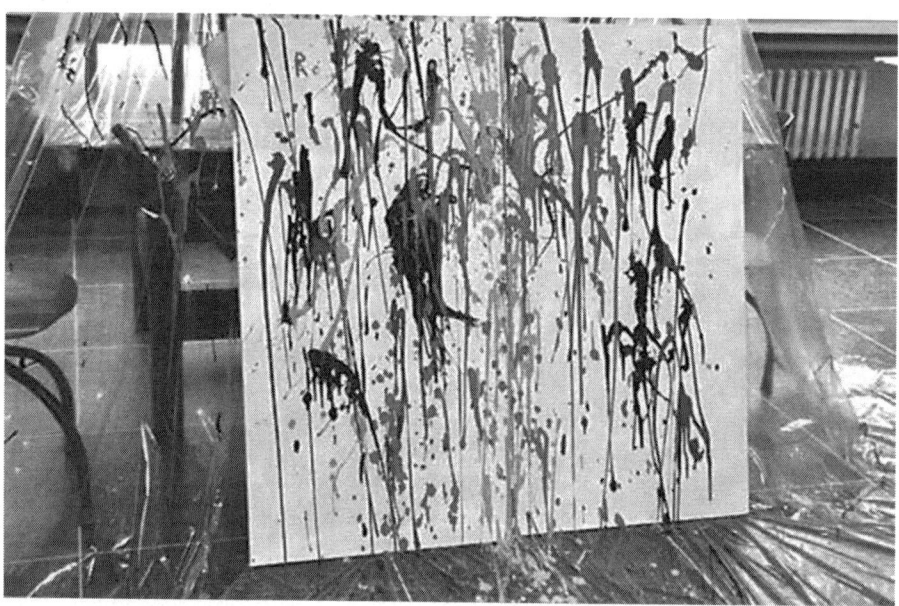

Abb. 1: »Xambrilama oder ohne Worte«, ein heilpädagogisches Projekt aus dem Bereich der pädagogischen Kunsttherapie mit zwei Schülern aus der Offenen Ganztagsschulgruppe einer Förderschule mit dem Förderschwerpunkt soziale und emotionale Entwicklung, 2006

Der *Kreativität*sbegriff kommt, etymologisch betrachtet, von »creare« aus dem Lateinischen, welches »erzeugen« bedeutet und als schöpferische Kraft oder schöpferischer Einfall verstanden wird (vgl. dtv-Lexikon 1999, 136). Schaut man dann in die einschlägige Literatur zum Bereich der Kreativität, wird schnell offensichtlich, dass es sich um einen uneindeutig verwendeten Begriff handelt, der eine Annäherung erfährt über Wörter wie: »Originell, produktiv, gestalterisch, kunstvoll, künstlerisch, einfallsreich, innovativ, phantasievoll, bahnbrechend, erneuernd, Flexibilität, Erfindungsreichtum, divergentes Denken, Außergewöhnlichkeit, Inspiration, Intuition, Spontaneität, Sensibilität« (Großwendt & Theunissen 2006, 37 f.). Hier wird deutlich, dass die Erläuterung aus der traditionellen US-Amerikanischen Kreativitätsforschung (n. Joy Paul Guilford), welche Kreativität (creativity) als schöpferisches, divergentes Denken versteht und sich damit auf rein intellektuelle Problemlösungsstrategien bezieht (vgl. Fröhlich 2010, 295), zu einseitig mit der Begrifflichkeit umgeht.

6 Kreativität als Erlebnis – bildnerische Gestaltungsprozesse

Kreativität sollte im Gegensatz zu dieser ausschließlich kognitiven Perspektive subjektorientiert und ganzheitlich »*vom Menschen her* gedacht werden« (Theunissen 2006, 13). Kreativität gehört wesenhaft zum Menschen. Während beim divergenten Denken aufgrund fehlender oder eingeschränkter kognitiver Kompetenzen Personenkreise ausgeschlossen werden können, bietet der hier verwendete subjektorientierte und ganzheitliche Kreativitätsbegriff eine ethische Basis und heilpädagogische Relevanz. Er meint alle Menschen (vgl. ebd., 14). Theunissen (ebd., 15) macht darauf aufmerksam, dass Ausgrenzungstendenzen allerdings lange auch in »subjektbezogenen Kreativitätsansätzen« bestanden, so z. B. bei Winnicot (1991).[17]

Ein Minimalkonsens für den Kreativitätsbegriff könnte die Definition von Steinbuch (1971, zit. n. Theunissen 2006, 19) darstellen, in der Kreativität als »Erzeugung und Auswahl neuer, wertvoller Informationen« benannt wird. Somit ist Kreativität nicht hierarchisch, sondern vom Menschen aus entwicklungsbezogen zu verstehen, als ein *schöpferisches Erlebnis des subjektiv Neuen und Erfüllenden* für die jeweilige Person (vgl. Theunissen 2006, 22 ff.). Wenn wir dann noch grundlegend wie Eckhard Schiffer vom »homo ludens« (dem spielenden Menschen n. Johan Huizinga) als »menschliche Teilidentität« ausgehen, gibt es eine »*lebenslange Fähigkeit zum schöpferischen Handeln*« (Schiffer 2000, 14). Wobei sich in diesem kreativen Handeln folgende Facetten wiederfinden (vgl. ebd.):

- Erkundungs- und Funktionslust
- Sinneserfahrung
- Selbstwirksamkeit (Auslöser und Gestalter sein)
- Einflussnahme auf Situationen (nicht erleidendes Objekt, sondern selbstgestaltendes Subjekt sein).

Hier bleibt nun aber auch die ergänzende Gegenseite des »homo faber« (des schaffenden, technisch zweckmäßig denkenden Menschen, n. Max Frisch) mit zu bedenken. Wenn »homo ludens« und »homo faber« als zwei Teile des Menschen ausgeglichen in Verbindung bleiben, kann es zur Ausbildung und Umsetzung kreativer Erlebnisse und zur Ausbildung eines *Eigen-Sinns als Grundvariable* des freudvollen schöpferischen Gestaltens kommen (vgl. Schiffer 2000, 16 ff.).

Nach Schmalenbach (2011a, 16) stellt kreatives Handeln eine »*vertiefende Erfahrung*« dar. Es regt Reflexion an, und erfahrbar werden sowohl die Situation, das Medium (z. B. flüssige Farben auf großformatigem Papier) als auch die eigene Person in besonderem Maße (vgl. ebd., 26). Womit das kreative Handeln, in dem ich mich als Person angesprochen fühle, die Welt und das Selbst intensiv erfahre, als *Erlebnis* im Sinne der Definition des Wörterbuches für Psychologie verstanden werden kann: »Als Erlebnis (event; life-event) werden vorzugsweise einschneidende existentiell bedeutsame, umschriebene Episoden des Erlebens bezeichnet, die sich auf stark emotional getönte, unter hoher Ich-Beteiligung gesammelte Erfahrungen beziehen« (Fröhlich 2010, 176).

---

17 Eine kritische Auseinandersetzung zu dieser Thematik findet sich bei Theunissen (2004, 2006, 2009a).

Wenn wir also davon ausgehen, dass jeder Mensch kreativ ist, Neuwertiges und Erfüllendes hervorbringt, und das sein Leben lang, und dieses verstehen als ein Erlebnis der Verknüpfung von Innen- und Außenwelt, in dem vertraute Begriffe in neue Zusammenhänge gesetzt werden (vgl. Landau 1971, zit. n. Großwendt & Theunissen 2006, 38), dann ist Kreativität *eine tägliche Handlung*! Oder verdichteter: Leben heißt kreativ sein! (vgl. Brodbeck 1999, zit. n. Großwendt & Theunissen 2006, 39).

Weitergedacht und in Verbindung mit dem oben benannten Eigen-Sinn könnte ein kreatives Erleben somit auch die Möglichkeit des erlebten Lebenssinnes (der eigene Ziele, Bedürfnisse, und/oder den eigenen Sinn aufgreift) durch subjektiv sinnvolle, kreativ gestaltende Handlungen darstellen. Hier wird der Lebenssinn nicht als Zukunftsperspektive verstanden, sondern stellt über das ganz konkrete schöpferische Erlebnis eine Umsetzung dessen ganz im Hier und Jetzt dar, wie ihn Gröschke (2012) empfiehlt. Hieraus könnte eine tägliche Aufgabe für die Heilpädagogik formuliert werden: allen begleiteten Menschen unabhängig ihrer bio-psycho-sozialen Kompetenzen ein freudvolles Erlebnis und Ausdruck schöpferischer Kraft im eigenen Lebens-Sinn zu ermöglichen.

Kreative Erlebnisse im heilpädagogischen Bereich: Malen und Gestalten – kunsttherapeutisches Arbeiten

Theunissen spricht der ästhetischen Erziehung eine »prominente Rolle« in der Heilpädagogik zu und verweist auf ihre Wurzeln in der heilpädagogischen Geschichte. So finden sich schon bei Deinhardt und Georgens (1858, 1861, 1863) konzeptionelle Überlegungen, in denen die Erziehung mit kreativen künstlerischen Mitteln zur Stimulation, freien Übung, Auseinandersetzung und zum Spiel benannt sind (vgl. Theunissen 2009a, 225). Für Menzen stellen Deinhardt und Georgens damit die Begründer der Heilpädagogischen Kunsttherapie dar, denn sie empfehlen, für ihre heilpädagogische Behandlung von Kindern die »ästhetisch … notwendigen Heilmittel« (Deinhardt & Georgens 1863, 363, zit. n. Menzen 2007, 358) in den Ateliers ihrer Behindertenanstalt Levana zu nutzen (vgl. Menzen 2007, 357 f.).

Auch Séguin (1912) kann mit seinen Ideen zur grundlegenden Anregung durch ästhetische Mittel zu den Begründern kreativer Erlebnisse im heilpädagogischen Bereich zählen. Wichtig ist hier aber der Hinweis darauf, dass die frühen Ideen des Nutzens ästhetischer Mittel nicht einer funktionalen Übung gleichzusetzen sind, wie sie teilweise über lange Zeit verstanden wurden (vgl. Theunissen 2009a, 225).[18]

An dieser Stelle soll neben dem Aspekt der ästhetischen Erziehung und der heilpädagogischen Kunsttherapie als Handlungsrahmen kreativer Erlebnisse noch der

---

18 Vertiefende Ausführungen zur Geschichte des Ästhetischen in der Heilpädagogik finden sich bei Menzen (2004a) und Theunissen (2004).

6 Kreativität als Erlebnis – bildnerische Gestaltungsprozesse

Begriff bzw. Bereich der Kunst in den Blick kommen, da auch dieser Begriff häufig in der behindertenspezifischen Fachliteratur von Anfang an benannt wird. Allerdings stellt die bildende Kunst nach Mürner (2012, 264) in der Behindertenpädagogik noch selten einen Forschungsbereich dar, wobei sie »in den letzten Jahren« an Relevanz gewinnt. Hier ist der Bereich der Art Brut oder Outsider Art zu benennen, der bildende Kunst von Menschen mit geistiger Behinderung oder psychischen Beeinträchtigungen darstellt (wie beispielsweise in beeindruckender Weise zu sehen bei den »Schlumpern« in Hamburg oder im »Kunsthaus Kannen« in Münster).

Auf die geschichtliche Basis und die oben schon beschriebenen Elemente der kreativen Handlung fußen die aktuellen Definitionen, die das kreative künstlerische Handeln im heilpädagogischen Bereich als heilpädagogische Methode ausweisen:

»Ästhetische Erziehung als ›Heilpädagogisches Prinzip‹ ist darauf ausgelegt, mit einem (schwer) behinderten Menschen in Beziehung zu treten und ihn vor dem Hintergrund dieses zwischenmenschlichen Verhältnisses mittels ästhetischer Materialien und Prozesse zur Selbstverwirklichung in sozialer Bezogenheit zu befähigen« (Theunissen 2009a, 226).
»Heilpädagogische Kunsttherapie – das ist ein innerpsychischer und sich sensu- wie psychomotorisch auswirkender Formbildungs- und Gestaltungsvorgang, der sich in der bildnerischen Formdynamik eines ästhetischen Mediums spiegelt und der dazu innere wie äußere Lebensverhältnisse so abbildet, dass sie im heilpädagogischen Behandlungsprozess bearbeitbar und neu zentrierbar werden. Im Ergebnis sollen die Bewusstseins- und Erlebnisweisen, aber auch die Verhaltensabläufe so konstelliert werden, dass es möglich wird, das Alltagsleben zu bewältigen« (Menzen 2007, 365).

Da in diesem Beitrag die Spur des kreativen Erlebnisses im heilpädagogischen Bereich verfolgt wird, sollen hier die Methoden der heilpädagogisch-neurologischen Kunsttherapie (Menzen 2004a) und der Rahmen der pädagogischen Kunsttherapie (Richter 1984) beispielhaft herausgearbeitet werden. Dabei werden beispielsweise Ansätze präventiv orientierter Kunsttherapie, psychiatrisch orientierter Kunsttherapie und psychotherapeutisch orientierter Kunsttherapie (die sich vornehmlich in klinischen Bereichen finden) nicht weiter ausgeführt (vgl. Menzen 2004a). Somit beziehen sich die (heil-)pädagogischen Methoden in der kunsttherapeutischen Arbeit weniger auf deutende Aspekte als auf »kompensatorische, entwicklungsfördernde, ich-aufbauende oder identitätsstabilisierende Ansätze ..., die vor allem auf die ›therapeutische‹ Funktion von Kunst und ästhetischen Prozess setzen« (Theunissen 2009b, 299). Zudem sind »die Erfahrungen von Kohärenz und Übereinstimmung ..., das Erleben von Sinnhaftigkeit und von Handhabbarkeit ..., die Basis der Aufgaben, welche die Kunst in der Heilpädagogik übernehmen kann« (Schmalenbach 2011b, 5).

Es findet sich eine Vielzahl von Artikeln und Büchern, die einen Einblick bieten in den Variantenreichtum der Inhalte und Einsatzorte heilpädagogisch- kunsttherapeutischer Arbeit. So zeigt Bloch-Aupperle (1999) Beispiele aus der Arbeit mit Kindern mit Cerebralparese zur Körpererfahrung und mit Kindern aus dem sozialen Brennpunkt zur Sprach- und Interaktionsförderung. Einen Beitrag zur kunsttherapeutischen Ergänzung in der Heilpädagogischen Spieltherapie findet sich bei Kratz-Bosbach (2008). Auch bei Richter (1984) sind Beispiele für die kunsttherapeutische Arbeit mit Kindern mit körperlichen wie geistigen Behinderungen zu finden. Bröcher (1999) zeigt Umsetzungsbeispiele im Bereich des auffälligen Verhaltens im Schulbereich. Neben dem Fokus auf Kinder und Jugendliche hat die (heil-)pädagogische Kunsttherapie aber auch Erwachsene und immer mehr auch alte Menschen im Blick (z. B. »Kunsttherapie mit altersverwirrten Menschen«, Menzen 2004b). Die Bedarfe der Klientinnen liegen dabei in körperlichen, psychischen, geistigen oder auch sozial-emotionalen Beeinträchtigungen und Benachteiligungen. Sie finden sich somit in Lebensfeldern des Wohnens, der Bildung und Betreuung, der Freizeit und der klinisch-therapeutischen Begleitung, z. B. im psychosomatischen, genauso wie onkologischen oder geriatrischen Bereich (Praxisbeispiele hierzu finden sich in Domma 1993, Großwendt & Theunissen 2006, Gruber & Wichelhaus 2011, Gutknecht 2004 und Menzen 2004a).

Die aktuelle Relevanz heilpädagogischer Methoden, die kreative bildnerische Erlebnisse ermöglichen, zeigt sich in der Auseinandersetzung mit dem gesellschaftspolitischen Rahmen (s. a. die kritische Betrachtung der methodologischen Perspektive in Greving & Ondracek 2020, 260 f.) in Form einer fordernden Leistungsgesellschaft und der Aufgabe und Annäherung an Inklusion[19].

Die aktuelle Situation in unseren Schulen ist durch die verkürzte Schulzeit (Abitur in acht anstelle von neun Sekundarschuljahren) und regelmäßigen Leistungstests sehr auf das konvergente Denken und Lernen ausgerichtet. Bei diesem sehr einseitigen und auf Bedarfe des späteren Erwerbslebens (Ökonomisierung der Bildung, vgl. Gröschke 2011, 157 ff.) ausgerichteten Wissenserwerb besteht die Gefahr, die Schülerinnen wenig in ihrer Ganzheit als Person anzusprechen – kreative Erlebnisse fehlen so häufig. Die Verbindung aus »homo ludens« und »homo faber« scheint nicht mehr ausgeglichen. Hier spielt auch die Muße in fremdbestimmten und konsumabhängigen Freizeitkontexten als »tätiges Nichtstun« und »Grundbedingung der Selbstfindung und kreativen Selbstverwirklichung des Menschen« (Gröschke 2011, 165) eine wichtige Rolle. So bilden die Schülerinnen die im Erwerbsleben wichtigen sozialen Kompetenzen zum flexiblen und selbstsicheren Umgang mit Problemlagen nur wenig aus (vgl. Theunissen 2006, 11 ff.). Zudem besteht die Möglichkeit, sich der eigenen schöpferischen, kreativen Kraft nicht mehr bewusst und sicher zu sein, wenn das Leistungsdenken und der Wettbewerb zu groß werden. Dadurch kann kreatives bildnerisches Gestalten blockiert werden. Es fällt zunehmend schwerer, sich auf einen spielerisch kreativen Prozess einzulassen. Deutlich wird dies an einem häufig geäußerten Satz zu Beginn des bildnerisch gestalterischen Handelns: »Ich kann aber nicht malen, zeichnen…!« (vgl. Schiffer 2000).

Ein Ausgleich des Schwerpunktes im konvergenten Lernen sollte sich auch im Studium finden – gerade im sozialwissenschaftlichen Bereich, d. h. auch im Studium der Heilpädagogik. Denn gerade in diesem Beruf wird die Kombination aus Wissen, Können und Haltung benötigt, die im Studium oder der Ausbildung herausgebildet werden sollte. Hier zeigt sich aus der aktuellen Lage des schulischen Lernens in der Leistungsgesellschaft und einem Anspruch nach Bildung als Selbsttätigkeit auf dem Weg zu Handlungs- und Sinngewinn (vgl. Gröschke 2011, 159) ein besonderer Bedarf nach kreativen Erlebnissen in einer heilpädagogischen kunsttherapeutischen Arbeit. Zudem ergibt sich durch die im März 2009 in Deutschland ratifizierte UN-

---

19 Verstanden im Sinne der UN-Behindertenrechtskonvention, s. Aichele (2009).

6 Kreativität als Erlebnis – bildnerische Gestaltungsprozesse

Behindertenrechtskonvention ein Recht auf Inklusion in allen Lebensbereichen (Aichele 2009, 203). Mit diesem gesellschaftlichen Auftrag hat gerade die Profession Heilpädagogik eine Chance, heilpädagogische Methoden auf dem Weg zur Umsetzung der Inklusion nutzen zu können. Insbesondere im Bereich des kreativen künstlerischen Erlebnisses finden sich gute Möglichkeiten der Begegnung in einer Gemeinschaft. Denn, wie oben schon beschrieben, Kreativität ist jedem Menschen eigen und ein gemeinsames Angebot in der (heil-)pädagogischen Kunsttherapie gut umsetzbar. Untersuchungen zur Integrationskraft durch ästhetische Methoden finden sich im Bereich der Berufsbildung bei Schmalenbach (2011b), für Bildung im Erwachsenenalter bei Hermann (2009) und für den schulischen Bildungsprozess bei Mühl (2008; vgl. Schmalenbach 2011a, 3).

Abb. 2: »Miteinander kreativ sein – ich erlebe mich und den anderen beim Malen und Gestalten« – Begegnungen von Menschen mit und ohne Behinderung im kreativen Dialog. Workshop auf der Tagung »Münster all inclusive« im Landeshaus des Landschaftsverbands Westfalen-Lippe (LWL), Münster 2010

Ein eigenes inklusives, verbindendes Erlebnis hatte ich mit einer Gruppe von Heilpädagogikstudierenden und Heilerziehungspflegeschülerinnen auf einem Workshop im Zuge einer Inklusionstagung in Münster. 24 Menschen mit und ohne Behinderungen begegneten sich freudvoll und schöpferisch selbst, der Welt und anderen über dialogische Malangebote.

Die Aufgabe im heilpädagogischen Bereich besteht, den vorangegangen Ausführungen folgend, darin, mit einem positiven Menschenbild aufmerksam und offen die Kreativität des Gegenübers in den unterschiedlichsten Lebensumständen zu erkennen, zu unterstützen und für das Gegenüber zu einer selbstverständlichen Tätigkeit werden zu lassen, aus der es schöpfen, sich wahrnehmen und sich entwickeln kann, um so alle sich stellenden Aufgaben des täglichen Lebens bewältigen zu lernen (vgl. Theunissen & Großwendt 2006, 38 ff.).

Die (heil-)pädagogische Kunsttherapie – ein kreativer Zugangsweg in der heilpädagogischen Praxis

Kreative Erlebnisse in der heilpädagogischen Kunsttherapie ereignen sich in den von Menzen beschriebenen Bereichen »von Sinneskompensation und Sinnesförderung, von Formwahrnehmung und Gestaltrekonstruktion, von Entwicklungskompensation im Hinblick auf die jeweilige ästhetische Sozialisation und von tiefenpsychologisch orientierter Biografiearbeit« (Menzen 2007, 357, s. a. Menzen 2004a). Ergänzt werden können diese durch die Bereiche des Persönlichkeitsausdrucks, der Ich-Stärkung und der Förderung der Imaginationsfähigkeit (vgl. Schmalenbach 2011b, 3).

Die in diesen Bereichen genutzten Methoden finden sich beispielsweise im Malen und Zeichnen über Zufallstechniken (wie Kritzel-Bilder), Kommunikationsübungen (Malen mit Platzwechsel), themenbezogenen Übungen (Malen zur Musik), dem Arbeiten in der Stille (Fantasiereisen), dem freien Gestalten, in Druckverfahren, Collagen, Arbeiten mit Sand, Ton, Gips, Kleister und dem Filzen. Weitere Methoden ergeben sich im dreidimensionalen Gestalten von Plastiken aus beispielsweise Ton, Papiermaché, Gips und Skulpturen aus Stein, Holz oder auch Abfallstoffen (vgl. Leutkart, Wieland & Wirtensohn-Baader 2004).[20]

Um die Inhalte kreativer Erlebnisse in der heilpädagogischen Arbeit zu verdeutlichen, soll hier ein Beispiel aus dem Feld der pädagogischen Kunsttherapie (n. Richter) genutzt werden. Dafür wird das dieses Kapitel einleitende Beispiel der heilpädagogischen Arbeit an einer Förderschule mit dem Förderschwerpunkt soziale und emotionale Entwicklung vertiefend aufgegriffen.

---

20 Beispiele für Methoden in der heilpädagogischen Arbeit mit Familien beschreibt Kratz-Bosbach (2006), für die Arbeit mit Gruppen Aissen-Crewett (1997) und Vopel (2009). Weitere kunst- und gestaltungstherapeutische Methoden finden sich bei Schottenloher (2003) und Baer (2007). Umsetzungsbeispiele von Methoden für die von ihm benannten und oben beschriebenen Bereiche führt Menzen (2004a) in seinem Buch anschaulich aus.

6 Kreativität als Erlebnis – bildnerische Gestaltungsprozesse

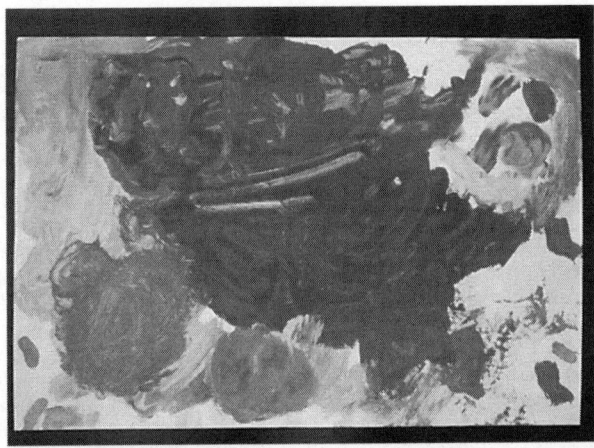

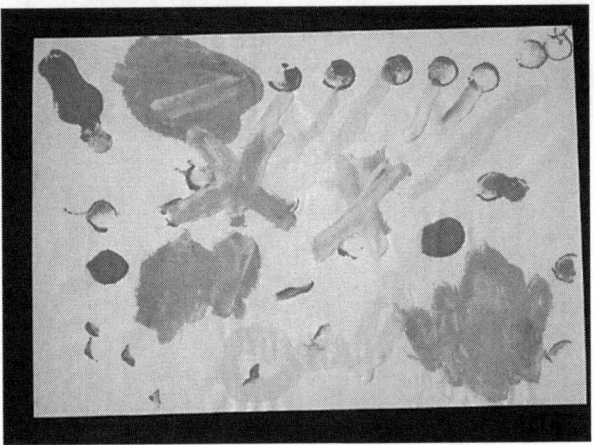

Abb. 3: »Die Geschichte aller Farben« (n. Heller) – eine kunstpädagogische Unterrichtsreihe zu den Themen »Mischfarben und soziales Miteinander« mit vier Schülerinnen einer Förderschule mit dem Förderschwerpunkt geistige Entwicklung, 2008

Fallbeispiel
Wie in der pädagogischen Kunsttherapie grundlegend, stand in der Arbeit mit Felix und Max (zwei neunjährigen Schülern einer heilpädagogischen Ganztagsschulgruppe; Namen anonymisiert) eine subjektbezogene Handlungs- und Entwicklungsförderung mit Hilfe ästhetischer Bildung im Blickpunkt (vgl. Richter-Reichenbach 2004a, 153 ff., s. a. Richter 1984). Aufgrund ihrer eher defensiven Rolle in ihrer dominant aktiven Klasse erhielten sie im Zuge der Offenen Ganztagsschule ein wöchentliches Angebot im Bereich des Ich-stärkenden und Ich-erlebenden künstlerisch gestaltenden Handelns über ein Schulhalbjahr hinweg. Im eigenständigen freien Gestalten und Erproben unterschiedlicher ästhetischer Materialien und Verfahren sollte die Mobilisierung grundlegender Ich-Funktionen angeregt werden. Die Persönlichkeiten der beiden Jungen und ihre aktuelle

Tab. 2: Ausschnitt aus dem Organisationsmodell: Planungs- und Reflexionsebenen (vgl. Richter-Reichenbach 2004b, 33 f.)

Kunsttherapeutisches Prozessgeschehen – projektorientiert; inhaltlich und zeitlich variabel; phasenmäßig reversibel

Orientierungsphase	Aufbauphase	Stabilisierungsphase	Differenzierungsphase
Phasenziele			
• Kennenlernen • Grundlegen einer vertrauensvollen und motivierenden Atmosphäre • Präzisierung des ästhetischinstrumentellen Entwicklungsstandes • Gemeinsame Absprachen • Entwicklung von Oberzielen	• aus Oberzielen, z. B.: • Abbau von Äußerungsängsten • Gestaltungs- und Verstehenserfahrungen, (imitativ/produktiv) • Gestaltungsprinzipien kennenlernen • Veränderungswirksames Tun (Primär- und Verursachererfahrungen)	• Entwicklung eines gemeinsamen Projekt-themas/-vorhabens • Festigung des ästhetischen Kommunikationsrepertoires und instrumenteller Fähigkeiten • Selbsterfahrung/Fremdverständigung (ästhetische Reflexion) • Projektorientierte Arbeitsformen	• Projektrelevante Realitätsbezüge erkennen • Selbstpositionierungen vornehmen und Transfermöglichkeiten ausloten • Ästhetisches Vorgehen als Instrument lebenslanger Selbst- und Fremdklärung thematisieren • Ästhetische Kommunikation als sinnstiftendes und erlebnissteigerndes Tun erfahren
Aktivitäten			
Gruppenaktivitäten: • Informelle, aktionistische, experimentelle, spielerische Aktionen mit Entlastungscharakter • Gemeinsames Projektionsmalen • Visualisieren eigener Befindlichkeit • Wahrnehmungsübungen • Reflexionssequenzen	Individual-/Partnerarbeit: • materialerkundendes, experimentelles Tun • Ausloten und Erproben ästhetischer Verfahren • verfremdendes und veränderndes Tun mit vertrauten Sachverhalten • einfache Gestaltungsaufgaben • Reflexionssequenzen	Individualarbeit: • Vorstellungspotentes Rahmenthema • Selbstgeleitete Umsetzung der erworbenen Ausdrucks- und Darstellungskompetenzen • Gemeinsame Entwicklung eines Projektes, das individuell umsetzbar ist (selbst-, natur-, umweltbezogen) • Individualentwürfe • Reflexion und Beratung	Individualarbeit: • Selbstgeleitetes Tun • Ästhetische Selbst-, Natur-, Umwelterfahrung • Hinzuziehung themenrelevanter Kunst • Analyse themenbezogener, medial vermittelter Sachverhalte • Vorbereitung und Durchführung einer öffentlichen Präsentation der Projektergebnisse • Prozessreflexivität

Tab. 2: Ausschnitt aus dem Organisationsmodell: Planungs- und Reflexionsebenen (vgl. Richter-Reichenbach 2004b, 33 f.) – Fortsetzung

Kunsttherapeutisches Prozessgeschehen – projektorientiert; inhaltlich und zeitlich variabel; phasenmäßig reversibel			
Orientierungsphase	Aufbauphase	Stabilisierungsphase	Differenzierungsphase
Nachdem sie zunächst hauptsächlich mit Stiften und Kreiden sehr begrenzt und kleinformatig gemalt und gezeichnet hatten – hier blieb ein großer Teil der Malfläche ungenutzt – und dabei immer wieder in ihre Muster (Rückzug und Ausweichen) und Themen (Kriegsmaterial und Comic-Helden) fielen, ließen sie sich über Methoden der Zufallstechniken, des dialogischen Malens und des freien Gestaltens mit basal stimulierenden Materialien (z. B. Kleister, Sand) und flüssigen Farben beispielsweise zu Musik und aus Bewegung heraus auf größere Bildformate und aktive, raumgreifende Bewegungen ein und forderten sie danach immer wieder ein. Hieraus entstand die Idee für ein Projekt mit großformatigen Bildern, das ein kraftvolles, konfrontatives, aktives Handeln und die Methode des Actionpaintings einband. So bezogen Max und Felix zwei großformatige Sperrholzplatten zunächst mit Stoff, grundierten diese und gaben ihnen anschließend mit Spachtelmasse und großen schwungvollen Bewegungen erste Strukturen. Als letzte gestaltende Aktion spritzten sie Gouachefarben mit Einwegspritzen auf die Flächen. Während des kraftzehrenden Aufziehens der Farben und des schwungvollen Herausdrückens und -schlagens der Farben ergab sich eine ganz eigene Dynamik und spielerisch schöpferisches Versinken in die kreative Handlung, so dass beide Jungen ihre Handlungen mit lauten Sprachausrufen oder Lauten unterstützten und begleiteten. Dieses gewachsene offensive, befreite Handeln konnte in Reflexionsgesprächen aufgegriffen und auch in dem selbstsichereren Verhalten im Anschluss an die kunsttherapeutischen Stunden auf dem Schulhof beobachtet werden. Den Abschluss des Projektes bildete die Ausstellung der Bilder im Rahmen einer überregionalen Kunstausstellung verschiedener Förderschulen – die Max und Felix zusammen mit anderen ausstellenden Schülerinnen mit einer Vernissage eröffneten. Im Anschluss an die Ausstellung wurden die Bilder im Verwaltungsflur der eigenen Schule wertschätzend ausgehängt und erinnern dort seitdem an den intensiven schöpferischen Prozess der beiden Schüler.			

soziale Situation im Schulbereich aufgreifend, sollten sie die Möglichkeit haben, in ästhetischen Prozessen mit unterschiedlichen künstlerischen Materialien Eigenständigkeit und eine gestaltende Auseinandersetzung mit sich und der Umwelt zu erleben. Der Umgang mit unterschiedlichen Materialien und das Erproben verschiedener ästhetischer Techniken gaben den beiden Schülern die Möglichkeit, sich in ihren Selbstkräften zu stärken und vorhandene Kompetenzen einbringend auszubauen.

Im Sinne der Wirkung ästhetischer Eigentätigkeit entwickelte sich mit den beiden gemeinsam ein kreatives Projekt, welches die Elemente »Große Bewegungen – Laute Gesten – Kraftvolle Handlungen« beinhaltete und in eine Gestaltung zweier großformatiger (1,5 m x 1 m) Bilder angelehnt an das Actionpainting nach J. Pollock mündete. Dabei stand nicht das Ergebnis im Vordergrund, sondern der selbstgesteuerte schöpferische Prozess. Die anleitende Heilpädagogin übernahm ausschließlich die Rolle der Begleiterin und Unterstützerin dieses subjektbezogenen Prozesses und sorgte für einen beziehungsstiftenden, haltgebenden Rahmen (im Sinne der Grundlagen der pädagogischen Kunsttherapie, vgl. Richter-Reichenbach 2004a, 153 ff.).

Die sich hier abbildenden Prozessschritte der zunächst spielerischen, entlastenden, dann aufbauenden, trainierenden bis hin zu gestaltenden und künstlerischen Aspekte finden sich im Ausschnitt zum (idealtypischen) Prozessgeschehen aus dem Organisationsmodell der pädagogischen Kunsttherapie wieder (s. a. Theunissen & Schubert 2010, 128 ff.).

Voraussetzung einer Umsetzung von (heil-)pädagogischer Kunsttherapie ist das Wissen um ästhetische Prozesse und Entwicklungen, ästhetische Materialien und Techniken und die therapeutischen Wirkweisen künstlerischer Prozesse. Somit sollte kunsttherapeutisches Arbeiten im heilpädagogischen Bereich von professionellen Kräften mit einer Schwerpunktausbildung in Kunsttherapie durchgeführt werden. Eine Grenze der (heil-)pädagogischen Kunsttherapie besteht im Bereich der tiefenpsychologischen Auslegung bildnerischer Mitteilungen, bei der vertiefende psychologische Kenntnisse erforderlich sind und dieses somit psychologischen Kunsttherapeuten überlassen werden muss (vgl. Theunissen 2009b, 301 f.; zu Ausbildung und Beruf des Kunsttherapeuten s. Menzen 2004a).

Vom kreativen Erlebnis in Studium und Ausbildung zur hermeneutisch-pragmatischen Heilpädagogik

Um Klientinnen kreative Erlebnisse in der eigenen heilpädagogischen Arbeit, eingebunden in bildnerisch gestaltende Methoden, zu ermöglichen und Prozesse verstehend begleiten zu können, braucht es neben dem ästhetischen Fachwissen und dem Erlernen von Methoden und Techniken (instrumentelle Kompetenz) ein eigenes Erleben dieser Prozesse in der Ausbildung. Hierbei lassen sich soziale wie reflexive Kompetenzen, in denen in besonderem Maße die eigene Person angesprochen ist, gut durch Methoden der kunsttherapeutischen Arbeit im Gruppensetting wie als Einzelerfahrung als Möglichkeit der beruflichen Selbsterfahrung erlernen (vgl. Gröschke 1997, 119) oder mit den Worten von Büchner (2006) gesprochen:

> »In sozialen Tätigkeiten hat man es stets mit Werdeprozessen zu tun, mit zu gestaltender Zukunft. Neben viel Wissen und Können ist es unabdingbar, sich selber im spielerischen Prozess des Mensch-Werdens zu empfinden, um einem Menschenwesen gerecht werden zu können. Man muss dem entsprechend auch in sich selbst etwas Zukünftiges ansprechen; die künstlerische Betätigung ermöglicht dieses Ansprechen« (Büchner 2006, 260).

Die gelingende Integration von Theorie und Praxis durch künstlerische Mittel in der Ausbildung ist durch aktuelle Untersuchungen dokumentiert. So verdeutlicht Büchner (2006) mit Befragungsergebnissen von Absolventinnen des Rudolf-Steiner-Seminars für Heilpädagogik bzw. der Höheren Fachschule für anthroposophische Heilpädagogik, Sozialpädagogik und Sozialtherapie (HFHS) Dornach die Relevanz künstlerischer Erfahrungen in der Ausbildung (auch in der Wirkung auf die eigene Persönlichkeitsentwicklung) für die nun durchgeführte Berufstätigkeit.

»Die intensive, tätige Auseinandersetzung [in kreativen künstlerischen Prozessen; N. S.] brachte wesentliche Erfahrungen, die mir im Berufsalltag ebenso hilfreich sind, wie die Erweiterung meines fachlichen Wissens. Ich erlebe beide als sich ergänzende Standbeine meiner heilpädagogischen Fachkompetenz« (Aussage einer Absolventin der Freien Hochschule in Dornach, zit. n. Büchner 2006, 261).

Ein vom »Internationalen Ausbildungskreis der Konferenz für Heilpädagogik und Sozialtherapie, Medizinische Sektion, Freie Hochschule Goetheanum, Dornach« angestoßenes europäisches Forschungsprojekt: Leonardo (2005–2007)[21] differenziert in quantitativen wie qualitativen Ergebnissen zweier Befragungen mit an diesem Projekt teilnehmenden Studierenden und Auszubildenden (aus 27 Projekten in 14 Ländern) die positive Bedeutung der Kunst für Ausbildungsprozesse in der Heilpädagogik (Schmalenbach 2011a, s. ▶ Tab. 3):

Tab. 3: Übersicht der Bewertung aller Teilnehmerinnen zu Aussagen über die Bedeutung künstlerischer Tätigkeiten und des Umgangs mit Kunstwerken in der heilpädagogischen Ausbildung (hierarchisch abfallend – auf Zahlenangaben wird hier verzichtet, da die Mittelwerte 3,68–3,31 bei einer Rangskala von 1–4 sehr hoch und sehr nah beieinander lagen; vgl. Schmalenbach 2011a, 71)

Aussage
Künstlerisches Arbeiten bedeutet Entwicklung meiner Person
Künstlerisches Arbeiten schult Fähigkeiten, welche ich in der heilpädagogischen/sozialtherapeutischen Arbeit brauche
Künstlerisches Tun in der Ausbildung gibt mir die Möglichkeit, mit betreuten Kindern und Erwachsenen tätig zu werden
Im künstlerischen Tun erlebe ich die Möglichkeit, eigene Grenzen zu erweitern
Im künstlerischen Tun erlebe ich eigene Grenzen
Künstlerisches Tun stellt eine Form der Selbstverwirklichung dar
Kunst schafft eine Verbindung von Theorie und Praxis
Kunst dient der Veranschaulichung und Vertiefung von Inhalten
Künstlerisches Tun als Ausgleich gegenüber der theoretischen und praktischen Arbeit
Kunst hilft mir, mit meinen Emotionen umzugehen
Der Umgang mit Kunst hilft, die Kinder/Erwachsenen, die ich betreue, zu verstehen
Der Umgang mit Kunst hilft mir zu lernen, mit offenen Situationen umzugehen
Künstlerisches Tun dient für mich der Entspannung

---

21 »Der triale Ansatz zur beruflichen Ausbildung als ein Qualitätsinstrument im Bereich der Bildung, Begleitung und Betreuung von Menschen mit Behinderungen – Erfahrungsaustausch, Forschung und Entwicklung eines europäischen Curriculums für eine Weiterbildung von Lehrern/Ausbildung, Künstlern und Praxisanleitern.«

Der als wichtig bewerteten Schulung von Fähigkeiten, die im heilpädagogischen Arbeitsfeld nötig sind, wurde in einer zweiten qualitativen Befragung nachgegangen. In der folgenden ▶ Tab. 4 finden sich die durch die Absolventinnen benannten Fähigkeiten:

Die vorliegenden Untersuchungsergebnisse verdeutlichen die Relevanz kreativ künstlerischer Tätigkeiten im Zuge der Ausbildung und des Studiums von Heilpädagoginnen in den Bereichen Wissen, Können und Haltung. Auch in den durchgeführten Seminaren zum kunsttherapeutischen Arbeiten an der Katholischen Hochschule NRW, Münster, repräsentieren sich die oben aufgeführten Erfahrungen und Ergebnisse zur Verknüpfung von Theorie und Praxis mit Hilfe kreativer künstlerischer Erlebnisse immer wieder.

Studierende kommen durch den Umgang mit künstlerischen Medien und unterschiedlichen gestalterischen Methoden zu kreativen Erlebnissen der eigenen Person, in eine Begegnung mit anderen, in intensive kommunikative Austausch-/Reflexionsprozesse und können durch diese selbst erfahrenen Prozesse unter emotionaler Beteiligung einen Transfer schaffen in ihr späteres Aufgabengebiet und die Vernetzung mit im Studium erlerntem heilpädagogischen Fachwissen. Eine solche Seminararbeit beschreibt Richter-Reichenbach beispielhaft in ihrem Artikel zur Rolle und Bedeutung künstlerischer Gemeinschaftsarbeiten, die sie mit einer Gruppe von Psychologie-Studierenden zu einem kreativen Selbsterlebnis werden ließ (Richter-Reichenbach 2011).

Tab. 4: Häufigkeit der Nennungen von Fähigkeiten, welche für die Heilpädagogik relevant sind und welche durch künstlerische Tätigkeiten geschult werden, mit Bsp. für genannte Unterbegriffe in der Inhaltsanalyse in Klammern (vgl. Schmalenbach 2011a, 88)

	N	Prozentwert
Anzahl der Befragten	148	100,0
Keine Angabe	30	20,3
Mentale und kognitive Fähigkeit (Kreativität, Konzentration)	55	37,2
Emotionale Fähigkeit (Geduld, Balance)	39	26,4
Fähigkeit, künstlerisch mit Betreuten zu arbeiten	34	23,0
Wahrnehmungsfähigkeit	34	23,0
Soziale Fähigkeit (Empathie, Teamfähigkeit)	28	18,9
Bezug zum Selbst	25	16,9
Ausdrucksfähigkeit	17	11,5
Willensbezogene Fähigkeit (Ausdauer, Durchhaltevermögen)	16	10,8
Diagnostische Fähigkeit (Verstehen betreuter Menschen)	7	4,7
Körperbezogene Fähigkeit (motorische Fähigkeiten)	7	4,7

6 Kreativität als Erlebnis – bildnerische Gestaltungsprozesse

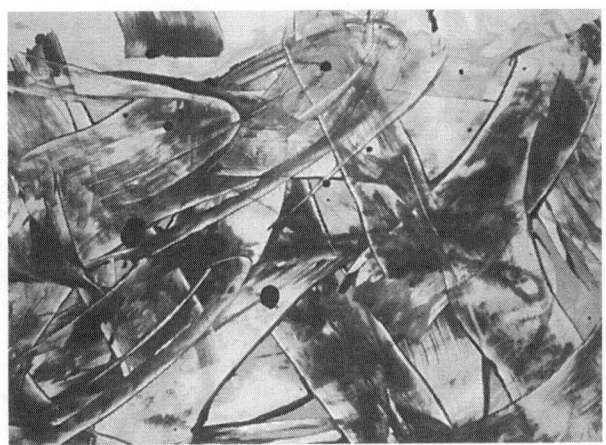

Abb. 4: »Malen nach Musik« in einem Seminar zum kunsttherapeutischen Arbeiten des Studienganges Heilpädagogik an der Katholischen Hochschule NRW, Münster, 2012

Fazit

Kreative Erlebnisse im Zuge bildnerisch gestalterischer kunsttherapeutischer Konzepte können als Bestandteil einer hermeneutisch-pragmatischen Heilpädagogik verstanden werden. Es konnte gezeigt werden, dass sie anthropologische wie ethische Dimensionen mit aufgreifen, da Kreativität wesenhaft ist und somit jedem Menschen eigen, egal welche bio-psycho-sozialen Kompetenzen er aufweist.

> »Betrachten wir den kreativen Prozess aus der Perspektive des subjektiven Erlebens heraus, so findet sich ein Phänomen, das als ›Flow‹ (Csidszentmihalyi 1997, 158 ff.) bezeichnet wird. Es handelt sich hierbei um Erlebnisse und Situationen, in denen ein Mensch sich vollkommen erfüllt, zutiefst befriedigt und glücklich fühlt« (Großwendt & Theunissen 2006, 47).

Wünschenswert wäre, gerade im Zuge der aktuellen gesellschaftlichen Situation in der heilpädagogischen Arbeit, möglichst vielen Klientinnen ganz in deren Eigen-Sinn und im Ansprechen ihrer personalen Ganzheit diese kreativen Flow-Erlebnisse immer wieder zu ermöglichen und sie auf dem Wege dahin im täglichen kreativen Welt- und Gemeinschaftserleben zu unterstützen. Dies könnte durch kreative Erlebnisse im Konzept der (heil-)pädagogischen Kunsttherapie auf allen Ebenen der Grundphänomene personaler Existenz nach Gröschke (1997) (je nach individuellem Entwicklungsbedarf und Situation) stattfinden:

- leiblich basal,
- spielerisch frei experimentell,
- kommunikativ im Bildausdruck und dialogischen Begegnen,

- im Kennenlernen von eigenen Strukturen, Verändern und neu Erleben von Verhalten,
- in der Erarbeitung neuer ästhetischer Kompetenzen
- oder auch im Erleben und Erweitern motorischer Fähigkeiten (vgl. ebd., 278).

Die Bedeutung und Wirkung kreativer Erlebnisse in der professionellen heilpädagogischen Arbeit und Ausbildung ist durch die Annäherung an die Begrifflichkeiten, die Beschreibung der aktuellen Chancen und die Einordnung in die Konzepte der (heil-)pädagogischen Kunsttherapie als Handlungsrahmen annähernd verdeutlicht worden. Besser als mit allen von mir gewählten Worten und Erläuterungen trifft den Kern des Erlebens kreativer bildnerisch gestaltender Methoden aber der von Felix und Max gewählte Name für ihre Projekt-abschließenden Bilder, und so möchte ich mit ihren Worten schließen: *Xambrilama oder ohne Worte!*

Literatur

Aichele, V. (2009): Neue Grundlagen für die Behindertenpolitik in Deutschland. Die UN-Behindertenrechtskonvention und ihr Fakultativprotokoll. In: Gemeinsam leben, Heft 4, 203–211

Aissen-Crewett, M. (1997): Kunst und Therapie mit Gruppen. Aktivitäten, Themen und Anregungen für die Praxis (4. Auflage). Dortmund

Baer, U. (2007): Gefühlssterne, Angstfresser, Verwandlungsbilder. Kunst- und gestaltungstherapeutische Methoden und Modelle (5. Auflage). Neukirchen-Vlyun

Bloch-Aupperle, S. (1999): Kunsttherapie mit Kindern. Pädagogische Chancen, Didaktik, Realisationsbeispiele. (2. Auflage). München

Bröcher, J. (1999): Bilder einer zerrissenen Welt. Kunsttherapeutisches Verstehen und Intervenieren bei auffälligem Verhalten an Grund- und Sonderschulen. Heidelberg

Büchner, C. (2006): Künstlerisches Tun während der Ausbildung unterstützt Verwandlungsprozesse. In: Fischer, A. (Hrsg.): Ausbildung und Kunst. Die Bedeutung des Künstlerischen für sozial- und heilpädagogische Berufe. Bern, 253–267

Domin, H. (2003): Wer es könnte (3. Auflage). Hühnfelden

Domma, W. (Hrsg.) (1993): Praxisfelder der Kunsttherapie. Köln

Dtv-Lexikon (1999): Kreativität (Band 10, Kli–Lem). Mannheim

Fröhlich, W. D. (2010): Wörterbuch Psychologie (27. Auflage). München

Greving, H. & Ondracek, P. (2020): Heilpädagogisches Denken und Handeln. Eine Einführung in die Didaktik und Methodik der Heilpädagogik. (2. Auflage). Stuttgart

Gröschke, D. (1997): Praxiskonzepte der Heilpädagogik. Anthropologische, ethische und pragmatische Dimensionen (2. Aufl.). München

Gröschke, D. (2011): Arbeit, Behinderung, Teilhabe. Anthropologische, ethische und gesellschaftliche Bezüge. Bad Heilbrunn

Gröschke, D. (2012): Lebenssinn. In: Beck, I. & Greving, H. (Hrsg.): Lebenslagen und Lebensbewältigung. Stuttgart, 201–204

Großwendt, U. & Theunissen, G. (2006): Marginalien zur Kreativitäts-Perspektive. In: Theunissen, G. & Großwendt, U. (Hrsg.): Kreativität von Menschen mit geistigen und mehrfachen Behinderungen. Grundlagen, Ästhetische Praxis, Theaterarbeit, Kunst- und Musiktherapie. Bad Heilbrunn, 29–59

Gruber, H. & Wichelhaus, B. (2011): Kunsttherapie mit Kindern und Jugendlichen. Aktuelle Bezüge aus klinischen und sozialen Anwendungsfeldern. Berlin
Gutknecht, K. (2004): »Ohne Engel geht es nicht!« Kunsttherapeutische Erfahrungsberichte aus dem medizinisch-klinischen, dem heilpädagogischen und dem sozialpädagogischen Bereich. Dornach
Heller, E. (2006): Die wahre Geschichte von allen Farben. Für Kinder, die gern malen (15. Auflage). Oldenburg
Kratz-Bosbach, E. (2008): Kunsttherapie. In: Simon, T. & Weiss, G. (Hrsg.): Heilpädagogische Spieltherapie. Konzepte, Methoden, Anwendungen. Stuttgart, 126–139
Kratz-Bosbach, E. (2006): Möglichkeiten der Kunsttherapie für die heilpädagogische Arbeit mit Kindern und Familien. In: Fachbereichstag Heilpädagogik (Hrsg.): Jahrbuch Heilpädagogik 2006. »Heilpädagogik in Gegenwart und Zukunft«. Berlin, 159–170
Leutkart, C./Wieland, E. & Wirtensohn-Baader, I. (Hrsg.) (2004): Kunsttherapie aus der Praxis für die Praxis. Materialien, Methoden, Übungsverläufe (2. Auflge). Dortmund
Menzen, K.-H. (2004a): Grundlagen der Kunsttherapie (2. Auflage). München
Menzen, K.-H. (2004b): Kunsttherapie mit altersverwirrten Menschen. München
Menzen, K.-H. (2007): Heilpädagogische Kunsttherapie. In: Greving, H. (Hrsg.): Kompendium der Heilpädagogik, Band 1. Troisdorf, 355–368
Mürner, C. (2012): Kunst und Kultur. In: Beck, I. & Greving, H. (Hrsg.): Lebenslagen und Lebensbewältigung. Stuttgart, 262–267
Richter, H.-G. (1984): Pädagogische Kunsttherapie. Grundlegung, Didaktik, Anregung. Düsseldorf
Richter-Reichenbach, K.-S. (2011): Zur Rolle und Bedeutung künstlerischer Gemeinschaftsarbeiten. Ihre vertrauensbildenden aktivierenden und motivierenden Funktionen. In: Musik-, Tanz- und Kunsttherapie, Heft 3, 138–143
Richter-Reichenbach, K.-S. (2004a): Kunsttherapie. Band 1: Theoretische Grundlagen. Münster
Richter-Reichenbach, K.-S. (2004b): Kunsttherapie. Band 2: Praxis der Kunsttherapie. Münster
Schiffer, E. (2000): Zwischen Kreativitätskrampf und schöpferischem Weltentwurf. Einige Anmerkungen zum therapeutischen Handeln im schöpferischen Feld. In: Subkowski, P. & Wittstruck, W. (Hrsg.): Kunst und Therapie. Freiburg i. Br., 11–31
Schmalenbach, B. (2011a): Kunst in der Ausbildung sozialer Berufe. München
Schmalenbach, B. (2011b): Heilpädagogik und Kunst. In: Lernen konkret, Heft 3, 2–5
Schottenloher, G. (2003): Kunst und Gestaltungstherapie. Eine praktische Einführung (6. Auflage). München
Theunissen, G. (2004): Kunst und Geistige Behinderung. Bildnerische Entwicklung, Ästhetische Erziehung, Kunstunterricht und Kulturarbeit. Bad Heilbrunn
Theunissen, G. (2006): Kreativität und geistige Behinderung. In: Theunissen, G. & Großwendt, U. (Hrsg.): Kreativität von Menschen mit geistigen und mehrfachen Behinderungen. Grundlagen, Ästhetische Praxis, Theaterarbeit, Kunst- und Musiktherapie. Bad Heilbrunn, 11–27
Theunissen, G. (2009a): Kreativitätsförderung durch Ästhetische Erziehung. In: Theunissen, G. & Wüllenweber, E. (Hrsg.): Zwischen Tradition und Innovation. Methoden und Handlungskonzepte in der Heilpädagogik und Behindertenhilfe. Ein Lehrbuch und Kompendium für die Arbeit mit geistig behinderten Kindern, Jugendlichen und Erwachsenen. Marburg, 225–233
Theunissen, G. (2009b): Kunsttherapie als heilpädagogisches Angebot. In: Theunissen, G. & Wüllenweber, E. (Hrsg.): Zwischen Tradition und Innovation. Methoden und Handlungskonzepte in der Heilpädagogik und Behindertenhilfe. Ein Lehrbuch und Kompendium für die Arbeit mit geistig behinderten Kindern, Jugendlichen und Erwachsenen. Marburg, 298–304
Theunissen, G. & Großwendt, U. (Hrsg.) (2006): Kreativität von Menschen mit geistigen und mehrfachen Behinderungen. Grundlagen, Ästhetische Praxis, Theaterarbeit, Kunst- und Musiktherapie. Kempten
Theunissen, G. & Schubert, M. (2010): Starke Kunst von Autisten und Savants. Über außergewöhnliche Bildwerke, Kunsttherapie und Kunstunterricht. Freiburg i. Br.
Vopel, K. W. (2009): Kunsttherapie für die Gruppe. Spiele und Experimente. Salzhausen

Weiterführende Links

Homepage der Künstlergruppe »Die Schlumper« in Hamburg, unter: http://www.schlumper.de/ (15.10.2012)

Homepage des »Kunsthaus Kannen« Museum für Outsider Art und Art Brut am Alexianer Krankenhaus in Hamburg, unter: http://www.kunsthaus-kannen.de/ (15.10.2012)

7 Realisierung sexueller Selbstbestimmung für Erwachsene mit Lernschwierigkeiten in Wohneinrichtungen – unverzichtbarer Teil gelingenden heilpädagogischen Handelns

Barbara Ortland

Vorwort

»*Soziale* Praxis, die vielfältigen Formen des zwischenmenschlichen Zusammenlebens in Gruppen, Gemeinschaft und Gesellschaft, ist zunächst *Lebenspraxis*, d. h. Praxis des gelebten Lebens in *Alltag* und *Lebenswelt*. Dies ist das eigentliche Bewährungsfeld und der entscheidende Bewährungsfall der Heilpädagogik als Praxis- und Handlungswissenschaft: In der konkreten Lebenspraxis der Menschen zeigt sich, was Heilpädagogik zur Sicherung und Verbesserung der *Lebensqualität* behinderter oder entwicklungsauffälliger Menschen beizutragen hat (siehe Gröschke 1997). Ihre aktiven Beiträge liefert sie dabei in professionalisierter Form, als Hilfs- und Förderangebote im Rahmen professionell, d. h. beruflich geregelter Beziehungen« (Gröschke 2007, 68, Hervorhebungen im Original).

Um einen Einblick in dieses »eigentliche Bewährungsfeld« der Heilpädagogik zu bekommen, beginnt der Beitrag nachfolgend mit Zitaten von Erwachsenen mit Behinderungen, die auf diesem Weg in der Individualität ihres Erlebens und mit ihrer Lebenswelt zu Wort kommen können. Diese sind spezifiziert auf das Themenfeld der sexuellen Selbstbestimmung. Erst im Anschluss daran wird es um die diesbezüglichen »aktiven Beiträge« der Heilpädagogik gehen. Damit sollen aktuelle Diskussionen und Erkenntnisse der Sexualpädagogik sowie Perspektiven von Menschen mit Lernschwierigkeiten mit heilpädagogischen Leitideen, wie Dieter Gröschke sie vertritt, in Verbindung gebracht werden. Organisationale Weiterentwicklungsprozesse werden auf der Grundlage aktueller Forschungsergebnisse im Mittelpunkt der Überlegungen stehen.

Menschen mit Behinderungserfahrungen kommen selber zu Wort

Sind sexuelles Erleben, sexuelle Entwicklung oder sexuelle Vorlieben und Abneigungen bei Menschen mit Behinderungserfahrungen anders als bei Menschen ohne Behinderungserfahrungen? Ist das Erleben von Behinderungserfahrungen überhaupt für die Frage nach Sexualität ein relevantes Differenzkriterium? Beeinflussen Behinderungserfahrungen die Sexualität des Menschen?

In den nachfolgenden Ausschnitten aus verschiedenen Textformen kommen Menschen mit Behinderungen selber zu Wort. Vielfältige Erfahrungen, Erlebnisse, Wünsche und Einstellungen von Frauen und Männern mit Behinderungen geben Hinweise auf mögliche Antworten. Die jeweiligen Anlässe für die Beiträge werden zu Beginn der Zitate kurz genannt. Besondere Varianten der Schreibweise wurden von den Autoren/innen – wie bei Zitaten üblich – übernommen.

Herrn Knorr ist mehrfach behindert, lebt in einer Wohneinrichtung für Menschen mit Behinderungen und hat für eine Tagung der Stiftung Leben pur einen Vortrag mit dem Titel »Sexualität – Auch ich habe ein Recht darauf« gemeinsam mit seiner Assistentin verfasst. Darin heißt es:

> Liebe, Nähe und Sexualität waren in meinem Leben ein Tabuthema, ich glaube gar nicht einmal bewusst. Es wurde einfach nicht darüber gesprochen, weder in meinem Elternhaus noch in meiner gesamten Schulzeit. (…) Es gab keine Bücher, keine Zeitschriften, keine Filme, nichts. Und ich konnte ja auch nicht wie Jugendliche, die nicht so schwer behindert sind wie ich, losgehen und mir solche Dinge kaufen. Ich konnte mich auch nicht mit meinen gleichaltrigen Freunden über dieses Thema austauschen oder einfach heimlich fernsehen. (…) Als ich in die Pubertät kam, spürte ich natürlich die Veränderungen in meinem Körper und in meinem Gefühlsleben, konnte sie aber nicht definieren. (…) Die Menschen, die mich betreuten, gingen auf das, was ich wollte, nicht ein oder ignorierten es. Das ist das schwerste Los, wenn man nicht nur behindert, sondern schwerstbehindert ist. Wenn die Menschen, die mich behüten und versorgen, ein Thema nicht ansprechen wollen oder können, dann habe ich auch keine Chance mich dazu zu äußern. (…)« (Knorr, 2011, 174 ff.)

Der Bundesverband für körper- und mehrfachbehinderte Menschen hatte 2009 gemeinsam mit der Aktion Mensch einen Geschichtenwettbewerb ausgeschrieben. Frauen und Männer mit Behinderung konnten Geschichten über ihr Leben einsenden. Aus den eingesendeten und publizierten Texten (Fischer et al. 2010) stammt der folgende Beitrag.

> »*Wie ich mich in Uwe verliebte*
> Ich lebe seit 1990 im Heinrich-Heide-Haus. Irgendwann zog Uwe ein. Ich fragte meinen Gruppenleiter, ob er nicht jemanden für mich wüsste. Er sagte, der Uwe sei ein Guter.
> Wir waren gemeinsam auf einer Gruppe. Uwe hatte ein Doppelzimmer, ich ein Einzelzimmer.
> Ich habe mich in Uwe verliebt – ich dachte: ›Das muss er sein, das ist er.‹
> Uwe kam öfters zu mir aufs Zimmer. Irgendwann haben wir uns dann zum ersten mal geküsst. Von da an hat Uwe immer von freitags bis sonntags bei mir im Zimmer übernachtet. Wir haben auch zusammen einen Tanzkurs besucht.
> Als Uwes Zimmernachbar starb, zog ich zu Uwe auf das Doppelzimmer. Mittlerweile sind wir schon seit dem 3.12.1999 verlobt und sind immer noch gemeinsam glücklich« (Gray 2010, 169).

Der nachfolgende Text ist ein Auszug aus einem Interview mit einem Bewohner einer Wohneinrichtung, das im Rahmen der Studie von Fegert u. a. (2006) zu sexueller Selbstbestimmung und sexueller Gewalt geführt wurde:

> » … man kriegt eine Erlaubnis, am Wochenende, wenn nicht alle da sind, man ist jetzt zum Beispiel drei oder vier Jahre zusamm´ […] und denn und mit Erlaubnis von Betreuer, denn zum Beispiel ein Wochenende hier bleiben kann, […] beziehungsweise, man hat Eltern, und zum Beispiel denn sacht: ›Hört mal zu, Betreuer, mein Freund kommt, würde gerne bei mir übernachten´ […] also, da weiß man der ist o.k. Den darf man ruhig hier schlafen lassen. […]

Und das kann man denn auch mal machen, wenn alle, nicht alle da sind, ne« (DAM/2465-2481)« (Thomas/Kretschmann/Lehmkuhl 2006, 154).

Auszug aus einem weiteren Interview derselben Studie:

»SUF: …und ich war bei Daniel im Zimmer. Er hat sich ausgezogen und ich auch. Und dann haben wir richtigen Sex gemacht. So, dann kam der rein [*eine Mitarbeiterin der Gruppe, Anm. d. Verf.*] und hat uns erwischt. Bei mir und bei Daniel. Deshalb dürfen wir keinen Sex mehr machen hier. Nicht mehr.
MSK: Warum?
SUF: Weil das verboten ist. Die Betreuer möchten nicht, dass ich kein Kind kriege und Daniel auch nicht. Damit er kein Vater wird und ich die Mutter. Deshalb wollen die Betreuer das nicht, dass wir das nicht machen dürfen.
MSK: Und wie finden Sie das?
SUF: Finde ich eigentlich richtig, wenn die Betreuer sagen. Ist okay, wir machen das lieber nicht. Dann machen wie das auch lieber nicht. Weil das kann schlimme Krankheit geben. (SUF/1023–1058)« (Thomas/Kretschmann/Lehmkuhl 2006, 187)

In der Zeitschrift »Fritz und Frieda« des Bundesverbandes für Körper- und mehrfachbehinderte Menschen (8. Ausgabe, Juni 2012) schreiben Frauen mit Behinderung zu folgenden Fragen:

Was bedeutet Liebe für mich?

»Liebe bedeutet für mich Kuscheln.« (Edeltrud, 41)
»Gesehen werden ohne in Schubladen gesteckt zu werden, meine Gefühle und Bedürfnisse ehrlich ausdrücken zu dürfen, dass es Raum und Platz hat. Sein zu dürfen, Wertschätzung, Anerkennung, Wohlwollen, Verständnis, Verbindung, Raum für Selbstbestimmung, gefragt werden…« (Frau, 42)
»Liebe heißt für mich, dass man sich ganz arg mag und sich braucht, damit es einem gut geht. Meine Mutter, meinen Vater und meine Geschwister habe ich sehr lieb.« (Judith A., 40)
»Etwas Schönes!« (Jasmina)

Was bedeutet Partnerschaft für mich?

»Für mich bedeutet Partnerschaft erstmal Freundschaft.« (Edeltrud, 41)
»Auf gleicher Augenhöhe zu sein – gemeinsame Suche nach Lösung, dass beide gleichzeitig ihre Bedürfnisse erfüllt haben und sich einander ihre Leben bereichern können…« (Frau, 42 Jahre)
»Mein Partner gibt mir Liebe, macht mich glücklich und ist immer für mich da. Natürlich geht man sich in einer Partnerschaft auf die Nerven, aber das gehört auch dazu.« (Judith A., 40)
»Heiraten und Kinder kriegen.« (Jasmina)

Was bedeutet Sexualität für mich?

»Gemeinsam im Bett angezogen schlafen.« (Edeltrud, 41)
»Toll!!! Wenn beide Lust haben. Den besten Sex hat man mit jemanden den man liebt.« (Judith A., 42)
»Gemeinsam aneinander mit Sexualität und Zärtlichkeit und Berührung und Sanftheit und Liebe erfreuen.« (Frau, 42)
»Hatte ich noch nie. Ins Bett gehen, zusammen schlafen, sich streicheln, schmusen.« (Heidi S.)

Wie steht mein näheres Umfeld zu diesem Thema?

»Die Betreuer im Wohnheim haben nichts dagegen, aber meine Schwester findet das nicht OK.« (Edeltrud, 41)

»Mit meinen Eltern rede ich nicht über solche Themen. Dafür kann ich mit meinen Mitbewohnern und den Betreuern darüber reden. Die helfen mir auch, wenn ich Fragen habe.« (Judith A., 40)

»Meine Mutter hat mich nicht aufgeklärt. Meine Mutter hat mich bei ›Doktorspielen‹ erwischt und mich ausgeschimpft.« (Jasmina)

»Ist mir egal was die sagen – ich wünsch es mir so.« (Heidi S.)

»Meine Eltern haben mir verboten, einen Freund zu haben.« (Lisa)

In derselben Zeitschrift »Fritz und Frieda« des Bundesverbandes für Körper- und mehrfachbehinderte Menschen (8. Ausgabe, Juni 2012) schreiben Männer mit Behinderung zu folgenden Fragen:

Was bedeutet Liebe für mich?

»Liebe bedeutet für mich Geborgenheit, Zärtlichkeit, Nähe, Kuscheln und Sex.« (Marc Kirch, 38)

»Ist wichtig für mich.« (Karsten)

»Sex.« (Thomas W., 27)

»Liebe bedeutet für mich, aufgefangen zu werden, auch an schlechten Tagen.« (Mann, 42)

Was bedeutet Partnerschaft für mich?

»Partnerschaft bedeutet für mich, nicht alleine durchs Leben zu gehen und etwas gemeinsam zu unternehmen, aber auch, dass jeder weiterhin seinen Freiraum bekommt.« (Marc Kirch, 38)

»Treue, fester Zusammenhalt, keine Lügen.« (Karsten)

»Mit dem anderen zusammen sein. Gemeinsam weggehen, z. B. ins Kino oder Schwimmbad und dabei Händchen halten. Dass man sich gegenseitig mal ärgert, gehört auch dazu.« Thomas W., 27)

»Dass da einer ist.« (Mann, 42)

Was bedeutet Sexualität für mich?

»Sexualität bedeutet für mich Zärtlichkeit, Kuscheln, intim sein mit dem Partner, seine Nähe spüren und Höhepunkte mit dem Partner zu erleben.« (Marc Kirch, 38)

»Gehört dazu, wäre wichtig.« (Karsten)

»Sex ist wichtig für mich und eine schöne Sache. Dabei schlägt mein Herz schneller und ich fühle mich gut. Ich lasse mich gerne verwöhnen.« (Thomas W., 27)

»Wichtig, aber nicht das Wichtigste.« (Mann, 42)

Wie steht mein näheres Umfeld zu diesem Thema?

»Mein Umfeld geht mit diesem Thema offen und ehrlich um.« (Marc Kirch, 38)

»Mit oder ohne Behinderung – sind genauso Menschen – da macht man keinen Unterschied.« (Klaus E.)

»Mit meiner Familie rede ich nicht über solche Themen. Ansonsten gehe ich recht offen mit diesen Themen um, auch wenn z. B. meine Mitbewohner nicht immer daran interessiert sind.« (Thomas W., 27)

»Dieses Thema wird in meiner Gruppe sehr vorsichtig behandelt. Bei meinem Freunden fällt schon ab und an ein Kommentar in diese Richtung, aber in meiner Familie ist dieses Thema tabu.« (M.S., 33)

Absicht und Aufbau des Beitrags

Die Realisierung individueller sexueller Selbstbestimmung, der suchende Weg zu subjektiv befriedigender Sexualität ist unverzichtbarer Bestandteil menschlichen Lebens – das gilt für alle Menschen. Der Lebensbereich der Sexualität verlangt eine ›Antwort‹– egal wie diese aussieht.
   Sexualität gehört unverzichtbar zu jedem Leben dazu und kann als eine wertvolle Lebensenergie erlebt werden. Darin unterscheiden sich Menschen mit oder ohne Behinderungserfahrungen nicht. Die vielfältigen Erfahrungen, die in den autobiografischen Texten und den Befragungen von Menschen mit Behinderung aufgehoben sind, beschreiben dies eindeutig.
   Als Unterschied zwischen Menschen mit und ohne Behinderungserfahrungen wird allerdings deutlich, dass Menschen mit Behinderung – vor allem strukturell bedingt – zum Teil andere, oft behindernde und einschränkende Erfahrungen im Erlernen und Ausleben ihrer Sexualität machen müssen. Sie sind, vor allem, wenn Sie in Institutionen leben, »Opfer hinderlicher Umstände oder sogar direkt Opfer einer ›Gesellschaft der Behinderer‹« (Gröschke 2001, 19). Sie sind (nicht nur) im Lebensbereich der Sexualität abhängig von anderen Menschen – der eigenen Familie, den Mitarbeitenden, den Mitbewohner/innen – und strukturellen institutionellen Rahmenbedingungen. Darum wird es nachfolgend gehen.
   In diesem Beitrag wird die Lebenssituation von Menschen mit vorrangig kognitiven Beeinträchtigungen, die in Wohneinrichtungen leben, für den Bereich der sexuellen Selbstbestimmung expliziert. Dazu dienen u. a. zentrale Erkenntnisse aus den Ergebnissen einer Mitarbeitendenbefragung (Ortland 2016).
   Die Überlegungen finden Anschluss an die von Dieter Gröschke vertretene Pragmatische Heilpädagogik:

> »Das große und verbindliche Ziel einer solchen Pragmatischen Heilpädagogik als integrale und humane Handlungswissenschaft wäre das Gelingen einer Praxis des mitmenschlichen Zusammenlebens, die alle Formen und Äußerungen von Menschen uneingeschränkt einbeziehst und eingemeindet, ohne angesichts extremer Formen von Andersheit und Einschränkung menschlicher Entwicklungs- und Entfaltungsmöglichkeiten resignieren zu müssen« (Gröschke 2001, 24).

Die Realisierung sexueller Selbstbestimmung für Menschen mit Behinderung würde dem »Gelingen einer Praxis des mitmenschlichen Zusammenlebens« in diesem Lebensbereich näher kommen. Eine *Minimierung sexualfeindlicher Lebensbedingungen* wäre als ein Minimum zu fordern. Deren Überwindung verbunden mit einer Veränderung hin zu *sexualfreundlichen Lebensbedingungen* sollte das *erstrebenswerte Maximum* sein.
   Die Diskussion solcher Veränderungsnotwendigkeiten und -möglichkeiten hin zu einer »Praxis des mitmenschlichen Zusammenlebens« erfolgt in drei Schritten. Zunächst wird das Verständnis von sexueller Selbstbestimmung benannt, um dann, auf aktuelle gesetzliche Forderungen aufbauend, die behindernden Lebensbedingungen von Erwachsenen mit geistiger Behinderung in Wohneinrichtungen darzulegen. Auf der Grundlage organisationskultureller Überlegungen sowie Anregungen für ler-

nende Organisationen werden Entwicklungswege zu mehr sexueller Selbstbestimmung in Einrichtungen der Eingliederungshilfe aufgezeigt.

Sexuelle Selbstbestimmung

Selbstbestimmung wird im Folgenden nach Thomas/Kretschmann/Lehmkuhl (2006, 84) verstanden

> »als die Möglichkeit (…), die Wahl zwischen akzeptablen Alternativen haben zu können. Dieses Potential bedarf eines Umfeldes, das Auswahlmöglichkeiten zur Verfügung stellt, und benötigt andererseits die Entwicklung der Fähigkeiten des Individuums, diese Alternativen wahrnehmen und sich zwischen diesen entscheiden zu können. Insbesondere bei Menschen mit geistiger Behinderung erscheint dafür eine Begleitung notwendig, die die Wahrnehmung eigener Bedürfnisse schult.«

Sexuelle Selbstbestimmung bezieht sich auf ein weites Verständnis von Sexualität, das jedem Menschen die Ausbildung einer subjektiv befriedigenden Sexualität zutraut und demgemäß auch zumutet:

> »Sexualität kann begriffen werden als allgemeine, jeden Menschen und die gesamte menschliche Biografie einschließende Lebensenergie, die den gesamten Menschen umfasst und aus vielfältigen Quellen – soziogenen und biogenen Ursprungs – gespeist wird. Sie beinhaltet eine geschlechtsspezifische Ausprägung, kennt ganz unterschiedliche – positiv oder negativ erfahrbare – Ausdrucksformen und ist in verschiedenster Weise sinnvoll« (Ortland 2005, 38).

Die Vorstellung eines definierbaren ›richtigen‹ oder ›erwachsenen‹ Sexualverhaltens wird abgelehnt. Subjektiv befriedigende Sexualität ist in allen individuellen Variationen denkbar und findet seine klare Grenze immer in der Persönlichkeit und den Rechten des anderen (vgl. Ortland 2016, 13 ff). Jennessen et al. (2019) formulieren ergänzend: »Selbstbestimmte Sexualität ist immer und ausschließlich im Kontext des Kontinuums von Fremd- und Selbstbestimmung denkbar, analysierbar und letztendlich auch lebbar« (Jennessen et al. 2019, 6). Sie betonen in ihrem Beitrag, dass die Realisierung sexueller Selbstbestimmung bei Menschen mit Unterstützungsbedarf eng verwoben ist mit den grundlegenden Möglichkeiten selbstbestimmt das Leben zu gestalten. »Die grundlegenden autonomen Entscheidungen über alltägliche Belange bieten somit die Folie, auf der auch Selbstbestimmung in Bezug auf Liebe, Partnerschaft und Sexualität realisiert werden kann« (ebd. 6).

Erfahrungen von sexueller Selbstbestimmung sind – im Gegensatz zum Erleben von Fremdbestimmung und paternalistischer Fürsorge – ein wesentlicher Beitrag für die sexuelle Gesundheit des Menschen, die die Weltgesundheitsorganisation (WHO in BZgA 2011) wie folgt definiert:

> »Sexuelle Gesundheit ist der Zustand körperlichen, emotionalen, geistigen und sozialen Wohlbefindens bezogen auf die Sexualität und bedeutet nicht nur die Abwesenheit von Krankheit, Funktionsstörungen oder Schwäche. Sexuelle Gesundheit erfordert sowohl eine positive, respektvolle Herangehensweise an Sexualität und sexuelle Beziehungen als auch die

Möglichkeit für lustvolle und sichere sexuelle Erfahrungen, frei von Unterdrückung, Diskriminierung und Gewalt. Wenn sexuelle Gesundheit erreicht und bewahrt werden soll, müssen die sexuellen Rechte aller Menschen anerkannt, geschützt und eingehalten werden« (WHO, 2006,10 zit. nach BZgA, 2011, S. 19).

Das Recht auf sexuelle Selbstbestimmung

Durch die Ratifizierung der UN-Konvention über die Rechte von Menschen mit Behinderungen in Deutschland besteht die Notwendigkeit, dass Institutionen der Behindertenhilfe die Realisierung der Rechte von Menschen mit Behinderung genau prüfen. Für den Kontext der sexuellen Selbstbestimmung sind vor allem die Artikel 22 und 23 von Relevanz. Darin heißt es:

Artikel 22 Achtung der Privatsphäre

(1) Menschen mit Behinderungen dürfen unabhängig von ihrem Aufenthaltsort oder der Wohnform, in der sie leben, keinen willkürlichen oder rechtswidrigen Eingriffen in ihr Privatleben, ihre Familie, ihre Wohnung oder ihren Schriftverkehr oder andere Arten der Kommunikation oder rechtswidrigen Beeinträchtigungen ihrer Ehre oder ihres Rufes ausgesetzt werden. Menschen mit Behinderung haben Anspruch auf rechtlichen Schutz gegen solche Eingriffe oder Beeinträchtigungen.
(2) Die Vertragsstaaten schützen auf der Grundlage der Gleichberechtigung mit anderen die Vertraulichkeit von Informationen über die Person, die Gesundheit und die Rehabilitation von Menschen mit Behinderungen.

Artikel 23 Achtung der Wohnung und der Familie

(1) Die Vertragsstaaten treffen wirksame und geeignete Maßnahmen zur Beseitigung der Diskriminierung von Menschen mit Behinderung auf der Grundlage der Gleichberechtigung mit anderen in allen Fragen, die Ehe, Familie, Elternschaft und Partnerschaft betreffen, um zu gewährleisten, dass
   a) das Recht aller Menschen mit Behinderungen im heiratsfähigen Alter, auf der Grundlage des freien und vollen Einverständnisses der künftigen Ehegatten eine Ehe zu schließen und eine Familie zu gründen, anerkannt wird;
   b) das Recht von Menschen mit Behinderungen auf freie und verantwortungsbewusste Entscheidung über die Anzahl ihrer Kinder und die Geburtenabstände sowie auf Zugang zu altersgemäßer Information sowie Aufklärung über Fortpflanzung und Familienplanung anerkannt wird und ihnen die notwendigen Mittel zur Ausübung dieser Rechte zur Verfügung gestellt werden;
   c) Menschen mit Behinderungen, einschließlich Kindern, gleichberechtigt mit anderen ihre Fruchtbarkeit behalten.

Neben dieser grundlegenden Feststellung sexueller Selbstbestimmung auf Basis der UN-Konvention findet sich im Grundgesetz mit dem Gleichbehandlungsgebot (Art. 3, Abs. 3) eine weitere klare Grundlage:

»Niemand darf wegen seines Geschlechtes, seiner Abstammung, seiner Rasse, seiner Heimat und Herkunft, seines Glaubens, seiner religiösen oder politischen Anschauungen benachteiligt oder bevorzugt werden. Niemand darf wegen seiner Behinderung benachteiligt werden.«

Schließlich werden in der Definition sexueller Rechte der Weltgesundheitsorganisation (WHO 2006 in BZgA 2011), die als bedeutsam für sexuelle Gesundheit bewertet werden, weitere Entwicklungsnotwendigkeiten deutlich:

»Sexuelle Rechte sind verknüpft mit den Menschenrechten, die bereits durch einzelstaatliche Gesetze, internationale Menschenrechtsdokumente und sonstige Konsenserklärungen anerkannt wurden. Sie beinhalten das Recht jedes Menschen, frei von Zwang, Diskriminierung und Gewalt, auf einen bestmöglichen Standard sexueller Gesundheit, einschließlich des Zugangs zu sexueller und reproduktiver Gesundheitsversorgung;

- Informationen zu Sexualität zu suchen, zu erhalten und zu verbreiten;
- auf sexuelle Aufklärung;
- auf Respekt gegenüber der körperlichen Unversehrtheit;
- auf freie Partnerwahl;
- zu entscheiden, ob er sexuell aktiv sein will oder nicht;
- auf einvernehmliche sexuelle Beziehungen;
- auf einvernehmliche Eheschließung;
- zu entscheiden, ob und wann er Kinder haben will; und
- ein befriedigendes, sicheres, lustvolles Sexualleben anzustreben.

Eine verantwortungsbewusste Ausübung der Menschenrechte macht es erforderlich, dass jeder die Rechte des anderen respektiert« (WHO 2006, 10 zit. nach BZgA, 2011, 20).

Einschränkungen der sexuellen Selbstbestimmung bei Menschen mit geistiger Behinderung in Wohneinrichtungen

Die für die sexuelle Selbstbestimmung von Menschen mit Lernschwierigkeiten als einschränkend erlebten Lebensbedingungen sind bereits an verschiedenen Stellen benannt oder ausführlicher beschrieben (vgl. Dobslaw 2010, Jennessen et al. 2019, Maier-Michalitsch/Grunick 2011, Mattke 2004, 2005, 2015, Ortland 2011, 2012, Ortland/Jennessen 2019, Specht 2008, Walter 2005) und empirisch abgesichert worden (Fegert u. a. 2006, Wacker 1999, Ortland 2016). Durch die repräsentative Studie des Bundesministeriums für Familie, Senioren, Frauen und Jugend (2012) sind sie für Frauen mit Behinderung bzw. Beeinträchtigung bestätigt worden. Relevante Erkenntnisse werden im Folgenden stichpunktartig – als orientierende Grundlage der weiteren Erörterungen – aufgeführt. Daran anschließend werden zentrale Ergebnisse der aktuellsten Befragung von Mitarbeitenden in Wohneinrichtungen aufgeführt (Ortland 2016), da diese konkrete Hinweise für konzeptionelle Weiterentwicklungen in Einrichtungen geben.

Die sexuelle Selbstbestimmung von Bewohnerinnen und Bewohnern in Organisationen der Eingliederungshilfe findet ihre vorrangigen (und prinzipiell veränderbaren) Grenzen in den Haltungen und Handlungen der Mitarbeitenden und den Strukturen der Organisationen. Deshalb wird in der überblickshaften Auflistung darauf der thematische Schwerpunkt gesetzt. Zur besseren Übersichtlichkeit erfolgt eine (eher künstliche) Trennung der in der Realität stark verwobenen Aspekte.

Einschränkungen der sexuellen Selbstbestimmung bedingt durch äußere Faktoren in Verbindung mit der Behinderung:

- erschwerende Biografien durch Institutionalisierung – von Jennessen et al. (2019, 8) mit »Fremdbestimmung als biografische Erfahrung« bezeichnet, Erleben von Fremdbestimmung und Abhängigkeit sowie negativen Körpererfahrungen (Knorr 2011, Ortland 2011)
- Sexualität stellt »trotz voranschreitender Normalisierung ihrer Lebensverhältnisse weiterhin keinen selbstverständlichen Bestandteil« (Specht, 2013, 295) des Lebens von Menschen mit geistiger Behinderung dar
- mehrdimensionale Diskriminierung von Frauen mit Behinderung (Hüner 2012, 105)
- Vermissen von engen und vertrauensvollen Beziehungen, vor allem bei Frauen mit Behinderung, die in Einrichtungen leben (BMFSFJ 2012, 48)
- multiple Gewalterfahrungen bei Frauen mit Behinderung (BMFSFJ 2012, 32)
- hohe Gefährdung im Bereich sexuelle Gewalt für Männer und Frauen mit Behinderung (Zemp 2011, 163 f.)
- mangelnde Sexualerziehung in Schule und Elternhaus, daraus resultierend nur mangelndes Wissen im Bereich Sexualität (Leue-Käding 2004, Ortland 2005, Mattke 2004, 48, 2005, 34)
- weniger sexuelle Erfahrungen vor allem bei jungen Frauen (Leue-Käding 2004), weniger (unbeaufsichtigte) Erfahrungsräume zur Ausbildung einer subjektiv befriedigenden Sexualität (Specht 2013, 299)

Einschränkungen der sexuellen Selbstbestimmung bedingt durch das Verhalten der Mitarbeitenden in Wohneinrichtungen:

- Vorurteile: »Sexualität bei geistig behinderten Menschen unterliegt Walter (2002a, 32 ff) zufolge drei typischen Vorurteilen: 1. einer Verdrängung, 2. einer Dramatisierung und 3. einer Fehldeutung nonverbaler Kommunikation« (Mattke 2004, 49)
- (negative) Bewertung des sexuellen Verhaltens der Bewohner/innen auf der Grundlage eigener Werte und Moralvorstellungen (Mattke 2004, 49 f)
- implizite Konzepte »richtiger« und »falscher« Sexualität, wie z. B. die notwendige Langfristigkeit von Partnerschaften als »richtige« Sexualität: »Aber auch die unhinterfragte Annahme, dass Schwangerschaften zu vermeiden seien oder dass es einen ›richtigen‹ Zeitpunkt für Sexualaufklärung gibt, bilden, wenn auch nicht so

elaborierte, implizite Konzepte, die dringend reflektiert werden sollten« (Jeschke/ Wille/Fegert 2006a, 284)
- restriktive Bedingungen für das Ausleben der Sexualität für die Bewohner/innen (Jeschke/ Wille/Fegert 2006a, 285)
- mangelnde Reflexion der eigenen Einstellungen und der eigenen sexuellen Biografie der Mitarbeiter/innen (Ortland 2008)
- mangelnde gemeinsame selbstkritische Reflexion der Mitarbeitenden, »so dass kein professioneller Konsens zu diversen sexualpädagogischen Themen im Team und in der Einrichtung erarbeitet werden kann, der für eine kompetente Sexualerziehung erforderlich ist« (Jeschke/Wille/Fegert 2006a, 287)
- mangelnde Fähigkeiten in einer für alle Beteiligten angemessener und verständlicher Form über Sexualität zu reden (Ortland 2011)
- wenig Privat- und Intimsphäre im Gruppenleben der Wohneinrichtungen (Römisch 2011, 63, BMFSFJ 2012, 39): Die strukturellen Bedingungen in Wohnheimen »lassen wenig Intimsphäre zu, und die Themen rund um Partnerschaft und Sexualität werden im öffentlichen Raum der Wohngruppe verhandelt« (Römisch 2011, 63)
- Abhängigkeit in der Ausgestaltung der eigenen Sexualität (sowohl alleine als auch mit Partner/in) von den Mitarbeitenden, die diesbezügliche Regeln z. B. für Übernachtungen aufstellen (Thomas/Kretschmann/Lehmkuhl 2006, 185 ff)
- prophylaktische hormonelle Verhütung in Verbindung mit mangelnder Aufklärung sowie zu geringem Einbezug in diesbezügliche Entscheidungsprozesse (Römisch 2011, 63) und in Bezug zum Umfang der Verhütung eher geringer sexueller Aktivität (BMFSFJ 2012, 41): »Das Ergebnis zeigt, dass bei diesen Frauen (mit geistiger Behinderung, B.O.) häufig auch dann schwangerschaftsverhütende Maßnahmen zum Einsatz kommen, wenn sie nach eigenen Angaben sexuell nicht aktiv sind und waren« (BMFSFJ 2012, 41)
- sexualpädagogische Angebote werden selten kontinuierlich angeboten, sondern es wird eher auf Bedarfe/Fragen der Bewohner/innen reagiert; mögliche Zuständigkeiten für sexualpädagogische Angebote scheinen nicht geklärt (Jeschke/Wille/ Fegert 2006a, 258 ff)
- Mitarbeitende monieren den Mangel an ausreichendem sexualpädagogischen Arbeitsmaterial für Menschen mit geistiger Behinderung (Jeschke/Wille/Fegert 2006a, 262). Gleichzeitig werden als sekundäre soziale Behinderung sexuelle Themen eher gemieden: »Das Personal schreibt den eigenen meidenden Umgang mit Sexualität der mangelnden Präsenz des Themas zu und realisiert keine umgekehrte Wirkrichtung« (Jeschke/Wille/Fegert 2006a, 285).

Einschränkungen der sexuellen Selbstbestimmung bedingt durch strukturelle sowie bauliche Rahmenbedingungen in den Wohneinrichtungen:

- mangelnde Wahrung der Privat- und Intimsphäre in Einrichtungen (BMFSFJ 2012, 39, Jeschke/Wille/Fegert 2006, 419 f)
- zwei Fünftel der befragten Frauen mit geistiger Behinderung in der repräsentativen Studie des BMFSFJ (2012, 38) gaben an, keine abschließbaren Wasch- und Toilettenräume zur Verfügung zu haben

- mangelnde Mitbestimmungs- und Gestaltungsmöglichkeiten der Bewohner/innen (BMFSFJ 2012, 39): »Einem Fünftel der in Einrichtungen lebenden Frauen (20 %) stand kein eigenes Zimmer zur Verfügung. Viele Frauen konnten darüber hinaus nicht mitbestimmen, mit wem sie zusammenwohnen und äußerten den Wunsch nach mehr Alleinsein« (ebd. 38)
- mangelnder Schutz vor psychischer, physischer und sexueller Gewalt (BMFSFJ 2012, 39)
- zu geringe Beachtung genderbezogener Aspekte in Bezug auf die Begleitung und Pflege der Bewohner/innen (Jeschke/Wille/Fegert 2006, 334 ff, Römisch 2011, 62, Hüner 2012, 107)
- Ungleichverteilung der Geschlechter in den Wohneinrichtungen: a) Einrichtungen, die historisch als Männer- bzw. Fraueneinrichtungen gewachsen sind und erst seit einigen Jahren Bewohner/innen des anderen Geschlechts aufnehmen, haben in der Regel ein deutliches Ungleichgewicht der Geschlechter; b) Überrepräsentation der männlichen Bewohner in Wohneinrichtungen – sowohl ambulant als auch stationär (Römisch 2011, 61)
- mangelnde Außenkontakte erhöhen das Risiko, Opfer sexueller Gewalt zu werden, und erschweren den Bewohner/innen, eine/n Partner/in zu finden (Jeschke/Wille/Fegert 2006, 421; Zemp 2011, 164).

Ausgewählte, ergänzende, übergreifende Aspekte aus der Befragung von Mitarbeitenden in Wohneinrichtungen der Eingliederungshilfe (N = 640) zu ihren täglichen Erfahrungen im Bereich der sexuellen Selbstbestimmung der Bewohner und Bewohnerinnen, ihren subjektiven Erklärungsmodellen sowie Unterstützungswünschen (ausführlich in Ortland 2016; Zusammenfassung S. 147ff):

- Der Alltag der befragten Mitarbeitenden ist durch die Konfrontation mit einer Vielzahl von unterschiedlichen sexuellen Verhaltensweisen der Bewohner/innen bestimmt (z. B. Selbststimulation, Selbstbefriedigung, sich vor anderen ausziehen, Toilettentür offenstehen lassen, andere (ungefragt) umarmen oder küssen, sich auf den Schoß des/der anderen setzen, sexuelle Themen ansprechen, Wunsch nach Freund/in äußern). Das diesbezügliche Störungsempfinden der Befragten ist eher gering.
- Sexuelles Verhalten der Frauen mit Behinderung wird von den befragten Mitarbeitenden tendenziell als störender erlebt als sexuelles Verhalten der Männer mit Behinderung.
- Es erfolgen im Alltag von Seiten der Bewohner/innen viele Eingriffe in die Privat- und Intimsphäre der Mitarbeitenden (z.B. sich bei Mitarbeitenden auf den Schoß setzen, diese umarmen oder küssen, den Genitalbereich/das Gesäß oder die Brust anfassen).
- Die Vielfältigkeit der personenbezogenen Begleitung der (Weiter-) Entwicklung individueller sexueller Selbstbestimmung der Männer und Frauen mit Behinderung stellt an die Mitarbeitenden hohe persönliche und professionelle Anforderungen.
- Zentrale Themen von Seiten der Bewohner/innen sind die Wahrung der Intim- und Privatsphäre aller Beteiligten mit geschützten Räumen für Selbststimulation

und Selbstbefriedigung sowie der starke Wunsch nach Freund oder Freundin, der ein Aufbrechen der eher isolierenden Lebensbedingungen erfordert.
- Wohngruppen mit gleichgeschlechtlichen Bewohnern oder Bewohnerinnen fördern strukturell bedingtes homoerotischen bzw. homosexuelles Verhalten unter den Männern und Frauen mit Behinderung.
- Bei Bewohner/innen mit schwerer oder mehrfacher Behinderung werden sexuelle Verhaltensweisen seltener von den Befragten positiv bewertet als bei den anderen Bewohner/innen.
- Zwei Drittel der befragten Mitarbeitenden wünschen sich in ihren Einrichtungen Veränderungen, weil sie unzufrieden mit dem aktuellen Stand der Realisierung sexueller Selbstbestimmung für die Bewohner/innen sind.
- Diesbezüglich scheint Unsicherheit bei den Befragten vorherrschend, denn der Wunsch nach mehr Klarheit durch die Leitung sowie mehr Austausch in der Einrichtung insgesamt ist groß.

Die gesamten generierten Aspekte zeigen, dass die Einschränkungen sexueller Selbstbestimmung bei Erwachsenen mit Lernschwierigkeiten in Einrichtungen primär strukturell bedingt sind. Es ergeben sich weiterhin deutliche Hinweise aus der Gesamtbefragung (deren Ergebnisse hier nur in kleinen Auszügen dargestellt werden konnten), dass zur umfassenden Realisierung sexueller Selbstbestimmung grundlegende Veränderungsprozesse in der Organisationskultur der Einrichtungen ein notwendiger Ansatzpunkt für Veränderungen ist.

»Die Ergebnisse (der Befragung, Anm. B. O.) zeigen insgesamt die Notwendigkeit von inhaltlicher Passung der Organisationskultur mit einem Konzept sexueller Selbstbestimmung auf und verweisen damit auf die hohe Bedeutung entsprechender Analyse- und Entwicklungsprozesse in Organisationen« (Ortland, 2016, 149).

Was damit genau gemeint ist, soll in den nächsten beiden Kapiteln beschrieben werden. Dazu wird zunächst erläutert, warum die Gesamtergebnisse der Befragung ›einfache Lösungen‹ nicht zielführend erscheinen lassen. An einigen ›irritierenden‹ Ergebnissen wird dies exemplarisch dargestellt und der Weg zum organisationsbezogenen Erklärungsrahmen beschrieben. Vor dem Hintergrund des Modells der Organisationskultur (nach Schein 2010) sind die Ergebnisse verstehbarer und mögliche Lösungswege erkennbar.

Irritierende Ergebnisse der Befragung

Die Gesamtergebnisse haben gezeigt, dass der Arbeitsalltag der Mitarbeitenden sowie der Lebensalltag der Bewohnerinnen und Bewohner durch viele sehr unterschiedliche sexuelle Verhaltensweisen der Bewohner/innen geprägt bzw. von diesen durchzogen ist. Sexualität (im aufgezeigten weiten Verständnis) ist in vielfältigen Formen im Alltag aller Beteiligten sichtbar und erlebbar.

In der Erhebung sind von den Mitarbeitenden viele Verhaltensweisen der Bewohner/innen benannt worden, die in die Intim- bzw. Privatsphäre der jeweils anderen Personen (sowohl der anderen Mitarbeitenden als auch anderer Bewohnerinnen und Bewohner) eingreifen. Es scheint diesbezüglich eine gewisse ›Normalität‹ zu herrschen. Man könnte es als eine Normalität scheinende Sexualisierung des Alltags bezeichnen.

Dabei scheint es aber so zu sein, dass die vielfältigen sexuellen Verhaltensweisen der Bewohnerinnen und Bewohner nur noch wenig Störungen/Irritationen/Abwehr im Empfinden der befragten Mitarbeitenden hervorrufen. Die Mitarbeitenden scheinen viele sexuelle Verhaltensweisen im Alltag zu ›ertragen‹, ohne sich dadurch gestört zu fühlen. Möglicherweise erlauben sie sich selbst auch zu wenig, sich gestört fühlen zu dürfen. Möglicherweise wird es auch subjektiv als ›mangelnde Fachlichkeit‹ bewertet, wenn ›man‹ die sexuellen Verhaltensweisen der Bewohnerinnen und Bewohner als unangemessen, störend oder unangenehm erlebt.

Möglicherweise nehmen die Befragten an, dass es im Bereich der Eingliederungshilfe zum Arbeitsalltag gehört, mit den ›behinderungsbedingten‹ (als nicht änderbar angenommenen) sexuellen Verhaltensweisen der Bewohnerinnen und Bewohner konfrontiert zu werden und man diese ›als gegeben‹ hinnehmen muss.

Dazu ein Beispiel aus der Befragung: Jede/r 5. Befragte erlebt, dass sich eine Bewohnerin in seinem/ihrem Beisein selbst befriedigt. Vier von fünf befragten Mitarbeitenden, die das mit der Frau mit Behinderung erleben, stört diese Selbstbefriedigung in ihrem Beisein nicht (Ortland 2016, 70). Jede/r 3. Befragte erlebt, dass sich ein männlicher Bewohner in seinem/ihrem Beisein selbst befriedigt. Dies stört aber nur ein Viertel der Mitarbeitenden, die das erleben (ebd. 66). Drei von vier Befragten fühlen sich also durch die Selbstbefriedigung der Männer in ihrem Beisein nicht gestört.

Bei dem Versuch der Interpretation dieser Ergebnisse stellte sich die Frage, wie es sein kann, dass ein Verhalten (Selbstbefriedigung in der Öffentlichkeit), das in einem anderen Kontext einen Straftatbestand darstellt (§ 183a Erregung öffentlichen Ärgernisses), im Kontext der Wohneinrichtung bei etlichen Befragten noch nicht einmal als störend bewertet wird.

Aus den Befragungsergebnissen ist dies – nimmt man die Perspektive der befragten Mitarbeitenden ein – folgendermaßen zu erklären: Die *Behinderung* der Menschen in den Einrichtungen führt bei etlichen der Befragten zu einer *anderen* Bewertung des sexuellen Verhaltens und der sexuellen Lernmöglichkeiten. Denn etlichen der erwachsenen Frauen und Männer mit Behinderung wird von den Befragten selten zugetraut, gesellschaftlich akzeptable Verhaltensweisen zu erlernen. 90,6 % der Befragten stimmten folgender Aussage mit häufig/manchmal für Bewohner/innen ihrer Wohngruppe bzw. ihres Arbeitsbereiches zu: Die Bewohner/innen »haben durch Behinderung kein Verständnis von eigener Sexualität und angemessenen Verhaltensweisen« (Ortland 2016, 87).

An diesem Ergebnis soll exemplarisch verdeutlicht werden, was in der Gesamtschau aller umfassenden Ergebnisse (und nicht nur dieses kleinen, hier dargestellten Ausschnittes – dies gilt es zu beachten!) als Frage sehr bedenkenswert scheint: Werden Männer und Frauen mit Behinderung, die in Wohneinrichtungen der Eingliederungshilfe leben, durchgehend und umfassend als Erwachsene mit dem Recht auf sexuelle Selbstbestimmung gesehen? Oder wird ihnen die Fähigkeit, sexuell selbstbestimmt zu leben, abgesprochen? (Hier gilt es zu beachten: ›Sexuell selbstbestimmt leben‹ ist nicht gleichzusetzen mit ›sexuell glücklich leben‹!)

Aus den umfangreichen Gesamtergebnissen der Befragung lässt sich die nachfolgende Interpretation ableiten: Die Männer und Frauen mit Behinderung werden von den befragten Mitarbeitenden weniger als Erwachsene mit dem Recht auf sexuelle Selbstbestimmung gesehen. Sie werden eher nicht als Erwachsene gesehen, denen die Realisierungsmöglichkeit einer subjektiv befriedigenden, selbstbestimmten Sexualität zugetraut wird. Damit wird ihnen ebenso eher nicht zugetraut mit den möglicherweise traurigen und belastenden Seiten sexueller Selbstbestimmung (Ablehnung, Liebeskummer etc.) umzugehen. Weiterhin wird ihnen wenig zugemutet, die entsprechenden Pflichten, die mit selbstbestimmter Sexualität verbunden sind (z. B. Wahrung der Intim- und Privatsphäre/der Grenzen aller Beteiligten) zu verstehen und zu erfüllen. Die Bewohner/innen scheinen von den befragten Mitarbeitenden wenig mit einem Anspruch an sexuell akzeptable Verhaltensweisen konfrontiert zu werden.

Über die – sicher für jeden einzelnen befragten Mitarbeitenden subjektiv sinnvollen – Gründe, dies nicht oder nur eingeschränkt zu tun, soll und kann hier nicht spekuliert werden.

Angenommene eingeschränkte emotionale Fähigkeiten der Bewohner/innen könnten z. B. ein solcher Grund von Seiten der Mitarbeitenden sein. Diesbezüglich lassen neuere Erkenntnisse aus dem Bereich der emotionalen Entwicklung von Menschen mit kognitiven Beeinträchtigungen einen solchen Unterstützungs- und Entwicklungsbedarf für Menschen mit Behinderungen in diesem Lernfeld erkennen (vgl. Sappok/Zepperitz 2019).

Eine notwendige Entwicklungsrichtung hin zur Anerkennung der erwachsenen Menschen mit Behinderung als Erwachsene mit dem Recht auf sexuelle Selbstbestimmung ist damit allerdings indiziert. Diese Aufgabe der Weiterentwicklung gilt für jeden einzelnen Mitarbeitenden, aber insbesondere für die gesamte Organisation, wie nun differenzierter erörtert werden soll.

Um Verstehensmöglichkeiten darzulegen und Veränderungswege zu eröffnen, werden nachfolgend das Modell der Organisationskulturen nach Schein (2010) sowie die Idee der lernenden Organisationen nach Senge (2017) vorgestellt und auf das Thema sexueller Selbstbestimmung spezifiziert.

Organisationskultur verstehen lernen

Im Zuge der Diskussion der Ergebnisse der Mitarbeitendenbefragung sowie der bereits dargestellten einschränkenden Lebensbedingungen in Wohneinrichtungen bot der theoretische Zugang über das Konstrukt der Organisationskultur nach Schein (2010) vielfältige Verstehenszugänge.

> »Die Organisationskultur bezeichnet in Analogie zum allgemeinen Kulturbegriff die Wert- und Denkmuster sowie die Symbolsysteme einer Organisation, so wie diese auf dem Hintergrund menschlicher Handlungsprozesse im Kontext und der Geschichte der Organisation

entstanden sind und weiterhin entstehen. Hieraus folgt, dass jede Organisation durch die in ihr handelnden Kulturschaffenden eine eigene Kulturgemeinschaft entwickelt. Sie generiert also unverwechselbare Vorstellungen und Orientierungsmuster, welche das Verhalten der Mitarbeitenden (in Dienstleistungsorganisationen), aber auch das der Klienten/innen, der Nutzer/innen und Kunden/innen nach innen und außen auf relativ nachhaltige Weise prägen« (Ortland 2016, 222).

Zentrale Gedanken über die drei Ebenen der Organisationskultur – Ebene 1: Symbole/Zeichen, Ebene 2: Normen/Standards, Ebene 3: Basisannahmen – sollen im Folgenden erläutert werden (ausführlicher in Ortland 2016, Kap. 7). Dazu werden den eher allgemeinen Ausführungen über die drei Ebenen jeweils direkt im Anschluss Konkretisierungen für den Bereich der sexuellen Selbstbestimmung in Wohneinrichtungen der Eingliederungshilfe beigefügt.

Nach Schein (2010) ist eine Organisationskultur über drei verschiedene Ebenen erfassbar bzw. beschreibbar. Er nutzt das Bild einer Avocado (Schale, Fruchtfleisch, Kern), um dies zu verdeutlichen.

Ebene der Artefakte bzw. Symbole/Zeichen (Schale der Avocado):

Es gibt an der Avocado bzw. bei der Organisation eine von außen sichtbare Schale, die Schein (2010, 32) für die Organisationskultur mit »Artefakte« benennt. »Auf der Ebene der Artefakte ist die Kultur sehr klar und hat unmittelbare emotionale Auswirkungen. Aber man kann im Grunde nicht sagen, warum sich die jeweiligen Mitarbeiter so verhalten (…). Beobachtung allein reicht nicht aus, um die Vorgänge zu entschlüsseln« (ebd. 32). Nach außen ist also sichtbar, mit welcher Organisation man zu tun hat und wie sich diese präsentiert. Was dahinter liegt, ist nicht so leicht erkennbar.

Konkretisierung: Auf dieser Ebene kann zur Entschlüsselung der Organisationskultur unter dem Aspekt der Realisierung sexueller Selbstbestimmung geprüft werden:

- Wie deutlich ist das Thema der sexuellen Selbstbestimmung von außen sichtbar? Ist es überhaupt sichtbar? Für welche Zielgruppen ist es sichtbar (Verständlich für Menschen mit und ohne Behinderung? – für Angehörige/gesetzliche Betreuer/innen oder Menschen mit Behinderung als potentielle Bewohner/innen?)?
- Gibt es erkennbar angebotene Aktivitäten durch Aushänge etc. (z. B. der Stammtisch/die Treffen für bestimmte (sexuell definierte) Gruppen (Frauen/Männer/Homosexuelle etc.), Beratungsangebote einschlägiger Beratungsstellen (z. B. profamilia, donum vitae etc.) oder Fortbildungsangebote zu sexuellen Themen)?
- Wie offensiv präsentiert sich eine Einrichtung mit diesbezüglichen Aktivitäten? Werden auf der Homepage oder Flyern entsprechende Angebote (z. B. Fortbildungen zu sexuellen Themen) der Organisation beschrieben? Ist etwas erkennbar aus der äußeren Gestaltung der Wohngruppen oder beispielsweise dem Vorhandensein bestimmter Räumlichkeiten oder von Beratungsangeboten?

Normen/Standards (Fruchtfleisch der Avocado):

Unter den Artefakten liegen die »öffentlich propagierten Werte« (ebd. 32) – im Bild der Avocado das Fruchtfleisch. Dies steht für themenspezifische Werte, Normen und

Standards. Schein schlägt vor, dass man, um eine Unternehmenskultur gründlich oder wirklich zu erfassen, bestimmte Artefakte auswählen und inhaltlich vertiefen sollte. Es sollten Artefakte sein, »die Sie verwirren oder nicht Ihren Erwartungen entsprechen. Sie müssen also Insider finden, die Ihnen das Unternehmen erklären können« (ebd. 33).

Konkretisierung: Exemplarisch können hier Konzepte oder Orientierungshilfen genannt werden, die den Mitarbeitenden in der Organisation dazu dienen, eine gemeinsame, inhaltlich orientierende Arbeitsgrundlage für ein Thema zu haben.

- Gibt es diese für den Bereich der sexuellen Selbstbestimmung? Welche Inhalte werden darin thematisiert oder fehlen? Welche Sprache wird zur Bezeichnung der Themen und der beteiligten Personengruppen genutzt?
- Wie konkret können Mitarbeitende daraus Handlungsideen ableiten? Können konkrete Fragen aus dem Alltag (z. B. die Nutzung/Organisation von Sexualbegleitung für Bewohner oder der käufliche Erwerb sexueller Hilfsmittel) daraus abgeleitet werden?
- Stimmen beobachtbares Verhalten im Alltag der Mitarbeitenden mit den Bewohner/innen mit den Inhalten von den Konzepten überein oder sind Widersprüche erkennbar? Haben die Mitarbeitenden den Eindruck, dass sie im Bereich genitaler sexueller Selbstbestimmung eher »heimlich« agieren sollten?

Basisannahmen (Kern der Avocado):

Schein warnt davor, sich von diesen (bisher dargestellten) äußeren, erkennbaren, benennbaren und erfassbaren Informationen über eine Organisation verleiten zu lassen. Das Handeln der Mitarbeitenden, »(...) *das offene Verhalten (wird) von einer tieferen Denk- und Wahrnehmungsebene gesteuert (...)*. Diese tiefere Ebene kann sich durchaus mit den propagierten Werten und Prinzipien decken, muss es aber nicht. Wenn Sie die Kultur verstehen wollen, müssen Sie entschlüsseln, was auf der tieferen Ebene vor sich geht« (ebd. 34, Hervorhebung im Original).

Diese tiefere Ebene wird im Bild durch den harten Kern der Avocado dargestellt, der – wie auch die Basisannahmen – unter den anderen beiden Schichten verborgen ist und kaum ›aufzubrechen‹. Es handelt sich um Überzeugungen, die »für selbstverständlich« gehalten werden und deshalb eher unbewusst sind (ebd. 31) bzw. Anlässe fehlen, um sich darüber auszutauschen. Das heißt, dass der einzelne Mitarbeitende in einer Organisation für bspw. bestimmte Werte (unausgesprochen) annimmt, dass alle anderen Kollegen/innen in der Organisation diese Werte mit ihm teilen. Diese angenommene Selbstverständlichkeit muss in der Regel durch bestimmte Vorkommnisse sehr stark irritiert werden, um sie zum Thema zu machen/sie zu hinterfragen und offen zu diskutieren.

Schein beschreibt die Basisannahmen als Ergebnis eines Lernprozesses eines Unternehmens. Dieser organisationale Lernprozess ist durch die Geschichte der Organisation geprägt. »Wenn man diese oder irgendwelche anderen Unternehmenskulturen wirklich verstehen will, muss man diese Annahmen aufspüren, die wirksam, aber den Mitarbeitern nicht mehr bewusst sind, weil sie selbstverständlich wurden« (ebd. 35). Weil diese Annahmen so wirkmächtig und grundlegend – aber auch so wenig bewusst zugänglich – sind, sollen sie im Folgenden differenzierter dargestellt und für den Bereich der sexuellen Selbstbestimmung konkretisiert werden. Dies kann aufgrund der Komplexität nur exemplarisch geschehen.

Fünf Bereiche werden zur thematischen Strukturierung der Basisannahmen genannt (vgl. ebd. 225 f):

- Annahmen über die Umwelt
- Annahmen über Wahrheit und Zeit
- Annahmen über die Natur des Menschen
- Annahmen über das menschliche Handeln
- Annahmen über die Natur sozialer Beziehungen.

Konkretisierung: An dieser Stelle soll – als exemplarische Konkretisierung – geprüft werden, ob das bereits angeführte Beispiel zur (geringen) Störungsintensität bei direkt im eigenen Beisein erlebter Selbstbefriedigung von Männern oder Frauen mit Behinderung nun durch das Avocado-Modell, im Speziellen die Basisannahmen, neu oder anders verstanden werden kann. Dazu sollen im Folgenden mögliche Basisannahmen unter Rückgriff auf die Mitarbeitendenbefragung kritisch geprüft werden. Zunächst soll aber kurz auf den geschichtlichen Lernprozess für die Basisannahmen in Bezug auf das Thema der sexuellen Selbstbestimmung geschaut werden.

Schein (2010) weist ausdrücklich darauf hin, die *Geschichte einer Organisation* für das Verständnis der Unternehmenskultur und das Verstehen/Entziffern der Basisannahmen zu berücksichtigen. Für den Bereich der sexuellen Selbstbestimmung bei Menschen mit Behinderung kann – hier stellvertretend für die Geschichte einer einzelnen Organisation – die allgemein gesellschaftliche Wandlung der Bewertung der Personengruppe und des Themas der Sexualität betrachtet werden. Diese Veränderungen haben Organisationen natürlich auch beeinflusst und finde sich entsprechend in den ›Erzählungen‹ von Mitarbeitenden, die zum Teil Jahrzehnte in einer gleichen Organisation arbeiten.

Dieser jahrzehntelange Wandlungsprozess von der Ausgrenzung/bloßen Verwahrung über Normalisierungsprozesse, Selbstbestimmung und Empowerment hin zu Inklusion scheint für den Bereich der Sexualität im Leben von Menschen mit Behinderungen, die in Institutionen leben, deutlich langsamer voranzuschreiten und Widerstände gegen Veränderungen scheinen hartnäckiger zu sein.

»Die strukturellen Verbesserungen führen allerdings nicht automatisch zu einer Normalisierung im Umgang mit Sexualität. Hier werfen die Versäumnisse der Vergangenheit und die langanhaltende Tabuisierung des Themas überaus lange Schatten. (...) Trotz des skizzierten Paradigmenwechsels wird auch heute noch vielen ambulant und institutionell betreuten Menschen mit Behinderung das Recht auf Sexualität zumindest teilweise vorenthalten« (Specht 2013, 168).

Der von Specht beschriebene deutlich langsamere Wandel in Bezug auf die Realisierung des Rechts auf selbstbestimmte Sexualität kann als ein Hinweis auf veraltete/ überkommene Annahmen von ›infantiler Sexualität‹ bei Menschen mit Behinderungen gewertet werden und findet sich in den Ergebnissen der Mitarbeitendenbefragung wieder. So stimmen z. B. 74 % der Befragten folgender Aussage zu: »Bewohner/innen werden von Mitarbeitenden als große Kinder angesehen (Infantilisierung)« (Ortland 2016, 88). Drei Viertel der Befragten geben weiterhin an, dass viele der Mitarbeitenden nicht wahrhaben wollen, dass die Bewohnerinnen und Bewohner Sexualität haben und leben wollen (ebd. 88). Dies sind Annahmen, die sich der »*Natur des Menschen*« zuordnen lassen.

Als weitere mögliche Basisannahme aus dem Bereich der ›Natur des Menschen‹ stimmen knapp zwei Drittel der Befragten der Aussage »Sexuelles Verhalten ist aufgrund der Behinderung triebgesteuert und deshalb nicht änderbar« zu (ebd. 88). Es wird von den befragten Mitarbeitenden also angenommen, dass sexuelles Verhalten für (manche) Menschen mit Behinderung schwer oder kaum zu regulieren ist. Umgekehrt scheinen sogar willentlich unbeeinflussbare sexuelle Triebe die Menschen mit Behinderung zu steuern. Ist diese Annahme, die an die ›Dampfkesseltheorie‹ von Freud erinnert, aktuell fachlich noch haltbar?

Die fachwissenschaftlich aktuelle Diskussion geht von Sexualität als einer positiven und in weiten Teilen regulierbaren Lebensenergie aus (Sielert 2015, 42) sowie der Lernfähigkeit eines jeden – auch kognitiv beeinträchtigten – Menschen (vgl. Gröschke 2008, 236). Damit einher geht die Erkenntnis, dass Lernmöglichkeiten im Bereich der Sexualität – wie in allen anderen Lebensbereichen und bei allen anderen Menschen auch – höchst unterschiedlich in der Intensität und im Erfolg sind. Allerdings zeigen neue Erkenntnisse aus dem Bereich der emotionalen Entwicklung auch auf, dass eine umfassendere Fähigkeit zur Emotionsregulierung sich erst im späteren Verlauf der emotionalen Entwicklung einstellt. Insofern sind nur individuelle Aussagen möglich und immer zu bedenken, dass »kognitive, emotionale und körperliche Fähigkeiten (...) nicht immer auf dem gleichen Entwicklungsstand« (Sappok/Zepperitz 2019, 58) sind.

Also kann der Schluss gezogen werden, dass die *allgemeine* Aussage, dass Menschen mit Behinderungen *aufgrund dieser Behinderung sich alleinig triebgesteuert sexuell verhalten und dies nicht ändern können*, fachlich falsch ist. (Hier ist zu beachten, dass sich in der Befragung die Frage nicht allgemein auf Menschen mit Behinderung bezog, sondern nur auf die Menschen, die von den Befragten begleitet werden – insofern muss immer im Einzelfall über die Qualität der fachlichen Begründung der Aussage entschieden werden.)

Dies ist allerdings im Zusammenhang mit auch vielen fachlich angemessenen Annahmen der befragten Mitarbeitenden zu sehen, wie es im Weiteren noch zu diskutieren gilt.

Denkt man aber diese Annahme weiter, so stellt sich folgende Frage: Was kann durch die für die Bewohner/innen getroffene Annahme der Triebsteuerung bei den Mitarbeitenden als Folge in ihrem Handeln eintreten?

Bestimmt diese Annahme (dass eine Regulation sexuellen Verhaltens triebbedingt nicht möglich ist) das Handeln der Mitarbeitenden, so werden den von ihnen begleiteten Bewohnerinnen und Bewohnern keine diesbezüglichen Lernangebote zur Veränderung ihres Verhaltens gemacht werden. Denn, was nicht lernbar erscheint, braucht keine Lernangebote. Sind die Bewohnerinnen und Bewohner ›Opfer ihrer sexuellen Triebe‹, wird das Ziel der Begleitung eher die ›Eindämmung der Triebe‹ fokussieren als mögliche Lern-/Bildungsangebote zu selbstbestimmter Sexualität.

Zu dieser Interpretation passt ebenso die Einschätzung fast aller Befragten, dass die Bewohner/innen *behinderungsbedingt* keine anderen sexuellen Verhaltensweisen erlernen können.

Widersprüchliche Basisannahmen:

Die Befragungsergebnisse zeigen im Weiteren inhaltliche Widersprüchlichkeiten im Bereich der Basisannahmen auf. Es gibt höchst unterschiedliche und durchaus in sich nicht konsistente Annahmen über sexuelles Verhalten, Lernmöglichkeiten und zum Status als Erwachsener in Bezug auf die Frauen und Männer mit Behinderung. Es wird (im Rahmen organisationsbezogener Auswertung der Befragungsergebnisse) diesbezüglich auch kein schlüssiges Bild für einzelne Organisationen der Stichprobe deutlich. Auch lassen sich keine durchgehenden signifikanten Zusammenhänge z. B. mit dem Alter oder dem Geschlecht der Befragten und bestimmten Annahmen herstellen (z. B. im Sinne von mehr sexueller Aufgeschlossenheit bei jüngeren Mitarbeitenden).

Stattdessen existieren zum Teil Aussagen zu sexuellen Verhaltensweisen der Bewohner/innen nebeneinander, die nur bedingt zueinander passen, wie die nachfolgenden Beispiele zeigen:

- »Sexuelles Verhalten ist Ausdruck von Freude/Lust an Gefühlen/körperlichem Erleben« (Zustimmung bei 96,6 %)
- »Menschen mit geistiger Behinderung haben andere sexuelle Bedürfnisse als Menschen ohne Behinderung« (Zustimmung 55,6 %)
- »Viele Mitarbeitende wollen nicht wahrhaben, dass Bewohner/innen Sex haben und leben wollen« (Zustimmung 75,9 %). Wie ist das zu verstehen?

Ein möglicher Erklärungsansatz in Bezug auf in sich widersprüchliche Basisannahmen liegt im Bereich der sogenannten ›Mythen‹, die häufig sowohl das Thema der Sexualität allgemein als auch die Sexualität bei Menschen mit Behinderung im Arbeitsalltag oder im Privatleben bestimmen. Mythen sind falsche Vorstellungen bzw. Geschichten, die immer weiter überliefert werden und die sich vor allem hartnäckig halten, selbst wenn sie wissenschaftlich widerlegt sind. Unrealistische Mythen in Bezug auf Sexualität allgemein beeinflussen nach Kossat (2018, 9) »Lust und Erregung vieler Menschen negativ«. Die nachfolgende Abbildung gibt einen Überblick über die Vielfältigkeit dieser Mythen. Diese, allgemein auf Sexualität bezogenen Mythen, lassen sich auch zum Teil mit den Mythen in Verbindung bringen, die den Bereich der Sexualität von Menschen mit kognitiver Beeinträchtigung immer noch beeinflussen. Dies trifft z. B. auf die unterstellte Triebhaftigkeit und die enge Verbindung von Körperkontakt und nachfolgendem Sex zu.

So wie die Sexualität von Menschen ohne Behinderungen durch die Mythen beeinflusst sein kann, lassen sich ebenso für Menschen mit Behinderung – und hier vor allem kognitiver Beeinträchtigung – etliche hinderliche Mythen finden.

Zunächst von Walter (2002) benannt, dann von Mattke (2004) erneut in ihrer Wirkmächtigkeit dargelegt, wurden zentrale (überdauernde) Mythen gegenüber Menschen mit kognitiven Beeinträchtigungen als immer noch wirkmächtig in Strafverfahren zu sexueller Gewalt durch eine qualitative Analyse der Strafprozessakten identifiziert (Krüger et al. 2014). Die Autorinnen stellen in der Analyse unter anderem fest: »Wichtig erscheint zudem der Befund, dass nicht allein Personen diese Mythen bedienen, die keine oder wenig Erfahrung im Umgang mit intellektuell beeinträchtigten Menschen haben, sondern auch solche, die privat oder beruflich

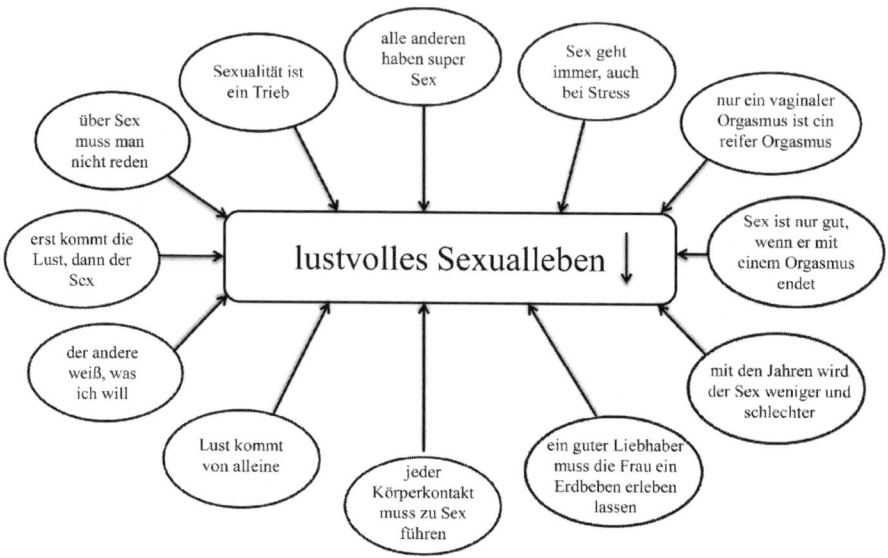

Abb. 1: Sexualmythen (Kossat 2018, 9)

häufig mit ihnen Kontakt haben. Auch dies spricht für die Stärke und Hartnäckigkeit jener falschen Überzeugungen« (ebd. 134).

Diese bis hierhin nur angedeuteten und vorläufigen Diskussionen verschiedener Ergebnisse der Mitarbeitendenbefragung zeigen schon verschiedenste und vielfältige, z. T. widersprüchliche mögliche Basisannahmen zur Sexualität von Menschen mit Behinderung in den befragten Organisationen auf. Diese bisherige Darstellung ruft nun möglicherweise eher Verwirrung als (die versprochene) Klärung durch das Modell der Organisationskultur hervor.

Genau diese Verwirrung oder mangelnde Klarheit scheint aber das Ergebnis dieser organisationskulturellen Analyse der Befragungsergebnisse zu sein:

Die Basisannahmen in Organisationen der Eingliederungshilfe zeigen sich für den Bereich der sexuellen Selbstbestimmung wie folgt: inkonsistent, widersprüchlich, teils von hinderlichen Mythen geprägt, von überholten wissenschaftlichen Annahmen durchzogen und doch auch anerkennend, förderlich und wissenschaftlich aktuell – bunt gemischt und einer konzeptionell stringenten, fachwissenschaftlich aktuellen und partizipativ ausgerichteten Weiterentwicklung eher hinderlich.

Erschwerend kommt in einem Klärungs- und Weiterentwicklungsprozess weiterhin hinzu, dass Basisannahmen per Definition unbewusste und nur schwer zugängliche Inhalte einer Organisationskultur sind. Es scheint nicht notwendig, über diese angenommenen Selbstverständlichkeiten in einen Austausch zu kommen: »Alle Organisationskulturen werden gelebt. Ihre Selbstreflexion ist die Ausnahme und wird erst dann vorgenommen, wenn Organisationen an die Grenze ihrer Belastbarkeit, ihrer Leistungsfähigkeit oder an den Rand einer pathologischen Organisationsstruktur gelangen (…). Die Elemente einer Organisationskultur sind zum großen Teil unsichtbar« (Emmelmann/Greving 2019, 30/31, vgl. Ortland 2016, Kap. 7.3). Einem Eisberg vergleichbar ist nur ein kleiner Teil den Menschen sichtbar, der größte Teil liegt im Verborgenen – beim Eisberg unter Wasser –, und es benötigt starke Anstrengungen – eine Tauchmannschaft –, um das Verborgene sichtbar und das heißt auch besprech- und diskutierbar zu machen. Es braucht dringende Anlässe, um sich die ›Mühe‹ zu machen, nach dem Verborgenen zu ›tauchen‹.

Resumée

Die Ausführungen zu den verschiedenen Ebenen einer Organisationskultur zeigen trotz der Knappheit und Verdichtung auf, dass das Modell der Organisationskultur nach Schein verstehen lässt, warum hinderliche Mythen über die Sexualität von Menschen mit Behinderung so hartnäckig überdauern und so schwer der bewussten Veränderung zugänglich sind: Aufgehoben in den Basisannahmen sind diese Mythen und Widersprüche kaum bewusst und werden selten/nicht reflektiert zum Thema gemacht.

Das Modell lässt auch die Inkonsistenz der Ergebnisse der Mitarbeitendenbefragung verstehen. Denn neben den exemplarisch herausgegriffenen negativen Bewertungen der Sexualität von Menschen mit Behinderungserfahrungen, gab es auch deutlich positive Konnotationen, in denen sexuelles Verhalten der Bewohnern/innen als Ausdruck von Freude/Lust an Gefühlen/körperlichem Erleben bewertet wurde (Zustimmung von 96 %) und auch die strukturell hemmenden Bedingungen deutlich gesehen wurden. Folgende Aussagen verdeutlichen den strukturellen Aspekt:

»Bew. haben in Einrichtung kaum Möglichkeit, Partner/in zu finden« (Zustimmung 89,9 %)
»Bew. haben in Einrichtung keine Möglichkeit, ihre sexuellen Wünsche zu leben« (Zustimmung 84,8 %)
»MA beachten die Intim-/Privatsphäre in der Wohneinrichtung nicht (z. B. ins Bad kommen, ohne anzuklopfen)« (Zustimmung 64,6 %) (vgl. Ortland 2016, 91).

Die Vielfältigkeit und das Vorherrschen zum Teil inkonsistenter Annahmen zeigt:

»Eine Organisationskultur ist daher das Ergebnis eines kollektiven Erfahrungsspeichers, in welchem die unterschiedlichsten Elemente, die unterschiedlichen Positionen und Personen (in) der Geschichte, aber auch der Gegenwart einer Organisation wiederzufinden sind« (Emmelmann/Greving 2019, 31).

Zum Abschluss der Überlegungen wird nun ein skizzenhafter Ausblick auf mögliche Veränderungsansätze in Organisationen geworfen. Als Grundlage dient das Modell der lernenden Organisation nach Senge (2017). Das komplexe Modell, das Senge in seinem Buch »Die fünfte Disziplin« (2017) sehr konkret, gut verständlich und nachvollziehbar entfaltet, kann hier nicht annähernd so differenziert und facettenreich dargestellt werden. Es können nur Impulse und Ideen gegeben werden. Ziel dieser kurzen Ausführungen soll die Vermittlung von ›Lust auf Mehr‹ an Wissen und Auseinandersetzung mit dem Thema der Organisationsveränderung sein, um Einflussmöglichkeiten in der eigenen Organisation zu erkennen (denn Ansatzpunkt für Veränderungen ist immer der einzelne Mensch), eigene Erlebnisse am Arbeitsplatz vor diesem Hintergrund zu reflektieren und ggf. besser/anders zu verstehen, aber auch Grenzen eigener Einflussmöglichkeiten zu akzeptieren.

Möglicher Weg der Veränderung: lernende Organisationen

Sowohl die dargestellten Überlegungen von Schein (2010) als auch die nachfolgenden Ideen von Senge (2017) haben beide den gleichen Ansatzpunkt für neue Erkenntnisse, Entwicklungen bzw. Veränderungen: den *Menschen* in der Organisation.

So schreibt Senge (2017, 154):

»Organisationen lernen nur, wenn die einzelnen Menschen etwas lernen. Das individuelle Lernen ist keine Garantie dafür, dass die Organisation etwas lernt, aber ohne individuelles Lernen gibt es keine lernende Organisation.«

Senge bezieht seine Ausführungen auf Wirtschaftsunternehmen im Produktionsbereich. Demgemäß sind die Menschen in den Organisationen für ihn alleinig die Mitarbeitenden.

In Bezug auf Wohneinrichtungen der Eingliederungshilfe scheint mir angemessen zu behaupten, dass alle beteiligten Akteure/innen (und nicht nur Mitarbeitende) etwas lernen müssen, um eine lernende Organisation zu entwickeln und perspektivisch die Organisationskultur zu verändern. Menschen mit Behinderungen und Menschen ohne Behinderungen müssen lernen und sich weiterentwickeln, um so die Organisation zu verändern und mehr sexuelle Selbstbestimmung zu realisieren. Alle Beteiligten sollten z. B. lernen, Selbstverständlichkeiten, wie sie den Basisannahmen unhinterfragt zugrunde liegen, zu hinterfragen.

Grundlegend für die Ausführungen von Senge (2017) zu lernenden Organisationen ist das Systemdenken, bei dem er als relevant benennt zu erkennen, dass jeder im Unternehmen durch das eigene Handeln zu den eigenen Problemen beiträgt – aber ebenso zu deren Lösungen bzw. Veränderungen beitragen kann: »Eine lernende Organisation ist ein Ort, an dem Menschen kontinuierlich entdecken, dass sie ihre Realität selbst erschaffen. Und dass sie diese Realität verändern können« (ebd. 24).

Übersetzt auf das Thema des Beitrages könnte der Satz heißen: Mitarbeitende und Bewohner/innen entdecken, dass sie gemeinsam die Möglichkeiten sexueller Selbstbestimmung in ihrer Organisation verändern können.

Weiterführende Erkenntnisse könnten so formuliert sein:

- Mitarbeitende entdecken neue Perspektiven auf die erwachsenen Frauen und Männer mit Behinderung, indem sie z. B. deren Lernmöglichkeiten annehmen und ihnen positiv Veränderungsmöglichkeiten in ihrem Verhalten unterstellen (statt der angenommen ›Triebgesteuertheit‹).
- Mitarbeitende könnten eine ›neue Realität‹ schaffen, indem sie den Bewohner/innen unterstellen, dass auch diese gerne Selbstbefriedigung in einem Privatbereich durchführen würden (und das wären zunächst ›nur‹ andere Gedanken auf dasselbe Phänomen). Als (mögliche) Handlungsfolge (dieser neuen Gedanken) werden Bewohner/innen von den Mitarbeitenden dabei unterstützt, Selbstbefriedigung in ihren eigenen Zimmern auszuführen. Es könnten dazu möglicherweise Hilfen in Form von erotischen Bildern oder anderen sexuellen Hilfsmitteln (Vibrator, künstliche Vagina) zur Verfügung gestellt werden.

- Oder es könnten weiterführend eigene, möglicherweise enge Vorstellungen ›richtiger‹ Sexualität erkannt und verändert werden – dies könnte Vorstellungen von für genitale Sexualität ›notwendige‹ Paarbeziehungen im Gegensatz zu häufig wechselnden Geschlechtspartner/innen betreffen oder die Wertschätzung homosexueller Erfahrungen.
- Bewohnerinnen und Bewohner können eigene Veränderungswünsche erkennen und nehmen Mitgestaltungsmöglichkeiten (möglicherweise mit Unterstützung) wahr. Sie finden in den Mitarbeitenden Unterstützer/innen auf dem Weg zu mehr subjektiver sexueller Selbstbestimmung.

Viele weitere Varianten solcher Erkenntnisse zu unterschiedlichsten Veränderungsmöglichkeiten sind denkbar, kreativ zu entwickeln und sollen an dieser Stelle als Anregung zur Formulierung ›eigener Erkenntnissätze‹ anregen.

Menschen haben die Chance, Erlebnisse und Sachverhalte neu oder anders zu bewerten und zu interpretieren.

Senge (2017) sieht auf der Grundlage des Systemdenkens das Team und dessen Lernfähigkeit im Mittelpunkt seiner weiteren Überlegungen für Veränderungsprozesse – allerdings sind die weiteren Disziplinen, die er benennt, von ebensolcher Bedeutsamkeit und untrennbar mit dem Teamlernen verbunden:

- »Personal Mastery« ist der Begriff, mit dem meine Kollegen und ich die Disziplin der Selbstführung und Persönlichkeitsentwicklung bezeichnen« (ebd. 155).
- Mentale Modelle können sowohl Verallgemeinerungen über menschliches Handeln als auch komplexe Theorien sein. »Aber das Entscheidende für ein Verständnis von mentalen Modell ist, dass sie *aktiv* sind – sie steuern unser Handeln« (ebd. 194, Hervorhebung im Original).
- »Eine gemeinsame Vision ist eine Vision, der sich viele Menschen wahrhaft verschrieben haben, weil sie ihre eigene persönliche Vision widerspiegelt« (ebd. 226). Sie wird nachfolgend als ein bedeutsamer Aspekt des Ansatzes noch differenzierter erläutert werden.

Das *lernende Team* besteht nach Senge aus talentierten Einzelpersonen, die gelernt und erkannt haben, dass sie im Team gemeinsam mehr zu leisten in der Lage sind. »Das Team-Lernen ist der Prozess, durch den ein Team seine Fähigkeit, die angestrebten Ziele zu erreichen, kontinuierlich ausrichtet und erweitert« (ebd. 257). Damit ist der Teambegriff von Senge nicht mit den Arbeitsteams (Wohngruppenteams, Wohnbereichsteams etc.) aus Wohneinrichtungen zu verwechseln. Der Teambegriff ist weiter und flexibler gefasst. Wenn Teams zu den, wie Senge es nennt, »wichtigsten Lerneinheiten in den Organisationen« werden und als »Vorbild« oder »Maßstab« für andere Teams dienen sollen (ebd. 257), so müssen sie eine gemeinsame Ausrichtung ihrer Tätigkeit und ihrer Talente wollen, üben und realisieren, damit »das Empowerment des Einzelnen zum Empowerment des ganzen Teams beitragen kann« (ebd. 256). Es sind Teams, die sich freiwillig und themengebunden zusammenschließen.

Das Lernen im Team, das Senge mit seinen zu übenden Erfordernissen, aber auch zu überwindenden Abwehrmechanismen noch viel ausführlicher und differenzierter beschreibt, wird als »wichtiger Meilenstein auf dem Weg zur lernenden Organisation« (ebd. 260) bewertet.

Die gegenseitige Anerkennung als gleichwertige Partner/innen im Team ist für diesen gemeinsamen Prozess eine wichtige Basis. »Die bewusste Absicht, einander als gleichberechtigt zu betrachten, trägt dazu bei, dass man sich kollegial verhält. Das mag banal klingen, ist aber von großer Bedeutung« (ebd. 267).

Bei der Übertragung der Ideen zum lernenden Team als Keimzelle von Veränderungen auf die Wohneinrichtungen stellt sich die Frage, ob ein gemischtes Team aus Mitarbeitenden und Bewohner/innen eine sinnvolle Entscheidung für Prozesse der Organisationsentwicklung sein kann. Dagegen spricht meines Erachtens, dass der Bezugsrahmen für Veränderungen für beide Gruppen ein anderer ist. Bewohner/innen *leben* in der Einrichtung, Mitarbeitende *arbeiten* dort. Bewohner/innen sind den organisationalen Strukturen in ihrem gesamten Lebensbereich ausgesetzt und befinden sich in der machtlosen Position für Veränderungen. Mitarbeitende haben ein Privatleben jenseits der Organisation, weiterhin mehr Möglichkeiten, sich der Wirkmächtigkeit der Organisation durch Wechsel der Arbeitsstelle zu entziehen und sie haben die machtvollere Position für Veränderungen.

Es ist eine große Herausforderung und Anstrengung, in gemischten Teams aus Bewohner/innen und Mitarbeitenden dauerhaft Prozesse der Organisationsentwicklung gleichwertig und mit Erfolg zusammen zu gestalten.

Trotzdem sollte es diese (freiwillige) Zusammenarbeit geben, um einen ersten Schritt auf dem Weg zu gemeinsamer Organisationsentwicklung zu gehen – dann aber gut reflektiert und möglichst extern begleitet. Externe Begleitung kann in Form von Supervision des Prozesses für alle Beteiligten hilfreich sein. Für Menschen mit kognitiven Beeinträchtigungen scheint eine fachliche Unterstützung durch externe Assistenz (z. B. Mitarbeitende aus Beratungsstellen) ebenso angezeigt.

In der Umsetzung einer bewussten, reflektierten Entscheidung von Mitarbeitenden und Bewohner/innen, einander in einem freiwilligen Arbeitsteam als gleichberechtigt zu betrachten und in gemeinsam übernommener Verantwortung zur Veränderung der Lebens- und Arbeitsbedingungen beizutragen, kann auch in Wohneinrichtungen ein erster gemeinsamer Schritt zu mehr sexueller Selbstbestimmung getan werden. Damit verbunden sind bspw. das Einüben einer gemeinsamen alltagsnahen Sprache und eine Erweiterung individueller Sprechfähigkeit über Sexualität.

Gemeinsame Arbeitstreffen können auch als flankierende Maßnahmen von zunächst gruppenbezogenen Arbeitsprozessen von eher ›homogenen‹ Gruppen (Mitarbeitende sowie Bewohner/innen) gedacht sein. Wie schon zuvor dargestellt: Auch hier sind alle Chancen auf eine neue, gemeinsam geschaffene Realität offen und gegeben. Die Beteiligten entscheiden bewusst und freiwillig, welches Bild sie voneinander in der gemeinsamen Arbeit haben werden.

Die Ideen von Senge lassen sich also nicht (wie hier deutlich wird) unverändert übertragen – neue Formen sollten und können entwickelt und als Chance genutzt werden. Kreativität und Offenheit für neue Wege sind förderlich. Das leitet über zu einem weiteren Aspekt, den Senge als zentral für die lernende Organisation ausführt.

Bei dem Aspekt der »gemeinsamen Vision« sind für Senge (2017, 225 ff) Bilder zentral für einen Entwicklungsprozess der Organisation.

> »Auf ihrer einfachsten Ebene ist eine Vision die Antwort auf die Frage ›Was wollen wir erschaffen?‹ So wie persönliche Visionen Bilder oder Vorstellungen sind, die Menschen in ihren Köpfen oder Herzen tragen, sind auch gemeinsame Visionen Bilder, die von allen Mitgliedern einer Organisation geteilt werden. Sie erzeugen ein Gefühl von Gemeinschaft, das die Organisation durchdringt und die unterschiedlichsten Aktionen zusammenhält« (ebd. 226).

Sexuelle Selbstbestimmung in Wohneinrichtungen als Bild zu entwerfen, scheint zunächst eine Herausforderung zu sein. Welches Bild, welche Vorstellung kann im Kopf oder Herz von Mitarbeitenden oder Bewohner/innen entstehen? Und wie können hier die unterschiedlichen Interessen von auf der einen Seite »Arbeitsbereich« der Mitarbeitenden und »Lebensbereich« der Bewohner/innen gut vereinbar werden?

Ist eine gemeinsame Idee aller Bewohner/innen für diesen so hoch individuellen Lebensbereich schon entwerf- und denkbar? Sind Rahmungen vorstellbar, mit denen alle zufrieden wären und die genügend Freiraum für subjektiv zufriedenstellende Sexualität beinhalten würden?

Als Anregung für einen inhaltlich getragenen Diskussionsprozess, der bei den Beteiligten langfristig zu einer Vision von mehr oder auch umfassender sexueller Selbstbestimmung führen kann, können möglicherweise die nachfolgenden Leitlinien gelingender sexueller Selbstbestimmung dienen.

Anhand derer sowie des dazu entworfenen Reflexionsmaterials kann ein Reflexionsprozess in Wohneinrichtungen sowohl mit Bewohner/innen als auch Mitarbeitenden gestaltet werden (Teil des ReWiKs-Medienpaketes, Jennessen/Ortland/Römisch et al. 2020).

Die nachfolgende Entstehungsgeschichte der Leitlinien hilft, diese besser zu verstehen und als Arbeitsinstrument einzuordnen.

Eine (mögliche) gemeinsame Vision: Leitlinien gelingender sexueller Selbstbestimmung

Die Idee für eine Formulierung von »Leitlinien gelingender sexueller Selbstbestimmung« entstand wie folgt: Im Sommer 2013 lagen die Ergebnisse der Mitarbeitendenbefragung (Ortland 2016) vor. Aus diesen wurden zwei Dinge deutlich: Zum einen, dass die Situation im Bereich der sexuellen Selbstbestimmung in den Wohneinrichtungen der Eingliederungshilfe stark veränderungswürdig ist. Zwei Drittel der befragten Mitarbeitenden waren mit der Situation unzufrieden (Ortland 2016, 148). Zum anderen, dass ein eher »klassischer« Weg über Fortbildungen die Mitarbeitenden nicht erreichen und dementsprechend nicht zum Ziel der Veränderung führen würde. Von allen abgefragten Wünschen nach

Veränderung lagen bei den Befragten Fortbildungen für sich oder ihr Team an letzter Stelle der Skala. Nur jeder 20. Befragte wünschte sich Fortbildungen. Beratung für sich selbst, für das Team, aber auch für Bewohner/innen standen mehr im Fokus.

> »Die an die Einrichtungsleitung gerichteten Wünsche nach mehr Klarheit der Vorgaben und mehr Austausch in der Einrichtung über den Themenbereich der Sexualität weisen auf eine hohe Unsicherheit der Befragten hin. Eine Diskussion der (Weiter-)Entwicklung zur Klärung des professionellen Auftrags der Mitarbeitenden im Bereich der Begleitung sexueller Selbstbestimmung der Bewohner/innen scheint hier dringend angezeigt« (ebd.).

Die »Leitlinien für gute Kinderhospizarbeit« (Jennessen et al. 2011) sowie der 2013 noch in der Erprobung befindliche »Qualitätsindex für Kinder- und Jugendhospizarbeit« (Jennessen/Hurth 2015) brachten die Autorin auf die Idee und die Frage, ob nicht möglicherweise Leitlinien gelingender sexueller Selbstbestimmung für das Handlungsfeld der Eingliederungshilfe formulierbar und als Reflexionshilfe für die Praxis gut nutzbar seien.

So entstanden dann in der Diskussion mit den Kollegen/innen Prof. Dr. Jennessen und Prof. Dr. Römisch erste Entwürfe von »Leitlinien gelingender sexueller Selbstbestimmung in Einrichtungen der Eingliederungshilfe«. Sie sind von Beginn an als normative Grundidee und damit als erstrebenswerte Zielperspektive (und damit mögliche Vision) gedacht und formuliert (vgl. Ortland 2016, 152 ff). In einem Forschungsprojekt (ReWiKs – gefördert von der Bundeszentrale für gesundheitliche Aufklärung [BZgA]) sind die Leitlinien verschiedensten Mitarbeitenden aus vielfältigen Wohneinrichtungen vorgestellt und mit ihnen diskursiv weiterentwickelt worden (Jennessen/Ortland/Römisch 2016). Ebenso sind »Leitlinien gelingender sexueller Selbstbestimmung« in Leichter Sprache aus der Perspektive und für Bewohnerinnen und Bewohner entwickelt worden. Im Forschungsprojekt wurden durch Diskussionsprozesse mit Bewohner/innen diese Leitlinien ausdifferenziert weiterentwickelt.

Diese Leitlinien (Jennessen, Ortland, Römisch 2019, 2019a, ebenso im ReWiKs-Medienpaket enthalten [Jennessen, Ortland, Römisch et al. 2020]) können als Grundlage für Diskussionsprozesse in verschiedenen Teamkonstellationen (Mitarbeitendenteams, Bewohner/innenteams oder gemischte Teams aus Bewohner/innen und Mitarbeitenden) für Weiterentwicklungsprozesse der Organisation oder konzeptionelle Arbeiten genutzt werden.

Mit den im Forschungsprojekt »ReWiKs« entwickelten Reflexionsmaterialien (Jennessen et al. 2020), Bildungsangeboten in vielfältigen Formaten für beide Zielgruppen (Ortland et al. 2020) sowie entsprechender Praxisratgeberliteratur (Römisch et al. 2020) können Menschen aus Organisationen der Eingliederungshilfe sich alleine oder gemeinsam in homogegen oder heterogenen Teams auf den Weg des Lernens begeben (Jennessen, Ortland, Römisch et al. 2020).

Umfassende Visionen sexueller Selbstbestimmung, aber auch Visionen für bestimmte Lebensbereiche (z. B. Partnerschaft und Familie) sind aus den nachfolgenden Leitlinien für die beteiligten Akteure/innen ableitbar. Dazu können offene Diskussionen in verschiedenen Settings genutzt werden. Die Fragebücher aus dem Projekt ReWiKs bieten einen sehr strukturierten Zugang über Reflexionsfragen

(Jennessen et al. 2020). Über die Methode der Zukunftswerkstatt können ebenso vielfältige Zugänge zu Veränderungsideen gefunden werden.

Es werden zunächst die Leitlinien für die Bewohner/innen (Leichte Sprache) und daran anschließend die Leitlinien für die Mitarbeitenden aufgeführt.

Leitlinien gelingender sexueller Selbstbestimmung in Leichter Sprache

»Leitlinie 1:
Jeder Mensch hat das Recht auf sexuelle Selbst-Bestimmung.

Leitlinie 2:
Erwachsene Menschen mit Behinderungen haben

- das Recht auf eine Partnerschaft.
- das Recht zu heiraten.
- das Recht, Kinder zu bekommen.

Die Wohn-Einrichtung kann dabei beraten und helfen.
Es gibt in der Wohn-Einrichtung

- Räume für Paare.
- Räume für Familien.

Leitlinie 3:
Menschen mit Behinderungen sagen allen anderen Menschen:
Wir haben das Recht auf sexuelle Selbst-Bestimmung.
Manche Menschen mit Behinderungen können das nicht sagen.
Sie brauchen dafür Hilfe.
Die Mitarbeiter der Wohn-Einrichtung helfen ihnen.

Leitlinie 4:
Alle Menschen in der Wohn-Einrichtung unterstützen die sexuelle Selbst-Bestimmung.
Sexuelle Selbst-Bestimmung ist das Recht aller Menschen. Über Sexualität kann man mit allen Menschen in der Wohn-Einrichtung reden.

Leitlinie 5:
Männer und Frauen sind unterschiedlich. Männer und Frauen haben unterschiedliche Wünsche. Alle Menschen beachten diese Unterschiede. Alle Men-

schen brauchen einen Bereich nur für sich. Der Bereich heißt Privat-Bereich oder Intim-Bereich. Jeder Mensch hat einen Privat-Bereich. Niemand darf ohne Erlaubnis den Privat-Bereich von anderen Menschen stören.

Leitlinie 6:
Menschen mit Behinderungen haben unterschiedliche Bedürfnisse. Sie brauchen Unterstützung zur sexuellen Selbst-Bestimmung. Diese Unterstützung gibt es in der Wohn-Einrichtung. Diese Unterstützung gibt es auch an anderen Orten. Die Wohn-Einrichtung kennt diese Orte. Die Wohn-Einrichtung kümmert sich auch um diese Unterstützung.

Leitlinie 7:
Menschen mit Behinderungen leben in ihrer Wohn-Einrichtung. Menschen mit Behinderungen leben außerhalb ihrer Wohn-Einrichtung. Sie gehen zum Beispiel in ein Café. Sie können dort auch Menschen kennenlernen. Sie können dabei auch einen Partner finden. Die Wohn-Einrichtung hilft ihnen dabei.

Leitlinie 8:
Es gibt viele Informationen zur Liebe. Es gibt viele Informationen zur Sexualität. Informationen finden Sie zum Beispiel:

- in Büchern
- in Filmen
- im Fernsehen
- im Internet

Es gibt auch Beratungs-Stellen. Menschen mit Behinderungen können sich dort informieren. Die Wohn-Einrichtung kennt viele Möglichkeiten. Die Wohn-Einrichtung hilft bei der Suche nach Informationen.

Leitlinie 9:
Berührungen dürfen keinen anderen Menschen verletzen. Worte dürfen keinen anderen Menschen verletzen. Sex darf keinen anderen Menschen verletzen. Bei sexueller Gewalt verletzen sich Menschen. Berührungen können sexuelle Gewalt sein. Worte können sexuelle Gewalt sein. Sex kann sexuelle Gewalt sein. Die Wohn-Einrichtung schützt vor sexueller Gewalt.« (Jennessen, Ortland, Römisch 2019a)

Leitlinien gelingender sexueller Selbstbestimmung in Wohneinrichtungen der Eingliederungshilfe in schwerer Sprache[22]

»*Leitlinie 1: Das Recht auf sexuelle Selbstbestimmung*
Erwachsene Menschen mit Behinderung leben ihre Sexualität selbstbestimmt und werden dabei bedarfsorientiert, alters- und entwicklungsgemäß begleitet. Sie sind Expertinnen und Experten für sämtliche Belange ihrer Sexualität.
Alle Menschen haben das Recht auf sexuelle Selbstbestimmung. In Wohneinrichtungen werden unter Beteiligung der Bewohnerinnen, Bewohner und Mitarbeitenden die notwendigen Bedingungen geschaffen, die für die Umsetzung dieses Rechts notwendig sind. Eine Begleitung der Bewohnerinnen und Bewohner erfolgt individuell abgestimmt auf die von ihnen benannten oder ggf. bei eingeschränkter Mitteilungsfähigkeit bei ihnen vermuteten Bedarfe. Leitend sind die Wünsche der Bewohnerinnen und Bewohner selbst. Sexuelle Selbstbestimmung ist begrenzt durch das Recht auf Unversehrtheit anderer.«

»*Leitlinie 2: Das Recht auf Partnerschaft, Ehe, Familie und Elternschaft*
Erwachsene Menschen mit Behinderung entscheiden selbstbestimmt über Partnerschaft, Ehe, Familie und Elternschaft.«

»*Leitlinie 3: Vertretung der Interessen gegenüber Dritten*
Bewohnerinnen und Bewohner vertreten ihr Recht auf sexuelle Selbstbestimmung gegenüber Dritten, wie z. B. Mitarbeitenden der Einrichtungen, Angehörigen und rechtlichen Betreuerinnen und Betreuern. Bei Bedarf werden sie dabei unterstützt.«

»*Leitlinie 4: Sexuelle Selbstbestimmung in der Einrichtungskultur*
Sexuelle Selbstbestimmung ist ein selbstverständlicher Bestandteil der Einrichtungskultur.
Alle Bewohnerinnen, Bewohner und Mitarbeitenden auf allen Hierarchieebenen tragen dazu bei, dass eine positive und reflektierte Grundhaltung in Bezug auf sexuelle Selbstbestimmung die Arbeit und das Leben in der Wohneinrichtung trägt. Alle im Team fühlen sich verantwortlich für die Realisierung von Möglichkeiten der sexuellen Selbstbestimmung und deren Schutz. Sie entwickeln eine offene Gesprächskultur und nehmen sich in angemessener Weise Zeit für den Austausch über sexuelle Fragen. Sie verstehen das Thema auch als einen Teil der Öffentlichkeitsarbeit und definieren es als ihre politische Aufgabe.«

---

22 Aus Platzgründen sind nur zu den Leitlinien 1 und 4 die Erläuterungstexte mit abgedruckt, da diese für das Thema des Beitrages eine besondere Relevanz haben. Die kompletten Leitlinien finden sich im ReWiKs-Medienpaket sowie auf der Homepage der Katholischen Hochschule NRW, Abt. Münster.

>*Leitlinie 5: Strukturelle und personelle Rahmenbedingungen für den Privatbereich*
Einrichtungen der Eingliederungshilfe verfügen über strukturelle und personelle Rahmenbedingungen, die die sexuelle Selbstbestimmung sowie eine geschlechtersensible Assistenz und Pflege der Bewohnerinnen und Bewohner sicherstellen.«

>*Leitlinie 6: Bedarfsorientierte Unterstützung zur sexuellen Selbstbestimmung*
Bewohnerinnen und Bewohner können in den Einrichtungen das bedarfsorientierte Angebot individuell ausgestalteter Assistenz und Begleitung nutzen, um sexuell selbstbestimmt leben zu können.«

>*Leitlinie 7: Gesellschaftliche Teilhabe außerhalb von Wohneinrichtungen*
Einrichtungen der Eingliederungshilfe leisten einen aktiven Beitrag zur gesellschaftlichen Teilhabe von Erwachsenen mit Behinderung.«

>*Leitlinie 8: Zugang zu Informationen über sexuelle Selbstbestimmung*
Bewohnerinnen und Bewohner können bedarfsorientiert einschlägige interdisziplinäre Netzwerke zur Realisierung ihrer sexuellen Selbstbestimmung nutzen. Sie haben über verschiedene Wege Zugang zu themenspezifischen Informationen. Die Einrichtungen der Eingliederungshilfe schaffen die dazu notwendigen Voraussetzungen und sind Bestandteil dieser Netzwerke.«

>*Leitlinie 9: Schutz vor sexualisierter Gewalt*
Bewohnerinnen und Bewohner sind in Einrichtungen der Eingliederungshilfe vor sexualisierter Gewalt geschützt.«

>*Leitlinie 10: Fortbildungen für Mitarbeitende*
Mitarbeitende sind in Einrichtungen der Eingliederungshilfe für das Themenfeld der sexuellen Selbstbestimmung erwachsener Menschen mit Behinderungen qualifiziert und bilden sich kontinuierlich fort. (Jennessen, Ortland, Römisch 2019, 4).«

Abschluss

Ein weiterer Auszug aus dem Vortrag von Herrn Knorr zeigt auf, dass die (an dieser Stelle) fragmentarisch aufgezeigten Entwicklungsmöglichkeiten von Menschen in Organisationen ein realisierbarer Weg zu mehr sexueller Selbstbestimmung sind. Die positive gegenseitige Unterstellung von Entwicklungs- und Lernmöglichkeiten aller Beteiligten fördert den Prozess zu einer lernenden Organisation. Herr Knorr hat bei seinem Umzug in eine Wohneinrichtung die Unterstellung von Lern- und Entwicklungsmöglichkeiten erlebt. Seine Erfahrungen können ebenso Bilder und Ideen gemeinsamer Visionen liefern. Herr Knorr ist 1990 in ein Wohnheim der Spastikerhilfe in Berlin gezogen.

»1992 wurde dort die Arbeitsgruppe Behinderung und Sexualität gegründet, die zu dieser Zeit in der Bundesrepublik eine Vorreiterrolle auf diesem Gebiet innehatte. (…) Und ich als sehr schwer behinderter Mensch (…) wäre ohne diese Arbeitsgruppe heute nicht anwesend. Und habe bisher nur von ihr profitiert.
In meinem neuen Heim wurde plötzlich ganz offen über ein Tabuthema gesprochen. Dass ich mit behinderten Menschen zusammenlebe, die auch Freunde, Geliebte, Verlobte haben, die sich in aller Öffentlichkeit küssen, die Sex miteinander haben, wurde für mich ganz schnell normal. (…)
Ich nahm alles mit, was diese Arbeitsgruppe anzubieten hatte: Gesprächskreise, Singletreffs, Sex-Picknicks (…). Einfach alles, denn ich war durstig nach diesen verbotenen, anrüchigen Dingen, die einem das Leben versüßen, und ich war neugierig und wissbegierig. Und während dieser spannenden Zeit wurde mir klar, dass auch ich ein Recht auf Sexualität habe und auch ich ein Recht darauf habe, ganz offen darüber zu sprechen. (…)
Ich habe im Laufe der Jahre wirklich gute Bedingungen gehabt, um meine Sexualität zu erleben. Und ich bin sehr glücklich darüber, denn ich weiß, dass es auch im 21.Jahrhundert noch längst keine Normalität für geistig und schwer mehrfachbehinderte Menschen ist, Sexualität zu erleben« (Knorr 2011, 176 ff in Auszügen).

»Eine *lernende Organisation* ist ein Ort, an dem *Menschen* kontinuierlich entdecken, dass sie ihre Realität selbst erschaffen. Und dass sie *diese Realität verändern* können« (Senge 2017, 24, Hervorhebung B.O.).

Jeder, der diesen Beitrag gelesen hat, kann ein Mensch sein, der beginnt, Realität zu verändern.

Literatur

Bundesministerium für Familie, Senioren, Frauen und Jugend (Hrsg.) (2012): Lebenssituation und Belastungen von Frauen mit Beeinträchtigungen und Behinderungen in Deutschland. Kurzfassung. Meckenheim
Bundesverband für Körper- und mehrfachbehinderte Menschen e.V. (Hrsg.) (2012): Fritz und Frieda. »Gefühligkeiten.« Liebe, Sex & Partnerschaft. Düsseldorf
Bundeszentrale für gesundheitliche Aufklärung (BZgA) (2011) (Hrsg): Standards für die Sexualaufklärung in Europa. Rahmenkonzept für politische Entscheidungsträger, Bildungseinrichtungen, Gesundheitsbehörden, Expertinnen und Experten. Köln
Bundeszentrale für gesundheitliche Aufklärung (Hrsg.) (2020): Sexuelle Selbstbestimmung durch Reflexion – Wissen – Können. Menschen mit und ohne Behinderungen gestalten gemeinsam den Lebensbereich Wohnen. Ein Modellprojekt gefördert durch die BZgA (Schriftenreihe Forschung und Praxis der Sexualaufklärung und Familienplanung). Köln: BZgA. Publizierung in Vorbereitung, erscheint voraussichtlich 2020.
Burchardt, E. (2000): Persönlichkeitslernen. In: Sielert, U. & Valtl, K. (Hrsg.): Sexualpädagogik lehren. Didaktische Grundlagen und Materialien für die Aus- und Fortbildung. Weinheim, 189–232
Dobslaw, G. (Hrsg.) (2010): Sexualität bei Menschen mit geistiger Behinderung. Dokumentation der Arbeitstagung der DGSGB am 5.3.2010 in Kassel. Berlin

Emmelmann, I. & Greving, H. (2019): Erwachsene Menschen mit geistiger Behinderung und ihre Eltern. Vom Ablösekonzept zum Freiraumkonzept. Stuttgart

Fegert, J.M., Jeschke, K., Thomas, H. & Lehmkuhl, U. (2006): Sexuelle Selbstbestimmung und sexuelle Gewalt. Ein Modellprojekt in Wohneinrichtungen für junge Menschen mit geistiger Behinderung. Weinheim

Fischer, J., Ott, A. & Schwarz, F. (2010): Mehr vom Leben. Frauen und Männer mit Behinderung erzählen. Bonn

Gray, E. (2010): Wie ich mich in Uwe verliebte. In: Fischer, J., Ott, A. & Schwarz, F. (Hrsg.): Mehr vom Leben. Frauen und Männer mit Behinderung erzählen. Bonn, 148–151

Gröschke, D. (19972): Praxiskonzepte der Heilpädagogik. Anthropologische, ethische und pragmatische Dimensionen. München

Gröschke, D. (2001): Die Heilpädagogik und einige ihrer Prinzipien – zur Frage nach dem Selbstverständnis einer Handlungswissenschaft. In: Fachbereichstag Heilpädagogik (Hrsg.): Jahrbuch Heilpädagogik 2001. Impulse aus Theorie und Praxis. Freiburg i. Br.

Gröschke, D. (2007): Konzept. In: Greving, H. (Hrsg.): Kompendium der Heilpädagogik. Band 2, I-Z. Troisdorf, 67–75

Gröschke, D. (2008): Heilpädagogisches Handeln. Eine Pragmatik der Heilpädagogik. Bad Heilbrunn

Gröschke, D. (2009): Das Allgemeine im Speziellen: Heilpädagogik als spezielle Bildungswissenschaft der Lebensalter – Ein Entwurf auf Zukunft. In: Greving, H. & Ondracek, P. (Hrsg.): Spezielle Heilpädagogik. Eine Einführung in die handlungsfeldorientierte Heilpädagogik. Stuttgart, 237–260

Hüner, S. (2012): Selbstbestimmung behinderter Frauen im Spannungsfeld von Behinderung, Geschlecht und Gewalterfahrung. In: Teilhabe, 51.Jg., Heft 3, 104–108

Jennessen, S., Bungenstock, A. & Schwarzenberg, E. (2011): Kinderhospizarbeit. Konzepte, Erkenntnisse, Perspektiven. Stuttgart

Jennessen, S. & Hurth, S. (2015): Qualitätsindex für Kinder- und Jugendhospizarbeit. Ludwigsburg

Jennessen, S., Ortland, B. & Römisch, K. (2019): Leitlinien gelingender sexueller Selbstbestimmung in Wohneinrichtungen der Eingliederungshilfe. URL: https://www.katho-nrw.de/fileadmin/primaryMnt/KatHO/Teilhabeforschung/Leitlinien_gelingender_sexueller_Selbstbestimmung_-_schwere_Sprache.pdf (Abruf am 12.10.2019)

Jennessen, S., Ortland, B. & Römisch, K. (2019a): Leitlinien gelingender sexueller Selbstbestimmung in Wohneinrichtungen der Eingliederungshilfe in Leichter Sprache. URL: https://www.katho-nrw.de/fileadmin/primaryMnt/KatHO/Teilhabeforschung/Leitlinien_gelingender_sexueller_Selbstbestimmung_-_Leichte_Sprache.pdf (Abruf am 12.10.2019)

Jennessen, S., Ortland, B., Römisch, K. et al. (2020): ReWiKs-Medienpaket. Qualifizierung von Mitarbeitenden und Bewohnerinnen und Bewohnern zur Erweiterung der sexuellen Selbstbestimmung von erwachsenen Menschen mit Behinderung in Wohneinrichtungen. Ein Modelprojekt gefördert durch die BZgA, Schriftenreihe Forschung und Praxis der Sexualaufklärung und Familienplanung XX, BZgA, Köln (in Druck)

Jennessen, S., Marsh, K., Schowalter, R. & Trübe, J. (2019): »Wenn wir Sex haben würden, dann wäre aber was los!« Sexuelle Selbstbestimmung als Element der Selbstbestimmung. In: Schweizerische Zeitschrift für Heilpädagogik Jg. 25, Heft 4, 6–13

Jennessen, S. et. al. (2020): Reflexion. In: Bundeszentrale für gesundheitliche Aufklärung (Hrsg.): Sexuelle Selbstbestimmung durch Reflexion – Wissen – Können. Menschen mit und ohne Behinderungen gestalten gemeinsam den Lebensbereich Wohnen. Ein Modellprojekt gefördert durch die BZgA (Schriftenreihe Forschung und Praxis der Sexualaufklärung und Familienplanung). Köln: BZgA. Publizierung in Vorbereitung, erscheint voraussichtlich 2020.

Jeschke, K., Wille, N. & Fegert, J. (2006): Die Sicht des Fachpersonals auf sexuelle Gewalt. In: Fegert, J.M., Jeschke, K., Thomas, H. & Lehmkuhl, U. (2006): Sexuelle Selbstbestimmung und sexuelle Gewalt. Ein Modellprojekt in Wohneinrichtungen für junge Menschen mit geistiger Behinderung. Weinheim, 315–425

Jeschke, K., Wille, N. & Fegert, M.J. (2006): Die Sicht des Fachpersonals auf sexuelle Selbstbestimmung. In: Fegert, J.M., Jeschke, K., Thomas, H. & Lehmkuhl, U. (2006): Sexuelle

Selbstbestimmung und sexuelle Gewalt. Ein Modellprojekt in Wohneinrichtungen für junge Menschen mit geistiger Behinderung. Weinheim, 227–294

Knorr, S. & Blume, U. (2011): Sexualität – Auch ich habe ein Recht darauf. In: Maier-Michalitsch, N. & Grunick, G. (Hrsg.): Leben pur – Liebe, Nähe, Sexualität. Düsseldorf, 172–178

Kossat, J. (2018): Sexualität. Das Wichtigste für Ärzte aller Fachrichtungen. München

Krüger, P., Caviezel Schmitz, S. & Niehaus, S. (2014): Mythen geistiger Behinderung und sexueller Gewalt in Strafverfahren. Ergebnisse einer qualitativen Analyse von Strafprozessakten aus zwei Deutschschweizer Kantonen. In: VHN 83 Jg., 124–136

Leue-Käding, S. (2004): Sexualität und Partnerschaft bei Jugendlichen mit einer geistigen Behinderung: Probleme und Möglichkeiten einer Enttabuisierung. Heidelberg

Maier-Michalitsch, N. & Grunick, G. (Hrsg.) (2011): Leben pur – Liebe, Nähe, Sexualität bei Menschen mit schweren und mehrfachen Behinderungen. Düsseldorf

Mattke, U. (2004): Das Selbstverständliche ist nicht selbstverständlich. Frage- und Problemstellungen zur Sexualität geistig behinderter Menschen. In: Wüllenweber, E.: Soziale Probleme von Menschen mit geistiger Behinderung. Fremdbestimmung, Benachteiligung, Ausgrenzung und soziale Abwertung. Stuttgart, 46–64

Mattke, U. (2005): »Unsere Kinder brauchen das nicht!« Die Behinderung der Sexualität von Menschen mit Behinderungen. In: Fachbereichstag Heilpädagogik (Hrsg.): Jahrbuch Heilpädagogik 2005. Ein Blick zurück nach vorn. Berlin, 29–56

Mattke, U. (2012): Sexuelle Gewalt in (heil-)pädagogischen Beziehungen. Analysen, Forschungsergebnisse, Prävention. In: Teilhabe, 51. Jg., Heft 3, 109–115

Mattke, U. (2015): Sexuell traumatisierte Menschen mit geistiger Behinderung. Forschung – Prävention – Hilfen. Stuttgart

Ortland, B. (2005): Sexualerziehung an der Schule für Körperbehinderte aus der Sicht der Lehrerinnen und Lehrer. Wissenschaftliche Grundlagen, empirische Ergebnisse, pädagogische Konsequenzen. Bad Heilbrunn

Ortland, B. (2007): Pflegeabhängigkeit und Sexualität. In: Faßbender, K.-J. & Schlüter, M. (Hrsg.): Pflegabhängigkeit und Körperbehinderung. Theoretische Fundierungen und praktische Erfahrungen. Bad Heilbrunn, 177–196

Ortland, B. (2008): Behinderung und Sexualität. Grundlagen einer behinderungsspezifischen Sexualpädagogik. Stuttgart

Ortland, B. (2009): Behinderung als Thema in der Sexualerziehung. Unterrichtsbausteine und -materialien. Buxtehude

Ortland, B. (2011): Verliebt, versorgt, vergessen – Sexualfeindliche Lebenswelten als Hemmnis sexueller Entwicklung und Anlass sexualpädagogischen Handelns. In: Maier-Michalitsch, N. & Grunick, G. (Hrsg.): Leben pur – Liebe, Nähe, Sexualität bei Menschen mit schweren und mehrfachen Behinderungen. Düsseldorf, 12–33

Ortland, B. (2012): Problemfeld oder Bereicherung? Partnerschaft leben und Sexualität gestalten in einer Wohneinrichtung. In: Teilhabe, 51. Jg., Heft 3, 116–120

Ortland, B. (2012a): Die Schulen für die Schülerinnen stark machen! Prävention sexueller Gewalt (nicht nur) an Förderschulen. In: ZfH Jg. 63, Heft 3, 114–119

Ortland, B. (2016): Sexuelle Selbstbestimmung von Menschen mit Behinderung. Grundlagen und Konzepte für die Eingliederungshilfe. Stuttgart

Ortland, B., Jennessen, S. & Römisch, K. et al. (2016): Das Modellprojekt ReWiKs. Aktuelle Forschungsergebnisse zu Teilhabechancen Erwachsener mit Behinderung im Bereich der sexuellen Selbstbestimmung. In: Bundesgesundheitsblatt Band 59, Heft 9, 1085–1092

Ortland, B. (2017): Partizipative Organisationsentwicklung im Bereich der sexuellen Selbstbestimmung. Die Materialien aus dem Forschungsprojekt ReWiKs. In: BZgA FORUM Sexualaufklärung und Familienplanung 1-2017, 22–25

Ortland, B. & Jennessen, S. (2019): Selbstbestimmte Sexualität. Ein Weg zu sexueller Gesundheit. In: Walther. K.; Römisch, K. (Hrsg.): Gesundheit inklusive. Gesundheitsförderung in der Behindertenarbeit. Wiesbaden, 145–159

Ortland, B. et al. (2020). Wissen. In: Bundeszentrale für gesundheitliche Aufklärung (Hrsg.): Sexuelle Selbstbestimmung durch Reflexion – Wissen – Können. Menschen mit und ohne Behinderungen gestalten gemeinsam den Lebensbereich Wohnen. Ein Modellprojekt gefördert durch die BZgA (Schriftenreihe Forschung und Praxis der Sexualaufklärung und

Familienplanung). Köln: BZgA. Publizierung in Vorbereitung, erscheint voraussichtlich 2020.
Römisch, K. (2011): Entwicklung weiblicher Lebensentwürfe unter Bedingungen geistiger Behinderung. Bad Heilbrunn
Römisch, K. et al. (2020). Können. In: Bundeszentrale für gesundheitliche Aufklärung (Hrsg.): Sexuelle Selbstbestimmung durch Reflexion – Wissen – Können. Menschen mit und ohne Behinderungen gestalten gemeinsam den Lebensbereich Wohnen. Ein Modellprojekt gefördert durch die BZgA (Schriftenreihe Forschung und Praxis der Sexualaufklärung und Familienplanung). Köln: BZgA. Publizierung in Vorbereitung, erscheint voraussichtlich 2020.
Sappok, T. & Zepperitz, S. (2019): Das Alter der Gefühle. Über die Bedeutung der emotionalen Entwicklung bei geistiger Behinderung. Bern
Schein, E. (2010): Organisationskultur. Bergisch Gladbach
Senge, P. (2017): Die fünfte Disziplin. Kunst und Praxis der lernenden Organisationen. Stuttgart.
Sielert, U. (2015): Einführung in die Sexualpädagogik. Weinheim
Specht, R. (2013): Sexualität und Behinderung. In: Schmidt, R.-B. & Sielert, U. (Hrsg.): Handbuch Sexualpädagogik und sexuelle Bildung. Weinheim, 295–308
Thomas, H., Kretschmann, J. & Lehmkuhl, U. (2006): Die Sicht der Bewohnerinnen und Bewohner zu sexueller Selbstbestimmung und sexualisierter Gewalt. In: Fegert, J.M., Jeschke, K., Thomas, H. & Lehmkuhl, U. (2006): Sexuelle Selbstbestimmung und sexuelle Gewalt. Ein Modellprojekt in Wohneinrichtungen für junge Menschen mit geistiger Behinderung. Weinheim, 69–226
Wacker, E. (1999): Liebe im Heim? Möglichkeiten und Grenzen der Partnerbeziehungen in einer organisierten Umwelt. In: Geistige Behinderung 38 Jg., Heft 3, 238–250
Walter, J. (2002): Übergriffe auf die sexuelle Selbstbestimmung von Menschen mit geistiger Behinderung. In: Ders. (Hrsg.): Sexualität und geistige Behinderung. Heidelberg, 414–420
Walter, J. (2004): Sexualbegleitung und Sexualassistenz bei Menschen mit Behinderung. Heidelberg
Walter, J. (2005): Sexualität und geistige Behinderung. Heidelberg
Zemp, A. (2011): Prävention von sexueller Gewalt bei Menschen mit Behinderung. In: Maier-Michalitsch, N. & Grunick, G. (Hrsg.): Leben pur – Liebe, Nähe, Sexualität bei Menschen mit schweren und mehrfachen Behinderungen. Düsseldorf, 163–171

8 Die Syndromanalyse als diagnostische Methode der Heilpädagogik

Kai-Uwe Schablon

» ... weg von der kalten, abstrakten Analyse von Objekten, die nur das Generalisierbare gelten läßt, hinaus auf die Straße, in die Sphäre der Einzelphänomene und individuellen Unterschiede, den ›Reichtum der konkreten Lebensprozesse‹, den es zu erkunden und zu bewahren gilt.«

Alexander R. Lurija (1992b, 2)

Die »heilpädagogische« Syndromanalyse wird Studierenden an der Katholischen Hochschule in Münster als eine Methode der *Verstehenden Diagnostik* vorgestellt und bildet neben den einführenden und vertiefenden Angeboten von Dieter Gröschke eine Möglichkeit, sich der subjektiven Lebensrealität und dem meist unverstandenen Problemverhalten von Menschen mit besonderem Unterstützungsbedarf individuell zu nähern, um aus den gewonnenen Erkenntnissen begründbare (heil-)pädagogische Förder- bzw. Interaktionsangebote zu erarbeiten.

Es muss am Anfang deutlich darauf hingewiesen werden, dass es *die* Syndromanalyse[23] nicht geben kann, sondern dass im Folgenden eine Möglichkeit dargestellt werden soll, wie die ursprüngliche Syndromanalyse und die mit ihr verbundene *romantische Wissenschaft* in der Konzeption von Lurija (1992b) als heilpädagogische, operationalisierte Methode umgesetzt werden kann. Im folgenden Beitrag wird die Syndromanalyse zunächst kurz in ihrer Geschichte und als Methode dargestellt. Abschließend soll sie in ihrer Bedeutung für die Heilpädagogik an den von Gröschke (2004, 22) benannten Kriterien einer heilpädagogischen Diagnostik als »Einheit von Wahrnehmung, Verstehen, Erklären und Handeln« (2004, 22) gemessen werden.

Für die Heilpädagogik relevant wurden die Syndromanalyse und ihr Kerngedanke – das Verstehen aus der Subjektlogik des Klienten heraus – bisher in Veröffentlichungen von Jantzen (1994a; 2005) und Zimpel (1994; 2010) dargestellt. Auch wenn sich die Umsetzung der Syndromanalyse bei den beiden benannten Autoren in unterschiedlicher Form und Methodologie darstellt, verbindet doch beide die Gemeinsamkeit, nach einer diagnostischen Methode zu suchen, die eine theoretische und praktische Alternative bzw. eine Ergänzung zu der eher reliablen und validen

---

23 Macykowski (in Zimpel 2010, 131) verwendet hier ein Hilfskonstrukt, indem er in drei Lesarten von Syndromanalyse unterscheidet: (1) Die Systemische Syndromanalyse, die ihren Ursprung in der psychoanalytischen Fallgeschichte Sigmund Freuds findet, von Andre Zimpel um systemisch-kybernetische Überlegungen ergänzt wurde und von in ihrer Intention her primär pädagogische Ideen entstehen lässt. (2) Die romantische Syndromanalyse nach Lurija und Sacks, deren Zielsetzung primär im Verstehen und in der Aufdeckung von Entwicklungsstörungen und Hirnverletzungen liegt. (3) Die Rehistorisierende Syndromanalyse nach Jantzen, die Betroffenheit erzeugt und Menschen zum Handeln veranlassen will.

Diagnostik darstellt. Standardklassifikationen wie das DSM, das ICD oder psychometrische Skalen stellen meist eine Anomalität oder eine syndrombedingte Einschränkung heraus, während subjektorientierte Verfahren wie Profilanalysen oder biografische Methoden eher weitere Verständnisfragen aufwerfen und dadurch auch ein effizientes Handeln verzögern können.

Der zentrale Aspekt in einer Syndromanalyse besteht in der Anerkennung des Gegenübers als entwicklungsfähiges Subjekt im Sinn des Verstehens seiner syndromabhängigen Entwicklungslogik. Jantzen (1996, 274) erklärt dazu, dass sich hinter allen menschlichen Verhaltens- und Ausdrucksformen immer ein Sinn verbirgt, der deutend erschlossen und symbolisch entschlüsselt werden kann. Dies sollte auch das zentrale Anliegen einer »heilpädagogischen« Syndromanalyse sein, damit, wie Gröschke (2004,12) es für eine heilpädagogische Diagnostik fordert, Diagnostik nicht nur einen funktionalen Selbstzweck erfüllt, sondern ein Hilfsmittel zur Rekonstruktion der Subjektlogik wird und einen methodisch angeleiteten Weg zur Realisierung heilpädagogischer Ziele ermöglicht.

Zur Geschichte der Syndromanalyse

Der Begriff der Syndromanalyse wird auf den russischen Neurobiologen Alexander R. Lurija (1902–1977) zurückgeführt. Mitte der 1930er Jahre forschte Lurija zusammen mit dem russischen Psychologen Vygotskiy in entlegenen Dörfern in Usbekistan. Dort bestätigte sich seine Hypothese, dass Erkenntnisprozesse neben kognitiven Eigenschaften auch von sozialen und kulturellen Faktoren abhängig sind. Ein Vergleich der Forschungsarbeiten mit Menschen in unterschiedlichen Kulturen zeigte, dass Veränderungen von Tätigkeitsformen und eine Veränderung der Lebensverhältnisse (z. B. durch konkrete Bildungsangebote) zu qualitativen Veränderungen in den Denkprozessen der Menschen führten. Lurija entwickelte daraufhin die Syndromanalyse quasi als Alternative zur normorientierten psychometrischen Diagnostik, in der primär durch quantitative Methoden Aussagen zu psychischen Fähigkeiten getroffen werden (vgl. Lurija 1992).

In der traditionellen Diagnostik (vgl. Gröschke 2004, 13) werden meist Übereinstimmungen und Abweichungen zu einem vorher definierten Normalitätsideal gemessen. Individuelle Gründe für ein Verhalten oder gesellschaftliche Bedingungen bleiben häufig unberücksichtigt oder werden normativ interpretiert. In einer Syndromanalyse werden hingegen Einzelfakten systematisch erhoben, gruppiert und mit den syndromspezifischen Besonderheiten in Relation gesetzt. Hierzu werden drei verschiedene Beobachterstandpunkte eingenommen, denn »wissenschaftliche Beobachtung«, so Lurija (1979, 35), »ist nicht bloße Beschreibung getrennter Fakten. Ihr Hauptziel ist es ein Ereignis von so vielen Perspektiven aus zu sehen wie möglich«.

Mit Blick auf die heilpädagogische Diagnostik geht es – wie Jantzen (1996, 10) ausführt – jedoch weder um den Verzicht auf empirische Fakten, noch soll die Dimension einer »biologischen Behinderung« (Schädigung) bestritten werden.

Jantzen hält es allerdings im Kontext unseres heutigen Wissens über die neurobiologische Selbstorganisationstheorie und den sogenannten Paradigmenwechsel in der Behindertenhilfe für nicht mehr vertretbar, diese Ebene einseitig in den Vordergrund zu stellen. Die Aufgabe der heilpädagogischen Fachkraft liegt also darin, mit Hilfe einer heilpädagogischen Syndromanalyse den sinnvollen und systemhaften Aufbau psychischer Prozesse unter teilweise isolierenden Bedingungen biologischen, aber auch gesellschaftlichen Ursprungs zu dechiffrieren und hilfreiche Interventionen zu erarbeiten. Diese Umbewertung und Interpretation der Symptome (des gezeigten Verhaltens) hat für Jantzen hierbei eine hohe Bedeutung:

> »Sind ... festgestellte Symptome die Folge einer Isolation durch die Art der Störung, so können sie als Ausdruck von Kompetenz unter diesen isolierenden Bedingungen verstanden werden, eine Kompetenz deren Problem nicht in dieser Art von Symptomen liegt, sondern im Fehlen von Alternativen!« (Jantzen 1996, 6).

Bei der geforderten Umbewertung und Interpretation des Verhaltens muss der Haltung der heilpädagogischen Fachkraft eine besondere Bedeutung zugemessen werden. Gröschke (2004, 19; 2006, 30) weist darauf hin, dass das Einüben von Reflexivität ein zentraler Bestandteil der heilpädagogischen Methodenlehre und berufsethischen Selbstverpflichtung für jeden praktizierenden Heilpädagogen ist. Erst der Übergang vom passiven Beobachterstandpunkt zum selbstreflexiven subjektiven Beobachterstandpunkt ermöglicht eine Diagnose, in die die eigene Position, die eigene Prognose mit einbezogen wird. Dies ist eine Reflexion, die bisherige Standpunkte nicht verwirft, sondern sie dialektisch in sich aufnimmt und aufhebt (Jantzen 1998, 46). Deshalb greift die Methode der Syndromanalyse auf drei verschiedene Beobachterstandpunkte (Außen-, Innen- und Superbeobachterstandpunkt) zurück und versucht dadurch, ein weitergefasstes Verständnis vom gezeigten Verhalten zu bekommen.

Die Syndromanalyse in der heilpädagogischen Ausbildung

In der praktischen Anwendung und im Ausbildungskontext zeigte sich schnell, dass Umsetzungen, wie sie in den Veröffentlichungen von Jantzen, Sacks oder Zimpel zu lesen sind, sich nur bedingt in der heilpädagogischen Alltagsgestaltung durchführenlassen. Eine Umsetzung scheitert vor allem am Zeitfaktor, aber auch daran, dass nicht jede heilpädagogische Fachkraft über die Gabe einer intuitiven Struktur und über den geforderten romantischen Ausdrucksstil verfügt – Lurija und Sacks fordern eine phänomenologische Beschreibung, die sich besonders gut in einem romantischen Schreibstil ausdrücken lässt (vgl. Sacks 1995). Die Aufgabe der didaktischen Vermittlung rechtfertigt meiner Meinung nach den Schritt, das Gesamtkonstrukt »Syndromanalyse« in methodische Teilschritte zu zerlegen. Herausgekommen ist dabei eine Tabelle (▶ Tab. 1), die eine Art Verlaufsplan bzw. eine »Gebrauchsanweisung» zur Erstellung einer Syndromanalyse abbildet. Sicherlich entspricht ein so formalisiertes Vorgehen nicht dem traditionellen diagnostischen Prozess, wie ihn Lurija seinerzeit praktiziert hat. Das operationalisierte Erstellen einer Syndromanalyse nach dem im Folgenden dargestellten methodischen Vorgehen konnte aber in den letzten sechs Jahren vielfach mit Fachschülern der Heilerziehungspflege und Studierenden der Heilpädagogik konstruktiv und zum Wohl der Nutzer[24] umgesetzt werden.

Inhaltlicher und struktureller Aufbau einer (heilpädagogischen) Syndromanalyse

Im Folgenden sollen die einzelnen Teilschritte einer heilpädagogischen Syndromanalyse detaillierter erläutert werden. Um sich einer vermuteten Realität des Klienten anzunähern, werden vom Diagnostiker zunächst drei verschiedene Beobachterstandpunkte eingenommen. Dann reflektiert er seine Theorie- bzw. Konzeptauswahl, die eigene Haltung zu dem »Problem«-Verhalten und entwickelt dann (heil-)pädagogische Interventionsideen. Diese orientieren sich an der heilpädagogischen Einzelfallhilfe – also an dem, was die professionelle Fachkraft in der Interaktion mit der »Fallperson« anbieten kann.

Die Tabelle zum Erstellen einer Syndromanalyse besteht aus fünf Arbeitsschritten. Zuerst werden im sogenannten Außenbeobachterstandpunkt möglichst objektive Daten zusammengetragen. Dann erfolgt im Innenbeobachterstandpunkt, dem zweiten Arbeitsschritt, eine bewusst subjektive Interpretation des Diagnostikers. Im dritten Schritt, dem Superbeobachterstandpunkt, werden dann die ersten beiden Standpunkte auf ihre Stimmigkeit und auf ihre Widersprüchlichkeit hin geprüft, und es wird eine erste Hypothese zum Verstehen des Handelns formuliert. Im vierten Schritt folgt eine Selbstreflexivität, in der der Diagnostiker sein angewandtes Theoriewissen, seinen Erklärungshorizont darlegt – aber auch reflektiert, was seine Theorieauswahl für die »Fallperson« bedeutet. Abschließend werden im fünften Schritt pädagogische Ideen entwickelt. Diese orientieren sich primär am Theorieverständnis der materialistischen Behindertenpädagogik.

---

24 Mit »zum Wohl der Nutzer« meine ich hier eine durch die Akteure oder den Nutzer selbst bestätigte Steigerung der sozialen Teilhabe, der individuellen Lebensqualität oder der Akzeptanz bzw. Achtung des nach der Diagnostik alssubjektiv sinnvoll verstandenen Verhaltens des Nutzers.

Tab. 1: Erstellen einer heilpädagogischen Syndromanalyse (vgl. Schablon 1996, 49)

Syndromanalyse als »Verstehende Diagnostik«
Außenbeobachterstandpunkt (eine objektive Beschreibung)
Der Versuch einer »objektiven« Beschreibung einer Beobachtung vom normativen Standpunkt ausgehend.
Diese Beschreibung wird durch die Situation geliefert.
Sie enthält: eine Aufzählung von Kompetenzen und Defiziten der Fallperson und eine Beschreibung des »Ausgrenzungsdramas« (z. B. des Problemverhaltens)
Innenbeobachterstandpunkt (eine subjektive Beschreibung)
Eine vom Beobachter (Diagnostiker) subjektiv konstruierte (»interne«) Beschreibung anhand der Beschreibung des Außenbeobachters
Sie enthält: eine kreative Projektion: Ich ändere die Sicht des Anderen solange, bis ich sie achten kann.
Der Diagnostiker ist sich hierbei der Gefahr der Übertragung bewusst (»Wenn ich Du wäre, würde ich ...«). In der subjektiven Deutung kann es hier im Zugestehen einer sinnstiftenden Tätigkeit zu einer Negation des Außenbeobachters (einer widersprüchlichen Deutung) kommen.
Ziel ist eine höchstmögliche Identifikation mit dem Betroffenen (eine Rekonstruktion von dessen Subjektlogik).
Hilfreiche Fragen sind: • Was wäre aus der Sicht des Betroffenen zu sagen? • Wie kann er als »Held« in diesem Geschehen gesehen werden? • Was könnte für ihn am Problemverhalten sinnvoll sein? • Wann hätte ich so gehandelt? (Was beeindruckt mich?)
Superbeobachterstandpunkt (ein Abgleich der beiden Beschreibungen)
Von einer Metaebene herab wird hier die Stimmigkeit zwischen den Aussagen des Außen- und Innenbeobachterstandpunktes überprüft und versucht, eine Übereinstimmung herzustellen.
Hier erfolgt eine Überprüfung der »Konstruktion« des Innenbeobachters im Interesse des Klienten.
Hilfreiche Fragen sind: • Sind unerklärliche Widersprüche aufgetaucht? • Fehlen noch wichtige Informationen? • Wo liegen die Verständnisse und Missverständnisse des behinderten Menschen? • (Können syndromspezifische Einschränkungen zu den Widersprüchlichkeiten führen?) • Welche Faktoren kann ich bestätigen, welche widerlegen? • Welche theoriegeleitete Hypothese geht mir durch den Kopf (Vermutungshypothese)?
Wichtig: Bei nichtauflösbaren Widersprüchen muss eine weitere Verstehensdiagnose in einem anderen Kontext (Arbeitsplatz, Freizeit etc.) erstellt werden.

Tab. 1: Erstellen einer heilpädagogischen Syndromanalyse (vgl. Schablon 1996, 49) – Fortsetzung

Syndromanalyse als »Verstehende Diagnostik«
Selbstreflexivität (eine Reflexion der eigenen Erklärungsansätze)
Ziel ist die genauere Bestimmung des eigenen Standpunktes: Welches Erklärungsmodell, welche Theorie benutze ich, und warum tendiere ich gerade zu diesem Erklärungsmodell? Hierbei gehe ich der Frage meiner eigenen Geschichte bzw. meinem Rollenverständnis als Diagnostiker nach.
Ermöglicht mir meine Theorieauswahl eine psychologisch/heilpädagogisch begründete Prognose (unter der Berücksichtigung von Achtung und Empathie)?
Hilfreiche Fragen sind: • Welche Theorie geht mir durch den Kopf? • Was bedeutet diese Theorie für den »Betroffenen«?
Pädagogische Idee (begründete Formulierung einer konkreten Intervention) Entwicklung pädagogischer Ideen (Interventionen), die gemeinsames Handeln in der *Zone der nächsten Entwicklung* ermöglichen. Akzeptanz des individuellen Lernweges und »pädagogischer Optimismus«. *Hilfreiche Fragen sind:* Welche Achtung für den Nutzer kann ich mit (oder trotz) meiner Intervention empfinden? Wie würde es mir mit dieser Intervention ergehen?

Außenbeobachterstandpunkt

Der normorientierte Standpunkt des Außenbeobachters fasst möglichst objektiv die vorhandenen Informationen zusammen. Hierbei wird besonders auf das »Problemverhalten« im entsprechenden Kontext der Fallperson eingegangen. Zimpel (1994) wählt hier bewusst den Begriff des »Ausgrenzungsdramas«, da das Problemverhalten häufig schon zu isolierenden oder stigmatisierenden Zuschreibungen geführt hat. Ergänzend sollte sich der Diagnostiker auch die von horizontaler und vertikaler sozialer Ungleichheit (Beck 2009) gekennzeichnete Lebenslage des behinderten Menschen vor Augen führen. Trotz der subjektiven Filterung der Informationen bemüht sich der Diagnostiker hier um Objektivität. Den Studierenden hilft hier häufig der Hinweis, dass das hier Beschriebene auf einem während der Diagnostik gedrehten Videofilm erkennbar sein müsste. Demnach müssten mehrere gleichzeitig angefertigte Außenbeobachterstandpunkte zu einem gleichen Ergebnis führen. Wenn die Datenerhebung nicht auf eigenen Beobachtungen beruht, muss sich der Diagnostiker darüber bewusst sein, dass das, was ihm ein Beobachter erzählt, auch nur eine Geschichte, eine Erzählung zwecks Legitimation einer vorgefassten Meinung darstellt. Im Kontext einer Teamarbeit ist es gut möglich, den Außenbeobachterstandpunkt im Team zusammen zu erarbeiten.

Innenbeobachterstandpunkt

Im Innenbeobachterstandpunkt wird ein subjektbezogener Standpunkt eingenommen. Es bietet sich an, ihn aus der Nutzerperspektive heraus zu formulieren. Ausgehend von der konstruktivistischen Annahme, dass jedes Verhalten eines Menschen für ihn selbst in seiner Lebenssituation subjektiv sinnvoll ist, bemüht sich der Diagnostiker um einen Perspektivwechsel. Hierbei geht es um eine kreative Projektion. Der Diagnostiker ändert seine Sicht über den anderen und sein Verhalten solange, bis er ihn achten und wertschätzen kann.

Auch Gröschke (2004, 19) betont die Bedeutung einer solch subjektiven Parteinahme für den Klienten und sieht den hippokratischen Grundsatz: »Neminem laede, immo omnes quantom potes iuva!« (»Schade niemandem, vielmehr hilf, soviel du kannst, allen!«) als berufs-und handlungsethisches Minimum für jegliche Diagnostik in der heilpädagogischen Praxis. Bei diesem Prozess der subjektiven Umdeutung kann es hilfreich sein, nach dem subjektiven Grund des Klientenverhaltens zu fragen. Der Diagnostiker akzeptiert das Verhalten seines Klienten als dessen subjektiv betrachtet beste (Verhaltens-)Möglichkeit. Diesem Grundsatz folgt er auch bei aggressivem oder autoaggressivem Verhalten. Selbst ein normativ schmerzhaftes Schlagen des Kopfes an die Wand wäre hier als ein subjektiv sinnvolles Verhalten zu interpretieren. Diese versuchte Identifikation mit dem Gegenüber geht so weit, dass sich der Diagnostiker bemüht, die Kognition, die Sicht der Welt, ja sogar die Sprache des Klienten, gedanklich und schriftlich zu imitieren. Der Diagnostiker bemüht sich hier um die Identifikation mit dem »Betroffenen« durch die Berührung mit seinem Leidensweg. Die folgenden Fragen können zum Verstehen des Verhaltens hilfreich sein: »Warum handelt der Klient so?«, »Was ist für ihn daran wohl sinnvoll?« und »Warum hat er sich gerade für dieses Verhalten entschieden?«.

Trotz des Versuchs einer begründeten Rekonstruktion der Subjektlogik muss sich der Diagnostiker seiner Fehlbarkeit bewusst sein. Nach Dörner (1984, 80) ist es nie möglich, einen anderen Menschen ganz zu verstehen. Lediglich die Aussage »Ich verstehe *mich* auf Dich« ist möglich. Durch den Versuch einer Identifikation mit dem Klienten mache ich mich als Diagnostiker und als Individuum sichtbar und angreifbar. Dies ist eine Grundlage für einen konstruktiven Diskurs zum Wohl des Klienten. Beim Erstellen des Innenbeobachterstandpunktes kann es, im Zugestehen der subjektiven Entwicklung des Klienten, zu einer Negation von Beschreibungen im Außenbeobachterstandpunkt kommen. Das bedeutet, dass hier Widersprüche zwischen der objektiven und der subjektiven Beschreibung entstehen können. Dies wäre zum Beispiel der Fall, wenn das stereotype Schaukeln und Lächeln eines Bewohners im Tagesraum einer Wohngruppe im Außenbeobachterstandpunkt als normal beschrieben wurde – im Innenbeobachterstandpunkt hingegen dasselbe Verhalten als Zeichen von Deprivation und hoher Angepasstheit interpretiert wird. Solchen Widersprüchen soll im nächsten Schritt der Syndromanalyse dem Superbeobachterstandpunkt nachgegangen werden. Für die heilpädagogische Praxis ist der Innenbeobachterstandpunkt aufgrund der emotionalen Identifikation mit dem Klienten von besonderer Bedeutung. Oft ermöglicht das Hineinträumen in die Subjektlogik des Klienten ein neues Verständnis für bestimmte Verhaltensweisen. Wird die heilpädagogische Syndromanalyse als diagnostischer Teamprozess erarbeitet, wird hieran häufig auch die Beziehung (Sympathie, Antipathie sowie Akzeptanz oder Ablehnung für das [Problem-] Verhalten) zwischen den einzelnen Mitarbeitern und dem Klienten erkennbar. Da die Formulierung des Innenbeobachterstandpunktes auf dem eigenen Evidenzgefühl basiert, ist es wichtig, die eigene hermeneutische Interpretation abzusichern. Gröschke (2004, 25) weist bei den *Gütekriterien der Interpretation* (ebd., 24) darauf hin, dass eine größere intersubjektive Übereinstimmung und Kontrolle gegeben ist, »wenn die vorgeschlagene Interpretation auch für die anderen Teilnehmer der Interpretationsgemeinschaft Überzeugungskraft hat«. Die höchste Stimmigkeit der rekonstruierten Subjektlogik ist allerdings gewährleistet, wenn es möglich ist, dem Klienten den Innenbeobachterstandpunkt vorzulesen und diesen durch ihn selbst bewerten zu lassen. So kann in der Rekonstruktion der Subjektlogik des Nutzers beim Diagnostiker eine »personale Beziehung ... in einem umfassenden und ganzheitlichen Sinne« (Gröschke 1997, 119) entstehen.

Superbeobachterstandpunkt

Der Superbeobachterstandpunkt beinhaltet drei Aspekte: Zum einen geht er der Frage nach, ob es eine Diskrepanz oder einen Widerspruch zwischen der Außen- und Innenbeobachterbeschreibungen gibt. Durch die Rekonstruktion von dynamischen Beziehungen zwischen der Lebenssituation und der Persönlichkeitsentwicklung gilt es hier festzustellen, wo, bezogen auf die Struktur der Sache, Verständnis und Missverständnisse des behinderten Menschen liegen können (ein Bemühen des Diagnostikers um ein Verstehen der Verhaltensbesonderheit als sinnvolle Tätigkeit zur Wiederherstellung von Subjektivität und die daraus möglicherweise resultierenden Missverständnisse im Außenbeobachter). Bestehen Widersprüche zwischen Innen- und Außenbeobachtung, so bedarf es einer Überprüfung des (Problem-) Verhaltens in einer anderen Situation oder an einem anderen Ort. Hierzu bietet sich ein anderes Milieu (z. B. der Arbeitsplatz des Klienten, eine Wochenendsituation usw.) an. In einer solchen Situation ist es dann notwendig, auch eine neue Außenbeobachtung zu erstellen. Hier kann sich auch der Bedarf zeigen, dass weitere diagnostische Methoden benötigt werden (z. B. Verfahren aus der Differenzial- oder der Kausal-Diagnostik). Passen Außen- und Innenbeobachterstandpunkt von ihrem Erklärungsgrad her zusammen, sollte der Frage nachgegangen werden, ob noch weitere wichtige Informationen fehlen. Hier hat der Superbeobachterstandpunkt die Funktion eines Ideenspeichers. Da die Syndromanalyse innerhalb der verschiedenen Diagnosekategorien zur Kategorie der *Verstehenden Diagnostik* zählt, ist der Ausrichtungsfokus deutlich individuumzentriert. Das bedeutet, dass Wechselwirkungen mit dem Umfeld zwar beachtet und bedacht werden, der Fokus aber auf dem gezeigten Verhalten des Klienten liegt. In einem zweiten Schritt wird besonders darauf geachtet, ob es einen syndromspezifischen, quasinatürlichen Widerspruch gibt. Lässt sich ein Zusammenhang zwischen dem gezeigten (Problem-)Verhalten und dem Syndrom des Klienten vermuten? So ist es zum Beispiel nicht verwunderlich, dass ein lauter Kirmesbesuch bei Menschen mit Autismus zu einem Rückzugsverhalten führt.

Der dritte Aspekt beinhaltet erste Deutungen zu dem Verhalten des Klienten und Erklärungen zu den scheinbaren Widersprüchen. Mit einer theoriegeleiteten Hypothese (Vermutungshypothese) beginnt der Übergang zur nächsten Kategorie der Selbstreflexivität.

Selbstreflexivität

Die Selbstreflexivität ist eine möglichst genaue Bestimmung des eigenen (Diagnostiker-)Standpunktes. Der Diagnostiker ist nicht nur passiver Beobachter, sondern selbst Bestandteil der Situation und der möglichen Prognosen. Hier geht es darum, den eigenen Standpunkt der psychologisch begründeten Prognose mit der Konsequenz der Selbstreflexion zu benennen. Welche Auswirkungen hat meine Theorieauswahl auf den Klienten? Ziel der Theorieauswahl des Diagnostikers ist es, unter allen Umständen Achtung und Empathie in Worten, Taten und Gefühlen so aufzubauen, dass er seinem Klienten eine humane Entwicklungssituation sichert, die immer auf die Auseinandersetzung mit dem realen Leben bezogen sein sollte. So kann es gelingen, aufgrund allgemeinmenschlicher Gesetzmäßigkeiten eine Entwicklung zum Besseren anzuregen. In der Selbstreflexivität geht der Diagnostiker den Fragen nach, welche Theorien, Handlungskonzepte und eigenen Erfahrungen (Alltagswissen, eigene Sozialisation) er zum Verstehen bzw. Interpretieren des Verhaltens nutzen kann. Zimpel (2010, 160) weist in diesem Prozess auf die Gefahr, aber auch die Chance des »Vygotskij-Effektes« hin. Vygotskij beschreibt, dass Intrapsychisches dazu tendiert, Interpsychisches zu werden. Dieser Effekt ermöglicht, dass Fremdsuggestion zu Selbstsuggestion werden kann. Hierin liegt die Gefahr, dass der Diagnostiker sich von äußeren Eindrücken täuschen lässt – aber auch die Chance, dass der Klient konstruktive Fremdsuggestion annehmen kann. Bedeutsam ist hierbei, diesen Effekt im diagnostischen Prozess mit zu bedenken. Die Notwendigkeit der hier geforderten Selbstreflexivität besteht, so Jantzen (1996), primär darin, dass sich der Diagnostiker dessen bewusst wird, dass er selbst Teil der Interpretation des diagnostischen Prozesses ist und er sich durch seine eigene Erkenntnis selbst erfassen bzw. reflektieren muss. Gröschke (2004, 25) schreibt zu den Gütekriterien der Interpretation: »Die Methode des Verstehens und Interpretierens steht und fällt mit der gewissenhaften Einhaltung methodenkritischer Kriterien, Regeln und Standards. Die Gefahr einer ›wilden‹, subjektivistischen und unkontrollierten Deutung ist nicht gering.« Als Standards haben sich an dieser Stelle der heilpädagogischen Syndromanalyse selbstreflexive Fragen wie »Was beeinflusst mich in meiner Wirklichkeitskonstruktion?« und Fragen zu meiner Theorieauswahl wie z. B. »Wie komme ich zu dieser Annahme?« oder »Welchen Erklärungsansatz verfolge ich?« als sehr bedeutsam und hilfreich erwiesen.

Die Erfahrung zeigt, dass sich für die Erklärungen der kognitiven Fähigkeiten besonders die Theorien von Piaget, Erikson, Freud, Bowlby, Dollard und Vygotskij bewährt haben. Bei den theoretischen Erklärungsversuchen kann eine Unterscheidung in inter- und intrapsychische Erklärungsideen hilfreich sein (s. Bsp. in ▶ Abb. 1). Ergänzend ist es die Aufgabe des Diagnostikers, sich Fach- und Erklärungswissen über den jeweiligen Syndrom- und Verhaltenskanon anzueignen. Neben dieser objektiven

Erklärungsbegründung sollte der Diagnostiker seine subjektive Auswahl von Erklärungsansätzen hinterfragen. Oft beeinflusst das zuletzt Gelesene oder Gehörte die Erklärungsauswahl des Diagnostikers. So konnte ich bei Syndromanalysen im Examen an der Fachschule für Heilerziehung stets erkennen, ob mein Kollege im letzten Semester das Thema Verhaltenstheorie oder Tiefenpsychologie gelehrt hatte. Um sich dieser Setzung von Erklärungen bewusst zu werden, ist es auch hier notwendig, die persönliche Erklärungspräferenz mit zu reflektieren.

Pädagogische Idee

Mit der pädagogischen Idee findet die heilpädagogische Syndromanalyse ihren diagnostischen Abschluss. Hier werden konkrete Interventionsideen benannt und fachlich begründet. Diese Interventionen sollten in einer Kausalität zu den vorherigen diagnostischen Erkenntnissen stehen. Es sollten keine frei assoziierten Interventionen benannt werden. Ein »roter Faden« sollte erkennbar bleiben. Sinnvoll ist es, nicht zu viele (heil-)pädagogische Maßnahmen aufzuzeigen. Für die Entwicklung der pädagogischen Ideen in der heilpädagogischen Syndromanalyse sind zwei Operatoren zu beachten:

1. Die pädagogische Idee sollte einmöglichst gemeinsames pädagogisch-therapeutisches Handeln in der *Zone der nächsten Entwicklung* ermöglichen. Vygotskij definiert die Zone der nächsten Entwicklung als den Bereich, in dem der Klient zum Ausführen der Handlung noch übergangsweise pädagogische Unterstützung benötigt. Die Ausrichtung an der Zone der nächsten Entwicklung zwingt den Diagnostiker zu einer realistischen und konkreten Interventionsidee (kein Schwimmen mit Delfinen in Australien).
2. Der zweite Operator ist die Akzeptanz des individuellen Lernweges auf der Basis des *pädagogischen Optimismus*. Pädagogischer Optimismus bedeutet, dem Klienten immer eine Weiterentwicklung zuzutrauen und sich bei einem Ausbleiben des gewünschten Lernerfolges zunächst selbst zu fragen, ob der Inhalt didaktisch und methodisch angemessen angeboten wurde. Der gute Diagnostiker stellt zunächst sich und sein Angebot und nicht das Veränderungspotenzial des Klienten in Frage.

Ein Beispiel für eine Syndromanalyse

Für das Erarbeiten einer Syndromanalyse hat sich ein Vorgehen in drei Schritten bewährt. Im ersten Schritt werden die zur Verfügung stehenden Informationen in einer Blankotabelle eingetragen. Im zweiten Schritt werden diese Informationen noch einmal überprüft, ergänzt (durch Erklärungsansätze, Gespräche mit anderen professionellen Fachkräften etc.) und in einen in sich stimmigen Sinnzusammenhang gebracht. Zum Schluss werden, in einem dritten Schritt, die Aussagen aus der Tabelle in Form eines romantischen[25] Fließtextes ausformuliert. Zur besseren Veranschaulichung möchte ich die einzelnen Schritte am Beispiel von Frau T. darstellen. Als Ausgangspunkt zur Erstellung einer Syndromanalyse steht uns folgende Information zur Verfügung:

Frau T. ist 42 Jahre alt. Sie wohnt seit fünf Jahren in einer Wohngruppe einer großen Komplexeinrichtung in Hamburg. Frau T. hat eine leichte geistige Behinderung und kann aus organischen Gründen nicht sprechen. Trotzdem ist es ihr gut möglich, nonverbal und handelnd zu kommunizieren.

Sie ist groß und schlank, kleidet sich geschmackvoll und wird in der Wohngruppe häufig zunächst für eine Mitarbeiterin gehalten. Außer ihr leben noch neun weitere behinderte Menschen in der Wohngruppe. Die Behinderungen der anderen Bewohner sind deutlich schwerer als die von Frau T.

Frau T. arbeitet in einer anderen Wohngruppe als Küchenhilfe. Sie beginnt ihre Arbeit um 8 Uhr und hat um 16 Uhr Feierabend. Die Arbeit in dieser Gruppe ist ziemlich stressfrei, vielleicht sogar etwas langweilig.

In der Gruppe, in der Frau T. arbeitet, leben sehr selbständige Menschen, die Frau T. intellektuell überlegen sind und die Möglichkeit haben, Frau T. zu dirigieren. Frau T. geht scheinbar mit einer gewissen Gleichgültigkeit zur Arbeit.

Zum Wochenablauf: Frau T. geht an fünf Tagen in der Woche zur Arbeit. An drei Tagen wird die Arbeit durch besondere Angebote unterbrochen: Montags und mittwochs geht Frau T. für eine Stunde in eine Holz AG. Am Freitag geht sie zwei Stunden zum Reiten. Nachmittags und am Abend beschäftigt sich Frau T. freiwillig mit dem Säubern des Tagesraumes. Ansonsten nimmt sie an den Freizeitangeboten teil.

Zur Problematik: Frau T. hortet zum einen über längere Zeiträume Becher und Kannen mit Getränken in ihrem Zimmer. Oft schimmeln die Getränke bereits, wenn sie unter lautem Protest von Frau T. aus ihrem Zimmer entfernt werden. Alle Versuche, das Horten zu unterbinden, sind bisher erfolglos geblieben. Zum anderen sammelt Frau T. diverse Verpackungsmaterialien sowie Mengen von Zeitschriften und Taschentüchern. Sie verstaut diese Schätze in Plastiktüten, die sie am liebsten mit sich führt, wenn sie die Wohngruppe verlässt. Ein weiteres Problem besteht darin, dass Frau T. eigenständige Reisen unternimmt. Sie ist nicht geschäftsfähig, hat kaum Bezug zu Geld und ist nicht ausreichend verkehrstüchtig. Anstatt zur Arbeit zu gehen, geht sie zur Straßenbahn und bleibt so lange im Zug sitzen, bis dieser seine Endstation erreicht hat oder Frau T. entdeckt wird. Da die S-Bahn ab Hauptbahnhof zum normalen Fernzug wird, gelingt es ihr oft, große Entfernungen zu überwinden. Solche Reisen unternimmt Frau T. ungefähr zweimal im Monat. Sie ist auf diese Art schon in Soltau, auf Sylt und sogar in Leipzig (damals noch DDR) gewesen. Wenn Frau T. verreist, führt sie weder ihren Behindertenausweis noch andere Papiere mit sich. Meist wird sie abends von Passanten zur Polizei gebracht. Was sie genau auf ihren Reisen erlebt, weiß niemand. Teilweise ist sie bis zu vier Tage unterwegs. Die

---

25 »Romantisch« meint hier den von Lurija und Sacks selbst verwendeten Ausdrucksstil (vgl. Zitat zu Beginn des Textes).

Mitarbeiter bekommen regelmäßig Ärger mit der Polizei, die dem Team einen Verstoß gegen die Aufsichtspflicht vorwerfen. Die Ausflüge von Frau T. sind nicht ungefährlich. Sie ist nicht verkehrssicher. Einmal wurde sie auf den Bahnschienen aufgegriffen. Sie spazierte diese entlang, um einen Bahnhof zu finden. Außerdem ist Frau T. sehr gutgläubig und könnte leicht Opfer einer Straftat werden.

Konsequenzen: Es scheint dem Team unmöglich, die »Fluchtversuche« von Frau T. zu verhindern. Die Polizei droht, das Gericht einzuschalten, wenn das Team das »Problem« nicht in den Griff bekommt. Eine Mitarbeiterin versucht, die »Ausflüge« im Vorfeld zu erahnen, und bietet prophylaktisch Unternehmungen für Frau T. an. Die Beziehung zwischen den Teammitarbeitern und Frau T. sind recht unterschiedlich. Zwei Mitarbeiterinnen finden Frau T. sympathisch und unternehmen viel mit ihr. Der überwiegende Teil des Teams findet Frau T. »nervig««, da sie viel Aufmerksamkeit einfordert. Manchmal ist ein bevorstehender Ausflug am Verhalten von Frau T. vorhersehbar. Dann zeigt sie den Mitarbeiterinnen Reiseprospekte oder den Fahrplan der Bundesbahn.

Im ersten Schritt zur Anfertigung einer Syndromanalyse werden alle im Rahmen einer Anamnese relevant erscheinenden Informationen über die »Fallperson« zusammengestellt und in einer Tabellenvorlage (▶ Abb. 1) eingetragen. Die tabellarische Vorarbeit ermöglicht einen horizontalen Überblick.

Nach dieser Stichwortsammlung werden die gesammelten Informationen noch einmal durch Theoriebezüge und Fachgespräche ergänzt und abschließend zu einem ausformulierten Text zusammengefasst. Für den hier sehr verkürzt dargestellten Fall von Frau T. könnte eine fertiggestellte Syndromanalyse wie folgt lauten.

Syndromanalyse Frau T.

Außenbeobachter

Frau T. ist eine 42 Jahre alte Frau, die in den vorliegenden Unterlagen als lernbehindert bezeichnet wird. Sie lebt seit vielen Jahren (nach Aktenangaben seit über 20 Jahren) in einer Wohngruppe für geistig behinderte Menschen. Die Wohngruppe befindet sich auf einem Zentralgelände einer Behinderteneinrichtung in einer norddeutschen Großstadt. Hier leben drei Frauen und fünf Männer im Alter von 22–78 Jahren mit unterschiedlichen, überwiegend kognitiven Einschränkungen. In der Wohngruppe arbeiten 16 Fachkräfte mit unterschiedlicher Ausbildung auf 6,5 Planstellen. Die Wohngruppe orientiert sich konzeptionell am Normalisierungsprinzip (vgl. Thimm 1984) und beachtet nach Aussagen der pädagogischen Leitung die aktuellen Entwicklungen in der Behindertenhilfe. Frau T. ist von ihren behinderungsbedingten Einschränkungen her den anderen Bewohnerinnen und Bewohnern bzgl. ihrer Handlungskompetenzen und ihren kognitiven Möglichkeiten deutlich überlegen. Sie kann ihre eigenen Bedürfnisse gut verständlich nonverbal mitteilen, indem sie ihre Anliegen durch Tätigkeiten bzw. Gesten deutlich macht. Sie arbeitet fünf Tage in der Woche als Küchenhilfe in einer benachbarten Wohngruppe im gleichen Wohnhaus. Dort sind ihr die anderen Bewohner kognitiv überlegen. Die Lebenssituation wechselt demnach zwischen Unter- und Überforderungssequenzen, so dass

8 Die Syndromanalyse als diagnostische Methode der Heilpädagogik

Außenbeobachterstandpunkt	Innenbeobachterstandpunkt	Superbeobachterstandpunkt	Selbstreflexivität	Pädagogische Ideen
Frau T. ist 42 Jahre alt.	»Mit meiner Lebenssituation bin ich nicht zufrieden.«	Grenzen der kognitiven Fähigkeit.		• Wohnungswechsel? • Probewohnen? • Persönliche Zukunftsplanung
Lebt in einer Wohngruppe für geistig behinderte Menschen.				
Wird als »lernbehindert« beschrieben, kann nonverbal gut kommunizieren.				• Unterstützte Kommunikation • Intellektualisieren
Arbeitet fünf Tage als Küchenhilfe (stressfrei bis langweilig).	»Meine Arbeit ist meistens langweilig und wenn die Sonne scheint, dann zieht es mich aus – da steigt man einfach in die U-Bahn, und dann ab dem Hauptbahnhof wird der Zug richtig schnell. Der Mann mit der Mütze will dann irgendwann einen Zettel oder den Ausweis sehen. Da gebe ich mir dann Mühe, ihn zufriedenzustellen. Meistens lässt er mich nach einiger Zeit in Ruhe. Manchmal endet dann die Reise – aber es ist trotzdem noch viel los. Oft bekomme ich Kaffee und Kekse, muss viele Fragen beantworten und darf dann mit im Auto fahren. Später auf der Gruppe sind die Mitarbeiter oft genervt.«		*Intrapsychische Theorieideen* • Piaget: Frau T. befindet sich wahrscheinlich in der konkret operationalen Phase. Worte können Dinge repräsentieren. Aber ein Verständnis für Invarianz (Beispiel Schienen-Zug) fehlt. • Erikson: Über die sozio-emotionale Entwicklung lassen sich nur schwer Aussagen tätigen, da aus den Informationen wenig über Frau T.s Vergangenheit zu erkennen ist. Im Kontext einer institutionellen Sozialisation könnten Störungen in der Initiativphase (bedingt durch Versorgung und MA-Fluktuation) und in der Werkphase (bedingt durch das Nichtanerkennen ihrer Tätigkeit) vermutet werden. • Bowlby: Fehlt eine emotionale Vertrauensperson?	• Sinnvolle Arbeit • Primäre Zirkularsituationen schaffen (Geld für Arbeit) • Technik einsetzen? (Kühlschrank) • Rituale nutzen (z. B. regelmäßig die Spülmaschine ausräumen) • Verantwortung für andere übernehmen
Frau T. ist den Beobachtungen und Gesprächen nach auf der Wohngruppe unterfordert. Gleichzeitig scheint sie aber bei der Arbeit überfordert zu sein.	»Meine Mitbewohner interessieren mich nicht!« »Auf der Arbeit werde ich ausgenutzt.«	*Fehlende Informationen:* • Wie verhält sich Frau T. im Urlaub? • Hat sie mal wo anders gewohnt? • Gibt es Freunde?	*Interpsychische Theorieideen:* • Normalisierung. (Thimm) • Frau T. ist institutionsgeschädigt. (Seligmann) • Keine sinnstiftende Arbeit! (Dörner)	• Punktekarten • Reflexionsgespräche Sinnstiftende Arbeit
Mo./Mi./Do. Freizeitangebote (Holz/Reiten).	»Auf die Freizeitangebote freue ich mich!«	Gibt es weitere Freizeitangebote?	• Empowerment (Theunissen) • Keine dialogische Assistenz? (Subjektzentriertheit)	Politisches Potenzial entfalten (People first)
Problemverhalten: Frau T. hortet Lebensmittel und Verpackungsmaterial.	»Es nervt mich, dass die Mitarbeiter regelmäßig meine Schätze aus meinem Zimmer herausholen.«	Was wurden bisher für Lösungen gesucht?	• Lebensqualität (Beck) • Zu wenig Ligaturen und Optionen!	Tauschbörse? (Sammelleidenschaft nutzen)
			• Systemtheorie (Luhmann) • Wer hat welches Problem?/Autopoiese (Maturana)	• Teamgespräch • Systemanalyse
Sie unternimmt zweimal im Monat eigenständige Reisen, ist aber nicht geschäftsfähig und nur begrenzt verkehrssicher.	»Bei Reisen mache ich gute Erfahrungen. Es ist viel Action.«	Welche Angebote für Unternehmungen hat Frau T.?	• Sozialisation (Habermas): »Kolonialisierung der Lebenswelt« = Institutionalisierung • Isolationstheorie (Jantzen): Unterforderung/Überforderung. Zuwenig Kulturteilhabe	• Ausweis • Taxitraining • Interessante Reisen • Zufriedenheitsbefragung

Abb. 1: Vorlage zur Erstellung einer Syndromanalyse

Frau T. oft unter-, aber auch oft überfordert wirkt (vgl. Isolationsfaktoren bei Jantzen 1989). Dreimal in der Woche kann Frau T. institutionell angebotene Freizeitangebote (Werken, Reiten) in Anspruch nehmen. Frau T. hortet Lebensmittel (weit über deren Verfallsdatum hinaus) und Verpackungsmaterial. Da der Verzehr dieser verdorbenen Lebensmittel eine gesundheitliche Gefährdung darstellt, wird dieses Verhalten von den Mitarbeitern als problematisch beschrieben. Sie unternimmt zweimal im Monat eigenständig eine Reise. Auch dieses Verhalten stellt ein Problem dar, da Frau T. nicht geschäftsfähig ist und als nur begrenzt verkehrssicher beschrieben wird.

Innenbeobachter

»Ich fühle mich in der Wohngruppe nicht wohl. Meine Arbeit ist meistens langweilig, und wenn die Sonne scheint, dann zieht es mich in die weite Welt hinaus. Mit dem Reisen kenne ich mich aus – da steigt man einfach in die S-Bahn, und dann ab dem Hauptbahnhof wird der Zug richtig schnell. Der Mann mit der Mütze will dann irgendwann einen Zettel oder den Ausweis sehen. Da gebe ich mir dann Mühe, ihn zufriedenzustellen, meistens lässt er mich nach einiger Zeit in Ruhe. Manchmal endet dann die Reise – aber es ist trotzdem noch viel los. Oft bekomme ich Kaffee und Kekse, muss viele Fragen beantworten und darf Autofahren. Später, zurück in der Gruppe, sind die Mitarbeiter oft genervt. Mich hingegen nervt es, dass die Mitarbeiter regelmäßig meine Schätze aus meinem Zimmer herausholen. Ich brauche doch das Geschirr und die Säfte und das Essen, um mit Püppi ›Mittagessen‹ spielen zu können. Wenn ich in der Küche helfe, werde ich gelobt und gemocht. Aber auf der Arbeitsstelle sind die Bewohner nicht freundlich und kommandieren mich umher. Das mag ich nicht – dann haue ich ab. Manchmal scheint die Sonne, und ich möchte verreisen. Wenn ich dann den Mitarbeiterinnen schöne Prospekte zeige, heißt es gleich: ›Petra – aber nicht wieder abhauen!‹ Also gebe ich mir Mühe, nicht erwischt zu werden und heimlich abzuhauen. Auf den Reisen erlebe ich sehr viel – die Menschen sind meist nett und ich werde, wenn ich mich wild bewege und meine Wünsche körperlich deutlich zeige, auch verstanden und ernstgenommen. Irgendwann taucht dann immer die Polizei auf. Mal sind die nett und manchmal auch ziemlich schlecht gelaunt. Neulich durfte ich sogar die Mütze von einem Polizisten aufsetzen. Alle Bewohner gucken immer ganz neidisch und gespannt, wenn ich mit dem Peterwagen über das Anstaltsgelände gefahren werde – wie die Queen von England!«

Superbeobachter

Es bleibt zu klären, inwieweit sich Frau T. den eventuellen Gefahren, die mit ihren »Reisen« verbunden sind, bewusst ist und ob sie diese aufgrund der behinderungsbedingten Einschränkungen einschätzen kann (vgl. Piaget, Erikson). Interessant wäre es zu erfragen, wie sich Frau T. z. B. in einer Freizeitmaßnahme verhält, ob sie vorher in einer anderen Wohnform gewohnt hat und ob es Freunde oder Verwandte in ihrem Leben gibt. Im Kontext einer angestrebten Rekonstruktion der Beziehung zwischen der Lebenssituation und der Persönlichkeitsentwicklung muss die Sozialisation von Frau T. in der Symbiose von historischen Ereignissen (Krieg), dem Behinderungsbild und der behinderungsbedingten Einschränkungen analysiert werden. Um ihre heutigen Verhaltensweisen verstehen zu können, ist es notwendig, sich auch die Zeit ihrer Sozialisation vor Augen zu führen (z. B. des erlebten Kriegs; vgl. Seligman 2000; Jantzen 2005). Die Abgleichung des um Objektivität bemühten

Außenbeobachterstandpunktes mit dem subjektiv konstruierten Innenbeobachterstandpunkt zeigt, dass die beiden Problemverhaltensweisen aus der Subjektlogik von Frau T. gesehen durchaus erklärbar erscheinen.

Selbstreflexivität

Um die Welt annähernd mit den Augen von Frau T. sehen zu können, scheint es zunächst bedeutsam, sich ihren kognitiven Möglichkeiten zu nähern. Auf Grundlage der Kognitionstheorie von Piaget ist anzunehmen, dass sich Frau T. am Anfang der *konkret operationalen Phase* befindet. Es gelingt ihr nonverbal, sich durch Gesten und Tätigkeiten Sachverhalte verständlich zu machen (Dinge und Handlungen nonverbal zu repräsentieren). Ihr Verständnis für *Invarianzen* scheint noch nicht ausgeprägt zu sein, da die »Suche der Züge anhand der Schienen« dieses Abstraktionsniveau nicht repräsentiert – sondern eher ein anschauliches, tätigkeitsorientiertes Handeln erkennen lässt. Deshalb ist eher von einem *präoperationalen Kognitionsverständnis* auszugehen. Damit wäre Frau T. in ihren kognitiven Möglichkeiten mit einem acht- bis neunjährigen Kind zu vergleichen, obwohl natürlich daneben die Lebenserfahrungen und die Sozialisation einer 43 Jahre alten Frau zu berücksichtigen sind. Zu der Bindungsfähigkeit von Frau T. (vgl. Bowlby) lässt sich wenig sagen, da bisher keine Angaben über ihre frühe Sozialisation existieren. Hierzu müssten weitere Informationen durch eine *Rehistorisierung* (Jantzen 1996) bzw. eine andere Form der Biografiearbeit gefunden werden. Vermutlich hat Frau T. eine längere »Institutionskarriere« hinter sich, die nur eine *unsichere Bindung* hervorbringen könnte. Dies könnte die heute fehlenden Freundschaften erklären. Besonders hinzuweisen ist jedoch darauf, dass Frau T. von den Mitarbeitern in ihrer Wohngruppe als kommunikativ und freundlich beschrieben wird. Hieraus könnte auf *Resilienz* (Wustmann 2005) und ein gutes *Kohärenzgefühl* (vgl. Antonovsky 1997) zu schließen sein. Über die *sozio-emotionale Entwicklung* (Erikson) von Frau T. lassen sich nur schwer Aussagen machen, da aus den Informationen wenig über ihre Vergangenheit zu erkennen ist. Im Kontext einer institutionellen Sozialisation könnten Störungen in der Initiativphase, bedingt durch die institutionelle Versorgung, die damit einhergehende *erlernte Hilflosigkeit* (Seligman 1999) und die beziehungshemmende hohe Mitarbeiter-Fluktuation diagnostiziert werden. Diese werden mit Sicherheit durch das beschriebene Nicht-Anerkennen bzw. -Würdigen ihrer Tätigkeiten eine Störung in der Werkphase implizieren.

Interpsychische Erklärungsversuche: Seit der Umsetzung des Normalisierungsprinzips (Thimm 2005; Beck et al. 1996) in der Heilpädagogik ist die Bedeutung von familienähnlichen Lebensbedingungen (wie z. B: das Vorhandensein einer festen Bezugsperson, eine deutliche Trennung der Lebensbereiche Arbeit und Wohnen und das Vorhandensein einer sinnstiftenden Tätigkeit) mehrfach wissenschaftlich belegt (vgl. zur Lebensqualitätsforschung Beck 1994; Seifert 2007; Schablon 2010). Diese Aspekte (*Kategorien des Wohlbefindens*) sind bei Frau T. nicht erfüllt und lassen daher den Rückschluss auf ein eingeschränktes Wohlbefinden zu. Die negative Bedeutung einer institutionellen Sozialisation wird anhand der bei Frau T. beschriebenen »Kolonialisierung von Lebenswelten« (Habermas 2011) deutlich, die sich dadurch ausdrückt, dass sich Frau T. ihrer Lebenssituation nur durch Flucht entziehen kann, da sie scheinbar über keinerlei oder nur über einen sehr geringen konstruktiven Gestaltungsspielraum verfügt. Außerdem lassen die bisherigen Informationen keinen Rückschluss darüber zu, wie sich die Beziehung zwischen Frau T. und der Mitarbeiterin Frau Schneider (Bezugsperson auf der Wohngruppe) gestaltet. Ein wichtiger Theorieansatz (*Empowerment*, Theunissen 1995) geht davon aus, dass eine *subjektbezogene Assistenz* eine der Grundvoraussetzungen für eine Selbstbefähigung (Empowerment) darstellt. Hierzu müssten weitere Informationen eingeholt werden. Nach Thimm (1997) und Beck (1994) sind Verbindungen (*Ligaturen*) und Möglichkeiten (*Optionen*) bedeutsam für eine hohe Lebensqualität. Dieser Aspekt ist unter der Perspektive »Netzwerke« (Schablon 2010), aber auch in der praktischen Umsetzung der Perspektiven bedeutsam, z. B.: »Gibt es Bekannte, die besucht werden könnten?« Eine *systemtheoretische Betrachtung* würde einer ganzheitlich-multiperspektivischen Sichtweise entgegenkommen. Hiermit könnte der Fokus der Perspektiven bewusst auf die anderen Akteure gelenkt werden. Dieser Theoriestrang ließe sich gut mit der dazugehörigen *Autopoiese Theorie* (z. B. Maturana 1984) verbinden, in der die Selbstregulation der Klientin im Mittelpunkt weiterer Überlegungen stände. Um die gesellschaftlichen Faktoren auszuleuchten, könnte auf die *Isolationstheorie* (Jantzen 1987) oder auf *Ansätze der Kritischen Psychologie* (z. B. Holzkamp 1988) zurückgegriffen werden.

Was bedeutet die gewählte Theorieauswahl für Frau T.? Anhand der hier angerissenen inter- und intrapsychischen Erklärungsmodelle können die Lebenslage und die gezeigten Verhaltensweisen von Frau T. besser und wertschätzender interpretiert werden. Die verstehende Diagnose betont zum einen zwar die behinderungsbedingte kognitive Einschränkung (geistige Behinderung) von Frau T. – setzt dieser aber zum anderen destruktiv »behindernde« Sozialisationsfaktoren entgegen und zeigt damit ein Entwicklungspotenzial auf.

Pädagogische Ideen

Für die Lebenssituation von Frau T. zeichnen sich drei besonders relevante Aspekte ab:

1. Die Unzufriedenheit bzw. die Unter- und Überforderung im Alltag von Frau T.
2. Das unangekündigte und eventuell auch »gefährliche« Reisen einer nicht geschäftsfähigen und nicht verkehrssicheren geistig behinderten Frau.
3. Das Sammeln und Horten von Gegenständen, die verderblich (und damit gesundheitsschädlich) sind bzw. als Müll definiert werden.

Zur Unzufriedenheit: Im Kontext der unterstellten Unzufriedenheit in Bezug auf die Lebensqualität und das subjektiv erlebte Wohlbefinden müsste über einen Wechsel des Wohn- und Arbeitsplatzes nachgedacht werden. Um Frau T. im Sinn von Empowerment in den Entscheidungsprozess so weit wie möglich mit einzubinden, wäre ein Probewohnen bzw. ein Praktikum in verschiedenen Einrichtungen anzustreben, wenn Frau T. dieser Idee zustimmt. Eine Erhebung der subjektiven Vorstellungen von Frau T. (auch bezüglich der angestrebten Arbeitssituation) ließe sich durch das gemeinsame Anfertigen einer Persönlichen Zukunftsplanung realisieren. Hier wäre zu bedenken, dass der Sinn der Arbeit für Frau T. erkennbar werden müsste (sinnvolle, sinnstiftende Arbeit; vgl. Dörner 1998; vgl. Piaget). Dies könnte zum Beispiel geschehen, indem Frau T. anschaulich gemacht wird, dass sie Geld für ihre Arbeit erhält, über das sie eigenständig verfügen und mit dem sie ihre Bedürfnisse befriedigen kann. (Die kulturelle Bedeutung von Geld ist Frau T. nur bedingt bekannt, da ihr Geld nicht von ihr selbst verwaltet wurde, sondern sie nur über ein sehr geringes wöchentliches Taschengeld verfügen konnte.) Um die eigene Situation zu verändern und durch Engagement zu mehr Zufriedenheit zu kommen, wäre es vorstellbar, Frau T. auf das Existieren von Selbsthilfegruppen, in denen sich Menschen mit ähnlichen Anliegen organisieren, aufmerksam zu machen. Hier könnte sie politisches Potenzial entfalten (z. B. bei »People First«; Kniel & Windisch 2005), was nach der *Isolationstheorie* (Jantzen 1987) insbesondere bei Menschen in marginalisierten Positionen eine Grundlage für Veränderungen darstellen kann.

Zum Reisen: Hier wäre es sinnvoll, Frau T. über existierende Gefahren aufzuklären (*Intellektualisieren*; Zimpel 1994). Dies könnte im Rahmen eines speziell an ihrem Entwicklungsstand orientierten Bildungsangebotes gewährleistet werden. Eine Förderung der Ausdrucksmöglichkeiten könnte im Sinne der *Unterstützten Kommunikation* ausgebaut werden, was im Idealfall eine bessere Kommunikation gegenüber Fremden ermöglichen würde. Das Mitführen des Ausweises bzw. einer Visitenkarte, ein Taxi-Training oder begleitete oder gut geplante interessante Reisen anzubieten, sind weitere mögliche Interventionen. Sollte die Reise als Flucht interpretiert werden, sollte über einen Umzug (ein Probewohnen) oder über einen anderen Arbeitsplatz nachgedacht werden.

Zum Sammeln: Hier stellt sich die Frage der Interpretation dieses Handelns. In dem Fall, dass darin eine Kompensation entwicklungspsychologischer Defizite zu sehen wäre, könnte Rat bei einem Psychotherapeuten gesucht werden. Müsste das Sammeln dagegen eher als Besitzstandswahrung im Sinn von materiellem Wohlstand interpretiert werden, müssten andere Formen gefunden werden, wie Frau T. diesem Bedürfnis nachkommen könnte. Hier könnte darüber nachgedacht werden, ob die Speisen und Getränke etwa durch das Aufstellen eines Kühlschrankes in Frau T.s Zimmer länger haltbar gemacht oder das Horten durch das Bereitstellen von nicht verderblichen Lebensmitteln uninteressant gemachen werden könnte. Auch bestimmte kalkulierbare Rituale, wie das gemeinsame Ein- und Ausräumen der Geschirrspülmaschine an einem festgelegten Wochentag, könnten dieses Problem minimieren. Methodisch wäre auch an den Einsatz von Punktekarten zu denken, die eine lerntheoretische Konditionierung begünstigen würden (unter Berücksichtigung der »Achtung« vor der Person vgl. Dederich 2003). Kreativ gedacht könnte die Sammelleidenschaft ggf. auch in kulturell akzeptierte Bereiche verlagert werden (»Ü-Eier«, Flakons, Sammeltassen ...).

Weitere Ideen: Frau T. könnte eventuell mit ihrer Lebenssituation zufriedener werden, wenn sie mehr Verantwortung für andere, z. B. für Mitglieder ihrer Wohngruppe oder für ein Haustier übernehmen könnte. Außerdem könnte versucht werden, ihr mehr Aufmerksamkeit zukommen zu lassen, indem moderne Verfahren der Zufriedenheitsbefragung ausprobiert und ihr mehr Gestaltungsspielraum im

Alltag ermöglicht würden. Hierzu sind Teamgespräche, Planungskonferenzen oder Unterstützerkreise sicherlich hilfreich. Auch eine systemtheoretische Betrachtung, die untersucht, wie problematisch Frau T.s Verhalten tatsächlich einzuschätzen ist (Was wäre das Schlimmste, was passieren könnte?), könnte zu dem Ergebnis führen, dass mehr Gelassenheit ein erster Schritt für eine konstruktive Veränderung und eine Entspannung der Krisensituation sein könnte.

Resümee: Bedarf es einer »heilpädagogischen« Syndromanalyse?

Abschließend stellen sich die Fragen, ob zum einen die hier skizzierte Methode der Syndromanalyse als »heilpädagogische« Syndromanalyse zu bezeichnen und zu spezifizieren ist und zum anderen welche Bedeutung sie für die heilpädagogische Berufspraxis hat. An dieser Stelle kann nicht die Diskussion über das Professionsverständnis der Heilpädagogik geführt werden. Festzuhalten ist aber, dass das Handlungsfeld der Heilpädagogik ausgesprochen vielfältig ist. Für den breit gefächerten Klientenkreis der Heilpädagogik (von der Frühförderung bis zur Begleitung alter Menschen mit Unterstützungsbedarf) erscheinen die bisher in der Behindertenhilfe dokumentierten Formen der Syndromanalyse zu unspezifisch und zu wenig operationalisiert, um sie im Alltagshandeln als Methode diagnostisch anwenden zu können.

Das heilpädagogisches Handeln vollzieht sich in der Praxis, wie Gröschke (2004, 12) ausführt, »unter erschwerten, abweichenden, unregelhaften, unsteten, ungewöhnlichen, idiosynkratischen bis chaotischen Bedingungen – da braucht es Durchblick, Klärung, Analyse, Ordnung, Verstehen, also bedarf es Diagnostik! Nur welche – eine spezifisch heilpädagogische Diagnostik?« (Gröschke 2004, 12). Gröschke selbst beantwortet diese Frage zunächst, indem er das Spektrum der Formen und Funktionen psychosozialer Diagnostik aufzeigt. Dieses Spektrum diagnostischer Formen umfasst: Deskriptive Diagnostik, Klassifikations-Diagnostik, Differenzial-Diagnostik, Selektions-Diagnostik, Screening-Diagnostik, Platzierungs-Diagnostik, Funktionale Diagnostik, Kausale Diagnostik und Prozess-Diagnostik. Gröschke sieht all diese diagnostischen Formen allerdings eher als Hilfskonstruktionen – die dabei helfen können, die vier diagnostischen Grundmethoden »Befragen, Beobachten, Inventarisieren und Testen« besser umsetzen zu können.

Auf der anderen Seite fragt Gröschke mit dem Blick auf die Vielseitigkeit des Lebens – und hier ist er sehr nah an dem von Lurija geforderten Diagnoseverständnis (s. Kapitel-Beginn):

> »Sollte man in der heilpädagogischen Praxis nicht vielleicht prinzipiell statt einem Test oder eines anderen technischen Verfahrens der Diagnostik nicht einfach mal ›mit den Leute reden‹ und das Gesprochene auf sich wirken lassen, ohne sich weiter um Objektivität, Reliabilität und Validität zu kümmern?« (ebd., 21).

Gröschke lässt diese Frage offen – betont aber die hohe Bedeutung der Beobachtung und einer verstehensorientierten Urteilsbildung, die er als den »Königsweg der heilpädagogischen Diagnostik« bezeichnet.

Meiner Einschätzung nach stellt die »heilpädagogische« Syndromanalyse eine Brücke zwischen dem bestehenden traditionellen diagnostischen Inventar und den Forderungen Gröschkes nach einer Diagnostik, die als Einheit von »Wahrnehmen, Verstehen, Erklären und Handeln« (ebd., 22) gesehen werden kann, dar.

Eine Diagnostik, die wie die heilpädagogische Syndromanalyse die Subjektlogik des Klienten achtet, das »Problemverhalten« so umdeutet, dass eine pädagogische Brücke zur Integration entstehen kann, und mit ihrer besonderen Zielsetzung versucht, »das Besondere eines Menschen im Spiegel seiner Lebensgeschichte erklären zu können« (vgl. Lanwer 2006, 87), stellt gerade im Kontext derzeitiger Zielsetzungen wie Inklusion und Teilhabesteigerung eine große Bereicherung des heilpädagogischen Methodenrepertoires dar.

Literatur

Antonovsky, A. (1997): Salutogenese. Zur Entmystifizierung der Gesundheit. Tübingen
Beck, I. (1994): Neuorientierung in der Organisation pädagogisch-sozialer Dienstleistungen für behinderte Menschen: Zielperspektiven und Bewertungsfragen. Frankfurt a. M.
Beck, I., Düe, W. & Wieland, H. (Hrsg.) (1996): Normalisierung: Behindertenpädagogische und sozialpolitische Perspektiven eines Reformkonzeptes. Heidelberg
Beck, I. (2009): Teilhabe: Leitkonzept der Verständigung über sozial gerechte Lebenschancen. In: Verband der Blinden- und Sehbehindertenpädagogen (VBS) e. V. (Hrsg.): Teilhabe gestalten. Kongressbericht. Ergänzungsband. Würzburg
Dederich, M. (2003): Gibt es ein Recht auf Anderssein? Überlegungen zu einer Ethik der Anerkennung. Internet: http://www.beratungszentrum alsterdorf.de/cont/Gibtesein-Rechtaufanderssein (3).pdf (24.11.2012)
Dörner, K. & Plog, U. (1984): Irren ist menschlich. Lehrbuch der Psychiatrie und Psychotherapie. Gütersloh
Dörner, K. (Hrsg.) (1998): Ende der Veranstaltung. Anfänge der Chronisch-Kranken-Psychiatrie. Gütersloh
Gröschke, D. (1997): Praxiskonzepte der Heilpädagogik. Anthropologische, ethische und pragmatische Dimensionen (2. Auflage). München/Basel
Gröschke, D. (2004): Psychologische Mittel und heilpädagogische Zwecke? – Zur Diagnose der heilpädagogischen Diagnostik. In: Jahrbuch Heilpädagogik 2004, Aktuelle Entwicklungen und Tendenzen in der Heilpädagogik. Berlin, 9–31
Gröschke, D. (2011): Arbeit, Behinderung, Teilhabe. Bad Heilbrunn
Habermas, J. (1981): Theorie kommunikativen Handelns. Band 2. Zur Kritik der funktionalistischen Vernunft. Frankfurt a. M.
Jantzen, W. (1987): Allgemeine Behindertenpädagogik. Band 1. Weinheim
Jantzen, W. (1990): Allgemeine Behindertenpädagogik. Band 2. Weinheim
Jantzen, W. (1994): Enthospitalisierung und verstehende Diagnostik. In: Theunissen, G. (Hrsg.): Enthospitalisierung – ein Etikettenschwindel? Bad Heilbrunn
Jantzen, W. (1994a): Syndromanalyse und romantische Wissenschaft. Perspektiven einer allgemeinen Theorie des Diagnostizierens. In: Jantzen, W. (Hrsg.): Die neuronalen Verstrickun-

gen des Bewusstseins – zur Aktualität A. R. Lurias Neuropsychologie. Fortschritte der Psychologie. Band 6. Münster, 125–158

Jantzen, W. (1996): Enthospitalisierung und institutioneller Kontext. In: Behindertenpädagogik, Heft 3, 258

Jantzen, W. (2005): Es kommt drauf an sich zu verändern. Zur Methodologie und Praxis rehistorisierender Diagnostik und Intervention. Gießen

Jantzen, W. & Lanwer-Koppelin W. (1996): Diagnostik als Rehistorisierung. Methodologie und Praxis einer verstehenden Diagnostik am Beispiel schwer behinderter Menschen. Berlin

Kniel, A. & Windisch, M. (2005): People First. Selbsthilfegruppen von und für Menschen mit geistiger Behinderung. München

Lanwer, W. & Greving, H. (Hrsg.) (2006): Methoden in Heilpädagogik und Heilerziehungspflege. Diagnostik. Troisdorf

Lurija, A. J. (1970): Die höheren kortikalen Funktionen des Menschen und ihre Störungen bei örtlichen Hirnstörungen. Berlin.

Lurija, A. J. (1979): The Making of Mind. A Personal Account of Soviet Psychology. Harvard University Press

Lurija, A. J. (1991): Der Mann, dessen Welt in Scherben ging. Reinbek.

Lurija A. J. (1992a): Das Gehirn in Aktion. Einführung in die Neuropsychologie. Reinbek

Lurija A. J. (1992b): Romantische Wissenschaft. Reinbek

Macykowski, M. (2009): Das Gegenteil von Praxis ist Technik. In: Zimpel, A. (2010), 129–152

Maturana, H. (1984): Der Baum der Erkenntnis. Die biologischen Wurzeln des menschlichen Erkennens. München

Sacks, O. (1995): Eine Anthropologin vom Mars. Sieben paradoxe Geschichten. Reinbek

Schablon, K. (1996): Dialog und gemeinsamer Bedeutungsraum. Diplomarbeit Uni Hamburg

Schablon, K. (2010): Community Care. Professionell unterstützte Gemeinweseneinbindung erwachsener geistig behinderter Menschen. Analyse, Definition und theoretische Verortung struktureller und handlungsbezogener Determinanten. Marburg

Seifert, M. (2003): Mehr Lebensqualität. Zielperspektiven für Menschen mit schwerer (geistiger) Behinderung in Wohneinrichtungen. Bundesvereinigung Lebenshilfe für Menschen mit geistiger Behinderung (Hrsg.). Marburg

Seifert, M. (2007): Lebensqualität als Zielperspektive für Menschen mit schweren Behinderungen. In: Demmer-Dieckmann, I. (Hrsg.): Integrationsforschung und Bildungspolitik im Dialog. Bad Heilbrunn, 108–208

Seligman, M. (1999): Erlernte Hilflosigkeit. Weinheim

Strasser, U. (1993): Wahrnehmen, Verstehen, Handeln. Förderdiagnostik für Menschen mit einer geistigen Behinderung. Luzern

Theunissen, G. & Plaute, W. (1995): Empowerment und Heilpädagogik. Ein Lehrbuch. Freiburg im Breisgau

Thimm, W. (1984): Das Normalisierungsprinzip. Eine Einführung. Bundesvereinigung Lebenshilfe für geistig Behinderte e. V. (Hrsg.): Kleine Schriftenreihe. Band 5. Marburg

Thimm, W. (1997): Kritische Anmerkungen zur Selbstbestimmungsdiskussion in der Behindertenhilfe. In: Zeitschrift für Heilpädagogik, Heft 6/97, 222–232

Wustmann, C. (2005): Resilienz. Beiträge zur Widerstandsfähigkeit von Kindern in Tageseinrichtungen fördern. Dortmund

Zimpel, A. (1994): Entwicklung und Diagnostik. Hamburg

Zimpel, A. (Hrsg.) (2010): Zwischen Neurobiologie und Bildung. Göttingen

9 Unterstützte Kommunikation als Methode in der Heilpädagogik: Grundlagen und Leitlinien

Theresa Aßmann

Ziel dieses Beitrages ist es, in einem ersten Teil auf der Basis der aktuellen Fachliteratur zunächst eine Einführung in wichtige Grundlagen von Unterstützter Kommunikation (fortan UK) zu geben, um dann in einem zweiten Teil den Fokus auf organisationale Zusammenhänge bei einer gelingenden Umsetzung von UK zu legen. Letzteres soll anhand von »Leitlinien gelingender UK« konkret verdeutlicht werden.

Einleitung

Insgesamt ist die Unterstützte Kommunikation (im Folgenden: UK) noch ein sehr junger (Forschungs-) Bereich, der sich in den letzten drei Jahrzenten weltweit zu einem neuen interdisziplinären Fachgebiet entwickelt hat. Das Thema hat in den 1980er Jahren auch Deutschland erreicht und sich seither in vielerlei Hinsicht entwickelt. Es wurden Fort- und Weiterbildungen konzipiert, UK hat sich zum Teil an den Universitäten etabliert und gewinnt zunehmend in den Organisationen und Einrichtungen an Relevanz (vgl. BAG WfbM (c), 2015, 33).

Damals waren es überwiegend Lehrer für Förderschulen (Braun, Weid-Goldschmidt u. a.) aus dem Bereich der motorischen Entwicklung, die für ihre Schüler Entwicklungsmöglichkeiten suchten und Ideen der UK von Fachkonferenzen aus den USA mitbrachten (vgl. BAG WfbM (c), 2015, 33). Daher gibt es gegenwärtig in Deutschland die meisten Erkenntnisse zu UK aus der Arbeit an Förderschulen (vgl. Nonn, 2011, 5). Seit der Etablierung von UK in Förderschulen setzen sich zunehmend Fachkräfte damit auseinander, wie UK für Erwachsene am Arbeitsplatz oder in Wohneinrichtungen umgesetzt werden kann (vgl. Bosse, 2015, 9).

»UK wird erwachsen – Initiativen in der Unterstützten Kommunikation«, so lautete das Motto des UK Kongresses 2015 der Gesellschaft für Unterstützte Kommunikation e.V., welcher in diesem Jahr sein 25-jähriges Bestehen feierte, und richtete damit verstärkt den Blick auf UK für Erwachsene. Die aktuelle Herausforderung lautet, Angebote im Bereich UK für Werkstattbeschäftigte und Nutzer von Wohnangeboten zu schaffen und zu differenzieren (vgl. BAG WfbM (a), 2015, 13). Dies spiegelte auch die erstmals stattfindende Veranstaltungsform eines eintägigen Symposiums mit dem Titel »Unterstützte Kommunikation in nachschulischen Lebenswelten« wieder – nicht zuletzt durch den Abschluss des ISAAC e.V. Projektes (vgl. Breul, 2015; ISAAC intern, 2014), welches das Ziel hatte, die gesellschaftliche Teilhabe unterstützt kommunizierender Personen insbesondere in den Bereichen Arbeit, Wohnen, Alltagsgestaltung und Freizeit zu verbessern (vgl. Breul, 2015). Jedoch vollzieht sich der Wandel bezüglich UK in den nachschulischen heilpädagogischen Lebensbereichen nur sehr langsam (vgl. Bosse, 2015, 9). UK wurde bisher nur vereinzelt in Einrichtungen für Erwachsene mit Beeinträchtigung implementiert. Ein differenzierter wissenschaftlicher Diskurs, inklusive der erforderlichen Forschungen zu den Bereichen wie z. B. UK im Erwachsenenalter, UK im Alter und UK- spezifische Methoden der Werkstattarbeit, stehen derzeit noch aus. Daher gibt es aktuell für den Bereich UK im Erwachsenenalter nur wenig Literatur und praktische Erfahrungen mit der Implementierung von UK (vgl. Boenisch/Sachse, 2013, 108; Schäffer/Struck, 2013, 314 ff.).

Unterstützte Kommunikation: grundlegende Hinweise zu Konzept und Methodik

UK ist die deutsche Bezeichnung für das international etablierte Fachgebiet Augmentative and Alternative Communication (AAC), das sich der Verbesserung der kommunikativen Möglichkeiten von Menschen mit schwer verständlicher bzw. fehlender Lautsprache zum Ziel gesetzt hat. Wie die internationale Bezeichnung verdeutlicht, geht es bei diesem Ansatz um Kommunikationsformen, die unzureichende Lautsprache ergänzen (augmentative communication) bzw. ersetzen (alternative communication) (vgl. Braun 2010, *01.003.001*).

Alternative Kommunikationsformen werden Menschen mit Beeinträchtigung angeboten, die aufgrund fehlender oder erheblich eingeschränkter Sprachfähigkeit andere Kommunikationsmöglichkeiten benötigen. Darunter sind überwiegend Gebärden, graphische Symbole oder Schrift sowie verschiedenen technischen Hilfen mit und ohne Sprachausgabe zu verstehen (vgl. Wilken 2018, 9).

Unter ergänzender Kommunikation werden Verfahren verstanden, die die Lautsprache unterstützen bzw. begleiten. Sie sollen einerseits bei Kindern mit erheblich verzögerter Sprachentwicklung die Zeit der fehlenden lautsprachlichen Verständigung überbrücken und den Spracherwerb fördern. Andererseits sollen diese Verfahren Personen mit schwer verständlicher Sprache das Verstehen erleichtern sowie bei der Nutzung von nicht normalsprachlichen Lauten (so z. B. ai für nein und mm für ja) eine effektivere Kommunikation ermöglichen (vgl. Wilken 2018, 10).

Eine eigene Methode, die zunächst sehr ähnlich klingt, ist die Gestützte Kommunikation (englisch: Facilitated Communication). Hierbei unterstützt eine zweite Person das Deuten auf Bilder, Symbole oder Buchstaben durch körperliche Berührungen oder physischer Hilfestellungen. Gestützte Kommunikation ist besonders im Bereich der Autismus-Spektrum-Störung bekannt geworden. Dennoch wurde die Wirksamkeit von Gestützter Kommunikation noch nicht mit wissenschaftlichen

Tests belegt, sodass sie nach wie vor kritisch diskutiert wird (vgl. BAG WfbM (a), 2015,10).

Grundsätzlich werden in der UK zwei Varianten von Kommunikationsformen eingesetzt:

- Förderung der körpereigenen Kommunikationsformen wie Gestik, Mimik, Blickbewegung, Gebärden.
- Förderung der körperfremden Kommunikationsformen. Diese werden unterschieden in nichtelektronische Kommunikationshilfen (Kommunikationstafeln, -bücher etc.) und elektronische Kommunikationshilfen (Talker, PC, Schreibsysteme etc.) (vgl. Boenisch, 2008, 149).

Wissenschaftler, Therapeuten, Lehrer, UK-Nutzer und deren Angehörige haben sich auf der ganzen Welt zu einer internationalen Gesellschaft für ergänzende und alternative Kommunikation, namens International Society for Augmentative and Alternative Communication (ISAAC), zusammengeschlossen. ISAAC hat sich weltweit zur Dachorganisation der UK-Landschaft entwickelt. Sie hat es sich zur Aufgabe gemacht, Kommunikationsmöglichkeiten für Kinder, Jugendliche und Erwachsene zu schaffen, die sich nicht ausreichend oder gar nicht lautsprachlich mitteilen können (vgl. Gesellschaft für Unterstützte Kommunikation e.V. (b), 2015). Im Jahr 1990 wurde der deutschsprachige Verband ISAAC – Gesellschaft für Unterstützte Kommunikation e.V., namens International Society for Augmentative and Alternative Communication – German Speaking Countries (ISAAC – GSC) als Chapter von ISSAC international gegründet. Somit konnte auch in Deutschland, Österreich und der Schweiz ein festes UK-Netzwerk aufgebaut werden, welches auf lokaler, regionaler, nationaler und internationaler Ebene Informationsaustausch und Zusammenarbeit ermöglicht (vgl. Gesellschaft für Unterstützte Kommunikation e.V. (b), 2015).

Die folgende Definition der Gesellschaft für Unterstützte Kommunikation e.V. verdeutlicht einerseits das Ziel und den Nutzen von UK sowie anderseits, dass UK nicht allein den Fokus auf das Bereitstellen von alternativen und ergänzenden Kommunikationsformen und -hilfen legt, sondern ebenfalls die Einbeziehung des gesamten Umfeldes der UK-Nutzer fordert und unterstützt:

»Unterstützte Kommunikation […] orientiert sich an einem humanistischen Menschenbild und betont das Recht eines jeden Menschen auf Selbstbestimmung und Partizipation. […] Ausgehend von den aktuellen Kompetenzen einer Person entwickelt Unterstützte Kommunikation individuelle Maßnahmen für eine bessere Verständigung und mehr Mitbestimmung im Alltag. […] Dabei können Rituale und Routinen einen sozialen Rahmen bieten, der zur Kommunikation anregt und motiviert […] Bei der Planung von Interventionsmaßnahmen sollten möglichst viele Bezugspersonen miteinbezogen werden. Ziel ist eine möglichst unabhängige und effektive Kommunikation im Alltag« (Gesellschaft für Unterstützte Kommunikation e.V. (a), 2015).

Die Förderung von Menschen mit schwer verständlicher bzw. fehlender Lautsprache zielt nach dem UK- Ansatz nicht primär auf die Verbesserung der Lautsprache ab, da die Produktion von Lautsprache bei der Zielgruppe in den meisten Fällen nicht oder nur sehr schwer möglich ist. Vielmehr liegt der Fokus auf der Ermöglichung und

Förderung aller Kommunikationsmöglichkeiten und der Erweiterung der kommunikativen Fähigkeiten eines Menschen im Alltag (vgl. Boenisch 2008, 150). UK ist somit ein multimodales Kommunikationssystem. Alle zwischenmenschlichen Verständigungsprozesse sind im Regelfall multimodal. Das bedeutet: Wenn wir sprechen, benutzen wir ergänzend Gestik, Mimik und einzelne Laute. Grundsätzlich gilt: Je mehr Kommunikationsformen eingesetzt werden, desto besser ist die Verständigung. Deswegen sollen alle in der jeweiligen Situation zur Verfügung stehenden Kommunikationsformen genutzt werden, um die Verständigung schneller, unmissverständlicher und befriedigender zu gestalten, auch wenn der UK-Nutzer möglicherweise eine vorrangige Kommunikationsform anwendet (vgl. Pivit 2010, *01.006.001ff.*). Ein Ziel ist es hierbei, dass der UK-Nutzer gleichzeitig und gleichwertig mehrere Komponenten seines Kommunikationssystems nutzt, um sich in verschiedenen Situationen mit unterschiedlichen Gesprächspartnern verständlich mitzuteilen. Hierzu zählt zum einen die individuelle Förderungen und Kombination der oben genannten Kommunikationsformen und -hilfen (vgl. Nonn, 2011, 11), zum anderen umfasst die Multimodalität der UK die Einbeziehung, Anleitung und Unterstützung des sozialen Umfeldes und Sozialraumes wie z. B. Familie, Lehrer, Therapeuten, Ärzte, Freunde, Verwandte etc. (vgl. Boenisch 2008, 150).

Der Einsatz von UK und seine komplexen Anforderungen machen eine Zusammenarbeit verschiedener Fachdisziplinen erforderlich. Um die Kommunikationsprobleme lösen zu können, ist es unabdingbar, dass UK-Fachleute und der UK-Nutzer zusammenarbeiten. UK fordert dementsprechend eine Kooperation derjenigen, die insgesamt dazu beitragen, dass ein gelingendes und erfolgreiches multimodales Kommunikationssystem des UK-Nutzers ermöglicht wird (vgl. Antener 2010, *01.018.001*). Neben der Beteiligung von sonderpädagogischen, sprachtherapeutischen, ergotherapeutischen und physiotherapeutischen Fachkräften, ist die enge Kooperation mit rehabilitationstechnischen Disziplinen (sozialmedizinischen, medizinisch-chirurgischen, psychosomatischen und pädagogischen Bereichen) notwendig. Durch regelmäßige Besprechungen mit allen Beteiligten kann das weitere Vorgehen gemeinsam entwickelt und koordiniert werden (vgl. Kristen 2005, 24). Nur dann erweitern sich die Erfolgschancen für die erfolgreiche Umsetzung eines passgenauen individuellen Kommunikationssystems und dessen Maßnahmen (vgl. Antener, 2010, *01.018.001*). UK in der Heilpädagogik stellt sich schon somit in diesem Kontext als inter- und multidisziplinäre Aufgabe dar.

Zum Forschungsstand

Im letzten Jahrzehnt des 20. Jahrhunderts begann die UK in Deutschland vermehrt Beachtung zu finden. Seit der Mitte der 90er Jahre, und dieses ist vor allem der Gründung der deutschsprachigen Sektion von ISAAC (Gesellschaft für Unterstützte Kommunikation e.V.) zu verdanken, finden sich vermehrt Veröffentlichungen im Bereich UK. Als maßgebliche Gründer gelten Ursula Braun, Ursi Kristen und Bärbel

Weid-Goldschmidt. Da diese Gründungsmitglieder größtenteils als Lehrer für Sonderpädagogik an Schulen für Kinder mit Körperbehinderung tätig waren, standen Probleme mit kaum- bzw. nichtsprechenden Kindern im Kontext von Schule im Vordergrund. Andere Zielgruppen und außerschulische Einrichtungen wurden in dieser Anfangsphase nicht beachtet (vgl. Hedderich 2006, 50; BAG WfbM (c) 2015, 33).

Die Entwicklungen und Diskurse um Inklusion spielen im Fachgebiet der UK eine zentrale Rolle. Sie haben einen ähnlichen Verlauf wie die Diskussion um die Ausgestaltung einer inklusiven Gesellschaft insgesamt. Anfänglich stand zunächst die Schule im Fokus, inzwischen werden jedoch alle Lebensbereiche in den Blick genommen. Vor dem Hintergrund der UN-BRK sind die Veränderungen, die sich momentan im Bildungssystem vollziehen immens, während der Wandel in Bezug auf den Inklusionsgedanken und somit auch bezüglich UK, in den Lebensbereichen Wohnen und Arbeiten sich nur sehr langsam vollzieht (vgl. Bosse 2015, 9). Vor dem Hintergrund der aktuellen Inklusionsdebatte und den Forderungen der UN-BRK, auch im Rahmen des Bundesteilhabegesetzes, rücken die Belange von Menschen mit Behinderungen und speziell von Menschen ohne oder mit erheblich eingeschränkter Lautsprache immer mehr in den Fokus von Fachpublikationen und Forschung (vgl. Hedderich, 2006, 50). Das Themengebiet UK wird in sehr viele verschiedene heilpädagogische, rehabilitative, pflegerische und klinische Arbeitsbereiche aufgenommen und spiegelt sich dort in Diagnostik, Beratung und Interventionsplanung wieder (vgl. Boenisch 2009, 92). Die Methoden der Diagnostik und in der Folge auch der Assistenz und Begleitung sind differenzierter und das Angebot an Interventionsmöglichkeiten ist vielschichtiger geworden. Ein differenzierter wissenschaftlicher Diskurs inklusive der erforderlichen Forschungen zu den Bereichen Theoriebildung, UK und Integration, Interventionsplanung in der UK, Sprachentwicklung nichtsprechender Kinder, UK im Erwachsenenalter, UK im Alter, UK-spezifische Methoden der Werkstattarbeit oder UK und Sprachtherapie steht jedoch noch weitgehend aus. In diesen Bereichen gibt es folglich noch immer einen beträchtlichen Forschungsbedarf (vgl. Boenisch/Sachse 2013, 108). Daher findet man gegenwärtig in Deutschland die meisten Erkenntnisse zu UK aus der Arbeit an Schulen (u. a. Bundschuh/Herbst/Kannewischer 1999; Mußmann 2011) sowie an Förderschulen mit den Schwerpunkten körperlich bzw. motorische (Boenisch, 2008; Boenisch/Musketa/Sachse, 2007) und geistige Entwicklung (Thümmel 2011) (vgl. Nonn, 2011, 5). Darüber hinaus werden auch die Bereiche der Frühförderung (Hedderich 2006) sowie der Beratung im Rahmen von UK (Seiler-Kesselheim 2007) zunehmend wissenschaftlich und forschungstechnisch betrachtet (vgl. Boenisch 2009, 13). Langsam richtet sich der Blick auch auf die Erforschung der nachschulischen Situation von UK-Nutzern in Wohn- bzw. Werkstattbereichen (u. a. Liehs 2003; Aßmann 2014; Renner 2015).

Dennoch bleibt festzuhalten, dass der Erwachsenenbereich im Kontext von UK sowohl in der Theorie (vgl. Renner 2004, 13) und Forschung als auch in der praktischen Umsetzung noch recht wenig Beachtung findet (vgl. Boenisch/Sachse 2013, 108). Aktuell entwickelt sich UK somit in Richtung einer zunehmenden Professionalisierung und Ausdifferenzierung – auch im Rahmen von heilpädagogischen Organisationen. Die Vernetzung zwischen Praxis, Ausbildung und Wissenschaft hat sich in den letzten Jahren rapide entwickelt. Dies geht u. a. auch darauf zurück, dass die Wahrnehmung bezüglich der individuellen Problemlagen der betreffenden Menschen sensibler geworden ist (vgl. Boenisch/Sachse 2013, 108). Der Anteil derjenigen, die sich nicht oder nur sehr eingegrenzt verständlich machen können, ist angestiegen. Schwere Formen der Beeinträchtigung werden in Einrichtungen über die gesamte Lebensspanne immer höher und somit steigt auch der Bedarf an UK. Das Problem fehlender Verständigungsfähigkeit(en) ist damit auch eine Herausforderung für Einrichtungen der nachschulischen Einrichtungen, die nach angemessenen Lösungen verlangt. Die Ursachen dafür zeigen sich komplex: Die steigende Zahl ist dadurch begründbar, dass die Zahl der Kinder, die gravierende pränatale Schädigungen, schwere Unfälle bzw. Krankheiten oder extreme Frühgeburten mit erheblichen Beeinträchtigungen überleben. Zudem werden immer mehr seltene Syndrome diagnostiziert, die zu komplexen Behinderungen führen und zum Teil einen progressiven Verlauf zeigen (vgl. Wilken 2018, 7). Zusätzlich nimmt nicht nur die Zahl derer, die auf Maßnahmen der UK angewiesen sind zu, sondern auch die Nachfrage der Angehörigen und Bezugspersonen nach qualifizierter Beratung und Schulung im Bereich UK steigt an (vgl. Wilken 2018, 8).

Seit der Etablierung von UK in Schulen setzten sich zunehmend Fachkräfte damit auseinander, wie UK für Erwachsene am Arbeitsplatz oder in Wohneinrichtungen etabliert werden kann (vgl. Bosse 2015, 9). Aktuelle Herausforderungen sind z. B. Angebote für UK für Werkstattbeschäftigte und Bewohner von Wohnheimen zu schaffen und in die Fläche zu bringen (vgl. BAG WfbM (a) 2015, 13). Auch die erste Generation von UK-Nutzern, die mit UK in Bildungseinrichtungen aufgewachsen ist, ist nun erwachsen und fordert eine bessere Etablierung von UK in der nachschulischen Lebenswelt. Somit ist die Bedeutung von UK für Erwachsene erst in den letzten Jahren verstärkt in den Fokus heilpädagogischen Handelns gerückt (vgl. Bosse, 2015, 9).

Bei heutigen Forschungen, die nachschulische Lebenswelten behandeln, ist vorwiegend die Aufdeckung von Barrieren das zentrale Thema (vgl. Liehs/Giehl 2016, 2). Konkret zeigen Wahl/Renner/Terfloth/Lamers (2015) in ihrer Projektstudie beispielsweise einen hohen Bedarf an Fortbildungen zum Thema UK im Förderbereich von Werkstätten auf. Darüber hinaus stellen Bosse und Wilkens (2015) in ihrer Befragung ebenfalls Gelegenheitsbarrieren und Förderfaktoren zur Nutzung von UK in Wohn- und Werkstätten für Menschen mit Behinderung dar.

Bisherige Antworten auf Erkenntnisse aus der Forschung und somit Maßnahmen zur Beseitigung dieser Barrieren waren und sind bisher verschiedene Praxisprojekte und einzelnen Erfahrungsberichte, die von Ansätzen berichten, wie UK in den jeweiligen Einrichtungen »gelebt« wird und in welcher Intensität UK verankert ist (vgl. u. a. Bober 2005; Wachsmuth 2005; Rothmayr 2008; Boemer/Willert 2010; ANUK 2010; Bober 2018; Fischer 2010; Schäffer/Struck 2013; Stöhr 2014; Sailer 2014; BAG WfbM (b) 2015; Bober/Müller 2015; Schäffer/Rosenmeier 2015; Bober/Müller 2017; Panzer 2017; Lage/Ling 2017). Diese Autorinnen und Autoren beschreiben Aspekte der Implementierung von UK. Dieses wird allerdings in der Regel ohne theoretischen und konzeptionellen Bezug vorgenommen (vgl. Liehs/Giel 2016, 2).

Folgende aktuelle Projekte haben bereits versucht, Organisationsentwicklung in Bezug auf UK mit in den Blick zu nehmen und anzustoßen:

- Das Projekt »(Unterstützte) Kommunikation lebt!« befasste sich aus der Perspektive der systemischen Organisationsentwicklung mit der Implementierung von UK in den Caritas Wohn- und Werkstätten am Niederrhein in Kooperation mit dem Zentrum für Unterstützte Kommunikation in Moers (vgl. Liehs u. a. 2017, 169). Neben organisationalen Maßnahmen wie u. a. die Einbindung von UK in das Qualitätsmanagement, Etablierung eines Steuerkreises für UK und der Notwendigkeit von Top down- und Bottom up-Prozessen werden als weitere Gelingensfaktoren für eine UK-Implementierung die Haltung aller Mitarbeitenden, die Unternehmenswerte in Bezug auf UK und somit die Veränderung der Organisationskultur angesehen. Das Projektteam betont, dass UK als Teil der Organisationskultur zu integrieren ist und an Haltungen und Werten gegenüber UK in der gesamten Organisation gearbeitet werden muss (vgl. Giel/Telgen 2017).
- Auch das Verbundprojekt »Gelingende Kommunikation – vom einzelnen Menschen zur Gemeinschaft« der regionalen Arbeitsgemeinschaft der Werkstätten für behinderte Menschen im süd-westlichen Niedersachsen befasste sich mit der Implementierung von UK, besonders mit der Entwicklung von Standards gelingender Kommunikation. Im Rahmen dieses Projekts war ein von drei Bausteinen insbesondere der Organisationsentwicklung gewidmet. Dazu gehört vor allem auch die Verankerung der entwickelten Standards gelingender Kommunikation im Leitbild und Qualitätsmanagement der Einrichtung (vgl. Bohm/Runnebaum 2017, 193).

Trotz der Bereitstellung vieler methodischer Möglichkeiten und Hilfsmittel für die sehr heterogene Gruppe, vielfältiger Verankerung des Rechts auf Kommunikation in Gesetzen und Übereinkommen sowie des vielerorts formulierten pädagogischen Auftrages, die Kommunikation entsprechend zu fördern und zu unterstützen, stellt sich die Versorgung von Menschen, die in ihrer Kommunikation derart beeinträchtigt sind, dass sie Mittel der UK benötigen, in der Praxis jedoch noch sehr unzulänglich und wenig konzeptuell kohärent dar (vgl. Thümmel, 2011, 160).

Zur Zielgruppe

Unterstützte Kommunikation ist für Menschen mit ganz unterschiedlichen Behinderungsformen und/oder Erkrankungen relevant. Der Personenkreis potenzieller Anwender von UK umfasst Personen, die noch nicht, nicht mehr oder gar nicht über lautsprachliche Möglichkeiten verfügen. Dabei wird die Bezeichnung »ohne Lautsprache« meist synonym verwendet mit »kaum- und nichtsprechend« oder »unterstützt kommunizierend« (vgl. Boenisch 2009, 11). Die Ursachen für Einschränkungen oder für das Fehlen der Lautsprache können sehr unterschiedlich und vielfältig sein, dementsprechend heterogen ist der Personenkreis, an den sich UK wendet (vgl. Hedderich 2006, 12). Diese Ursachen können zu vorübergehenden, langanhaltenden oder dauerhaften Beeinträchtigungen der Sprechfähigkeit führen oder auch zum Abbau verbaler Fähigkeiten (vgl. Wilken 2018, 10). Demnach spricht UK unterschiedliche Zielgruppen an, die sich in vielen Faktoren stark voneinander unterscheiden. Zu diesen unterschiedlichen Faktoren zählen z. B. die individuellen Fähigkeiten, altersbedingte Faktoren, schädigungsspezifische Aspekte, das soziale Umfeld, die Kommunikationsbedürfnisse und -probleme, die Lebenssituation und die verfügbaren Ressourcen sowie die Funktion, die UK für die jeweilige Zielgruppe erfüllen soll (vgl. von Tetzchner/Martinsen 2000, 110; Wilken 2018, 10).

Von besonderer Bedeutung ist der Zeitpunkt, wann die sprachbeeinträchtigende Schädigung erfolgt. Es besteht ein Unterschied darin, ob die Beeinträchtigung/Erkrankung von Geburt an oder in jungen Jahren und somit vor oder im Erwerb der Lautsprache sich auswirkte oder erst erfolgte, nachdem Sprechen und andere Sprachkompetenzen sowie schriftsprachlicher Fähigkeiten bereits erworben und gefestigt wurden (vgl. von Tetzchner/Martinsen 2000, 110; Wilken 2018, 10). Dementsprechend können Jugendliche und Erwachsene, bei denen erst zu einem späteren Zeitpunkt durch Unfall oder Krankheit eine Einschränkung ihrer Verständigungsfähigkeiten aufgetreten ist, aufgrund ihrer bisherigen normalen Entwicklung, biografischen Erfahrungen und der Entwicklung entsprechend erworbenen Sprachkompetenzen, meist komplexere Verfahren und Hilfsmittel der UK nutzen und anwenden (vgl. Wilken 2018, 10).

Menschen, die eine vorübergehende oder dauerhafte Einschränkung der lautsprachlichen Fähigkeiten haben, werden in den verschiedensten Einrichtungen betreut: in Kindergärten, in Förder- und Regelschulen, Werkstätten, Rehabilitationseinrichtungen, Krankenhäusern, Tagesstätten, ambulanten und stationären Wohneinrichtungen, in ihrer Familie usw. (vgl. Kristen 2005, 16). Das Problem fehlender Verständigungsfähigkeiten spiegelt sich somit in den unterschiedlichsten Organisationen wider.

UK umfasst eine ganzheitliche Kommunikationsförderung, die über die gesamte Lebensspanne einsetzbar ist. Demnach ist UK im präverbalen als auch im präsymbolischen Entwicklungsstadium nutzbar (bei Kindern sowie bei Erwachsenen mit Beeinträchtigungen) (vgl. Boenisch, 2008, 151).

Des Weiteren wird UK angewendet bei:

- Menschen im hohen Alter (z. B. Demenz),
- Menschen mit angeborenen Behinderungen (Cerebralparesen, geistige Behinderung u. a.),
- Menschen mit hohen kognitiven Möglichkeiten, aber der fehlenden sprachlichen Ausdrucksmöglichkeit (z. B. Menschen mit Körperbehinderung),
- Menschen mit Sprach- und Sprechstörungen nach erfolgtem Spracherwerb, wie z. B. bei Schädel-Hirn-Traumata, fortschreitenden Erkrankungen (z. B. Muskeldystrophie, Amyotrophe Lateralsklerose, Multiple Sklerose, u. a.),
- Menschen mit erworbenen Schädigungen durch Unfälle (Schädel-Hirn-Trauma u. a.) oder Schlaganfällen,
- Menschen, die vorübergehend sprechunfähig sind oder in ihren sprachlichen Möglichkeiten eingeschränkt sind (z. B. Laryngektomie, Tracheotomie, Gesichtsverletzungen u. a.) (vgl. Boenisch, 2008, 151; Kristen, 2005,15).

»Weil die Heterogenität des Personenkreises so groß ist, wird versucht diese Vielfalt unter bestimmten Aspekten zu strukturieren und damit dem einzelnen Menschen mit Unterstützungsbedarf möglichst gerecht werden zu können« (Weid-Goldschmidt 2013, 11). Die Konsequenz hieraus ist, dass heilpädagogische Fachkräfte eine Einordnungshilfe potenzieller Anwender von UK benötigen, um kommunikative Kompetenzen beurteilen und somit adäquate Unterstützung und Förderung leisten zu können (Weid-Goldschmidt, 2013, 9).

Eine Möglichkeit der Zielgruppeneinteilung ergibt sich aus der Fokussierung auf die Funktion von UK, die für ihre potenziellen Anwender unterschiedlich sein kann (vgl. Lage, 2006, 71). Dementsprechend lassen sich nach Tetzchner und Martinsen drei Zielgruppen unterscheiden (vgl. Tetzchner/Martinsen, 2000, 79 ff.). Die aufgeführte Einteilung soll nicht der eindeutigen Kategorisierung und Zuordnung von unterstützt kommunizierenden Menschen dienen. Sie soll jedoch unterschiedliche Strategien, Schwerpunktsetzungen und Interventionen in der Förderung der kommunikativen Fertigkeiten und Fähigkeiten verdeutlichen und ermöglichen.

Von Tetzchner hat als Erster eine Zielgruppeneinteilung im Rahmen von UK beschrieben, auf welche in der aktuellen Literatur im Bereich UK immer wieder zurückgegriffen wird. Er unterscheidet anhand »der Funktion des alternativen Kommunikationssystems« drei Zielgruppen:

- Menschen, die Lautsprache gut verstehen können, aber unzureichende Möglichkeiten besitzen, sich selbst auszudrücken.
- Menschen, die Unterstützung beim Lautspracherwerb benötigen bzw. deren lautsprachliche Fähigkeiten nur dann verständlich sind, wenn sie bei Bedarf über ein zusätzliches Hilfsmittel verfügen.
- Menschen, für die Lautsprache als Kommunikationsmedium zu komplex ist und die daher eine geeignete Alternative benötigen (vgl. von Tetzchner, 2006, *15.002.020ff.*).

Allen drei Gruppen ist gemein, dass die betreffenden Personen entweder nicht in der üblichen Entwicklungsphase sprechen gelernt haben oder dass ihre Sprechfähigkeit schon früh durch eine Erkrankung oder Verletzung verloren gegangen ist. Die Grundlage für die Gruppeneinteilung bildet das Ausmaß ihres Sprachverständnisses und ihre Fähigkeit, das Verstehen und die Verwendung von Sprache in Zukunft erlernen zu können (vgl. von Tetzchner/Martinsen, 2000, 80).

- *Gruppe 1*: Menschen, für die Unterstützte Kommunikation ein Ausdrucksmittel darstellt
  Bei dieser Personengruppe handelt es sich um Menschen, die eine vorübergehende oder dauerhafte Beeinträchtigung in ihrer Lautsprachfunktion haben. UK wird alternativ zur Lautsprache genutzt und kann die Kluft zwischen dem Sprachverständnis und der eigenen Fähigkeit, sich mit der Lautsprache auszudrücken, überbrücken (vgl. ISB, 2009, 16). Die Anwendung der UK hat hier den Zweck, den Menschen auf Dauer ein Ausdrucksmittel zu verschaffen, das sie während ihres gesamten Lebens in allen Situationen einsetzen können (vgl. von Tetzchner/Martinsen, 2000, 80).

- *Gruppe 2*: Menschen, für die Unterstützte Kommunikation eine Hilfe zum Spracherwerb darstellt
  Insgesamt sind dieser zweiten Kategorie Personen mit sonderpädagogischem Förderbedarf im Förderschwerpunkt körperliche, motorische und geistige Entwicklung zuzuordnen. Bei ihnen ist das Potenzial für die Sprachentwicklung anfänglich nur schwer abschätzbar, sodass es umso wichtiger ist, den Kindern so früh wie möglich einen Zugang zu UK zu ermöglichen, um negativen Auswirkungen auf die Sprachentwicklung und das Kommunikationsverhalten frühzeitig entgegenzuwirken. In dieser Kategorie können zwei Untergruppen unterschieden werden (vgl. Lage, 2006, 95):
  – Developmental group
     Für diese Personen ist das Erlernen einer alternativen Kommunikationsform insbesondere ein Schritt zum Spracherwerb. Diese Gruppe ähnelt der Gruppe 1, mit dem Unterschied, dass die betreffenden Personen in dieser Gruppe in der Regel weniger umfassende Störungen haben und UK nicht als dauerhaftes Hilfsmittel benötigen (vgl. von Tetzchner/Martinsen, 2000, 80). UK hilft hier primär dabei, das Verständnis und die Anwendung der Lautsprache zu fördern, sodass die Entwicklung einer normalen Sprachbeherrschung ermöglicht werden kann. Die meisten Personen dieser Gruppe werden voraussichtlich Sprechen lernen, allerdings sehr stark verzögert (ebd., 81). UK verfolgt bei dieser Personengruppe das allgemeine Ziel, den Zusammenhang zwischen Lautsprache und unterstützter Sprachform zu verdeutlichen und kommunikative Prozesse effektiv zu gestalten sowie Misserfolgserlebnisse zu reduzieren, die zu einem dauerhaften Vermeiden von Kommunikationssituationen führen können (vgl. ISB, 2009, 17).
  – Situational group
     Die Personen der zweiten Untergruppe haben zwar sprechen gelernt, können sich aber nur schwer verständlich machen. Diese Untergruppe hat ebenfalls Ähnlichkeiten mit der Gruppe 1, jedoch stellt die UK hier nicht das wichtigste Kommunikationsmittel dar. Die betreffenden Personen können sich in unterschiedlichem Ausmaß durch Lautsprache verständlich machen. Das hängt jedoch von der Vertrautheit zum Gesprächspartner, der Umgebung und der jeweiligen Situation ab. UK ergänzt hier das gegenseitige Verstehen, indem sie den Austausch mit unvertrauten Personen (etwa beim Einkauf) erleichtert. UK konzentriert sich dabei auf Situationen, in denen Betroffene erlernen, wie und wann sie in unterschiedlichen Situationen jeweils die geeigneten Hilfsmittel und Strategien einsetzen, um ihre Lautsprache zu unterstützen und zu merken, ob der Kommunikationspartner sie versteht (von Tetzchner/Martinsen, 2000, 81/82).
- *Gruppe 3*: Menschen, denen Unterstützte Kommunikation eine Ersatzsprache bietet
  Diese Personengruppe setzt ihre Lautsprache kaum oder gar nicht als Mittel der Kommunikation ein. UK ist die Sprache, die sie ihr ganzes Leben nutzen wird. Deshalb ist das Ziel, dass sie eine andere Form der Kommunikation als ihre ureigene Sprache benutzen kann. Dafür müssen Voraussetzungen geschaffen werden, damit die Person die andere Form der Sprache verstehen und benutzen lernt, ohne dafür den Bezug zur Lautsprache zu benötigen. In dieser Gruppe lassen sich häufig Menschen mit erheblichem Förderbedarf in ihrer geistigen

Entwicklung und Menschen innerhalb des autistischen Spektrums einordnen (von Tetzchner/Martinsen, 2000, 82/83).

In der aktuellen Fachliteratur zum Thema UK lässt sich eine weitere zentrale Zielgruppeneinteilung von potenziellen UK Anwendern finden. Diese Einteilung nach Bärbel Weid-Goldschmidt orientiert sich an den kommunikativen Kompetenzen der Person und nicht, wie bei von Tetzchner, an der Funktion, die das Kommunikationssystem für die Person hat. Es werden vier Kompetenzstufen beschrieben, auf denen sich kommunikativer Austausch vollziehen kann. Von diesen Kompetenzstufen leiten sich dann vier Personengruppen ab, die UK in unterschiedlicher Weise nutzen können. Bei dieser Einteilung ist es wichtig zu beachten, dass kommunikative Kompetenzen immer nur punktuell eingeschätzt werden können und deshalb veränderbar sind. Keine Person wird somit auf ein Fähigkeitsprofil festgelegt, sodass Übergänge von einer Kompetenzstufe zu einer anderen möglich sind. Die Beschreibung der Personengruppe wird von den Kommunikations- und Sprachkompetenzen, wie sie in der allgemeinen Entwicklung von Menschen zu beobachten sind, abgeleitet (vgl. Weid-Goldschmidt, 2013, 11):

- In der ersten Gruppe handelt es sich um Menschen, die über nicht-intentionale Vorläuferfähigkeiten kommunikativ-sprachlicher Kompetenzen verfügen und mit welchem demnach der Dialog primär über die körpernahen Sinne möglich ist. Das bedeutet, diese Menschen zeigen nach erworbener oder von Beginn an bestehender Schädigung Kompetenzen, die in Ansätzen vergleichbar sind mit denen von Kleinkindern (z. B. Wachkoma- Patienten, fortgeschrittene Demenz) (vgl. Weid-Goldschmidt, 2013, 12).
- In der zweiten Gruppe besitzen die Menschen grundlegende kommunikative Kompetenzen, z. B. über die Triangulierungsfähigkeit. Das bedeutet der Blickkontakt und die Gestik dienen der Steuerung der gemeinsamen Aufmerksamkeit. Dennoch haben diese Menschen wenig Zugang zur Kommunikation mittels bedeutungstragender konventioneller Symbole. Sie kommunizieren intentional, dennoch weitestgehend auf präsymbolischem Niveau. Ein Verständnis über reine Lautsprache ist dabei stark eingeschränkt.
- Innerhalb der dritten Gruppe werden die Menschen eingeordnet, die gehörte Lautsprache oder andere Formen bedeutungstragender Symbole (z. B. Gebären, graphische Symbole) mit Vorstellungen und Sprachstrukturen in Verbindung setzen. Sie besitzen eine innere Sprache, mit der sie sich mit geeigneten Hilfsmitteln mitteilen können. Die Fähigkeiten der Personen dieser Gruppe sind sehr heterogen. Sie reichen von Sprachanfängern bis zu jenen, die die Strukturen der Sprache beherrschen. Dennoch besteht eine Diskrepanz bezüglich des Sprachgebrauchs und Sprachverstehens zwischen diesen Personen und anderen Personen im vergleichbaren Alter.
- Die Personen der vierten Gruppe können altersgemäß kommunizieren und mit geeigneten Hilfen »sprechen«. Auch bei dieser Gruppe kann es sich um Menschen handeln, die von Geburt an durch eine Schädigung beeinträchtigt sind oder ihre Sprechfähigkeit im Laufe des Lebens verloren haben (vgl. Weid-Goldschmidt, 2013, 12).

Anhand dieser Kategorisierungen wird deutlich, dass UK auf ein breites Spektrum von Menschen mit ganz unterschiedlichen Behinderungsformen und/oder Erkrankungen sowie Kompetenzen abzielt. Unter dem Blickwinkel der Kompetenzen reicht das Spektrum der Menschen, die auf Kommunikationsförderung angewiesen sind, von Personen mit zunächst gar nicht oder kaum wahrnehmbaren Fähigkeiten bis hin zu den Menschen, die »nur« die unzureichende oder fehlende Sprechfähigkeit kompensieren müssen (ebd., 11).

Mögliche Leitlinien gelingender Unterstützter Kommunikation in der Heilpädagogik

Grundlage der Leitlinien

Es ist bis hierin deutlich geworden, dass für die gelingende Umsetzung von UK in heilpädagogischen Einrichtungen verschiedene organisationale, aber auch UK-spezifische Komponenten eine bedeutende Rolle spielen. Mit Hilfe des Flügelradmodells (vgl. Elmer/Maurer 2011 in Anlehnung an Biehal 1994, 60) sollen die bisher skizzierten Grundlagen zur UK noch einmal zusammenfassend verortet und die Relevanz der Formulierung von Leitlinien gelingender UK dargestellt werden.

Das Flügelradmodell stellt die drei wesentlichen Subsysteme einer Organisation dar:

- Kultur: Philosophie, Werte, Image, Ausrichtung, Strategien, Konzepte
- Organisation: Struktur, Abläufe, physische Mittel, Regeln, Prozesse
- Menschen: Wissen, Können, Erfahrungen, Motivation, Einstellungen, Kooperation, Kommunikation, Konflikte.

Um den Mitarbeitenden in einer heilpädagogischen Einrichtung die Diskussion über die Richtung des erforderlichen Wandels und die Einleitung gezielter Veränderungsschritte zu erleichtern, gibt es mittlerweile verschiedene Konzepte aus der Organisationsentwicklung, die eine systematische Analyse von Organisationen und die Formulierung und Einteilung konkreter Maßnahmen ermöglichen (vgl. Glasl/Lievegoed 1993, 233 ff.). Das Flügelradmodell eignet sich als Analyseinstrument, um den Ist-Zustand einer Organisation im Hinblick auf bevorstehende Veränderungsprozesse zu erheben und damit den Entwicklungsbedarf zu eruieren. Die aufgrund der Analyse initiierten Maßnahmen müssen systematisch und zirkulär gestaltet werden, sodass alle drei Subsysteme (Flügel) gleichzeitig einbezogen werden (vgl. Eberle/Leiser, 2004, 108). Dieses Modell zeigt, dass die drei Elemente ständig in Bewegung, das heißt in Entwicklung sind und dass sie gleich groß sein sollten, das heißt gleiche Beachtung finden müssen, um rund und gleichmäßig zu laufen (vgl. Biehal, 1994, 59). Trifft das zu, fließen die Kräfte aus den einzelnen Flügeln in die

9 Unterstützte Kommunikation als Methode in der Heilpädagogik

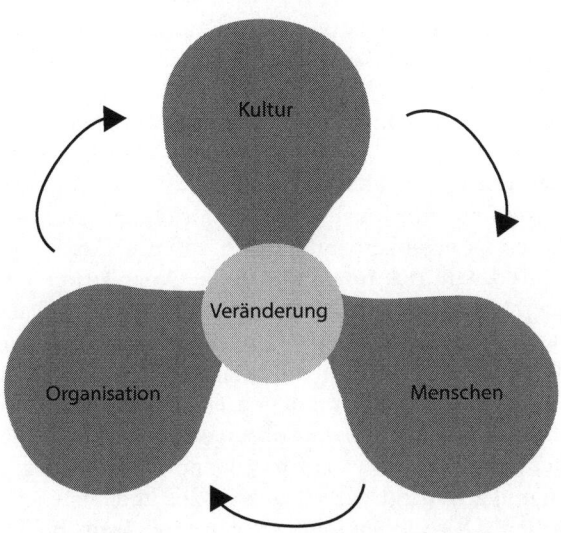

Abb. 1: Das Flügelradmodell (Abbildung in Anlehnung an Biehal 1994, 60)

Mitte, in den Kernprozess ein und unterstützen diesen nachhaltig (vgl. Eberle/Leiser, 2004, 108). Eine (in diesem Fall heilpädagogische) Dienstleistung wird dann professionell erbracht, wenn in einer Organisation in allen drei Flügeln Klarheit der Verhältnisse herrscht und diese allen Beteiligten bewusst ist. Dazu gehört auch eine sogfältige Abstimmung untereinander, die durch die Pfeile zwischen den Flügeln angedeutet werden soll (vgl. Biehal, 1994, 59).

Wird das Flügelrad im Kontext der Etablierung und Umsetzung von UK in heilpädagogischen Einrichtungen betrachtet, wird deutlich, welche Maßnahmen, Bedingungen und Voraussetzungen auf allen Ebenen der Organisation strukturell geschaffen und entwickelt werden müssen, damit der Kernprozess, das heißt die gelingende Umsetzung von UK, nachhaltig und umfassend unterstützt wird. An dieser Stelle sollen auf den Ebenen der verschiedenen Subsysteme zentrale Aussagen für das Gelingen von UK in heilpädagogischen Einrichtungen skizziert werden:

- Subsystem: Kultur
Bei der Betrachtung der Organisationskultur eines Unternehmens wird deutlich, dass die bestehenden impliziten Vorstellungs- und Orientierungsmuster der Mitarbeitenden und der gesamten Organisation Auswirkungen auf die Initiierung von Veränderungsprozessen, so z. B. auf die Implementierung des Konzeptes der UK, haben können. Die Beschaffenheit der Organisationskultur entscheidet, ob und welche Konzepte bzw. Veränderungen in einer Einrichtung umgesetzt werden. Es benötigt die Bereitschaft der Mitarbeitenden, sich auf ein so vielschichtiges Thema wie UK einzulassen, die eigene Berufsrolle und das professionelle Handeln sowie die eigene Grundhaltung kritisch zu reflektieren und stetig weiterzuentwickeln. Es bedarf also einer kommunikationsfördernden UK-Haltung, die von allen Mitarbeitenden getragen und gelebt wird. UK muss also ein

Thema der Organisationskultur werden und demnach in die Tiefenstrukturen der jeweiligen Organisation verankert werden.
- Subsystem: Organisation
Die Darstellung der Strukturen und Rahmenbedingungen von heilpädagogischen Einrichtungen zeigen sich in einer enormen Vielfalt, die wiederum nicht zu vereinheitlichen noch zu vergleichen sind. Daher ist es besonders relevant, UK-Wissen langfristig und individuell – sprich einrichtungsspezifisch – in den konkreten Strukturen zu verankern und weiter zu entwickeln. Dieses verlangt ein Selbstverständnis der Einrichtung als lernende Organisation, um entsprechende organisationale Maßnahmen hierfür einleiten zu können. Dabei gilt es zu berücksichtigen, dass organisatorische Entwicklungsprozesse durch ein Zusammenwirken von Umwelt- und Innenweltfaktoren der Organisation beeinflusst werden. Die Erarbeitung und Umsetzung eines gelingenden UK-Konzeptes ist folglich nur dann möglich, wenn die Führungspersonen dem Thema den nötigen (hohen) Stellenwert einräumen, entsprechende Prozesse (organisationales Lernen) initiieren und genügend zeitliche, personelle und finanzielle Ressourcen zur Verfügung stellen. Diese Organisationsperspektive kann helfen, den richtigen Weg für diese eine Einrichtung zu finden, UK langfristig in die eigenen Strukturen zu integrieren.
- Subsystem: Menschen
Wie bereits angedeutet wurde, müssen Organisationen im Rahmen von organisationalen Lernen ihr vorhandenes und erworbenes neues Wissen (z. B. durch Fortbildungen) managen, in diesem Fall UK-Wissen. Für einen erfolgreichen Implementierungsprozess bzw. für die Umsetzung gelingender UK ist es deswegen von Bedeutung, das (neue) Wissen im Rahmen einer Konzeptbeschreibung darzustellen, welches es in die Organisation zu integrieren gilt. Für die Entwicklung und die erfolgreiche Umsetzung von Konzepten ist das genaue Erfassen der Inhalte notwendig und eine unabdingbare Voraussetzung. Bevor über Veränderungsprozesse und somit die Implementierung von UK weiter nachgedacht wird, muss im Rahmen einer umfassenden Konzeptentwicklung geklärt werden, was der Gegenstand ist, der in einem Konzept umgesetzt werden soll. Nur dann können ein passgenaues Konzept und entsprechende Implementierungsschritte geplant werden (vgl. Lage 2006, 226).

Das Flügelradmodell verdeutlicht, dass Maßnahmen für die Initiierung und Etablierung eines UK-Konzepts auf allen Subsystemen stattfinden müssen. Damit eine erfolgreiche Umsetzung von UK in Einrichtungen gelingen kann, braucht es das UK-Wissen und eine (auch heilpädagogische) Organisationperspektive, die aufklärt, wie diese Inhalte in die bestehenden Strukturen einer Organisation integriert werden können und welche Bedingungen im Kontext einer (Gesamt-)Organisation geschaffen bzw. verändert werden müssen. Folglich wird die Notwendigkeit deutlich, dass die Formulierung der Leitlinien gelingender UK in der Heilpädagogik, bzw. in heilpädagogischen Organisationen neben dem aus der Fachliteratur entnommenen UK-spezifischen Wissen auch organisationales Wissen sowie konkrete Um-setzungs-/Implementierungsbereiche für UK zur Grundlage haben muss, um eine umfassende gelingende UK in heilpädagogischen Organisationen formulieren zu können.

Nutzungsmöglichkeiten

Veränderungsambitionen in Organisationen werden nur dann nachhaltig unterstützt, wenn die Organisation diese prinzipiell im Rahmen der eigenen Organisationsidentität als notwendig betrachtet. Dem zur Folge beruhen die nun folgenden Leitlinien auf einem Verständnis von Qualitätsmanagement und organisationalem Lernen, das davon ausgeht, dass nachhaltige Entwicklungen auf Prozesse angewiesen sind, bei denen die Einrichtungen nicht ausschließlich von außen (extern) begutachtet werden, sondern von innen (intern) zu kritischen Reflexion angeregt und darauf beruhende Veränderungsprozesse initiiert werden (vgl. Jennessen/Hurth 2015, 10). Somit verfolgen die Leitlinien gelingender UK das Ziel, wissenschaftlich fundierte Standards für gelingende UK in heilpädagogischen Organisationen zu formulieren. UK soll in seiner Komplexität reduziert und komprimiert werden und somit für jeden Mitarbeitenden (unabhängig der Hierarchieebene) einer Einrichtung verständlich und handhabbar gemacht werden. Die Mitarbeitenden einer Organisation sollen folglich, unabhängig von ihrer Position in der Organisation, die Leitlinien gelingender UK selbstständig als Grundlage zur Reflexion für Teamsitzungen oder Beratungsprozesse nutzen können. Unter Einbeziehung von Nutzern und Mitarbeitenden werden Prozesse angestoßen, Fragen aufgeworfen und Wege ermöglicht, sodass langfristig partizipative Reflexionsprozesse in den Organisationen initiiert und strukturiert werden können (vgl. Jennessen/Ortland/Römisch, o. J.). Für die praktische Arbeit mit UK können die Leitlinien Orientierung, Ideen und Anregungen bieten, um UK niederschwellig und kleinschrittig umzusetzen zu können.

Auf der Grundlage der Leitlinien soll lernenden Organisationen im Kontext der Heilpädagogik auf einer übergeordneten Ebene ermöglicht werden, ihren aktuellen IST-Stand bezüglich der Umsetzung von gelingender UK zu überprüfen und zu analysieren. Im Rahmen der Qualitätsentwicklung müssen sich lernende und dynamische Organisationen die Frage stellen, an welcher Stelle der organisationellen Entwicklung sie sich gerade befinden und ob Projekte in der Einrichtung auch zu einem Abschluss kommen. Die Leitlinien erheben keine Maximalanforderungen an die Einrichtung, sondern sollen den Organisationen ermöglichen, die Umsetzung gelingender UK angepasst an ihre Möglichkeiten schrittweise anzugehen, einrichtungsspezifische Konzepte zu beschreiben, einzurichten und umzusetzen (vgl. Zürcher 2011, 147 f.). Das bedeutet, dass bei der Formulierung bewusst darauf verzichtet wurde, all die zur Erreichung notwendigen Schritte, Maßnahmen und Hilfsmittel genau festzuhalten. Dabei können die Leitlinien jedoch Anregungen geben, die nächsten Schritte zur Erreichung von förderlichen Bedingungen zu planen und in dem Zusammenhang zu klären, welche organisationalen und strukturellen Vorrausetzungen geschaffen werden müssen, damit UK in einer Einrichtung gelingend umgesetzt werden kann. Ein spezifisches Ziel ist es hierbei, dass die Arbeit mit den Leitlinien gelingender UK dazu beiträgt, dass die Mitarbeitenden sowie die gesamte Organisation für das Thema sensibilisiert werden und sich eine Grundhaltung zu dem Thema UK entwickeln kann.

Auch wenn in die Formulierung der Leitlinien organisationales Wissen miteinfließt, sei noch einmal hervorgehoben, dass die Leitlinien den Fokus auf die Beschreibung gelingender UK im Rahmen der Heilpädagogik setzen und nicht auf die Umsetzung und Implementierung von UK. Die Leitlinien können zu einem gezielten Reflektions- und Qualitätsentwicklungsinstrument für die gelingende Implementierung von UK weiterentwickelt und somit als Anregung für mögliche Implementierungsschritte verstanden werden.

Zu den Leitlinien konkret

Die folgenden 13 Leitlinien gelingender UK bilden die Basis der Begründung zur Qualität von gelingender UK und sind als Absichts- und Zielerklärung zu verstehen. Sie sollen eine bedarfsorientierte, alters- und entwicklungsgemäße Unterstützung, Förderung und Begleitung von Menschen, die nicht bzw. kaum laut-sprachlich kommunizieren sicherstellen und der Qualitätsentwicklung und professionellen Reflexion im jungen Feld der UK in der Heilpädagogik dienen. Auf der Grundlage dieser IST-Analyse können dann einrichtungsspezifische Konzepte errichtet werden, die eine umfassende Umsetzung gelingender UK beinhalten und ermöglichen. Die Leitlinien erheben jedoch keinen Anspruch auf Vollständigkeit. Da bereits positive Erfahrungen über den Weg der organisationsbezogenen Leitlinienformulierung in der Praxis gemacht wurden (vgl. Inklusionspädagogik 2019; Kölner Bildungsportal 2018; Jennessen/Hurth/Lanfermann 2016, 4), wird dieses Vorgehen an den Themenbereich UK adaptiert. Für die vorliegenden Leitlinien sind daher der kommunale Index für Inklusion (Brokamp 2011) im Allgemeinen und im Speziellen für die Schule (Booth/Ainscow/Boban/Hinz 2003) und für die Kindertagesstätte (Booth/Ainscow/Kingston 2011) sowie der Qualitätsindex für Kinder- und Jugendhospizarbeit (Jennessen/Hurth 2015) und die Leitlinien des Projekts ReWiKs (Ortland 2016) von besonderer Bedeutung. Für die Formulierung der Leitlinien wurden neben den oben genannten Werken mit besonderem Bezug zu dem Umgang mit Leitlinien auch UK spezifische Werke, die sich bereits mit der Formulierung von Standards oder Checklisten befasst haben zur Hilfe genommen: die »UK-Standards« nach Rothmeyer (2008), die »Checkliste Unterstützter Kommunikation an der Schule« der Arbeitsgruppe Neue Technologien und Unterstützte Kommunikation an Förderschulen mit dem Förderschwerpunkt körperliche und motorische Entwicklung (ANUK) in Nordrhein-Westfalen (2010) sowie die »Checkliste ›Qualitätsmerkmale zu UK in Organisationen« für Leitungspersonen Gschwend-Sennhauser/Capello Müller (2019).

Leitlinie 1: Erwachsene Menschen mit Behinderung, die kaum bzw. nicht lautsprachlich kommunizieren, werden bedarfsorientiert, alters- und entwicklungsgemäß im Bereich UK begleitet und gefördert. Sie werden als Experten in eigener Sache einbezogen.

Ziel der heilpädagogischen und therapeutischen Bemühungen der Mitarbeitenden ist die Ermöglichung eines effektiven und individuellen Kommunikationssystems für jeden UK-Nutzer in der Einrichtung. Es findet für jeden Bewohner eine ausführliche Diagnostik statt, die die Bereiche Wahrnehmung, Motorik, Kognition und die Erstellung eines Kommunikationsprofils (Kommunikationsformen und -funktion) umfasst. Es wird besonderen Wert auf die Erarbeitung von Vokabular und Kommunikationsstrategien gelegt, die eine flexible Verständigung in allen Situationen des Tages erlauben. Durch die Zusammenarbeit mit Therapeuten, Angehörigen, Hilfsmittelfirmen und dem UK-Nutzer selbst wird sichergestellt, dass jeder Mensch, der UK benötigt, eine seinen motorischen und intellektuellen Fähigkeiten entsprechende Hilfsmittelversorgung bekommt und seine körpereigenen Möglichkeiten der Kommunikation nutzen kann. Das individuelle Kommunikationssystem wird ständig an die aktuellen Bedürfnisse und Fähigkeiten der einzelnen Menschen angepasst. Immer in der Annahme, dass grundsätzlich eine perfekte und vollendete Kommunikation utopisch ist. Der Prozess der Assistenz (einschließlich der Planung und Evaluation) wird bei Bedarf durch das UK-Team der Einrichtung von Anfang an begleitet. Für solche Planungs- und Koordinierungsprozesse werden die nötigen personellen und zeitlichen Ressourcen im Alltag der Organisation zur Verfügung gestellt.

Leitlinie 2: Die Begleitung und Prozessführung im Bereich UK unterliegt einer verantwortlichen Person, sodass eine personelle Kontinuität gewährleistet wird.

Jedem Bewohner wird ein UK-Ansprechpartner aus dem Team der Mitarbeitenden zugeordnet, der für die Koordinierung der im Förderplan festgeschriebenen Ziele sowie für die Pflege und Weiterentwicklung des Kommunikationssystems Verantwortung übernimmt. Die Entwicklung einer vertrauensvollen Beziehung zwischen Nutzern und Kommunikationspartnern ist ein beständiger Prozess und ermöglicht eine kontinuierliche Begleitung in der Entwicklung und Optimierung des Kommunikationssystems des Nutzers. Je nach Bedarf und der Größe der Einrichtung können die verantwortlichen Personen ein einrichtungsinternes UK-Team bilden, das z. B. ihren Verantwortungsbereich auf den gesamten UK-Bereich in der Einrichtung erweitert und dienstübergreifend (Werkstatt, Freizeit, Wohnen u. a.) Ansprechpartner für den Bereich UK ist.

Leitlinie 3: Es wird eine individuelle und fortlaufende Dokumentation der Kommunikationsmöglichkeiten jedes einzelnen Nutzers durch die Mitarbeitenden der Organisation gewährleistet.

Eine entsprechende Dokumentation der Kommunikationsmöglichkeiten eines UK-Nutzers ist im Stammdatenblatt oder direkt in der Hilfebedarfs- bzw. Assistenzplanerstellung fest verankert. In regelmäßigen, strukturierten und protokollierten Team- und Förderplangesprächen werden diagnostische, planerische und didaktische Aspekte von UK-Förderung für jeden einzelnen Nutzer praxisnah thematisiert, evaluiert und lückenlos dokumentiert (Protokollbögen, Videos, kleinschrittige Beobachtungsbögen, etc.). Sie soll dazu verhelfen bzw. dazu beitragen, Prozesse in der Begleitung zu unterstützen und voranzutreiben. Relevante Informationen, die zu einer verbesserten Kommunikation im Alltag führen, sollten für alle Mitarbeitenden zugänglich sein. Die Dokumentation ist bei einem Übertritt des UK-Nutzers in eine andere Einrichtung bzw. in einen anderen Lebensbereich mitzuführen. So können Prozessabbrüche vermieden bzw. zumindest abgeschwächt werden. Auch der UK-Verantwortliche und seine Kontaktdaten sollten für Rückfragen dokumentiert werden.

Leitlinie 4: Heilpädagogische Organisationen verfügen über strukturelle, finanzielle und personelle Rahmenbedingungen, die die gelingende Umsetzung von UK sicherstellen.

In den Einrichtungen besteht Konsens, dass die Realisierung einer gelingenden UK eine Grundhaltung sowie deren praktische Umsetzung in der alltäglichen Begleitung der Nutzer beinhaltet. Auf allen Hierarchieebenen sind die Mitarbeitenden dafür verantwortlich, Barrieren in der Kommunikation, die aufgrund mangelnder Rahmenbedingungen entstehen, zu minimieren bzw. zu beseitigen. Die Gegebenheiten der je spezifischen Organisation, das heißt die Personalsituation, die räumlichen Strukturen, materielle, finanzielle und zeitliche Ressourcen, sind an die Bedürfnisse der nicht- bzw. kaumsprechenden Nutzer so anzupassen, dass eine gelingende Kommunikation für Jeden im Alltag realisiert werden kann. Bei der regelmäßigen Überprüfung der Verteilung der Ressourcen und Mittel reagieren die Führungskräfte und Mitarbeitenden flexibel auf die Veränderungen des Bedarfs.

Leitlinie 5: Die Einrichtung hat dafür Sorge zu tragen, UK-Nutzern entsprechende und bedarfsgerechte Hilfsmittel der UK zur Verfügung zu stellen.

Die Einrichtung verfügt über einen Hilfsmittelpool (elektronische, nicht-elektronische Hilfsmittel, Gebärdensammlungen, Spielzeug, Literatur etc.), dessen Ausleihe für die Nutzer mit UK-Bedarf zur Erprobung zur Verfügung steht. Für die Ausleihe und regelmäßige Wartung gibt es klare Zuständigkeiten, die allen Mitarbeitenden bekannt sind. Dieser Pool soll so geschaffen sein, dass sich die Mitarbeitenden bei Bedarf das verfügbare Material im Selbststudium aneignen können, wofür ihnen die entsprechenden zeitlichen Kapazitäten zur Verfügung gestellt werden. Für den Hilfsmittelpool gibt es ein Verzeichnis, das geeignete und verfügbare Materialien auflistet. Alle Mitarbeitenden sind in der Pflicht die entsprechenden Hilfsmittel der unterstützt kommunizierenden Nutzer jederzeit im pädagogischen Alltag zur Verfügung zu stellen.

Leitlinie 6: Alle Mitarbeitenden wertschätzen die Kompetenzen der Angehörigen und Personen des sozialen Umfeldes, sowie die der Fachleute in anderen Lebensbereichen der unterstützt kommunizierenden Menschen. Sie werden als Experten in ihrem jeweiligen Bereich und für die Belange der UK-Nutzer akzeptiert.

Die Kompetenzen und das Erfahrungswissen der Angehörigen und Personen des sozialen Umfeldes werden als wertvolle Kooperationspartner für die UK-Begleitung im Alltag angesehen und miteinbezogen. Sie stellen eine wertvolle Ressource für die kommunikative Versorgung sowie Begleitung der Nutzer dar. Zwischen diesen Personen und den Mitarbeitenden der Einrichtung ist eine wertschätzende Auseinandersetzung über unterschiedliche Einschätzungen in einer ressourcenorientierten Zusammenarbeit grundlegend. Das Recht auf Kommunikation und die Bedürfnisse der unterstützt kommunizierenden Nutzer stehen dabei im Mittelpunkt.

Leitlinie 7: UK leistet einen aktiven Beitrag zur gesellschaftlichen Teilhabe von Menschen, die kaum- bzw. nicht lautsprachlich kommunizieren können.

Alle Menschen haben ein Recht auf Kommunikation (u. a. Art. 2, 24 UN BRK; Art. 5 Grundgesetz). Teilhabe an Kommunikation wird als ein Grundrecht und als notwendige Bedingung verstanden, damit ein Leben in Selbstbestimmung gelingen kann. In der Umsetzung dieses Rechts werden sowohl die Angehörigen als auch das soziale Umfeld unterstützt. Heilpädagogische Organisationen schaffen unter der Beteiligung aller dort handelnden und tätig werdenden Personen die für die Umsetzung dieses Rechts notwendigen Bedingungen. Der Alltag wird so geplant und gestaltet, dass jeder Nutzer durchgängig gemäß seiner momentanen Möglichkeiten und mit den ihm angemessenen Hilfsmitteln sowie körpereigenen Möglichkeiten partizipieren kann. UK als selbstverständlicher Teil im Alltag ermöglicht und fördert Nutzer darin, Gedanken, Fragen, Bedürfnisse verständlich zu äußern und damit das Geschehen gleichberechtigt zu beeinflussen. Alle Teilorganisationen (Gruppen, Teams etc.) ermöglichen und fördern Kommunikationserfahrungen über unterschiedliche Wege innerhalb und außerhalb der jeweiligen Einrichtung mit unterschiedlichen Personen (Vertraute, UK-Kompetente, Fremde, Gleichaltrige, etc.) in verschiedenen Kontexten (Arbeit, Bildung, Freizeit etc.) und fördern dadurch die soziale Akzeptanz und Entstigmatisierung der unterstützt kommunizierenden Menschen über die Grenzen der spezifischen Einrichtung hinaus.

Leitlinie 8: Sowohl das Erfahrungswissen der Fachleute und der Angehörigen bzw. Personen des sozialen Umfeldes als auch wissenschaftliche Erkenntnisse tragen zu einer kontinuierlichen Qualitätssicherung und -weiterentwicklung bei.

Die Träger sowie alle Mitarbeitenden der Einrichtung sind sich einig, dass UK als heil- und behindertenpädagogisches Fachwissen und Konzept für die Leistungen der Einrichtung von hoher Bedeutung ist. Es gilt als ein Kriterium für die Qualitätsbeurteilung ihrer Leistungen. Die Mitarbeitenden sind dazu aufgefordert, die Prozesse im Bereich UK zu dokumentieren und im Sinne einer Qualitätssicherung ihre Arbeitserfahrungen und Ergebnisse zu reflektieren und zu überprüfen. Dabei sind die Angebote und deren Qualitätsstandards für UK allen Mitarbeitenden bekannt und diese können und sollten sich mit diesen identifizieren. Eine Kultur der kritischen Auseinandersetzung zwischen den Bedürfnissen der UK-Nutzer und deren Angehörigen und den Möglichkeiten der Leistungserbringer soll hierbei zu einer stetigen Weiterentwicklung beitragen. Die wissenschaftliche Begleitung dieses Prozesses sowie ein kritischer Austausch zwischen Wissenschaft und Fachleuten der UK sind ausdrücklich gewünscht und gefordert. UK ist damit ein fest gesetztes Qualitätsmerkmal bzw. -kriterium der Einrichtungskonzeption.

Leitlinie 9: Mitarbeitende sind in den heilpädagogischen Organisationen für das Themenfeld der UK qualifiziert und bilden sich kontinuierlich fort. Die Teilnahme einzelner Mitarbeitende an Fortbildungen wird von der Leitung und im Team ermöglicht und unterstützt.

Das Wissen um das Recht auf UK im Allgemeinen und mögliche Besonderheiten bei Menschen mit verschiedenen Formen von Beeinträchtigung, explizit bei Menschen, die unterstützt kommunizieren, sind bei allen Mitarbeitenden vorhanden, um fachlich qualifizierte und reflektierte Begleitung, Beratung und Information zu gewährleisten. Eine gelingende UK verlangt qualifizierte Mitarbeitende, die auf die besonderen Anforderungen der Zielgruppe von UK vorbereitet sind und sich gemäß diesen spezifischen Anforderungen qualifizieren. Neue Mitarbeitende und Hilfskräfte (Ehrenamtliche, Praktikanten, Azubis, Anerkennungsjahr etc.) werden in das Themenfeld UK eingearbeitet und über alle nötigen grundlegenden Informationen bezüglich einrichtungsspezifischer Standards der gelingenden UK eingeführt. Darüber hinaus erhalten sie frühzeitig genaue Informationen über Veränderungen, neue Vorgaben und Weiterbildungsmöglichkeiten im Bereich UK. In regelmäßigen Gesprächen wird der persönliche Weiterbildungsbedarf bezüglich UK mit den Mitarbeitenden aller Ebenen thematisiert und überprüft. Aus der internen Qualitätssicherung und den aktuellen Entwicklungen sowie wissenschaftlichen Diskursen im Bereich UK werden (interne und externe) Weiterbildungsangebote einrichtungsspezifisch konzipiert und allen Mitarbeitenden nahegelegt. Im Rahmen der Fort- und Weiterbildungen wird neues Wissen bezüglich UK in die Einrichtung transportiert, sodass Einrichtungen dazu aufgefordert sind, Wissensmanagement (so z. B. im Rahmen eines Multiplikatoren-Systems) zu betreiben, damit das neu erlangte Wissen unter den Mitarbeitenden auf verschiedenen Hierarchieebenen verbreitet wird.

Leitlinie 10: Der Einsatz von UK und seine komplexen Anforderungen verlangen eine interdisziplinäre Zusammenarbeit und Vernetzung von verschiedenen Fachrichtungen, Personen des sozialen Umfeldes des UK-Nutzers, einschlägigen Einrichtungen sowie der UK-Nutzer selbst.

UK fordert dementsprechend eine Kooperation derjenigen, die insgesamt dazu beitragen, dass ein gelingendes und erfolgreiches multimodales Kommunikationssystem des UK-Nutzers und dessen Einsatz ermöglicht werden. Dabei werden die unterschiedlichen Perspektiven und Sichtweisen aktiv mit einbezogen und wertgeschätzt. Über die Netzwerkarbeit wird die Kommunikation nicht nur zwischen den einrichtungsinternen Bereichen, sondern auch träger- bzw. einrichtungsübergreifend zwischen den unterschiedlichen (heil-)pädagogischen Organisationen in der Region erleichtert. Die konkrete Einrichtung ist Bestandteil dieser Netzwerke und schafft die dazu notwendigen Voraussetzungen, sodass eine effektive Schnittstellenarbeit und Übergänge in andere Lebensbereiche gewährleitet werden können und für die UK-Nutzer anschlussfähig bleiben. Eine Vernetzung der verschiedenen Einrichtungen und Fachrichtungen stellt den Familienangehörigen und Freunden bedürfnisorientiert Kontakte und Informationen zur Verfügung und sorgt flächendeckend für die Verbreitung und Etablierung des Fachgebiets UK.

Leitlinie 11: UK ist ein selbstverständlicher Teil der gesamten Einrichtungs- bzw. Organisationskultur.

Alle Nutzer und Mitarbeitende auf allen Hierarchieebenen tragen dazu bei und fühlen sich dafür verantwortlich, dass eine positive und reflektierte Grundhaltung in Bezug auf alternative Kommunikationsmöglichkeiten die Arbeit und das Leben in der Wohneinrichtung trägt. Der Umgang mit den verschiedensten Kommunikationsformen und -mitteln ist eine Selbstverständlichkeit im heilpädagogischen Alltag. Dazu zählen auch einrichtungsinterne Absprachen hinsichtlich der benutzten Gebärden, Symbole, Mappen etc., die von allen Mitarbeitenden eingehalten werden, oder die Visualisierung von Räumlichkeiten. Die Organisation fördert ein kritisches und selbstkritisches Hinterfragen der pädagogischen Grundhaltungen und Menschenbildannahmen bzw. eine allgemeine Bereitschaft zur ständigen Überprüfung der eignen Denk- und Vorgehensweise. Allen Mitarbeitenden ist klar, dass eine »Be-Hinderung« erst dann entsteht, wenn Menschen mit Beeinträchtigungen auf Ablehnung und institutionelle Barrieren treffen. Jeder Mitarbeitende kennt die kommunikativen Kompetenzen der Nutzer im Umgang mit dem Hilfsmittel bzw. die von ihm oder ihr benutzten Gebärden. Er kann durch kompetentes Mitnutzen der Kommunikationssysteme ein wichtiges Vorbild für andere Nutzer sein und Beispiele für den Einsatz von Gebärden bzw. Kommunikationshilfen liefern.

Leitlinie 12: Die Einrichtung hat dafür Sorge zu tragen, die Öffentlichkeit auf die besonderen Lebenslagen und -situationen der Menschen, die kaum- bzw. nicht laut-sprachlich kommunizieren, sowie ihrer Angehörigen aufmerksam zu machen.

Eine intensive Öffentlichkeitsarbeit kann einer gesellschaftlichen Isolation entgegenwirken und zu einer Entstigmatisierung der unterstützt kommunizierenden Menschen führen. Sie legt Wert auf eine ausgewogene Darstellung der positiven sowie belastenden Aspekte der Lebenssituation von unterstützt kommunizierenden Menschen und macht sich stark für die Interessen der UK-Nutzer in Gesellschaft und Politik. So kann dazu beigetragen werden, dass alternative Kommunikationswege in der Gesellschaft vermehrt akzeptiert und etabliert werden. Über mediale Zugänge wie Zeitung, Fernsehen und Lokalsendungen kann die Bevölkerung der Region für das Thema UK sensibilisiert werden.

Leitlinie 13: Der Bereich UK wird in der Organisation von verschiedenen Gremien thematisiert und repräsentiert. Dabei gibt es feste Strukturen für die Weitergabe von Informationen zwischen den Gremien.

UK wird in regionalen und überregionalen Arbeitskreisen, allgemeinen und UK-spezifischen Fachkonferenzen bzw. Dienstbesprechungen sowie in einrichtungsinternen Besprechungen thematisiert und ist damit selbstverständlicher Bestandteil dieser Gremien. Allen Mitgliedern der Gremien sind die Strukturen der Einrichtung und die Zuständigkeiten der einzelnen Mitarbeitenden auf allen Hierarchieebenen bekannt. Es ist hierbei relevant, dass sich die Gremienmitglieder in der Einrichtung bzw. in den jeweiligen Untergruppen dieser Organisation einbringen. Die Fähigkeiten, Kenntnisse und Aufgabenfelder der Gremienmitarbeitenden sind transparent und allen Mitarbeitenden aus dem heilpädagogischen Alltag bekannt. Es gibt Gremien oder andere Initiativen, in denen Mitarbeitende sowie Führungskräfte gemeinsam überlegen, wie sie die Effizienz der Arbeit erhöhen können. Dabei ist die Weitergabe der Informationen zu den verantwortlichen Mitarbeitenden strukturiert und transparent zu gestalten. Speziell für UK gibt es ein einrichtungsinternes Team, welches UK-Beratung anbietet und die gelingende Umsetzung von UK koordiniert. Es arbeitet in regionalen Arbeitskreisen an der Qualitätsentwicklung des UK- Beratungs- und Förderangebots. Besonders für die Öffentlichkeitsarbeit in größeren Einrichtungen ist eine Zusammenarbeit der Gremien von Bedeutung, da durch einen regelmäßigen und transparenten Informationsfluss das Thema UK träger- und einrichtungsübergreifend vertreten wird.

Fazit

Unterstützte Kommunikation stellt somit im Rahmen der Heilpädagogik einerseits eine noch recht junge Methode dar und bereit. Auf der anderen Seite entwickelte sich UK in den letzten Jahren aber auch als innovative und umfassende methodologische Begründung und Differenzierung für ein kommunikationsbegleitendes heilpädagogisches Handeln in vielen Handlungsfeldern. Gerade die aktuellen Übertragungsprozesse auf die Felder der heilpädagogischen Arbeit mit erwachsenen Menschen (Wohnen, Freizeit, Arbeit) sind hierbei zu nennen. Insbesondere der Bereich des stationären Wohnens ist ein Ort, an dem aktuell, trotz Entwicklungen im Rahmen der Inklusion und Dezentralisierung, Leitideen wie Selbstbestimmung und Teilhabe an ihre Grenzen stoßen. Die Etablierung von UK in diesem Kontext dient dazu, den Menschen mit eingeschränkten kommunikativen Fähigkeiten eine höhere Lebensqualität und ein Leben in Selbstbestimmung zu ermöglichen. Es wird in den kommenden Jahren nun darauf ankommen, die Implementierung der UK in alle heilpädagogischen Handlungsfelder konsequent voranzutreiben. Hierzu können die skizzierten Leitlinien eine bedeutende Rolle im Rahmen organisationskultureller und organisationsentwicklungsbezogener Prozesse spielen.

Literatur

Antener, Gabriela (2010): Interventionsmodelle der Unterstützten Kommunikation In: Von-Loeper-Literaturverlag und Isaac – Gesellschaft für Unterstützte Kommunikation e.V. (Hrsg.): Handbuch der Unterstützten Kommunikation. Karlsruhe

ANUK (Arbeitsgruppe Neue Technologien und Unterstützte Kommunikation an KM Schulen in Nordrhein- Westfalen) (2010): Unterstützte Kommunikation macht Schule. Förderliche Rahmenbedingungen für Unterricht mit UK In: Von-Loeper-Literaturverlag und Isaac – Gesellschaft für Unterstützte Kommunikation e.V. (Hrsg.): Handbuch der Unterstützten Kommunikation. Karlsruhe

Aßmann, Kati (2014): Die Anwendung alternativer und ergänzender Kommunikationsformen und -hilfen bei nicht und kaum sprechenden, mehrfach beeinträchtigten Erwachsenen in Wohnheimen für behinderte Menschen in den neuen Bundesländern und dem ehemaligen Ostteil Berlins. Dissertation

BAG WfbM (a) (Bundesarbeitsgemeinschaft Werkstätten für behinderte Menschen e.V.) (Hrsg.) (2015): Unterstützte Kommunikation. In: Werkstatt: Dialog, Das Magazin für Menschenwürde, Jg. 31, H. 2, 10–13

BAG WfbM (b) (Bundesarbeitsgemeinschaft Werkstätten für behinderte Menschen e.V.) (Hrsg.) (2015): Unterstützte Kommunikation in der Organisation verankern. In: Werkstatt: Dialog, Das Magazin für Menschenwürde, Jg. 31, H. 2, 16–21

BAG WfbM (c) (Bundesarbeitsgemeinschaft Werkstätten für behinderte Menschen e.V.) (Hrsg.) (2015): UK wird erwachsen. Ein Interview mit Dr. Imke Niediek zur Entwicklung Unterstützter Kommunikation in Deutschland. In: Werkstatt: Dialog, Das Magazin für Menschenwürde, Jg. 31, H. 2, S. 33– 36

Biehal, Franz (Hrsg.) (1994): Lean Service. Dienstleistungsmanagement der Zukunft für Unternehmen und Non-Profit-Organisationen. Wien

Bober, Almuth (2005): Unterstützte Kommunikation in Tagesförderstätten In: Boenisch, Jens & Otto, Katrin (Hrsg.): Unterstützte Kommunikation über die gesamte Lebensspanne. Karlsruhe

Bober, Almuth (2018): Angebote Unterstützte Kommunikation in Wohnheimen für Menschen mit geistiger Behinderung. In: Wilken, Etta (Hrsg.): Unterstützte Kommunikation. Stuttgart

Bober, Almuth & Müller, Thorsten (2015): UK und Qualitätsmanagement. In: Antener, Gabriela; Blechschmidt, Anja & Ling, Karen (Hrsg.): UK wird erwachsen. Initiativen in der Unterstützten Kommunikation. Karlsruhe

Bober, Almuth & Müller, Thorsten (2017): UK in der Teilhabeplanung. In: Lage, Dorothea & Ling, Karen (Hrsg.): UK spricht viele Sprachen. Zusammenhänge zwischen Vielfalt der Sprache und Teilhabe. Karlsruhe

Boemer, Katrin & Willert, Dagmar (2010): 10 Jahre Unterstützte Kommunikation in einer Werkstatt für behinderte Menschen. Ein erfolgreicher Weg. In: Von-Loeper-Literaturverlag und Isaac – Gesellschaft für Unterstützte Kommunikation e.V. (Hrsg.): Handbuch der Unterstützten Kommunikation. Karlsruhe

Boenisch, Jens (2008): Sprachtherapie und/oder Unterstützte Kommunikation? Forschungsergebnisse zur kommunikativen Situation von Kindern ohne Lautsprache. In: Giel, Barbara & Maihack, Volker (Hrsg.): Sprachtherapie & »Mehrfachbehinderung«. Die internationale Klassifikation von Funktionalität, Behinderung und Gesundheit (ICF) als Chance. Tagungsbericht zum 9. Wissenschaftlichen Symposium des dbs e.V. am 25. und 26. Januar in Karlsruhe. Köln

Boenisch, Jens (Hrsg.) (2009): Kinder ohne Lautsprache. Grundlagen, Entwicklungen und Forschungsergebnisse zur Unterstützten Kommunikation. Karlsruhe

Boenisch, Jens, Musketa, Benjamin & Sachse, Stefanie (2007): Die Bedeutung des Vokabulars für den Spracherwerb und Konsequenzen für Gestaltung von Kommunikationsoberflächen. In: Sachse, Stefanie, Birngruber, Cordula & Arendes, Silke (Hrsg.): Lernen und Lehren in der Unterstützten Kommunikation. Karlsruhe

Boenisch, Jens & Sachse, Stefanie (Hrsg.) (2013): Diagnostik und Beratung in der Unterstützten Kommunikation. Theorie, Forschung und Praxis. Karlsruhe

Bohm, Heike & Runnebaum, Christina (2017): Gelingende Kommunikation. Vom einzelnen Menschen zur Gemeinschaft. In: Lage, Dorothea & Ling, Karen (Hrsg.): UK spricht viele Sprachen. Zusammenhänge zwischen Vielfalt der Sprache und Teilhabe. Karlsruhe

Booth, Tony, Ainscow, Mel & Kingston, Denise (Gewerkschaft Erziehung und Wissenschaft) (2011) (Hrsg.): Index für Inklusion, Tageseinrichtungen für Kinder, Spiel, Lernen und Partizipation in der inklusiven Kindertageseinrichtung entwickeln. Frankfurt a. M.

Booth, Tony, Ainscow, Mel, Boban, Ines & Hinz, Andreas (Hrsg.) (2003): Index für Inklusion. Lernen und Teilhabe in der Schule der Vielfalt entwickeln. Halle (Saale)

Bosse, Ingo (2015): Vorwort zum Kongress. In: Antener, Gabriela, Blechschmidt, Anja & Ling, Karen (Hrsg.): UK wird erwachsen. Initiativen in der Unterstützten Kommunikation. Karlsruhe

Bosse, Ingo & Wilkens, Leevke (2015): Etablierung, Implementierung und Vernetzung: UK in Wohn- und Werkstätten der Dortmunder Behindertenhilfe – eine Projektstudie zur Barrieren und Förderfaktoren. In: uk & forschung 5, 19–26.

Braun, Ursula (2010): Was ist Unterstützte Kommunikation? In: Von-Loeper-Literaturverlag und Isaac – Gesellschaft für Unterstützte Kommunikation e.V. (Hrsg.): Handbuch der Unterstützten Kommunikation. Karlsruhe

Brokamp, Barbara (Montag-Stiftung Jugend und Gesellschaft) (Hrsg.) (2011): Inklusion vor Ort. Der Kommunale Index für Inklusion. Ein Praxishandbuch. Berlin

Bundschuh, Konrad, Herbst, Thomas & Kannewischer, Sybille (1999): Unterstützte Kommunikation an Schulen zur individuellen Lebensbewältigung. Eine empirische Untersuchung, Jg. 50, H. 11, 516–522

Eberle, Susanne & Leiser, Annemarie (2004): Handeln bevor es brennt. Institutionelle Prävention sexueller Ausbeutung. In: Fachstelle Limita (Hrsg.): Stark sein allein genügt nicht. Prävention sexueller Ausbeutung von Mädchen und Jungen. Basel

Elmer, Corina & Maurer, Katrin (Limita, Fachstelle zur Prävention sexueller Ausbeutung) (Hrsg.) (2011): Achtsam im Umgang – konsequent im Handeln. Institutionelle Prävention sexueller Ausbeutung. Zürich

Fischer, Christine (2010): Kommunikation mit Konzept. UK im Wohnbereich mit Erwachsenen mit mehrfacher Beeinträchtigung In: Von-Loeper-Literaturverlag und Isaac – Gesellschaft für Unterstützte Kommunikation e.V. (Hrsg.): Handbuch der Unterstützten Kommunikation. Karlsruhe

Gschwend-Sennhauser & Capello Müller, Michaela (2019): Qualitätsmerkmale zu Unterstützter Kommunikation in Organisationen. Eine Checkliste für Leitungspersonen. In: Schweizerische Zeitschrift für Heilpädagogik, Jg. 25, H. 2, 13–19

Giel, Barbara & Telgen, Barbara (2017): UK-Implementierung in kleinen und großen Institutionen »So kann es gelingen!« Vortrag am Kongress der Gesellschaft für Unterstützte Kommunikation, 18.11.2017 Dortmund, unveröffentlichte PowerPoint Präsentation http://www.vonloeper.de/uk-tagungsbaende/?14.-Tagung%3A-UK-spricht-viele-Sprachen [Link aktuell nicht mehr erreichbar]

Glasl, Friedrich & Lievegoed, Bernard (Hrsg.) (1993): Dynamische Unternehmensentwicklung. Grundlagen für nachhaltiges Change Management. Bern

Hedderich, Ingeborg (Hrsg.) (2006): Unterstützte Kommunikation in der Frühförderung. Grundlagen, Diagnostik, Beispiele. Bad Heilbrunn

ISAAC intern (2014): Berichte aus dem ISAAC- GSC Vorstand. In: Unterstützte Kommunikation, Jg.19, H. 2, 52– 53

ISB (Staatsinstitut für Schulqualität und Bildungsforschung München) (Hrsg.) (2009): Unterstützte Kommunikation (UK) in Unterricht und Schule. Bayerisches Staatsministerium für Unterricht und Kultus. München

Jennessen, Sven & Hurth, Stefanie (Deutscher Hospiz- und PalliativVerband e.V.) (Hrsg.) (2015): QuinK, Qualitätsindex für Kinder- und Jugendhospizarbeit. Ludwigsburg

Kristen, Ursi (Hrsg.) (2005): Praxis Unterstützte Kommunikation. Eine Einführung. Düsseldorf

Lage, Dorothea (Hrsg.) (2006): Unterstützte Kommunikation und Lebenswelt. Eine kommunikationstheoretische Grundlegung für eine behindertenpädagogische Konzeption. Bad Heilbrunn

Lage, Dorothea & Ling, Karen (Hrsg.) (2017): UK spricht viele Sprachen. Zusammenhänge zwischen Vielfalt der Sprachen und Teilhabe. Karlsruhe

Liehs, Andrea (2003): Unterstützte Kommunikation bei zentral erworbenen Kommunikationsstörungen im Erwachsenenalter. Eine qualitativ-quantitative Erhebung des Versorgungsstandes in Deutschland. Dissertation

Liehs, Andrea & Giel, Barbara (2016): Teilhabe durch Unterstützte Kommunikation in Wohn- und Werkstätten. In: Sprachtherapie aktuell, H.1, 1–10

Liehs, Andrea, Bröcheler, Ilka, Hoyer, Peter, Lipperheide, Norbert, Scharzbach Ulrich & Suasner, Claudia (2017): »(Unterstützte) Kommunikation lebt!« In: Lage, Dorothea & Ling, Karen (Hrsg.): UK spricht viele Sprachen. Zusammenhänge zwischen Vielfalt der Sprache und Teilhabe. Karlsruhe

Mußmann, Jörg (Hrsg.) (2011): Pädagogische Förderung mit assistive Technologien und unterstützter Kommunikation in der Schule. Beispiele einer Explorationsstudie und Impulse für die Praxis. Neuss

Nonn, Kerstin (Hrsg.) (2011): Unterstützte Kommunikation in der Logopädie. Stuttgart, New York

Ortland, Barbara (Hrsg.) (2016): Sexuelle Selbstbestimmung von Menschen mit Behinderung. Grundlagen und Konzepte für die Eingliederungshilfe. Stuttgart

Panzer, Christina (2017): Unterstützte Kommunikation in Großeinrichtungen der Behindertenhilfe. In: Lage, Dorothea & Ling, Karen (Hrsg.): UK spricht viele Sprachen. Zusammenhänge zwischen Vielfalt der Sprache und Teilhabe. Karlsruhe

Pivit, Conny (2010): Individuelle Kommunikationssysteme. In: Von-Loeper-Literaturverlag und Isaac – Gesellschaft für Unterstützte Kommunikation e.V. (Hrsg.): Handbuch der Unterstützten Kommunikation. Karlsruhe

Renner, Georg (2015): Berufliche Teilhabe (Partizipation) von Menschen mit schwerer motorischer Bewegungseinschränkung und schwerer Kommunikationsbeeinträchtigung. Analyse qualitativer Fallstudien und -beschreibungen. In: Zeitschrift für Heilpädagogik, Jg. 66, H. 6, 289–301

Renner, Georg (Hrsg.) (2004): Theorie der Unterstützten Kommunikation. Berlin

Rothmayr, Angelika (Hg.) (2008): Pädagogik und Unterstützte Kommunikation. Eine Herausforderung für die Aus- und Weiterbildung. Karlsruhe

Sailer, Alicia (2014): UK als Bestandteil einer Kultur in einer Wohneinrichtung für erwachsene Menschen. In: Unterstützte Kommunikation, Jg. 19, H. 1, 34–37

Schäffer, Kathrin & Rosenmeier, Anne (2015): UK in den Werkstätten für Menschen mit Behinderung. In: Antener, Gabriela, Blechschmidt, Anja & Ling, Karen (Hrsg.): UK wird erwachsen. Initiativen in der Unterstützten Kommunikation. Karlsruhe

Schäffer, Katrin & Struck, Henrike (2013): Unterstützte Kommunikation in den Werkstätten für Menschen mit Behinderung. In: Hallbauer, Angela (Hrsg.): UK kreativ. Wege in der Unterstützten Kommunikation. Karlsruhe

Seiler-Kesselheim, Andreas (2007): Vernetzte Beratungsangebote. Was Eltern unterstützt kommunizierende Personen unter »guter Beratung« verstehen In: Sachse, Stefanie, Birngruber, Cordula & Arendes, Silke (Hrsg.): Lernen und Lehren in der Unterstützten Kommunikation. Karlsruhe

Stöhr, Barbara (2014): Unterstützte Kommunikation in Wohngruppen für Erwachsene im Fritz-Felsenstein-Haus. In: Unterstützte Kommunikation, Jg. 19, H. 2, 31–33

Thümmel, Ingeborg (2011): Kommunikationsförderung durch Unterstützte Kommunikation (UK) bei kaum- und nichtsprechenden Schülern im Förderschwerpunkt geistige Entwicklung. Ergebnisse einer landesweiten Studie zu Bedarfen und Ressourcen an niedersächsischen Bildungseinrichtungen sowie Effekten der Förderung durch Unterstützte Kommunikation. In: Heilpädagogischer Forschung, Jg. 15, H. 3, 160–172

von Tetzchner Stephen (2006): Unterstützte Kommunikation in Europa. Forschung und Praxis In: Von-Loeper-Literaturverlag und Isaac – Gesellschaft für Unterstützte Kommunikation e. V. (Hrsg.): Handbuch der Unterstützten Kommunikation. Karlsruhe

von Tetzchner, Stephen & Martinsen, Harald (Hrsg.) (2000): Einführung in Unterstützte Kommunikation. Heidelberg

Wachsmuth, Susanne (2005): Unterstützte Kommunikation mit älteren Menschen In: Isaac – Gesellschaft für Unterstützte Kommunikation e.V. (Hrsg.): Leben im Dialog. Unterstützte Kommunikation über die gesamte Lebensspanne. Karlsruhe

Wahl, Michael, Renner, Gregor, Terfloth, Karin & Lamers, Wolfgang (2015): Unterstützte Kommunikation in Förder- und Betreuungsgruppen. Bedarf an Aus-, Fort- und Weiterbildungen – Ergebnisse einer deutschlandweiten Befragung. In: uk & forschung, 5, 11–18.

Weid-Goldschmidt, Bärbel (Hrsg.) (2013): Zielgruppen Unterstützter Kommunikation. Fähigkeiten einschätzen. Unterstützung gestalten. Karlsruhe

Wilken, Etta (Hrsg.) (2018): Unterstützte Kommunikation. Eine Einführung in Theorie und Praxis. Stuttgart

Zürcher, Peter (2011): Standards in Unterstützte Kommunikation & Partizipation. Umsetzung Unterstützte Kommunikation in einer Einrichtung für Erwachsene mit kognitiven und körperlichen Beeinträchtigung. In: Bollmeyer, Henrike, Engel, Kathrin, Hallbauer, Angela & Hüning-Meier, Monika (Hrsg.): UK inklusive. Teilhabe durch Unterstützte Kommunikation. Karlsruhe

Internetquellen

Breul, Wolfgang (2015): Grußwort des isaac e.V. Vorstandes. isaac e.V. Kongress 2015 UK wird erwachsen - der Titel verspricht Vielfalt! http://www.gesellschaft-uk.de/index.php/grussworte/grusswort-des-isaac-e-v-vorstandes [Zugriff: 05.06.2019]

Gesellschaft für Unterstützte Kommunikation e.V., (2015a): Unterstützte Kommunikation, http://www.gesellschaft-uk.de/index.php/unterstuetzte-kommunikation [Zugriff: 05.06.2019]

Gesellschaft für Unterstützte Kommunikation e.V., (2015b): Über uns, http://www.gesellschaft-uk.de/index.php/ueber-uns [Zugriff: 05.06.2019]

Jennessen, Seven, Ortland, Barbara & Römisch, Katrin (o.J.): Kurzbeschreibung des Projekts: Reflexion, Wissen, Können – Qualifizierung von Mitarbeiten und Bewohner_innen zur Erweiterung der sexuellen Selbstbestimmung für erwachsene Menschen mit Behinderung in Wohneinrichtungen (ReWiKs) https://www.katho-nrw.de/fileadmin/primaryMnt/KatHO/Teilhabeforschung/Forschungsprojekte/Abstract_Internetauftritte_final-1.pdf [Zugriff: 25.06.2019]

Inklusionspädagogik (2019): Der Index für Inklusion http://www.inklusionspaedagogik.de/index.php/index-fuer-inklusion [Zugriff: 19.06.2019]

Kölner Bildungsportal (2018): Der Inklusionsindex für Schulen, http://www.bildung.koeln.de/schule/regionale_bildungslandschaft/artikel/artikel_06248.html [Zugriff: 19.06.2019]

10 Fremderziehung unter erschwerten Bedingungen – Heilpädagogik in der Pflegekinderhilfe

Patrick Werth

Der folgende Beitrag ist einem Handlungsfeld gewidmet, das aus heilpädagogischer Perspektive bisher wenig Beachtung erhalten zu haben scheint: der Pflegekinderhilfe. Die Pflegekinderhilfe ist traditionell – wie auch weite Teile der Kinder- und Jugendhilfe, speziell die Hilfen zur Erziehung – ein traditionelles und historisches Handlungsfeld der Sozialpädagogik und der Sozialen Arbeit.

In der Forschung etablieren sich seit kurzer Zeit konkrete und systematische Forschungsprogramme einer »Sozialpädagogischen Pflegekinderforschung« (vgl. Wolf 2015), die in ihrer zunehmenden Intensität und Komplexität sehr fruchtbare Ergebnisse für die Praxis bringen. Systematische und ergänzend dazu heilpädagogische Forschungsprogramme bzw. Erkenntnisse zur Pflegekinderhilfe gibt es aktuell, abgesehen von der Studie von Lang (2018), nicht.

Aus psychoanalytischer, bindungstheoretischer und systemischer Perspektive erfährt die Pflegekinderhilfe bereits seit Ende der 1980er/Beginn der 1990er Jahre ein wachsendes Interesse. Dass sich – ergänzend zu sozialpädagogischen – heilpädagogische Erkenntnisse, Methoden und Theorien als gewinnbringend in den Praxisfeldern der stationären und ambulanten Hilfen zur Erziehung zeigen, wurde bereits an anderen Stellen sowohl theoretisch reflektiert (u. a. Simon 2011; Kiessl 2015) als auch konkret konzeptionell (Leginovic 2014) begründet und dargestellt.

Die Skizzierung bezieht sich dabei explizit auf den dauerhaften Verbleib von Pflegekindern in einer Pflegefamilie (Vollzeitpflege), ohne die Perspektive einer Rückkehr in die Herkunftsfamilie. Die Rückführung in die Herkunftsfamilie und Möglichkeiten der heilpädagogischen Begleitung dieses Prozesses werden daher nicht weiter diskutiert.

Im Sinne einer ›Orientierungshilfe für die Praxis‹ stellt dieser Beitrag den Versuch dar, die Pflegekinderhilfe als heilpädagogisch relevantes *Praxisfeld* auszuweisen und zu reflektieren sowie Vorschläge für die Praxis der Begleitung von Pflegeverhältnissen aus heilpädagogischer Perspektive zu machen. Die Ausführungen und Gedanken werden immer wieder an Beispielen festgemacht und erklärt und stellen keine finale Reflexion dar. Vielmehr geht es um eine Anregung für den fachlichen Diskurs in Praxis und Wissenschaft der Hilfen zur Erziehung.

Heilpädagogik wird hierbei explizit als eine *ergänzende Praxis, Profession und Wissenschaft* zur (allgemeinen/Sozial-)Pädagogik und Sozialen Arbeit verstanden, die eine Bereicherung für interdisziplinäre Teams in der Beratung und Begleitung von Pflegefamilien und deren Pflegekindern darstellen kann. Sie bedient sich in der Theoriebildung Erkenntnissen ihrer jeweiligen Bezugswissenschaften (Soziologie, Rechtswissenschaften, Psychologie, Medizin, Gesundheits- und Rehabilitationswissenschaften).

Sie wird als eine spezielle (methodisch-didaktische und ethisch-reflexive) Form von Pädagogik verstanden und nicht als exklusive ›Behindertenpädagogik‹. Dazu wird der Begriff *Teilhabe* im Zentrum der Überlegungen stehen.

Dieser Beitrag ist neben Dieter Gröschke ganz besonders Arnim Westermann (1938–2019) gewidmet, einem Menschen, der trotz vieler Widrigkeiten, Widerstände und scharfer Kritik aus Praxis und Wissenschaft klare Stellung im Namen traumatisierter und misshandelter Pflegekinder bezogen hat. Gespräche, Diskurse und auch Kontroversen mit Arnim Westermann und seiner Frau, Monika Nienstedt-Westermann, prägen die folgenden Ausführungen mit.

Heilpädagogik als Ergänzung in der Pflegekinderhilfe

Seit der Ratifizierung der UN-Konvention über die Rechte von Menschen mit Behinderungen (UN-BRK) sowie der Einführung des Bundesteilhabegesetzes (BTHG) prägt der Begriff ›Inklusion‹ den sozial-politischen und öffentlich-gesellschaftlichen Diskurs, sorgt für Kontroversen in Fachdebatten der ›Behindertenhilfe‹ und führt zunehmend zu politischem Aktivismus unterschiedlicher Interessensvertreter.

Der seit Ende 2018 erneut belebte sozialpolitische und rechtliche Diskurs um eine »Große« oder »Inklusive Lösung«, einer Reform der Rechtgrundlagen der Kinder- und Jugendhilfe im Achten Buch Sozialgesetzbuch (SGB VIII), aber auch die Veränderungen des sozialrechtlichen Behinderungsverständnisses durch das BTHG sind Indikatoren für mindestens zwei Dinge: Erstens steht (erfreulicher Weise!) die Frage kritisch im Raum, ob alle Kinder und Jugendlichen im Sinne des SGB VIII auch als Kinder und Jugendliche betrachtet werden oder ob sie, wie bisher, als ›behinderte‹ Kinder und Jugendliche gelten, für die es ausschließlich ›behindertenexklusive‹ Angebote der Eingliederungshilfe bedarf. In der Pflegekinderhilfe findet die sozialrechtliche Behinderungskategorie ihre Zuspitzung im Streit zwischen Kostenträgern, wird für Pflegekinder häufig zum ›Verschiebebahnhof‹ oder führt zum Durchlaufen von langen Warteschleifen im Prozess der Zuständigkeitsklärung. Dreh- und Angelpunkt ist also der Diskurs um *Inklusion* in der Kinder- und Jugendhilfe. Zweitens rückt der Aspekt der *Teilhabe* stärker denn je ins Zentrum rechtlicher Ausgestaltungs- und Reformationsprozesse (vgl. u. a. § 2 SGB IX; §§ 76 ff. SGB IX; §§ 141 ff. SGB XII) und ins Zentrum gesellschaftlicher Debatten. Die beiden sozialrechtlichen, sozialpolitischen und gesellschaftlichen Diskurse, Inklusion in der Jugendhilfe und gesellschaftliche Teilhabe, bilden die argumentative Ausgangslage für eine Legitimation von Heilpädagogik in der Pflegekinderhilfe bzw. in einem erweiterten Sinne der Hilfen zu Erziehung generell.

Der Schwerpunkt wird dabei auf dem Begriff ›Teilhabe‹ liegen, der im weiteren Verlauf als argumentativer Ausgangspunkt für ein mögliches Verständnis heilpädagogischen Handelns in der Pflegekinderhilfe diskutiert wird und als Legitimationsbegriff für Heilpädagogik in der Pflegekinderhilfe dient. Ferner soll an dem Begriff verdeutlicht werden, dass Heilpädagogik eine wertvolle Ergänzungsfunktion in der notwendigerweise interdisziplinären Arbeit in der Pflegekinderhilfe haben kann: Kinder und Jugendliche, die dauerhaft und ohne Rückkehrperspektive in einer Pflegefamilie untergebracht werden, haben erschwerte Erziehungs- und Entwicklungsbedingungen erfahren, die sie in verschiedensten Lebensbereichen in ihren Teilhabemöglichkeiten beeinträchtigt haben.

Inklusion und Teilhabe als Leitideen der Pflegekinderhilfe

Inklusion und Teilhabe sind Begriffe, die aus den heutigen sozialpolitischen, aber auch allgemein pädagogischen Diskursen nicht mehr wegzudenken sind. Auffällig dabei ist, dass die Begriffe häufig nicht trennscharf, teilweise sogar synonym betrachtet werden (vgl. Terfloth 2010, 47), obwohl wissenschaftlich Positionen – speziell in der Heil- und Sonderpädagogik – die Begriffe höchst unterschiedlich und heterogen konnotieren und diskutieren. Terfloth konstatierte kurz nach der Ratifizierung der UN-BRK in Deutschland für die Sonderpädagogik sogar, dass der Begriff Inklusion zu einem »Modewort avanciert« sei (ebd.). Es handelt sich bei dem Begriff ›Inklusion‹ um einen Begriff, der Heilpädagogik in paradoxer Weise trifft: Einerseits ist der Begriff theoretisch und wissenschaftlich kaum klar definierbar und kann metatheoretisch unterschiedlich inhaltlich gefüllt werden, andererseits ist er bereits Grundbegriff und Leitidee bestehender heilpädagogischer Praxis (vgl. Greving/Ondracek 2014, 72 f.). Diese ›Paradoxie‹ zeigt sich auch in der rechtlichen Ausgestaltung und der Praxis der Pflegekinderhilfe. Um einem ›inflationären‹ Gebrauch der Begriffe Inklusion und Teilhabe im Kontext der Pflegekinderhilfe vorzubeugen, ist zunächst also notwendig, Arbeitsdefinitionen der Begriffe zu bestimmen, die eine Analyse der Pflegekinderhilfe ermöglichen und dadurch Ansatzpunkte für heilpädagogisches Handeln in ihrer Praxis begründbar machen. Die Begriffe verstehen sich in den weiteren Ausführungen als ›regulative Leitideen‹ für die Praxis der Pflegekinderhilfe.

Das Allgemeine – Inklusion als Begriff der Pflegekinderhilfe

Die Debatten um Inklusion und Exklusion in der Kinder- und Jugendhilfe wurden in der 18. Legislaturperiode maßgeblich unter den kategorischen Begriffen ›Behinderung‹ und ›Nicht-Behinderung‹ geführt, mit dem Ziel ein einheitliches Leistungs- und Hilfssystem in der Kinder- und Jugendhilfe zu etablieren (vgl. Fazekas 2018, 11 f.). Rechtliche Debatten um eine einheitliche Leistungszuständigkeit führen jedoch immer noch zu einem Problem: Sie bestimmen Zuständigkeiten und Finanzierungsmöglichkeiten, heben jedoch die Trennung zwischen ›Behinderung‹ und ›Nicht-Behinderung‹ nicht auf. In der ›radikalsten‹ Auffassung meint Inklusion eine grundlegende Umorientierung im menschlichen Zusammenleben, in dem ›Behinderung‹ dann nur noch als »eine Form der Besonderheit im Rahmen einer fast unendlichen Vielfalt des Menschlichen auftritt« (Ahrbeck 2011, 8). ›Behinderung‹ wird, von diesem Inklusionsverständnis ausgehend, gewollt zu einem unbedeutenden Phänomen zwischen anderen Phänomenen (vgl. a.a.O., 9), was zu einer Auflösung der Besonderheit des ›Menschen mit Behinderung‹ zu Gunsten des *allgemein Menschlichen* führt.

›Inklusion‹ lässt sich somit als normativer Begriff bestimmen, der ›Behinderung‹ zugunsten des Mensch-Seins, also auch Kind-Seins oder Jugendlich-Seins, zunächst nachrangig behandelt und einer Stigmatisierung als ›Behinderte‹ entgegenwirken kann. So stellt auch der 15. Kinder- und Jugendbericht im Bereich der Praxis sozialer Dienste fest, dass Jugendliche mit Behinderungen nur selten als Jugendliche betrachtet werden, sondern die Kategorie ›Behinderung‹ reduktionistisch vor das Jugendalter rückt (vgl. BMFSFJ 2017, 441).

Ungeachtet von der Kategorie ›Behinderung‹ verhält es sich mit dem Status ›Pflegekind‹ ähnlich: Kind-Sein und Jugendlicher-sein, eigene Bedürfnisse und die Person des Pflegekindes verschwinden in der sozialen Definition hinter einem Bild des Pflegekindes, das primär als »Träger von Störungen« angesehen wird (Werner 2019, 39). Ausgehend davon, dass Erziehung ein anthropologisches Grundbedürfnis eines jeden Menschen ist (vgl. Gröschke 1997, 102 f.), muss sich ein Inklusionsverständnis in der Pflegekinderhilfe an erster Stelle von der Unterscheidung zwischen den Kategorien ›Behinderung‹ und ›Nicht-Behinderung‹ als Ausgangspunt in Fragen einer ›inklusiven Jugendhilfe‹ distanzieren.

Ein inklusives Verständnis in der Pflegekinderhilfe kann entsprechend wie folgt bestimmt werden: Kinder und Jugendliche sind in erster Linie Kinder und Jugendliche (und nichts Anderes!). Ungeachtet ihrer Herkunft, ihrer Kultur, ihrer sozialrechtlichen Bezeichnung oder Kategorisierung als ›Pflegekinder‹ oder ›Kinder und Jugendliche mit Behinderungen‹ haben sie einen Anspruch auf Unterstützung bei der Schaffung förderlicher Erziehungs-, Entwicklungs- und Lebensbedingungen.

Das Spezielle – Teilhabe als Begriff der Pflegekinderhilfe

Der Begriff Inklusion wurde nun als normativer Aspekt für Heilpädagogik in der Pflegekinderhilfe bestimmt. Teilhabe (bzw. deren Beeinträchtigung) wird nun als Grundbegriff bestimmt, der das zuvor beschriebene inklusive Verständnis der Kinder- und Jugendhilfe als allgemeinen Anspruch für Pflegekinder aufgreift. Die Fokussierung von Teilhabe und Teilhabebeeinträchtigung dient zudem der Vermeidung einer Stigmatisierung von Pflegekindern und stellt sich gegen Exklusionsprozesse im pädagogischen Denken und praktischen Handeln. Die Kategorie ›Behinderung‹ wird auch hier nachrangig und nicht als Ausgangspunkt oder Legitimation für heilpädagogisches Handeln in der Pflegekinderhilfe betrachtet. Statt von Behinderung, Beeinträchtigung oder Benachteiligung zu sprechen, werden die Erziehung und Sozialisation von Pflegekindern als ›erschwerte Bedingungen‹ verstanden, die sie an der *gesellschaftlichen Teilhabe als wertvolle und geschätzte Bürgerinnen und Bürger, Kinder und Jugendlichen* hindern können, ihnen ihre Mündigkeit absprechen oder sie in Sondersysteme ›auslagern‹. Teilhabe hat im Unterschied zur bloßen Teilnahme (dabei sein) einen aktivierenden Charakter (einbezogen sein).

Ferner meint Teilhabe im Kontext von Entwicklung auch die Teilhabe an *Möglichkeiten zur Persönlichkeitsentfaltung*, die keiner Personengruppe vorenthalten oder abgesprochen werden darf (vgl. Gröschke 1997, 52). Dadurch soll hier betont werden, dass Teilhabe sowie deren Beeinträchtigung an persönliche Erfahrungen, Lebensvorstellungen und Lebensgestaltungsmöglichkeiten gebunden ist: Was für

Pflegekind A als Beeinträchtigung seiner Teilhabe verstanden werden kann, muss für Pflegekind B nicht gelten.

Für heilpädagogisches Handeln in der Praxis der Pflegekinderhilfe können die individuelle *Steigerung der Teilhabemöglichkeiten von Pflegekindern* und die Schaffung *teilhabeförderlicher Lebens- und Erziehungsbedingungen* als Ziele benannt werden.

Heilpädagogik als Antwort auf erschwerte Erziehungs- und Sozialisationsbedingungen von Pflegekindern

Heilpädagogisches Handeln in der Pflegekinderhilfe lässt sich dann über zwei Maximen von Paul Moor bestimmen: »Heilpädagogik ist Pädagogik und nichts anderes!« (Moor 1974, 7) und »Die Hilfe der Heilpädagogik besteht in einer angemessenen Erziehung dort, wo erschwerende Bedingungen vorliegen« (Moor 1999, 44). Kinder und Jugendliche, die aus verschiedensten Gründen dauerhaft nicht mehr in ihrer Herkunftsfamilie leben können und in einer Pflegefamilie aufwachsen, haben erschwerte Lebens- und Sozialisationsbedingungen erfahren. Die Biografie eines Pflegekindes ist häufig gezeichnet von Beziehungsabbrüchen, Verletzungen in Beziehungen und Verunsicherung (vgl. Gassmann 2015, 43 f.). Sie leben als ›Fremdplatzierte‹ in einer Familie, mit der keine Verwandtschaftsverhältnisse bestehen, in der ihnen Eltern ›präsentiert‹ werden, die im biologischen Sinne nicht ihre Eltern sind und zu denen sie nun neue Beziehungen aufbauen sollen. Die dauerhafte Unterbringung in einer Pflegefamilie bietet gerade Kindern und Jugendlichen, die Erfahrungen von Vernachlässigung, Ablehnung (z. B. auch aufgrund einer wie auch immer beschriebenen Behinderung), Unterversorgung (vital und emotional) oder Ohnmacht (z. B. aufgrund von Misshandlung) gemacht haben die Chance, Familie als einen sicheren Ort zu erleben. Trotzdem verlangt die neue und veränderte Lebenssituation und Lebensperspektive viel von den Kindern ab: Sie erleben zunächst große Verunsicherung und Fremdbestimmung. Nicht sie selbst haben sich diese neue Familie ausgesucht, sondern werden in ihr ›platziert‹. Nicht ihre eigenen Eltern, sondern für sie nun zunächst neue und fremde Personen übernehmen einen erzieherischen Auftrag für sie und ihre Versorgung. Eine plötzlich neue Situation, die in erster Linie zusätzlich Verunsicherung und Ohnmacht bedeuten kann und den Kindern mitunter hohe Anpassungsleistungen abverlangt (vgl. Nienstedt/Westermann 2013, 85 f.).

Frühe, ungünstige Lebenserfahrungen wirken sich nachhaltig auf das Verhalten und Erleben von Kindern aus, was Pflegeeltern verunsichern und den Aufbau neuer Beziehungen zusätzlich erschweren kann (vgl. a.a.O., 106–108; 308 f.). Heilpädagogik begegnet in der Pflegekinderhilfe erschwerten Erziehungsbedingungen eines Kindes oder Jugendlichen, einer »Behinderung seiner Erziehung« (Speck 2008, 254), und damit einhergehenden speziellen Erziehungserfordernissen. »Der Begriff der speziellen Erziehungserfordernisse wird in einer vom Behinderungsbegriff als Leitbegriff abrückenden Terminologie zentral« (ebd.).

Heilpädagogik versteht sich dann in der Pflegekinderhilfe als spezifische, *pädagogische* Fach- und Handlungswissenschaft mit eigenen Theorien, Methoden, eigenen Diagnostikverfahren und theoretisch reflektierten Handlungskonzepten. Der

Begriff ›Behinderung‹ als Legitimationsbegriff für Heilpädagogik in der Pflegekinderhilfe erscheint, von dem o. g. inklusiven Verständnis ausgehend, als unbrauchbar und stark reduktionistisch, vor allem aufgrund möglicher, rechtlich bedingter Exklusionsprozesse. Die Exklusivität heilpädagogischer Angebote in der Pflegekinderhilfe, entweder als Jugend- oder Behindertenhilfe, würde der Gefahr unterliegen, bestehende Exklusionsprozesse der beiden Rechtssysteme unter dem Aspekt der ›Pflegefamilie als Hilfe‹ weiter aufrecht zu erhalten. Für die Pflegekinderhilfe kann Heilpädagogik daher »als spezialisierte Pädagogik mit therapeutischen Ansätzen verstanden werden« (Kiessl 2015, 93).

Eine heilpädagogische Perspektive auf Pflegeverhältnisse: Pflegefamilien als Teilhabechance für benachteiligte Kinder und Jugendliche

Wie lassen sich nun die ›speziellen Erziehungserfordernisse‹ bestimmen und ausgestalten und eine ergänzend heilpädagogische Begleitung zur Sozialarbeit und Sozialpädagogik legitimieren?

Rein rechtlich beschreibt die Pflegefamilie eine soziale Hilfsmaßnahme. Im Sinne der Kinder- und Jugendhilfe eine erzieherische Hilfe (Kinder- und Jugendhilfe) oder eine Hilfe zur sozialen Teilhabe (Eingliederungshilfe). Die beiden Rechtsformen unterscheiden sich in ihrem Zugang dadurch, ob ein Kind oder Jugendlicher im gesetzlichen Sinne als Mensch mit körperlicher oder geistiger Behinderung gilt oder nicht (hierzu § 10 Abs. 4 SGB VIII). Während sich die Hilfe zur Erziehung an die Personensorgeberechtigten (primär die leiblichen Eltern eines Kindes) richtet, sind in der Eingliederungshilfe die Kinder- und Jugendlichen selbst Adressat der ›Hilfsmaßnahme Pflegefamilie‹.

Diese Differenzierung führt auf Ebene des Hilfesystems zwangsläufig zu Exklusionsprozessen und wirft eine ethische Frage in der Debatte um Inklusion und Exklusion in den Hilfen zur Erziehung auf: Sind Kinder, die ungeachtet der Ursache im rechtlichen Sinne als Kinder mit Behinderungen gelten, in erster Linie immer noch Kinder und Jugendliche oder ›Behinderte‹? Eine Frage, die auch der 15. Kinder- und Jugendbericht aufwirft und in der Diskussion um die institutionelle Trennung sozialer Hilfen problematisiert.

Die Bildung der sozialrechtlichen Kategorie ›Behinderung‹ führt dazu, dass Jugendliche oder auch ihre Eltern sich durch die Diagnose einer Behinderung häufig bessere Teilhabechancen versprechen (vgl. BFMFSJ 2017, 441). Ein solches Teilhabeverständnis, in dem Teilhabeleistungen durch rechtlich gesicherte Sach- bzw. Dienstleistungen oder ›Funktionsausgleiche‹ erbracht werden, entsprechen einem stark reduzierten Teilhabeverständnis. Teilhabe ist nicht ausschließlich durch Dienst- und Hilfsleistungen sicherzustellen, wenn ihre Sicherstellung im Sinne der UN-BRK *gesellschaftlicher Gesamtauftrag* sein soll. Teilhabe muss dann als kritischer und normativer, politischer und pädagogischer Begriff verstanden werden (vgl. Dederich 2018 156 f.).

Teilhabe und Pflegefamilie als sozialrechtliche Ansprüche

Wie legitimiert sich heilpädagogisches Handeln in den Praxisfeldern erzieherischer Hilfen nun, und ist die Pflegefamilie ein gesicherter Anspruch eines jeden Kindes und Jugendlichen? Leginovic hat ein heilpädagogisches Handlungskonzept für die Praxis der Hilfen zur Erziehung vorgelegt, die »Heilpädagogische Familienhilfe« (Leginovic 2014). Sie untersuchte bei der Erstellung des Konzepts auch rechtliche Rahmenbedingungen, die Heilpädagogik in der Familienhilfe legitimieren (vgl. a.a.O., 36–38). Historisch lässt sich dabei eine Trennung zwischen »Behinderung« und »Nicht-Behinderung« nachzeichnen, die zu einer Exklusivität heilpädagogischer Angebote für Menschen mit Behinderungen geführt hat und für die Jugendhilfe noch relativ neu ist (vgl. ebd.). Diese Trennung schlägt sich auch in der deutschen Gesetzgebung nieder: So werden heilpädagogische Angebote bisher nur für den Bereich der Frühförderung, für Kinder, die noch nicht im schulpflichtigen Alter sind, benannt (vgl. § 79 SGB XI).

Behinderung und Nicht-Behinderungen bekommen gesetzlich eine medizinische Bedeutung, sowohl im Zugang zur Hilfe über eine medizinische Diagnose als auch in der Beschreibung der heilpädagogischen Hilfsmaßnahmen, die erbracht werden sollen, damit »eine drohende Behinderung abgewendet oder der fortschreitende Verlauf einer Behinderung verlangsamt wird oder die Folgen einer Behinderung beseitigt oder gemildert werden können« (§ 79 Abs. 1 Nr. 1 und 2 SGB IX). Diese Formulierung erweckt, im Zusammenhang mit einer notwendigen medizinischen Diagnostik als Zugangsvoraussetzung, den Eindruck einer begrifflichen Analogie zwischen ›Krankheit‹ und ›Behinderung‹. Wer eine Behinderung hat ist krank, wer keine Behinderung hat ist gesund, so könnte man schließen und Heilpädagogik davon ausgehend einen medizinisch-therapeutischen statt einem pädagogischen Auftrag zuschreiben. Wäre damit die Frage nach einer rechtlichen Legitimation heilpädagogischen Handelns in den Hilfen zur Erziehung beendet? Das könnte zumindest bis hierhin angenommen werden.

Erfreulicherweise stellt das BTHG jedoch den Aspekt der Teilhabe deutlicher in den Mittelpunkt rechtlicher Ansprüche, als dies in der alten Gesetzgebung geschehen ist. ›Behinderung‹ und ›Beeinträchtigung‹ verstehen sich rechtlich nun als Wechselwirkungsprozess zwischen gesundheitlichen Beeinträchtigungen und Barrieren, die durch Haltungen und die Umwelt bedingt werden und Menschen an der gesellschaftlichen Teilhabe hindern (vgl. § 2 SGB XI).

Dieses Behinderungsverständnis orientiert sich an der ›Internationalen Klassifikation der Funktionsfähigkeit, Behinderung und Gesundheit (ICF)‹, auf die später noch genauer eingegangen wird und die auch den Diskurs um Teilhabe und Beeinträchtigungen in der Heilpädagogik mit zeichnet. Es betrachtet eine Behinderung als Teilhabebeeinträchtigung, die neben medizinisch-physiologischen Schädigungen auch durch förderliche oder hinderliche Umweltfaktoren entsteht.

Gemäß Artikel 20 Absatz 1 und 2 UN-Kinderrechtskonvention (UN-KRK) hat der Staat die Aufgabe, die Betreuung eines Kindes sicherzustellen, wenn es nicht in der Herkunftsfamilie leben kann, und geeignete Maßnahmen für seine Betreuung zu finden. In Artikel 20 Absatz 2 UN-KRK wird hier auch explizit die Pflegefamilie benannt. Ferner sehen die Grundsätze der Kinder- und Jugendhilfe vor, dass »jeder junge Mensch ein Recht auf Förderung seiner Entwicklung und auf Erziehung zu einer eigenverantwortlichen und gemeinschaftsfähigen Persönlichkeit [hat; P.W.]« (§ 1 Abs. 1 SGB VIII). Beide Ansprüche gelten ausnahmslos für alle Kinder und Jugendlichen, es gibt folglich keine legitime Differenzierung zwischen Kindern mit oder ohne Behinderungen, wenn es um das Recht auf eine Pflegefamilie und den Anspruch auf entwicklungsförderliche Erziehungs- und Lebensbedingungen geht.

Pflegefamilien verstehen sich aus Sicht des Sozialrechts zunächst als Hilfsmaßen oder als Leistungen. Der Gesetzgeber differenziert rechtlich zwischen zwei Formen der Pflegefamilie: der Pflegefamilie als Hilfe zur Erziehung nach § 33 SGB VIII und der Pflegefamilie als Leistung zur Teilhabe am Leben in der Gemeinschaft nach § 54 Abs. 3 SGB XII (bis 01.2020.) bzw. als Leistung zur Sozialen Teilhabe nach § 80 SGB IX. Die Pflegefamilie als Leistung zur Teilhabe an der Gemeinschaft bzw. als Leistung zur Sozialen Teilhabe wendet sich dabei an Kinder und Jugendliche, die rechtlich als Kinder und Jugendliche mit körperlichen oder geistigen Behinderungen kategorisiert werden, da Leistungen der Eingliederungshilfe Vorrang vor der Kinder- und Jugendhilfe haben (§ 10 Abs. 4 SGB VIII).

Rechtlich kann ungeachtet der Zuständigkeitstrennung also hergeleitet werden, dass Pflegefamilien einen Doppelauftrag haben können: Sie sichern den Anspruch des Kindes auf förderliche Erziehungsbedingungen und sie leisten einen Beitrag zur gesellschaftlichen Teilhabe der Pflegekinder. Dieser Doppelauftrag für das Pflegekind sollte anerkannt werden und in den Diskurs um eine inklusive Kinder- und Jugendhilfe, wie sie aktuell geführt wird, Einzug halten. Heilpädagogik verbindet historisch gesehen in Praxis, Profession und Wissenschaft beide Elemente: Erziehungshilfe und Behindertenhilfe. Mit Blick auf eine inklusive Gestaltung der Jugendhilfe und den dort zunehmend interdisziplinär gestalteten Teams kann Heilpädagogik eine ›Brückenfunktion‹ einnehmen (vgl. Kiessl 2015, 89) und auch die Pflegekinderhilfe bereichern. In diesem Sinne werden im Folgenden Ansätze der heilpädagogischen Theorie als grundlegend übertragbar auf alle Pflegeverhältnisse angenommen.

Teilhabe als anthropologisches Grundbedürfnis

Nachdem die Pflegefamilie zunächst rechtlich als Möglichkeit zur Teilhabe bestimmt wurde, wird Teilhabe nun weiter als ethisch-normativer Reflexionspunkt für die heilpädagogische Begleitung eines Pflegekindes bestimmt.

Dederich untersucht Teilhabe in seiner anthropologischen Skizze unter anderem auch als »Wiederherstellung einer ursprünglichen Sozialität« (Dederich 2018, 158). Er unterscheidet zwischen Teilhabe im Zuge von Vergesellschaftung und Teilhabe im Prozess der Vergemeinschaftung. Teilhabe als Prozess der Vergesellschaftung bezeichnet eine formale Ebene: Bisher ausgeschlossenen Menschen soll der Zugang zu Lebensbereichen ermöglicht werden, die ihnen bisher nicht zugänglich gewesen sind, und dieser Zugang rechtlich gesichert werden. Der rechtliche Auftrag und die Sicherung von Teilhabe durch Pflegefamilien wurden oben bereits dargestellt. Teilhabe im Prozess der Vergemeinschaftung meint einen Prozess »[...] in den sich jemand als Teil eines subjektiv bedeutsamen sozialen Zusammenhangs erfahren kann, etwa einer Familie, einer subkulturellen Peergroup, eines Wohnquartiers oder eines Arbeitszusammenhangs« (ebd.). Pflegekinder haben häufig intensive Erfahrungen des Getrennt-Seins oder des Sich-trennen-Müssens erlebt. Die Trennung von ihrer Herkunftsfamilie, insbesondere den leiblichen Eltern, ungeachtet ob es sich um eine freiwillige Entscheidung der Eltern handelt oder eine Inobhutnahme durch das Jugendamt aufgrund der Gefährdung ihres Wohls, ist ein Umstand, auf den die Kinder keinen Einfluss hatten. Die ›Fremdplatzierung‹ in einer Pflegefamilie oder einer anderen Form der stationären Hilfen zur Erziehung ist folglich auch ein Prozess, in dem Kinder und Jugendliche zunächst Ohnmachtserfahrungen machen, wenngleich die Maßnahmen auch der Sicherstellung ihres Wohls und ihrer Erziehung dienen. Die Fremdplatzierung in einer Pflegefamilie kann ein kritisches Lebensereignis sein, das mit Gefühlen von Hilflosigkeit einhergeht und wo bisherige, bekannte Strukturen sowie ›Verbindungen‹ zwischen der Person des Pflegekindes und seiner Umwelt nicht mehr in der Form vorhanden sind, wie sie es zuvor noch waren (Werner 2019, 117 f.).

Trennungserfahrungen, ggf. durch Ohnmachtsgefühle verstärkt, können zum Verlust des Gefühls einer fraglosen Zugehörigkeit und langfristig, nicht unmittelbar, auch zu Entfremdung und Isolation führen, je nach Ausmaß und Intensität im Verlauf der Biografie (vgl. ebd.). Pflegekinder gehören zu einer hoch vulnerablen Gruppe von Kindern und Jugendlichen, da sie häufig und nachweislich Ängste bis hin zu traumatisierenden Zuständen durchlebt und Beziehungsabbrüche erlebt haben. Dadurch sind sie oft dem Risiko ausgesetzt, psychisch zu erkranken (vgl. u. a. Nienstedt/Westermann 2013, 21 f.; Diouani-Streek/Salgo 2016, 41 f.). Sie durchlaufen häufig mehrere Stationen der Jugendhilfe, bevor sie eine dauerhafte Perspektive in einer Pflegefamilie finden können. Aber auch nach der Vermittlung in eine Pflegefamilie sind sie zunächst Fremde in einer für sie neuen sozialen Gemeinschaft. Pflegefamilien werden zu neuen *sozialen Familien*, Pflegeeltern zu *sozialen Eltern* (vgl. Diouani-Streek/Salgo 2016, 43 f.).

Die Erfahrung von Liebe und Zugehörigkeit, einer für Pflegekinder wichtigen sicheren Bindung und der Zugehörigkeit zur Pflegefamilie, kann den Verlust einer »ursprünglichen Sozialität« (Dederich 2018, 158), also einem nicht fraglos Zugehörig-Sein, sich als vernachlässigt oder die leiblichen Eltern überfordernd zu erleben, nicht umkehren, aber zur Widerherstellung jener Sozialität in einer anderen Form führen. Die Pflegefamilie hat die Chance, diesen Kindern und Jugendliche solche Möglichkeiten zu bieten und ihnen dadurch Teilhabe zu ermöglichen.

Teilhabe, Erziehung und Pflegefamilie – Ein bio-psycho-soziales Verstehens-Modell

Das bereits im rechtlichen Kontext angesprochene bio-psycho-soziale Denkmodell der ICF ermöglicht erschwerte Erziehungs- und Sozialisationsbedingungen von Pflegekindern erfassen, beschreiben und daraus für die Entwicklung des Pflegekindes relevante Lebensthemen und seinen Bedürfnissen entsprechende Fördermöglichkeiten bestimmen zu können. Das Modell erschöpft sich nicht in der Reduktion der Lebenserschwernisse oder der ›Behinderung‹ eines Kindes auf ein Gesundheitsproblem oder körperliche Schädigung, wie es die ›Internationale statistische Klassifikation der Krankheiten und verwandter Gesundheitsprobleme‹ (ICD-10) tut. Die ICF erweitert die Perspektive der gesundheitlichen Bedingungen oder möglichen Schädigung um weitere Komponenten, die in Wechselwirkung miteinander stehen und ergänzt dadurch die ICD-10 (vgl. Hollenweger/Kraus de Camargo 2013, 30). Für Kinder und Jugendliche ist eine spezielle Version der ICF für Kinder und Jugendliche erstellt worden, die ICF-CY (CY = children and youth; engl. Kinder und Jugendliche). Die ICF-CY an sich ist dabei kein eigenständiges Diagnoseinstrument für das Kind oder den Jugendlichen, sondern »ein Profil seiner Funktionsfähigkeit« mit dem Zweck, »Art und Ausmaß der Einschränkungen in der Funktionsfähigkeit eines Kindes zu beschreiben und die Umweltfaktoren zu identifizieren, die dies Funktionsfähigkeit beeinflussen« (a.a.O, 19). Wenngleich am Begriff der ›Funktionsfähigkeit‹, als ein vorwiegend medizinisches Konstrukt, Kritik geübt werden kann (vgl. BMFSFJ 2017, 443), so ist das der ICF-CY zugrundeliegende bio-psycho-soziale Modell zum *Verstehen der Bedürfnisse* eines Kindes oder Jugendlichen und zur Identifikation teilhabeförderlicher Faktoren gut geeignet. Zur Verdeutlichung soll das für die Praxis der Frühförderung und Sozialpädiatrie von Kraus de Camargo und Simon entwickelte Anwendungsmodell der ICF-CY auf die Pflegekinderhilfe bezogen werden.

In der Frühförderung und der Sozialpädiatrie berücksichtigt die ICF-CY die Bedürfnisse eines Kindes, seine Entwicklungsmöglichkeiten, seine Familie und auch die Einschätzung seiner Bedarfe im Begleitprozess involvierter Fachkräfte mit dem Ziel, das Ausmaß der Teilhabe des Kindes und förderliche Faktoren zu bestimmen (vgl. Kraus de Camargo/Simon 2015, 11).

Die ICF-CY nutzt dazu vier Komponenten: Die Körperfunktionen und -strukturen (physiologische Abläufe des Körpers und organische Beschaffenheit), Aktivitäten und Partizipation (Durchführung von Aufgaben oder Handlungen und den Einbezug in Lebenssituationen), Umweltfaktoren (materielle, soziale und verhaltensbezogene Umwelt) und die personenbezogenen Faktoren (Alter, Motivation, Geschlecht, Lebensstil und andere) (vgl. a.a.O, 29). Wenngleich die ICF-CY die benannten Komponenten kodiert, ist eine Kodierung zur Bestimmung teilhabeförderlicher Bedingungen nicht zwangsläufig erforderlich. »Die ICF-CY zu nutzen, bedeutet, das Kind in allen vier Komponenten der Klassifikation wahrzunehmen, zu beschreiben und seine Bedürfnisse zu erfassen. Die Aufgabe der Fachleute ist es, mithilfe dieser Informationen das Bild zu vervollständigen und auf dieser Grundlage Empfehlungen auszusprechen« (a.a.O., 69).

Die vier Komponenten[26] lassen sich für die Pflegekinderhilfe nutzen, um erschwerte Erziehungs- und Sozialisationsbedingungen und umgekehrt teilhabeför-

---

26 Zur ausführlicheren Beschreibung der Komponenten in deren Verortung im Klassifikationsmodell der ICF-CY sei an dieser Stelle auf Hollenweger und Kraus de Camargo (2013) verwiesen.

derliche Faktoren zu bestimmen. Anhand der hier nur exemplarischen Darstellungen wird auch die Wechselwirkung zwischen den Komponenten der ICF-CY deutlich.

- Personenbezogene Faktoren:
Der Personenbegriff und das Prinzip der Personalität sind grundlegende ethische Reflexionspunkte heilpädagogischer Praxis. Der Personenbegriff ist dahingehend für die Hilfen zur Erziehung interessant, dass er unmittelbar mit dem Wohlergehen des Kindes, dem *Kindeswohl* in Zusammenhang steht. Der Mensch ist von Anfang an Person, »auch das Kind ist schon Person, nicht erst der gebildete Erwachsene« (Gröschke 1997, 50).
Persönlichkeit beschreibt ein aus der Person abgeleitetes, dynamisches ›Ergebnis‹ von Bildung und Erziehung, auch wenn es von vorgestellten Idealmaßstäben abweicht.
Persönlichkeit beschreibt einen individuellen Seins-Entwurf, der durch Bildung und Erziehung in der Entfaltung zur Persönlichkeit zum Ausdruck kommt und zu respektieren ist. Für diese Möglichkeiten müssen erzieherische Instanzen (hier Pflegeeltern, Herkunftsfamilie und Hilfesystem) Verantwortung übernehmen. Dem Pflegekind müssen Erziehung- Bildungs- und Lebensbedingungen angeboten werden, in denen sich seine Persönlichkeit optimal entfalten kann (vgl. a.a.O., 51-54).
Das Alter des Pflegekindes, sein Geschlecht, seine Identität, aber auch seine eigenen Vorstellungen vom Leben und sich selbst, Wünsche und Hoffnungen, die es hat, können als Variablen solcher Seins-Entwürfe verstanden werden, die sich optimal durch Erziehung entfalten sollen. Teilhabeförderliche oder -hinderliche (oder sogar gefährliche) Erziehungs- und Sozialisationsbedingungen können also von der Person des Pflegekindes ausgehend analysiert werden und verweisen oder wirken immer auf seine Persönlichkeitsentfaltung zurück.
Die Berücksichtigung des Willens und der Wünsche des Pflegekindes sind ebenfalls *kindliche Rechte* und in Artikel 12 UN-KRK gesichert.
- Körperfunktionen und -strukturen:
Diese Komponente umfasst medizinisch-biologische und gesundheitliche Aspekte des Pflegekindes. Hierzu zählen körperliche, organische und auch hirnphysiologische Vorgänge.
Die Beschaffenheit und auch die Funktionen des Körpers wirken sich unterschiedlich auf die Handlungsmöglichkeiten des Pflegekindes aus: Beispielsweise können sich traumatische Erlebnisse ungünstig auf Lern- und Konzentrationsmöglichkeiten auswirken oder Hirnregionen aufgrund eingebrannter, physiologischer ›Notfallpläne‹ verkümmern lassen (vgl. vgl. Möhrlein/Hoffart 2014, 99) und dadurch bestimmte Settings oder therapeutische Eingriffe notwendig machen. Fehlkommunikation zwischen Teilen des Gehirns und Organen können, beispielsweise im Fall spastischer Lähmungen, die Mobilität des Pflegekindes einschränken.
Aber auch deutlich weniger dramatische Schädigungen des Körpers und seiner Funktionen können sich bereits auf die Aktivitäten und Partizipation auswirken: Eine leichte Schädigung des Sehvermögens, das durch eine Brille korrigiert wer-

den könnte, kann Auswirkungen auf die Konzentrationsmöglichkeiten haben, Anstrengungen beim Lesen, Fernsehgucken oder in der sozialen Interaktion auslösen.

Vitale Grundbedürfnisse des Pflegekindes lassen sich ebenfalls unter dieser Komponente beschreiben: beispielsweise sein Ernährungszustand, sein körperliches Erscheinungsbild und auch sein körperlicher und emotionaler Pflegezustand.

Ferner können Schädigungen des Körpers medizinische Eingriffe notwendig machen. Diese müssen vom Pflegekind, aber auch seiner Pflegefamilie als unmittelbare Bezugspersonen bewältigt werden. Medizinisch-therapeutische und psychologische Diagnosen müssen von den das Pflegeverhältnis begleitenden Fachpersonen auf ihren pädagogischen Gehalt hin gedeutet werden (vgl. Schäfer/Weygandt 2017, 69).

Ebenso erfordern medizinisch-therapeutische Eingriffe eine gesicherte gesetzliche Vertretung des Pflegekindes. Personensorgeberechtigte müssen Therapien und Eingriffe auch formal begleiten. Die Qualität dieser Begleitung berührt auch immer unmittelbar rechtliche Handlungsschritte oder kann bei unzureichender Mitwirkung richterliche Eingriffe in das Sorgerecht erforderlich machen.

- Aktivitäten und Partizipation:
Hierunter lassen sich die konkreten Handlungen und Handlungsmöglichkeiten des Pflegekindes verstehen. Diese werden nicht nur durch ggf. Schädigungen oder Einschränkungen der Körperfunktionen und -strukturen bedingt: Für Pflegekinder, die häufig Ohnmacht und Fremdbestimmung erlebt haben, kommt hier den Möglichkeiten des *selbstbestimmten Handelns* und der *Anregung zur Selbsttätigkeit* als Kernelement erzieherischen Handelns eine wichtige Rolle zu. Für den Selbstwert umfasst die Komponente auch Möglichkeiten des Pflegekindes, sich trotz möglicher Beeinträchtigungen als *wertvolles und geschätztes Mitglied der Pflegefamilie* betrachten zu können. Aktivitäten und Partizipation meint weiter die Möglichkeiten des Pflegekindes zur aktiven Bewältigung alltäglicher Situationen, die Selbstversorgung, Orientierung im Wohnumfeld und die Möglichkeiten lernend zu handeln.

Teilhabeförderliche Erziehung und Erziehungsberatung sollten differenziert und kritisch nach den wirklich notwendigen (emotionalen und materiellen) Unterstützungsbedarfen im alltäglichen Leben des Pflegekindes fragen – *Vertrauen, Verständnis und Zutrauen* sind hierfür zentrale Wertmaßstäbe, vor allem das Vertrauen der Pflegeeltern, anderer Bezugspersonen und Fachkräfte in die Fähigkeiten des Pflegekindes. Zudem hat das Pflegekind einen Anspruch darauf, *aktiv an der Ausgestaltung* der ›Hilfe Pflegefamilie‹ beteiligt zu werden und in Entscheidungsprozesse einbezogen zu sein. Informationen müssen ihm adäquat und am Stand seiner Entwicklung orientiert zugänglich sein, Fremdentscheidungen entsprechend erklärt werden (vgl. Werner 2019, 32 f.).

- Umweltfaktoren:
Unter Umweltfaktoren lassen sich in der Pflegekinderhilfe – unter Berücksichtigung seiner jeweiligen Biografie – zunächst die Beziehungen des Pflegekindes und deren emotionale Bedeutung verstehen: die Beziehung zu seinen Pflegeeltern, zu seiner Herkunftsfamilie, zu Freunden, Nachbarn, Lehrerinnen und Lehrern oder

anderen Personen. Wer diese Personen sind und wie die jeweiligen Möglichkeiten zur Teilhabe durch Kontakte, Interaktionen und Verhaltensweisen auf das Pflegekind wirken, ist abhängig von den personenbezogenen Faktoren. Beziehungen gehen immer einher mit Gefühlen. Inklusions- und Exklusionsprozesse, Anerkennung und Ablehnung bedingen sich auch durch die Bereitschaft anderer, Gefühle anzunehmen und *Sympathie* zu entwickeln (vgl. Dederich 2018, 163 f.). Pflegeverhältnisse können auch als Resonanzräume verstanden werden (vgl. a.a.O., 160 f.), in denen ein synchrones ›Schwingen‹ aller beteiligten Akteure (auch unmittelbaren und angeschlossenen Hilfs-, Erziehungs-, Bildungs- und Gesundheitssysteme) teilhabeförderlich sein kann.

Umweltfaktoren bezeichnen auch die Haltungen und Einstellungen der am Prozess des Pflegeverhältnisses beteiligten Akteure gegenüber dem Pflegekind, seiner Person und seiner Entwicklung. Während positive Beziehungserfahrungen, Verständnis für Verhaltensweisen des Pflegekindes und Wertschätzung seiner Person und Wünsche sich positiv auf sein Selbstbild und seine Motivation zur Selbsttätigkeit auswirken können, können negative Erfahrungen, Unsicherheit und Unverständnis das Gegenteil bewirken und sich teilhabebeeinträchtigend auswirken. Zu den Umweltfaktoren zählen aber auch das unmittelbare Wohnumfeld und der Sozialraum des Pflegekindes sowie deren Beschaffenheit, die damit verbundenen Angebote und Handlungsmöglichkeiten für das Pflegekind. Die Identifikation teilhabeförderlicher Angebote erfordert dann auch eine *Analyse des Sozialraums* bezüglich seiner Möglichkeiten, das Pflegekind interessensspezifisch zur Selbsttätigkeit anzuregen.

Zwischenfazit

Teilhabe ist unbestritten ein zentraler Begriff der Heilpädagogik. Er lässt sich nicht nur als analytischer Arbeitsbegriff nutzen, sondern auch als grundlegender Legitimationsbegriff für Heilpädagogik in der Pflegekinderhilfe. Heilpädagogik legitimiert sich in der Pflegekinderhilfe – so die These, die hier aufgestellt werden soll –, wenn das Leben in einer Pflegefamilie und deren Begleitung Teilhabemöglichkeiten schafft und steigert.

Die optimalen Entfaltungsmöglichkeiten der Persönlichkeit des Pflegekindes sind an teilhabeförderliche Erziehungs- und Sozialisationsbedingungen geknüpft. Bisher konnte gezeigt werden, dass Teilhabe und Erziehung aufeinander verweisen und die Pflegefamilie dazu einen wichtigen Beitrag leisten kann. Eine bio-psycho-soziale, heilpädagogische Reflexion und Begleitung der Lebens- und Erziehungsbedingungen von Pflegekindern erscheint unter der Perspektive ›Teilhabe‹ möglich und sinnvoll.

Die Pflegefamilie ist keine Hilfe zum Ausgleich defizitärer Erziehungserfahrungen, wenngleich sie durchaus auch therapeutischen Charakter für traumatisierte Kinder haben kann (vgl. Nienstedt/Westermann 2013, 25). Nicht das plötzliche Verändern unerwünschter Verhaltensweisen oder Anpassen des Pflegekindes an gesellschaftliche Idealvorstellungen steht im Vordergrund der Hilfe, sondern die Wünsche und Bedürfnisse des Pflegekindes, sein Wohl und seine Lebensqualität.

Pflegeeltern verfügen hier über ganz eigene Vorstellungen, Motivationen und Deutungsmuster, die im Prozess des Pflegeverhältnisses immer wieder mitberücksichtigt werden müssen (vgl. Schäfer/Weygandt 2017, 39 f.). Heilpädagogik richtet ihren Blick daher umfassend auf die Lebenssituation des Pflegekindes: Sie bezieht das Pflegekind, seine Pflegefamilie, seine Herkunftsfamilie und seine komplette soziale Umwelt mit ein, um zu identifizieren, was für die »Lebensqualität der Kinder, Jugendlichen und Familien wichtig ist« (Kiessl 2015, 99).

Das hier skizzierte heilpädagogische Verständnis von Teilhabe und Teilhabebeeinträchtigung, als Ergänzung zu Erkenntnissen der Sozialen Arbeit und Sozialpädagogik, kann einer defizitären und reduktionistischen Perspektive auf die Lebens- und Erziehungsbedingungen von Pflegekindern entgegenwirken. Heilpädagogik kann bei der Analyse erschwerender Erziehungs- und Sozialisationsbedingungen demnach auch als *Ergänzungswissenschaft* in der Pflegekinderhilfe verstanden werden. Beeinträchtigungen, Verhaltensweisen und förderliche Erziehungsbedingungen stehen in einem komplexen Wechselwirkungsprozess. Die Analyse dieses Prozesses im Sinne der Bedürfnisse des Pflegekindes ermöglicht, erzieherische Ziele und Ziele der ›Hilfe Pflegefamilie‹ deutlich näher an den Bedürfnissen des Pflegekindes orientiert zu beschreiben. Sowohl in der Erziehungsberatung als auch in der Hilfeplanung kann Heilpädagogik eine ›Übersetzungsfunktion‹ einnehmen. Jedes Verhalten und Bedürfnis hat seine ›guten Gründe‹, die Heilpädagogik für Pflegeeltern, Herkunftsfamilie, Schulen und auch in der Hilfeplanung übersetzen und begreifbarer machen kann (vgl. Kiessl 2015, 94 f.)

Heilpädagogik in der Pflegekinderhilfe – Eine Orientierungshilfe für die Praxis der Beratung und Begleitung von Pflegeverhältnissen

Nachdem nun grob skizziert wurde, welchen Beitrag Pflegefamilien zur Teilhabe leisten können, wird nun ein Vorschlag für die Praxis gemacht, wie heilpädagogisches Fachwissen in der Beratung und Begleitung von Pflegefamilien genutzt werden kann. Der Fokus liegt dabei auf Möglichkeiten der Ergänzung allgemeiner Erkenntnisse zur Beratung und Begleitung von Pflegeverhältnissen in der Praxis, die hier nicht alle explizit aufgeführt werden können, durch heilpädagogische Ansätze und Perspektiven. Sie stellen den Versuch dar, Pflegekinderdiensten eine Orientierungshilfe für pädagogisch relevante Themen im Beratungsprozess (der immer auch kritischer Reflexionsprozess ist) von Pflegeverhältnissen anzubieten.

Die im Folgenden benannten Aspekte, die als Lebens-, Erziehungs- und Sozialisationsthemen begriffen werden, orientieren sich am oben vorgeschlagenen Verstehens-Modell der teilhabeorientierten Erziehungs- und Sozialisationsbedingungen von Pflegekindern. Sie verstehen sich als Orientierungspunkte für die Beratung und Dokumentation, die eine differenzierte Beschreibung der Entwicklung des Pflegekindes in seiner Pflegefamilie und seinem alltäglichen Leben ermöglichen soll. Dazu werden jeweils exemplarische Leitfragen zur Reflexion des Pflegeverhältnisses formuliert. Alle benannten Aspekte stehen in wechselseitiger Verbindung miteinander und überschneiden sich bewusst an bestimmten Stellen, um ein möglichst umfassendes Profil der Lebenswelt des Pflegekindes, die für es relevanten Themen und Konflikte und seine gewünschten Perspektiven zu verdeutlichen. Die Vorschläge sind nicht als Handlungsanleitungen für die Beratung und Hilfeplanung zu verstehen, sondern als *Orientierungspunkte im Prozess* des jeweils individuellen Pflegeverhältnisses. Die Beschreibung der Ressourcen und die Betonung der positiven Aspekte der Entwicklung des Pflegekindes ermöglichen zu zeigen, welchen Erfolg die Hilfe für das Pflegekind bringt und warum sie erforderlich ist. Für Pflegeeltern kann das gerade in Zeiten eine Bereicherung sein und Kraft geben, in denen nicht immer sofort erfolgreiche Ergebnisse ihrer erzieherischen Bemühungen zu erkennen sind und sie sich vielleicht Versagen zuschreiben. Perspektiven der Erziehung können kleinschrittig anhand der Bedürfnisse und den Ressourcen des Pflegekindes entwickelt und Erfolge in der Entwicklung und Erziehung des Pflegekindes deutlich gemacht werden. Statt defizitäre Bedarfe und problematische Verhaltensweisen zu betonen, die durch Hilfen und intensive ›Überförderung‹ in der Erziehung funktional ausgeglichen werden sollen, steht das Pflegekind als ganz normales Kind oder Jugendlicher im Vordergrund, trotz ggf. spezieller Erziehungserfordernisse.

Pflege- und Versorgungszustand des Kindes – (Bisheriger) Verlauf der Hilfe

An erster Stelle haben Pflegefamilien, freie und öffentliche Träger der Jugendhilfe die Aufgabe, das Wohl des Kindes und dessen förderliche Erziehung sicherzustellen. Das Kindeswohl bildet den Basisbegriff für die weitere Planung und den Verlauf der Hilfe. Dies erfordert zu beobachten und zu beschreiben, wie sich die Wohn- und Lebensumstände des Pflegekindes und seiner Pflegeeltern, aber auch deren aktuelle Erziehungshandlungen gestalten. Ferner kann beschrieben werden, ob es grade für den Verlauf des Pflegekindes relevante Veränderungen in der Pflegefamilie gibt.

Leitfragen zur Dokumentation und Reflexion:

- Gab/gibt es besondere Einschnitte in der Beziehungsgestaltung innerhalb der Pflegefamilie oder Ereignisse, in denen das Pflegekind Beziehungsabbrüche oder -veränderungen erlebt?
- Sichern die Pflegeeltern die vitale und materielle Versorgung des Pflegekindes?
- Gibt es aktuell Konfliktsituationen, z. B. Meinungsverschiedenheiten zwischen Pflegeeltern, Fachberatung, Vormund, Herkunftsfamilie usw. und ergeben sich daraus Erschwernisse für den Verlauf des Pflegeverhältnisses, die sich zu vor allem zu Lasten des Pflegekindes auswirken können?

Gesundheitszustand des Kindes

Der Gesundheitszustand des Pflegekindes ist ein wichtiger Aspekt. Relevant sind hier Informationen zu anstehenden oder bereits erfolgten ärztlichen Untersuchungen, gestellten Diagnosen, möglicherweise anstehenden medizinischen Eingriffen, Krankenhausaufenthalten oder anderen therapeutischen Maßnahmen. Medizinische Diagnosen sind ferner durch die beratenden Fachkräfte pädagogisch zu reflektieren und im Kontext der gesamten Erziehungs- und Lebensbedingungen des Pflegekindes zu verorten. Medizinische Diagnosen isoliert für sich betrachtet haben wenig Aussagekraft. Erst im gesamten bio-psycho-sozialen Lebenszusammenhang erhalten sie eine Bedeutung mit unterschiedlicher Relevanz für das jeweilige Pflegekind und seine Teilhabemöglichkeiten. Gezielte und systematische Verortung der möglicherweise medizinisch-psychologischen Beeinträchtigungen sind aus heilpädagogischer Perspektive zu reflektieren. Insbesondere die Frage danach, wie das Pflegekind seinen eigenen Gesundheitszustand und damit möglicherweise einhergehende Beeinträchtigungen erlebt und in sein Selbst integriert.

Leitfragen zur Dokumentation und Reflexion:

- Welche Diagnosen wurden gestellt und von wem?
- Gibt es ausführliche Gutachten zur Testung und entsprechende Hinweise zum Verhalten des Kindes oder Jugendlichen in der Test-Situation?
- Gibt es aktuell beobachtbare, bereits beschriebene oder beschreibbare Symptome (körperlich oder psychisch), die künftig eine differenzierte Diagnostik erfordern?
- Welche medizinischen Therapien sind aktuell angedacht oder notwendig und mit welchen körperlichen oder auch psychischen Folgen ist für das Kind zu rechnen?
- Erfordert der Gesundheitszustand weitere Leistungen zur Pflege, Rehabilitation oder der Versorgung mit Hilfsmitteln oder Körperersatzstücken?
- Erfordert der Gesundheitszustand des Kindes akut oder langfristig operative Eingriffe und ärztliche Kontrollen?
- Wie erlebt das Pflegekind seinen aktuellen Gesundheitszustand?

Kommunikation und Wissensaneignung

Die Möglichkeiten, in kommunikative Prozesse eingebunden zu sein und aktiv an diesen beteiligt zu sein, sind menschliche Grundbedürfnisse und haben auch aus anthropologischer Perspektive Bedeutung für die Teilhabemöglichkeiten. Die Koexistenz mit anderen Menschen erfordert aufeinander ausgerichtete Kommunikation (vgl. Dederich 2018, 159 f.). Kommunikation wird sehr umfassend verstanden und reduziert sich nicht (nur) auf kommunikative Hilfsmittel oder das Sprachverständnis des Pflegekindes. ›Sprachlichkeit‹ kann als anthropologisches Grundphänomen verstanden werden, das sich nicht in der Verbalsprache erschöpft, sondern auch basale Körpersprache und leibliche Ausdrucksbewegungen einschließt (vgl. Gröschke 2008, 171–173). Es geht um die Möglichkeiten des Kindes, kommunikativ in Prozesse des täglichen Lebens und auch der Planung und Ausgestaltung der Hilfe aktiv einbezogen zu sein und dadurch *teilhaben* zu können.

Der Begriff der Wissensaneignung steht mit dem Kommunikationsbegriff in enger Verbindung. Aus heilpädagogischer Perspektive kommt einem jedem Menschen, ungeachtet wie auch immer beschriebener Beeinträchtigungen, Bildsamkeit zu. Bildsamkeit und Bildung sind hier weit über das Prinzip des schulischen Lernens hinaus zu sehen. Bildung lässt sich als ein eigen initiierter und umfänglicher Begriff der selbsttätigen Auseinandersetzung mit der Umwelt und der zwischenmenschlichen Mitwelt verstehen, auf die das Pflegekind als Person, als Einheit von Körper, Leib und Seele immer mit verwiesen ist. Für diese Auseinandersetzung müssen förderliche Angebote und Rahmenbedingungen geschaffen werden.

Kommunikation kommt bei der Aneignung von Wissen die Aufgabe zu, über die Wahrnehmung der eigenen Lebenswelt und Umwelt in den Austausch mit anderen Menschen zu kommen. Sie schließt aber auch die Möglichkeit des Menschen mit ein, sich seine Umwelt zu erschließen und eigene Bildungsinteressen auszudrücken. Hier stellt sich auch nicht zuletzt die Frage danach, wie Prozesse der Wissensaneignung und Kommunikation angestoßen und begünstigt werden können, zum Beispiel durch den Aufbau von Netzwerken, die den Zugang zu neuen Lernräumen öffnen. Dabei spielt auch das Wissen über die Möglichkeiten des *Sozialraums* eine Rolle, der bezüglich seiner teilhabeförderlichen Möglichkeiten analysiert und erschlossen werden kann.

Leitfragen zur Dokumentation und Reflexion:

- Welche spezifischen Interessen hat das Pflegekind?
- Was sind seine Hobbys und wie geht es diesen nach?
- Was kann das Pflegekind?
- Wie erschließt sich das Kind seine materielle, kulturelle und gesellschaftliche Umwelt?
- Welcher Kommunikationsmittel bedient sich das Pflegekind (Verbalsprache, Körpersprache, ggf. technische oder andere Hilfsmittel)?
- Wie müssen schulische Inhalte aufbereitet sein, damit das Kind sich diese erschließen kann?
- Benötigt das Kind spezifische Förderung oder bedarf es nicht unbedingt einer speziellen (sonder-/heil-)pädagogischen Förderung?
- Welche Möglichkeiten zur kommunikativen Interaktion hat das Pflegekind und wie können diese unterstützt, ausgebaut und weiterentwickelt werden?

Selbstbild und Beziehungsgestaltung

Haben Kinder Ohnmachtszustände, Beziehungsabbrüche, Vernachlässigung oder gar ein (Bindungs-)Trauma erlebt, so kann dies Auswirkungen unterschiedlicher Intensität auf ihr Selbstbild bzw. *Selbstkonzept* haben, je nach Bewältigungs- und Integrationsmöglichkeiten. Innerhalb einer Beziehung erleben sich Menschen (und besonders Kinder) im Spiegel der Personen, mit denen sie interagieren. Die Spiegelung, ein geliebter Mensch zu sein, das Zutrauen von Fähigkeiten und die Bestätigung darin, Lob und Zuwendung unterstützen den Aufbau eines positiven Selbstbildes. Erzeugt Verhalten in Beziehungen jedoch Abwehr, Unverständnis und Ablehnung, kann dies ein negatives Selbstbild noch negativer bestärken. Erziehung sollte zum Ziel haben, dass das Pflegekind eine Balance zwischen positiven und negativen Selbstzuschreibungen finden kann. Das bedeutet auch, das Pflegekind dabei zu unterstützen, Gefühle anderer zu berücksichtigen und Zusammenhänge zwischen seinem eigenen Verhalten und dem eines anderen zu erkennen und zu reflektieren. Zwischen individuellen Anlagen des Pflegekindes und Faktoren seiner Umwelt entwickeln sich in Wechselwirkung ebenfalls die *Selbstkompetenzen* des Pflegekindes (vgl. Greving/Ondracek 2014, 273–276). Das Pflegekind wirkt auf seine Umwelt, und die (vor allem soziale) Umwelt wirkt auf es zurück. Diese Wechselwirkungsprozesse gilt es als förderlich oder hinderlich für die Entwicklung des Pflegekindes zu identifizieren. Beziehungsgestaltung und Selbstbild stehen dadurch in einem untrennbaren Zusammenhang.

Aber nicht nur die Beziehungsgestaltung zur Pflege- und Herkunftsfamilie ist hier interessant, sondern auch Peer- oder – je nach Lebensalter – auch Partnerschaftsbeziehungen und die Wünsche des Pflegekindes danach sind relevant. Negative Einstellungen gegenüber den Verhaltensweisen des Pflegekindes als ›verhaltensauffällig‹ oder pauschales, undifferenziertes Absprechen seines Leistungsvermögens oder Zweifel an dem Erreichen seiner sich selbst gesteckten Ziele und seiner Fähigkeiten zu seinem vermeintlichen ›Schutz‹, können sich negativ auf seine Persönlichkeitsentwicklung auswirken.

Leitfragen zur Dokumentation und Reflexion:

- Wie erlebt sich das Pflegekind im Spiegel seines nahen Umfeldes?
- Welche Gefühle verbindet es damit?
- Welche Haltungen nehmen Bezugspersonen und soziales Umfeld dem Kind gegenüber ein?
- Wie integriert das Pflegekind mögliche Beeinträchtigungen in sein Selbstbild?
- Wie erleben für das Pflegekind relevante Personen seine Verhaltensweisen (oder ggf. Beeinträchtigungen) und wie spiegeln sie ihm diese?
- Welche Förder- oder Lernbedingungen sind für das Pflegekind optimal?

Erleben von Emotionen und der Umgang mit Emotionen

Die Gefühlsebene ist gerade für Pflegekinder eine sehr sensible Ebene. Pflegekinder benötigen Pflegeeltern (und im Weiteren auch grundsätzlich erwachsene Personen), die ihre Gefühle anerkennen und empathisch spiegeln können. Gerade Kinder, die traumatische Lebenserfahrungen gemacht haben, haben häufig einen erschwerten Zugang zu ihren eigenen Gefühlen. Professionelle und auch Pflegeeltern müssen in der Lage sein, die Gefühle der Pflegekinder differenziert beobachten und beschreiben zu können. Hat ein Kind gerade wirklich Wut oder ist es eigentlich verängstigt, weil ihm plötzlich neue Menschen begegnen? Ist ein Kind freudig und begrüßt

Personen, die ihm gerade vorgestellt werden oder ist es tatsächlich innerlich hochgradig gestresst und passt sich an?

Eine differenzierte Beschreibung der Gefühlszustände und der Ausdrucksmöglichkeiten kann einen Beitrag dazu leisten, dass neue Personen, die ihm begegnen (z. B. neue Lehrpersonen, Erzieherinnen oder Erzieher, Tätige im Bereich der Freizeit usw.), es selbst und sein Verhalten besser verstehen können. Zudem stellt sich die Frage danach, wie Gefühle des Pflegekindes im Zusammenhang mit den Gefühlen stehen, die es bei den Pflegeeltern und anderen Bezugspersonen erzeugt. Hierzu kann z. B. eine modifizierte Version der Kompetenzmappe, die aus dem Bereich der Arbeit mit Menschen mit Autismus-Spektrum-Störung stammt, verwendet werden. In dieser können – gemeinsam mit dem Pflegekind und den Pflegeltern als nahe Bezugspersonen – besondere Vorlieben, Stärken oder das Verhalten und Empfinden des Pflegekindes in bestimmten Alltagssituationen festgehalten werden.

Leitfragen zur Dokumentation und Reflexion:

- Wie bewältigt das Pflegekind Konflikte mit anderen Personen?
- Welche Möglichkeiten setzt das Pflegekind ein, seine Emotionen mitzuteilen?
- Welche Verhaltensweisen des Pflegekindes sind unmittelbar mit positiven oder negativen Gefühlen in Verbindung zu bringen?
- Kann das Pflegekind Gefühlszustände differenzieren?
- Begegnen für das Pflegekind wichtige Personen seinen emotionalen Zuständen verstehend oder ablehnend?
- Wie wirken sich emotionale Zustände auf die Handlungsfähigkeit des Pflegekindes im Alltag aus?
- Kommt es zu Übertragungsprozessen oder zu Projektionen der Emotionen des Pflegekindes auf andere Personen, mit denen es in Beziehung steht?

Integration und Bewältigung der eigenen Biografie als Pflegekind

Pflegekinder durchlaufen im Prozess des Pflegeverhältnisses ähnliche Entwicklungsaufgaben wie Kinder, die in ihrer Herkunftsfamilie leben. Dennoch zeigen Studien, dass es ergänzend pflegekindspezifische Entwicklungsaufgaben gibt, zu denen auch die Identitätsbildung zählt, mit der wiederum das Selbstbild verknüpft ist (vgl. Gassmann 2015, 44 f.).

Der Prozess der Auseinandersetzung mit der eigenen Identität und Biografie (Wo komme ich her? Wer bin ich jetzt? Wer will ich sein? Wo gehöre ich hin?) ist für Pflegekinder ein langanhaltender und intensiver Prozess der Auseinandersetzung mit der eigenen Person und den Beziehungen zu den für sie relevanten Bezugspersonen. Im Prozess des Pflegeverhältnisses stellt der biografische Aspekt das zentrale Kriterium der Hilfe dar.

Die Integration und Bewältigung der Lebenserfahrungen, der Vorstellung von sich selbst (und mit anderen) sowie die Integration in die Pflegefamilie sind der Dreh- und Angelpunkt, der alle bisherigen Aspekte miteinander verbindet und den Ausgangspunkt für die weitere Planung, Ausgestaltung, Ergänzung, den Beschluss des Endes oder einer Veränderung der Hilfe bildet – Themen, die auch im Beratungsprozess des Pflegeverhältnisses regelmäßig Platz finden müssen, um Verunsicherungen der unmittelbar Beteiligten und vor allem des Pflegekindes zu vermeiden. Relevant wird an dieser Stelle auch die durchaus kritische Frage nach dem Kontakt des Kindes zu seiner Herkunftsfamilie[27] und dessen Auswirkungen auf seine Entwicklung oder die Verarbeitung traumatischer Erlebnisse.

Auch wenn das Recht auf Umgang sowohl dem Kind als auch seinen leiblichen Eltern rechtlich zusteht (§ 1684 Abs. 1 BGB), sollte kritisch geprüft werden, ob der Kontakt sich positiv oder negativ auf die vorher beschriebenen Aspekte auswirkt und ob das Kind von allen Beteiligten befähigt bzw. ermächtigt wird, eigene Entscheidungen treffen zu können. Ein Kind mit Misshandlungs-, Ablehnungs-, Vernachlässigungs- oder traumatischen Erfahrungen um jeden Preis zum Kontakt mit seinen leiblichen Eltern zu zwingen, kann für das Pflegekind dramatische Folgen haben. Die biografische Bewältigung und Integration in die Pflegefamilie und das Gewinnen von Vertrauen in die neuen Beziehungen zu den Pflegeeltern können erschwert werden. Ebenso muss eine Verleugnung der Existenz der Herkunftsfamilie, was auch die Verleugnung negativer Gefühle des Pflegekindes in Bezug auf diese meint (vgl. Nienstedt/Westermann 2013, 115 f.), oder abwertende Darstellungen der leiblichen Eltern gegenüber dem Pflegekind unbedingt vermieden werden.

Die Entscheidungen eines Kindes sind dabei grundsätzlich nicht in Frage zu stellen, sondern altersgemäß und unter Berücksichtigung der Kompetenzen des Pflegekindes anzuerkennen. Auch Kinder, die über keine Lautsprache verfügen, sind durchaus in der Lage, sich mitzuteilen. Professionelle und Pflegeeltern haben hier eine ›Übersetzungsfunktion‹. Die genaue und differenzierte Beobachtung des Verhaltens des Kindes, seiner Versuche zur Kontaktaufnahme oder Vermeidung, seiner Äußerung oder auch basaler Ausdrucksbewegungen während und außerhalb von Besuchskontakten kommt hier Bedeutung zu. Die gemachten Beobachtungen sind dann unter Berücksichtigung der Lebensthemen des Kindes zu reflektieren.

Leitfragen zur Dokumentation und Reflexion:

- Wünscht sich das Pflegekind Informationen zu seiner Vergangenheit und wie gelingt die Vermittlung dieser Informationen?
- Welche Wege wählt das Kind, um an diese Informationen zu kommen?
- Welche Kontakte zur Herkunftsfamilie bestehen in welcher Frequenz und welchem zeitlichen Umfang?

---

27 Eine ausführliche Diskussion zum Thema Umgangskontakte kann an dieser Stelle nicht erfolgen. Die Frage nach der Bedeutung von Umgangskontakten ist ein seit Ende der 1980er Jahre/Beginn der 1990er Jahre ebenso breites wie auch kontrovers diskutiertes Thema in der Fachdebatte der Praxis und der Wissenschaft, das sich zwischen den Polen der Pflegefamilie als Ersatzfamilie und Ergänzungsfamilie aufspannt. Es soll an dieser Stelle daher nur dafür appelliert werden, Besuchskontakte nicht über die Bedürfnisse und Wünsche des Pflegekindes hinweg zu forcieren.

- Wie wirken sich die Kontakte auf den Alltag des Pflegekindes und sein Verhalten aus?
- Wie erleben Pflegeeltern und Herkunftsfamilie die Umgangskontakte und deren Auswirkungen auf das Pflegekind?
- Kann manipulatives Verhalten der Pflegeeltern oder der leiblichen Eltern im direkten oder indirekten Kontakt mit dem Pflegekind beobachtet werden?
- Welche Rolle nehmen Pflegeeltern und leibliche Eltern gegenüber dem Pflegekind ein?
- Sind Pflegeeltern, Herkunftsfamilie und Hilfesystem in der Lage, die Wünsche des Pflegekindes angemessen und entwicklungsgerecht zu erkennen und zu vermitteln?
- Kommt das Pflegekind in innerpsychische Konflikte?
- Welche Emotionen zeigt und benennt das Kind bei Themen, die seine Biografie betreffen, und sind alle Beteiligten in der Lage, diesen zu begegnen und sie anzunehmen, auch wenn es heftige oder gar aggressive Emotionen sind?
- Wie erleben und spiegeln Pflegeeltern dem Pflegekind seine Gefühle?
- Welchen Unterstützungsbedarf gibt es seitens der Beteiligten und welche klaren Aufgaben sind zu benennen?

Lebensperspektive und Ziele

Im Prozess des Pflegeverhältnisses müssen Lebensperspektive, Erziehungs- und auch Hilfeziele stetig reflektiert werden. Was möchte das Pflegekind erleben und erreichen? Welche Wünsche hat es? Welche Konflikte erlebt es grade in welchen Lebensbereichen, und wie können diese im Zusammenarbeit des gesamten Hilfesystems bewältigt werden? Diese Fragen stehen im Zusammenhang mit allen bisher gemachten Aussagen zum Erleben und Verhalten des Kindes, seinem Selbstbild, seinen Beziehungsvorstellungen und -gestaltungsmöglichkeiten und seinem emotionalen Erleben. Die konkrete, differenzierte und operationalisierte Benennung relevanter Erziehungs- und Entwicklungsziele des Pflegekindes, sowie notwendiger Handlungsschritte dazu, unterstützen bei einer ebenso differenzierten (heil-)pädagogischen Reflexion des Begleitungsprozesses, hinsichtlich förderlicher und hinderlicher Entwicklungsbedingungen für das Pflegekind, dessen Gegenwart und Zukunft.

Leitfragen zur Dokumentation und Reflexion:

- Mit welchen Lebensthemen setzt das Kind sich aktuell auseinander?
- Welche Verwirklichungswünsche hat es mit Blick auf die Gegenwart und die Zukunft?
- Wie können diese Wünsche durch das Hilfssystem umgesetzt werden oder wie kann sich diesen bestmöglich angenähert werden?
- Welche Unterstützung ist vom Hilfesystem nötig und welche Aufgaben haben die jeweils Beteiligten?
- Was sind die aktuellen, für das Pflegekind relevanten Entwicklungsaufgaben?

Perspektiven des Verbleibs und Wirkung der Hilfe

Anhand der differenziert beschriebenen und operationalisierten Ziele wird hier benannt bzw. reflektiert, wie aussichtsreich und angemessen die aktuelle Perspektive der Hilfe ist und ob neben der sozialrechtlichen Leistung ›Pflegefamilie‹ weitere öffentliche Hilfen des Sozial-, Gesundheits- und Rehabilitationssystems erforderlich sind, um eine Steigerung der Teilhabemöglichkeiten des Pflegekindes zu ermöglichen. Steht ein Ende der Hilfe bevor oder verlässt das Kind die Pflegefamilie, sind frühzeitig (pädagogische und finanzielle) Maßnahmen und Mittel zur Gestaltung der Übergangsprozesse zu planen. Mit den Pflegeeltern ist zu erarbeiten, welche Unterstützung auch sie gerade brauchen, um dem Pflegekind förderliche Erziehungs- und Lebensbedingungen bieten können. Auch mit Blick auf mögliche Zuständigkeitswechsel müssen aktuelle Beratungsangebote, Unterstützungsmöglichkeiten für die Pflegeeltern und deren Notwendigkeiten im Hilfeplan dokumentiert werden, damit Pflegeeltern so bei Wechseln mehr Sicherheit auf weitere Unterstützung haben können (vgl. van Santen/Pluto/Peucker 2019, 182 f.).

Leitfragen zur Dokumentation und Reflexion:

- Wo und wie wünscht das Pflegekind künftig zu leben?
- Welcher Unterstützung bedarf es hierbei?
- Ist die rechtliche Vertretung des Kindes angemessen gesichert?
- Welche weiteren Hilfen (z. B. des Gesundheits- und Rehabilitationssystems) sind erforderlich?
- Ist die Pflegefamilie eine geeignete Hilfeform, um den Bedürfnissen des Pflegekindes gerecht zu werden?
- Welche Klärungen bedarf es hinsichtlich der Mitwirkung der Herkunftsfamilie?
- Welche Klärungen bedarf es hinsichtlich der Mitwirkung der Pflegefamilie?
- Ist die Fortführung der Hilfe auch über das 18. Lebensjahr hinaus förderlich oder können und müssen bereits vorher gemeinsam mit dem Pflegekind und relevanten Akteuren Übergangsprozesse geplant und gestaltet werden?

Die bio-psycho-soziale Reflexion der Entwicklung des Pflegekindes innerhalb des gesamten Pflegeverhältnisses bietet Fachkräften nicht nur die Möglichkeit, ein ressourcenorientiertes Profil des Pflegekindes zu erstellen, sondern kann auch als Argumentationshilfe bei der Inanspruchnahme weiterer öffentlicher Hilfen unterstützen, z. B. bei Leistungen der Eingliederungshilfe oder der Pflegekassen, deren Erhebungsverfahren auch zunehmend an der ICF orientiert sind. Es empfiehlt sich daher in der Praxis der Pflegekinderhilfe, ein Exemplar der ICF-CY hinzuzuziehen. Nicht zur Klassifikation und Kodierung, sondern zur differenzierten Beschreibung und Ermittlung relevanter Zusammenhänge zwischen Erziehungsbedingungen, Unterstützungs- und Beratungsbedarfen der Pflegeeltern und der Ermittlung ggf. weiterer relevanter Akteure und Hilfen.

Auch andere Rechtsfragen oder rechtliche Klärungsbedarfe können, vor dem Hintergrund der teilhabeförderlichen oder -hinderlichen Erziehungs- und Sozialisationsbedingungen, erörtert werden, z. B. die Qualität der gesetzlichen Vertretung des Pflegekindes, Zuständigkeitsfragen, Fragen die Regelungen des Umgangs betreffend und andere.

Insgesamt sind die hier formulierten Aspekte und auch die dazu vorgeschlagenen Leitfragen sicher nicht abschließend gedacht. Eventuell öffnen sie aber den Diskurs in der Heilpädagogik und auch in der Sozialen Arbeit/Sozialpädagogik und tragen dazu bei, enger miteinander in der Praxis der Pflegekinderhilfe zu kooperieren und zu diskutieren.

Abschließende Bemerkungen und Ausblick für Praxis, Wissenschaft und Ausbildung

Die hier überschaubar dargestellten Gedanken sind sicher noch nicht abschließend ausgeführt. Die Möglichkeiten eines teilhabeorientierten Verständnisses von Erziehungs- und Sozialisationsbedingungen sind in seiner praktischen Nutzbarkeit und seiner wissenschaftlichen Reflexion sicher noch nicht ausgereizt. Es handelt sich um eine Skizzierung, die weitere Überlegungen in der Theorie und Praxis der Pflegekinderhilfe anregen soll. Abschließend folgen noch einige Bemerkungen zur Bedeutung der Pflegekinderhilfe für Heilpädagogik als Praxis, Profession und Wissenschaft.

In der Praxis

Heilpädagogisches Fachwissen kann in der Zusammenarbeit in interdisziplinär gestalteten Teams neue und ergänzende Perspektiven zur allgemeinen Pädagogik und zur Sozialpädagogik anbieten. Die differenzierte und kleinschrittige Herangehensweise in Prozessen der Diagnostik sowie die Abwendung eines defizitären Blicks auf die Entwicklungsperspektiven, Beeinträchtigungen und Verhaltensweisen eines Pflegekindes ermöglichen eine Entschleunigung im ohnehin schon turbulenten Leben des Pflegekindes, der Pflegeeltern und der Herkunftsfamilie. Im Kontext von ›Behinderung‹ und ›Beeinträchtigung‹ besitzen Heilpädagoginnen und Heilpädagogen Wissen über relevante Rechtsgrundlagen (z. B. im Bereich der Pflege und der Rehabilitation), können Kooperationsnetzwerke aufbauen und zwischen den verschiedenen Akteuren vermitteln. Heilpädagoginnen und Heilpädagogen verfügen zudem aufgrund der Bezugswissenschaften, in die das Fach eingebettet ist, auch über Erkenntnisse anderer Disziplinen und Professionen (Soziologie, Psychologie, Philosophie, Recht, Medizin, Pädagogik), die im Prozess von Pflegeverhältnissen relevant werden können.

In der Ausbildung

Im Ausbildungssystem wäre es daher wünschenswert, auch mit Blick auf eine ›inklusive‹ Jugendhilfe, die Hilfen zur Erziehung mehr aus der Perspektive der Heilpädagogik zu beleuchten und auf ihren wertvollen Ergänzungscharakter zur allgemeinen Pädagogik oder zur Sozialpädagogik bzw. Sozialen Arbeit hinzuweisen. Wenn Heilpädagogik als inklusive Profession gelten soll, deren Ziel der Abbau exkludierender Strukturen ist (vgl. Greving 2015, 52), dann sollte sie vermehrt auch die Kinder- und Jugendhilfe, die ebenfalls Teil ihrer Professionsgeschichte ist, stärker in der Ausbildung berücksichtigen. Dadurch kann es gelingen, einer systematischen Trennung zwischen Jugend- und Behindertenhilfe in den Hilfen zur Erziehung bereits in der Ausbildung entgegenzuwirken. Am Diskurs um Teilhabe und Inklusion in der Kinder- und Jugendhilfe sowie an den aktuell anhaltenden Diskussionen um deren Ausgestaltung[28] sollten sich auch Vertreter und Vertreterinnen aus der Heilpädagogik und ihren Handlungsfeldern im Kindes- und Jugendalter (Frühförderung, Ganztagsschulen, Kindertageseinrichtungen, Intensiv-/Wohngruppen, aber auch der freien Praxis, um nur einige zu nennen) beteiligen. Heilpädagogik hat hier einen politischen Auftrag!

In der Wissenschaft

Für den Bereich heilpädagogischer Forschung bietet die Pflegekinderhilfe reichlich Potential, zumal Heilpädagoginnen und Heilpädagogen auch in anderen Praxisfeldern immer wieder mit Kindern, Jugendlichen und Erwachsenen in Kontakt kommen können, die nicht in ihrer Herkunftsfamilie aufgewachsen sind und selbst erschwerte Erziehungs- und Sozialisationsbedingungen erlebt haben.

Eingangs wurde bereits darauf hingewiesen, dass bisher nur wenige Untersuchungen im Bereich der Pflegekinderhilfe aus explizit heilpädagogischer Perspektive durchgeführt wurden. Die qualitative Studie von Schäfer und Weygandt (2017), aber auch die von Lang (2018) geben Interessante Aufschlüsse über das Erleben von Pflegeeltern bezüglich ihrer heilpädagogischen Beratungs- und Unterstützungsbedarfe. Die qualitative Studie von Reimer (2017) zeigt, wie ehemalige Pflegekinder in ihrer eigenen Biografie Normalität konstruieren. Gerade der Normalitätsaspekt, den Reimer als Desiderat in der Pflegekinderforschung identifiziert (vgl. Reimer 2017, 129), ist ein Forschungsthema, mit dem sich heilpädagogische Forschung schon seit langem beschäftigt (Stichwort: Normalisierung) und sicherlich bereichernde und ergänzende Erkenntnisse beitragen kann, die dann explizit unter der Lebensperspektive ›Pflegefamilie‹ wissenschaftlich untersucht und reflektiert werden können.

---

28 Informationen zum aktuellen Stand des Reformprozess, bisher geführte Dialoge und Ergebnisse von Arbeitsgruppen unter Beteiligung von Vertreterinnen und Vertretern der Jugend- und Behindertenhilfe, Betroffenen und Verbänden kann aktuell (Stand September 2019) auf der Plattform »Mitreden und Mitgestalten« des BMFSFJ unter der Adresse »www.mitreden-mitgestalten.dex« online abgerufen werden.

Insgesamt sollte die Kinder- und Jugendhilfe, die auch historisch immer schon ein Praxisfeld der Heilpädagogik war, mehr Beachtung in heilpädagogischer Forschung und Theoriebildung erhalten, vor allem das Potential des Begriffs ›Teilhabe‹ und mit ihm verbundene Erkenntnisse sind für das Handlungsfeld der Hilfen zur Erziehung noch längst nicht ausgeschöpft.

Heilpädagogik als Praxis, Profession und Wissenschaft bereichert die heutige Kinder- und Jugendhilfe!

Literatur

Ahrbeck, B. (2011): Der Umgang mit Behinderung. Stuttgart
Bundesministerium für Familie, Senioren, Frauen und Jugend (BMFSFJ) (2017): 15. Kinder- und Jugendbericht. Berlin
Dederich, M. (2018): Menschsein und Teilhabe. Eine anthropologische Skizze. In: Lamers, W. (Hrsg.): Teilhabe von Menschen mit schwerer und mehrfacher Behinderung an Alltag – Arbeit – Kultur. Oberhausen, S. 153–166
Diouani-Streek, M. & Salgo, L. (2016): Probleme sozialer Elternschaft für Pflegeeltern und Vorschläge zu ihrer rechtlichen Anerkennung. In: Macsenaere, M., Esser, K. & Hiller, S. (Hrsg.): Pflegekinderhilfe zwischen Profession und Familie – Beiträge zur Differenzierung und Qualifizierung eines der größten Bereiche erzieherischer Hilfen. Freiburg im Breisgau
Fazekas, R. (2018): Chancen und Herausforderungen einer inklusiven Kinder- und Jugendhilfe aus rechtlicher Perspektive. In: Berufs- und Fachverband Heilpädagogik (Hrsg.): heilpaedagogik.de – Themenheft Kinder- und Jugendhilfe. Ausgabe 2/2018. Berlin, 12–15
Gassmann, Y. (2015): Pflegekinderspezifische Entwicklungsaufgaben oder: was Pflegekindern gemein ist. In: Wolf, K. (Hrsg.): Sozialpädagogische Pflegekinderforschung. Bad Heilbrunn, 43–60
Greving, H. (2015): Heilpädagogik als Inklusionsprofession – Grundlagen und Konkretisierung einer disziplinären und professionsbezogenen Evolution. In: Deutscher Verein für öffentliche und private Fürsorge e.V/Berufs- und Fachverband Heilpädagogik (BHP) e.V. (Hrsg.): Inklusion und Heilpädagogik – Kompetenz für ein teilhabeorientiertes Gemeinwesen. Berlin, 11–58
Greving, H. & Ondracek. P. (2014): Handbuch Heilpädagogik (3. Auflage). Köln
Gröschke, D. (2008): Heilpädagogisches Handeln – eine Pragmatik der Heilpädagogik. Bad Heilbrunn
Gröschke, D. (1997): Praxiskonzepte der Heilpädagogik (2. Auflage). München/Basel
Hollenweger J. & Kraus de Camargo, O. (2013): ICF-CY – Internationale Klassifikation der Funktionsfähigkeit, Behinderung und Gesundheit bei Kindern und Jugendlichen (2. Nachdruck der 1. Auflage 2011). Bern
Kiessl, H. (2015): Heilpädagogisches Know-How in der Begleitung von Kindern und Jugendlichen mit besonderen Herausforderungen im Kontext der Hilfen zur Erziehung. In: Deutscher Verein für öffentliche und private Fürsorge e.V./Berufs- und Fachverband Heilpädagogik (BHP) e.V. (Hrsg.): Inklusion und Heilpädagogik – Kompetenz für ein teilhabeorientiertes Gemeinwesen. Berlin, 89–124
Kraus de Camargo, O. & Simon, L. (2015): Die ICF-CY in der Praxis. (1. Nachdruck der 1. Auflage 2013). Bern
Lang, A.-K. (2018): Kinder mit geistiger Behinderung in Pflegefamilien – Eine explorative Studie aus der Perspektive von Pflegeeltern. (1. Überarbeitung der Originalfassung 2016). Erfurth. https://www.db-thueringen.de/servlets/MCRFileNodeServlet/dbt_derivate_00041185/lang.pdf, abgerufen am 01.09.2019

Leginovic, S. (2014): Heilpädagogische Familienhilfe – Ein neues Konzept für die Praxis. Berlin

Moor, P. (1974): Heilpädagogische Psychologie. Erster Band: Grundtatsachen einer allgemeinen pädagogischen Psychologie (4. unveränderte Auflage). Bern

Moor, P. (1999): Heilpädagogik. Ein pädagogisches Lehrbuch. Studienausgabe (2. Auflage). Luzern

Möhrlein, G. & Hoffart E.-M. (2014): Traumapädagogische Konzepte in der Schule. In: Gahleitner, S. B., Hensel, T., Baierl, M., Kühn, M. & Schmid, M. (Hrsg.): Traumapädagogik in psychosozialen Handlungsfeldern. Göttingen, 91–102

Nienstedt, M. & Westermann, A. (2013): Pflegekinder und ihre Entwicklungschancen nach frühen traumatischen Erfahrungen (4. Auflage). Stuttgart

Reimer, D. (2017): Normalitätskonstruktionen in Biografien ehemaliger Pflegekinder. Weinheim

Schäfer, D. & Weygandt, K. (2017): Vermeidung von Exklusionsprozessen in der Pflegekinderhilfe. Siegen

Simon, T. (2011): Klinische Heilpädagogik. Stuttgart

Speck, O. (2008): System Heilpädagogik – Eine ökologisch reflexive Grundlegung (6. Auflage). München

Terfloth, K. (2010): Inklusion und Exklusion im Kontext geistiger Behinderung. In: Balgo, R. (Hrsg.): Systemtheorie – eine hilfreiche Perspektive für Behinderung, Gesundheit und Soziales? Hannover, 47–60

van Santen, E., Pluto, L. & Peucker, C. (2019): Pflegekinderhilfe – Situation und Perspektiven – Empirische Befunde zu Strukturen, Aufgabenwahrnehmung sowie Inanspruchnahme. Weinheim

Werner, K. (2019): Leben als Pflegekind – Die Perspektive jugendlicher Pflegekinder auf ihre Lebenssituation. Weinheim

Wolf, K. (2015): Einleitung – Sozialpädagogische Pflegekinderforschung. In: Wolf, K. (Hrsg.): Sozialpädagogische Pflegekinderforschung. Bad Heilbrunn

11 Peer-Beratung von und für Menschen mit geistiger Behinderung – eine Herausforderung für die heilpädagogische Praxis

Anna Roemer

Sich aus heilpädagogisch-professioneller Perspektive der Frage nach Peer-Beratung als heilpädagogischem Handlungsfeld zu nähern, sollte spätestens in Anbetracht der Entstehungsgeschichte von Peer-Beratung mit dem nötigen Respekt geschehen. Miles-Paul beschreibt 1992 das Verhältnis von Peer-Beraterinnen zu nicht behinderten Fachkräften als ein problematisches, das schnell eine Grenze der Peer-Beratung setzt (vgl. Miles-Paul 1992, o. S.). Als Grund für das schwierige Verhältnis benennt er die oft fehlende Anerkennung und »Barrieren, die aus der allgemeinen Bevölkerung gegenüber Behinderung erwachsen« (ebd.) und sich ebenfalls in den Haltungen professioneller Fachkräfte zeigen. An dieser Stelle werden Spannungsfelder deutlich, mit denen sich Heilpädagoginnen in den letzten Jahrzehnten durch Paradigmenwechsel und neue Gesetzesgrundlagen vermehrt konfrontiert sehen.

In diesem Beitrag soll diese respektvolle Annäherung vollzogen werden, indem ausdrücklich ein Blick auf die Entstehungsgeschichte und die politisch-emanzipatorische Konnotation von Peer-Beratung, die ihr auch heute noch innewohnt, gerichtet wird. Darüber hinaus erreicht die Peer-Beratung als Konzept auch in Deutschland mittlerweile ein Alter, in dem es durchaus gerechtfertigt ist, bestimmte Fragen zu stellen und damit vielleicht sogar herauszufordern. Es soll deutlich gemacht werden, dass Peer-Beratung in den USA und Deutschland bisher vor allem eine emanzipatorische Bewegung von und für Menschen mit körperlichen Beeinträchtigungen ist. Im Blick auf Menschen mit sog. geistiger Behinderung wird schnell deutlich, dass es neben Peer-Support und Peer-Beratung weitere Unterstützungssettings braucht. Diese können als Handlungsfelder einer Heilpädagogik erschlossen werden, die sich als solidarisch und emanzipatorisch versteht und ihre Kompetenzen in Bildungs- und Befähigungsprozessen verortet.

In diesem Zusammenhang soll der Blick auf Kernmerkmale von Peer-Beratung gerichtet werden. Welche Prinzipien liegen Peer-Beratung zu Grunde, welche Adaptionen finden sich im Hinblick auf Menschen mit sog. geistiger Behinderung?

Abschließend soll die Frage gestellt werden, welche Aufträge sich aus diesen Prinzipien für die Heilpädagogik ableiten lassen. An welcher Stelle taucht die Heilpädagogin in der Peer-Beratung in welcher Funktion auf?

Begrifflicher und geschichtlicher Hintergrund

Bevor ein kurzer Blick auf die Entstehungsgeschichte der Peer-Beratung geworfen wird, müssen grundlegende Begriffe verdeutlicht werden. Neben dem Begriff des *Peers*, der übersetzt Gleichgestellter oder Ebenbürtiger (vgl. Miles-Paul 1992; Hermes 2006; Jordan/Schreiner 2017) bedeutet, stellt sich die Frage, welche Unterschiede die jeweiligen Bezeichnungen Counseling, Beratung und Support ausmachen.

Im Verlauf wird der Begriff der Peer-Beratung dem des Peer *Counseling* vorgezogen, diese Entscheidung ist das Resultat einiger Auseinandersetzungen mit Menschen mit sog. geistiger Behinderung, die als Peer-Beraterinnen aktiv sind und *Beratung* dem schweren englischen Begriff des *counseling* gegenüber bevorzugen. Diese Entscheidung ist nicht unstrittig, so bevorzugt Miles-Paul den Begriff des Peer Support, da der Begriff Beratung »(...) für bestimmte Formen dieser Unterstützung nicht adäquat ist und in der praktischen Arbeit für Mißinterpretationen [sic!] sorgen (...)« (1992, o.S.) kann. Hermes wiederum betont: »Im Gegensatz zu Peer Support (Unterstützung), einem sehr weit gefassten Unterstützungskonzept, ist das Peer Counseling eine klar strukturierte Methode« (Hermes 2006, 74), sie verweist dabei u. a. auf ausgearbeitete Schulungskonzepte für Peer Counselor.

Gemeinsam ist allen Ansätzen, dass jeweils Menschen mit gleichen oder zumindest sehr ähnlichen Lebensbedingungen und Erfahrungen in einem gegenseitigen Unterstützungs- und Beratungsprozess gehen, um Lösungen für herausfordernde Lebenssituationen zu finden (vgl. Wienstroer 1999, 165). Auch im Hinblick auf Peer-Beratung als heilpädagogisches Handlungsfeld ist die Abgrenzung von Support, Unterstützung in Form von Selbsthilfe und einer methodisierten Beratung, durchgeführt von geschulten Beraterinnen, wichtig, wie im weiteren Verlauf verdeutlicht werden soll.

Als erste organisierte Gruppe, in der sich die heutigen Prinzipien der Peer-Beratung wiederfinden lassen, werden die Anonymen Alkoholiker benannt (vgl. Miles-Paul 1992, o. S.; Hermes 2006, 74; Jordan/Schreiner 2017, 170). Peer-Beratung von und für Menschen mit Behinderung wird allerdings erst in den USA der späten 1950er, frühen 1960er Jahre bedeutsamer. Nachdem an verschiedenen Universitäten einzelne Studierende mit Behinderung gemeinsam gegen ihre Wohnsituation auf dem Campus protesstierten, sprachen sich die erkämpften Erfolge herum. Was zunächst als Erfahrungsaustausch begann, führte 1972 zur Gründung des ersten *Center for Indepent Living* (CIL) in Berkley (vgl. Miles-Paul 1992, o. S.). Die Aktivitäten der zunehmenden Anzahl von CIL führten schnell zu politischen Entscheidungen und Gesetzesänderungen, wie bspw. dem amerikanischen Antidiskriminierungsgesetz (vgl. Hermes 2006, 75).

Etwas zeitversetzt hält der Ansatz der Peer-Beratung auch in Deutschland Einzug. Als Schlüsselmoment wird das im Jahr 1981 stattfindende »Krüppeltribunal« benannt, »eine Veranstaltung, zu der sich behinderte Menschen aus ganz Deutschland zusammenfanden, um ihre alltäglichen Diskriminierungen und menschenunwürdigen Erfahrungen öffentlich zu machen« (ebd.). In der Folge entstanden in Deutschland die *Zentren für selbstbestimmtes Leben* (ZsL), die bis heute äußerst relevante Orte für Vernetzung und Austausch darstellen. Die Arbeit der Zentren für selbstbestimmtes Leben findet zunehmend auch sozialpolitischen Rückhalt. Im

Rahmen eines Modellprojekts des Landschaftsverbandes Rheinland erfuhr der *Verein Selbstbestimmt Leben Behinderter Köln e.V.* eine dreijähre Finanzierungsunterstützung des eigenen Peer-Beratungsangebotes (Wansing et al. 2017, 2). Darüber hinaus finden sich heute einige *Zentren selbstbestimmt Leben* in der Förderung der *Ergänzenden unabhängigen Teilhabeberatung* (EUTB) im Rahmen der Umsetzung des Bundesteilhabegesetzes, die später genauer erläutert wird.

Bevor die Prinzipien und Grundzüge von Peer-Beratung als pädagogische Methode vertieft werden, soll an dieser Stelle zunächst die Situation von Menschen mit sog. geistiger Behinderung genauer in den Blick genommen werden. Zwar tauchen Menschen mit sog. geistiger Behinderung bereits in den amerikanischen CIL der 1960er Jahre auf (vgl. Theunissen 2001, o. S.). Eigene Organisationsstrukturen entwickeln sich allerdings erst im Laufe der 1970er Jahre, als in Kanada erste *People First* Gruppen entstehen (ebd.). Ein erster Impuls für eigene Strukturen im europäischen Raum entstand 1968 in Schweden, als die Kinder von in einer Elternselbsthilfe Vereinigung organisierten Eltern in einer Abstimmung durchsetzten, dass ihre eigenen Stimmen mehr Gewicht bekommen sollen (ebd.). In Deutschland wird 2001 der Verein *Mensch zuerst – Netzwerk People first e.V.* gegründet, der als Dachverband fungiert, die Interessen auch politisch vertritt und Veranstaltungen, Weiterbildungen und Informationen bietet (vgl. Mensch zuerst – Netzwerk People first e.V., 2019, o. S.). Betrachtet man regionale Gruppen, die sich der *People First* Bewegung zugehörig fühlen, wird deutlich, dass auch die *Lebenshilfe* als ursprüngliche Elternselbsthilfeorganisation einen wichtigen Stellenwert hat und immer mehr Möglichkeiten zur direkten Selbstvertretung bietet. So setzte etwa die Lebenshilfe Berlin in den Jahren 2016 bis 2019 ein Peer-Beratungsprojekt um, in dem Menschen mit sog. geistiger Behinderung zunächst ein Jahr als Peer-Beraterinnen geschult wurden, um im Anschluss selbst Beratungen anzubieten (vgl. Lebenshilfe Berlin 2019, o. S.). Einige weitere Anbieter von Beratungsangeboten für Menschen mit sog. geistiger Behinderung haben eigene Peer-Beratungsprojekte umgesetzt, die heute ebenfalls eine Förderung als EUTB erhalten.

Die kurze Skizzierung beider Entwicklungslinien verdeutlicht bereits, dass Peer-Beratung in ihrem Kern daher nicht nur ein Raum für Erfahrungsaustausch zur Problemlösung, sondern von Beginn an politisch ist und Emanzipationsprozesse unterstützen oder in Gang setzen soll. In Bezug zu van Kaan stellt Hermes heraus, dass »Peer Counseling als pädagogische Methode der Behindertenrechtsbewegung, die auf der einen Seite durch die Politisierung behinderter Menschen den sozialen und politischen Kampf für Gleichberechtigung unterstützt und auf der anderen Seite ein Instrument darstellt, das dem einzelnen Ratsuchenden dient« (van Kaan 1999, zitiert nach: Hermes 2006, 76), verstanden werden muss.

Prinzipien der Peer-Beratung

Grundprinzipien der Peer-Beratung lassen sich auf unterschiedlichen Ebenen beschreiben. Grundlegend sind Fragen der Haltung, die eng verbunden sind mit der bereits angerissenen Entstehungsgeschichte. Darüber hinaus finden auch Auseinandersetzungen zu strukturellen Notwendigkeiten, Rahmenbedingungen und methodischen Vorgehensweisen statt.

Das erste und zentrale Kernmerkmal der Peer-Beratung ist der emanzipatorische Anspruch. Im Hinblick auf die Entstehungsgeschichte der Peer-Beratung ist deutlich geworden, dass der Erfahrungsaustausch und später die gezielte Information und Beratung stets zum Ziel hat, die Ratsuchende in ihrer selbstbestimmten Lebensgestaltung zu unterstützen (vgl. Hermes/Rösch 2019, 66).

Rösch stellt den Zusammenhang zwischen individueller Unterstützung zur Problemlösung und politischem Auftrag der Peer-Beratung als zwei für sich stehende Ansprüche dar, die dennoch ineinander verwoben sind: »Auf der politischen Ebene ist die Durchsetzung und Schaffung einer Vielzahl von Möglichkeiten Voraussetzung für Chancengleichheit und Gleichberechtigung. Auf der individuellen Ebene hat das Peer Counseling den Sinn, das Treffen von Entscheidungen, die Auswahl aus den verschiedenen Möglichkeiten zu unterstützen und zu begleiten (soweit diese Möglichkeiten vorhanden sind; wenn sie nicht vorhanden sind, bietet das wiederum den Einstieg in die politische Arbeit)« (Rösch 1995, o. S.).

Darüber hinaus ist die eigene Betroffenheit der Beraterin (vgl. Hermes/Rösch 2019, 66) eine Voraussetzung für Peer-Beratung. Der gemeinsame Erfahrungshintergrund schafft eine Vertrautheit, der Beraterin ermöglicht dies darüber hinaus ein umfassenderes Verständnis der geschilderten Situation (vgl. Hermes 2006, 77). 2018 veröffentlicht *Mensch zuerst – Netzwerk People first e.V.* (Mensch zuerst) »Goldene Regeln für gute Beratung für und von Menschen mit Lern-Schwierigkeiten«[29], hier finden sich ähnliche Ansprüche an die Praxis der Peer-Beratung (Mensch zuerst – Netzwerk People first e.V. 2018). Zu den wichtigsten Regeln zählen sie hier, »dass auch Menschen mit Lern-Schwierigkeiten Berater oder Beraterinnen sind. Denn die Beratungs-Person weiß am besten worüber sie spricht. Durch ihre eigene Lebens-Erfahrung mit Behinderung« (a.a.O., 10). Besonders wichtig ist an dieser Stelle der reflektierte Umgang der Beraterin mit der eigenen Behinderung. Im Curriculum etablierter Schulungen zu Peer-Beraterinnen, die seitens des Bildungs- und Forschungsinstituts zum selbstbestimmten Leben Behinderter e.V. (bifos) durchgeführt werden, ist die Selbsterfahrung und Auseinandersetzung mit der eigenen Behinderung als eines von sechs Basismodulen konzipiert (vgl. Bildungs- und Forschungsinstituts zum selbstbestimmten Leben Behinderter e.V. 2019). Auch die *Interessensvertretung Selbstbestimmt Leben in Deutschland ISL e.V.* stellt heraus, dass Peer-Beraterinnen über ein »situatives Peer Verständnis« (Interessensvertretung Selbstbestimmt Leben in Deutschland ISL e.V. 2019, 3) verfügen müssen. Gemeint ist damit, dass Peer-Beraterinnen einschätzen müssen, inwiefern ihre persönlichen Erfahrungen in der konkreten Beratungssituation relevant und passend sind (ebd.).

---

29 »Menschen mit Lern-Schwierigkeiten« ist die Selbstbezeichnung von Menschen mit einer sog. Geistigen Behinderung; Mensch zuerst – Netzwerk People first e.V. macht sich stark für die umfassende Einführung des Begriffs. In diesem Artikel wird der Personenkreis als Menschen mit sog. geistiger Behinderung benannt. Dies liegt u. a. an der Auffassung, dass Lern-Schwierigkeiten ein schwieriger Begriff ist, wenn auch Menschen mit einer schweren geistigen Behinderung angesprochen sein sollen.

Als eine Wirkungsweise von Peer-Beratung wird auch die Funktion der Beraterin als mögliches Rollenvorbild verstanden. Die Ratsuchende sieht eine Beraterin, die ihr in ihren individuellen Erfahrungen ähnlich ist und eine bestimmte Situation gut für sich lösen konnte. Die Reflexion ist an dieser Stelle bedeutend, um nicht in eine Dynamik zu geraten, die die Offenheit für die Entwicklung eigener Lösungsideen einbüßt und fertige Lösungswege vorgibt (vgl. Hermes/Rösch 2019, 66).

Eng verknüpft mit diesem Kernmerkmal ist die Parteilichkeit. Peer-Beratung als unabhängige Beratung orientiert sich zum einen an den Themen und Interessen der Ratsuchenden (Interessensvertretung Selbstbestimmt Leben in Deutschland ISL e. V., 2019, 3 f). Zum anderen agiert sie in dem Verständnis, dass ein wichtiges Merkmal des gemeinsamen Erfahrungshintergrundes »das Leben mit einer Behinderung in einer ausgrenzenden Gesellschaft ist« (Hermes 2006, 77). Parteilichkeit mit den Ratsuchenden bedeutet gleichzeitig eine Abgrenzung zu den Interessen anderer Akteure wie Leistungserbringer oder Kostenträger (vgl. Konieczny 2014).

Als weiteres Kernmerkmal liegt der Peer-Beratung zugrunde, dass Ratsuchende ganzheitlich wahrgenommen werden. Dies bedeutet, den Blick nicht nur auf Teilhabeeinschränkungen zu richten, die mit einer möglichen Behinderung zusammenhängen, sondern auch die Berücksichtigung weiterer »identitätsbildender Merkmale wie Geschlechtszugehörigkeit und des biografischen, religiösen und kulturellen Hintergrunds« (Hermes/Rösch 2019, 66). Auch in den *Goldenen Regeln der Peer-Beratung von und für Menschen mit Lern-Schwierigkeiten* findet sich der ganzheitliche Blick auf Ratsuchende, etwa in der Forderung, dass Ratsuchende die Möglichkeit haben müssen, Beraterinnen abzulehnen oder einzufordern, mit einer bestimmten Beraterin in ein Gespräch zu gehen, »denn nur wenn man der Person vertraut kann die Beratung gut werden« (Mensch zuerst – Netzwerk People first e.V. 2018, 8).

Der ganzheitliche Blick auf die Ratsuchende findet sich auch in der Frage nach Methoden von Peer-Beratung wieder. In der konkreten Beratungssituation ist es je nach Hintergrund der Peer-Beraterin möglich, eine Vielzahl von Methoden anzuwenden. Gängig sind Methoden aus der systemischen Beratung oder auch der persönlichen Zukunftsplanung (vgl. Van Kaan/Doose 1999). Allen Methoden gemein ist eine Personzentrierung, die die Ratsuchende und ihre Interessen und Fähigkeiten in dem Mittelpunkt stellt. Rösch beschreibt den Ansatz der personzentrierten Beratung nach Carl Rogers als besonders sinnvolle Methode für Peer-Beratungsprozesse (vgl. Rösch 1995, o. S.). Der positive Blick auf die Ratsuchende geht davon aus, dass diese mit den notwendigen Möglichkeiten zur Lösung von Problemen oder Herausforderungen ausgestattet ist und diese sich entfalten, »wenn das Individuum sich von der sozialen Umwelt angenommen und verstanden fühlt« (Greving/Ondracek 2013, 99).

Über diese bisherigen Kernmerkmale hinaus beschreibt *Mensch zuerst* die Möglichkeit, dass Peer-Beraterinnen mit sog. geistiger Behinderung Fachkräfte auch in Beratungsgesprächen unterstützen können und Ratsuchende Menschen mit sog. geistiger Behinderung so Peer-Beratung erfahren können (Mensch zuerst – Netzwerk People first e.V. 2018, 11). Gleichzeitig betonen Sie die freie Wahl einer Unterstützungsperson für die Peer-Beraterin, »Unterstützte Beratung heißt: Menschen mit Lern-Schwierigkeiten werden bei der Beratung unterstützt. Wenn sie das möchten. Und wenn es eine gute Unterstützungs-Person gibt« (Mensch zuerst – Netzwerk People first e.V. 2018, 11). Auch die Evaluation der Peer-Beratungsangebote im

Rheinland bestätigt in ihren Analysen, dass eine Unterstützungsperson, besonders in den Angeboten, in denen Menschen mit sog. geistiger Behinderung als Peer-Beraterin tätig sind, durchaus positiv wahrgenommen wird (Wansing et.al. 2017, 113).

Spätestens an dieser Stelle wird deutlich, dass Peer-Beratung von und für Menschen mit sog. geistiger Behinderung andere, gezielte Befähigungsprozesse braucht, als es für Peer-Beraterinnen mit körperlichen Beeinträchtigungen der Fall ist. Die betroffenen Selbstvertreterinnen von *Mensch zuerst* machen in der Aufstellung ihrer Regeln deutlich, dass eine Unterstützungsperson im Beratungsprozess ein völlig legitimes und stellenweise notwendiges Hilfsmittel für die Peer-Beraterin ist. Sie thematisieren darüber hinaus ganz offen, dass Peer-Beraterinnen an Grenzen kommen dürfen, die Möglichkeit einer solchen Grenzerfahrung sie aber nicht disqualifiziert, sondern ein reflektierter Umgang hiermit möglich ist. So wird als Regel festgehalten, dass Peer-Beraterinnen auf unterschiedlichen Ebenen an Grenzen kommen können. So kann zum einen die Menge an Aufgaben und der Umfang an Verantwortung, die Beratungsprozessen innewohnen, überfordernd sein, zum anderen kann (und darf) es Grenzen fachlichen Wissens um gesetzliche Regelungen, Angebotsstrukturen u. ä. geben (vgl. Mensch zuerst – Netzwerk People first e.V. 2018, 13-15).

Als Lösungsstrategie findet sich ein Merkmal, dass auch die ISL als Qualitätsmerkmal von Peer-Beratung anführt: die Arbeit in Netzwerken. »Peer-Berater*innen sind Teil eines Netzwerks behinderter Menschen, mit dem sie ständig in Austausch stehen, um das eigene Tun und Erleben zu reflektieren, Kenntnisse und Erfahrungen weiterzugeben oder aber um von den Kenntnissen und Erfahrungen anderer zu profitieren« (Interessensvertretung Selbstbestimmt Leben in Deutschland ISL e.V., 2016, 3). Die Arbeit in Netzwerken kann hier jedoch nur eine Lösung sein. Ein weiterer Ansatz ist die größer werdende Angebotslandschaft an Fort- und Weiterbildungen für Menschen mit Behinderungen, die sich auch gezielt an Peer-Beraterinnen richten. So entwickelt etwa *Bifos e.V.* thematische Fortbildungen zu Gesetzänderungen, oder *Mensch zuerst e.V.* bietet Vorträge und Weiterbildungen zu unterschiedlichen Themen in leichter Sprache an.

Darüber hinaus kann an dieser Stelle ein Auftrag an die heilpädagogische Profession entstehen.

Rahmenbedingungen für Peer-Beratung heute

In den letzten Jahren findet Peer-Beratung auch rechtlich immer mehr Anerkennung. Die UN-Behindertenrechtskonvention legt in Artikel 26 fest, dass Menschen mit Behinderung u. a. durch die Unterstützung von Menschen mit Behinderung in die Lage versetzt werden sollen, ein selbstbestimmtes Leben zu führen. Dieser Anspruch verankert sich auch in § 32 SGB IX (neu), den Ergänzenden Unabhängigen Teilhabeberatungsstellen (EUTB), die im Rahmen des Bundesteilhabegesetzes 2018 in Deutschland eingeführt wurden. Der gesetzliche Auftrag der EUTB ist die Beratung von Menschen mit Behinderungen und ihren Angehörigen. Die hier stattfindende Beratung soll unabhängig von Interessen großer Trägerverbände oder Leistungserbringer im Allgemeinen erfolgen. Sie stellt ein ergänzendes Angebot dar, Leistungserbringer dürfen nach wie vor eigene Beratungsangebote vorhalten, im Gesetz ist jedoch festgehalten, dass die Beratung von Betroffenen für Betroffene in der Förderung besonders berücksichtigt werden soll (§ 32 SGB IX (neu)).

Die Förderung der EUTB ist zunächst begrenzt auf drei Jahre (2018–2022) mit der Möglichkeit auf eine Anschlussförderung um weitere zwei Jahre (bis 2024). Die gesetzliche Verankerung in dieser Art führt dazu, dass vor allem kleine Träger, darunter bspw. einige *Zentren für selbstbestimmtes Leben*, sich gegen große Anbieter durchsetzen konnten und nun für wenige Jahre eine gesicherte Finanzierung erhalten. Bisher beschränken sich Finanzierungsmöglichkeiten für die Peer-Beratung zumeist auf Drittmittel oder Spenden. Konkrete Ideen zur Weiterfinanzierung der EUTBs mit Blick auf das Ende des Förderzeitraums, spätestens 2024, gibt es derzeit jedoch nicht. Neben dieser unsicheren Perspektive für die gerade neu entstehenden Beratungsangebote ist kritisch anzumerken, dass bereits etablierte Beratungsangebote, die keine EUTB Förderung erhalten haben, nun große Schwierigkeiten haben werden, weitere Finanzierungsmöglichkeiten zu finden. Neben einer ersten Möglichkeit der Finanzierung bietet das Bundesteilhabegesetz weitere Potenziale für die künftige finanzielle Absicherung von Peer-Beratung. Im neugeregelten Teilhabeplanverfahren (§ 19 SGB IX (neu)) ist festgelegt, dass Menschen mit Behinderungen einen Anspruch auf Unterstützungspersonen haben, die das Teilhabeplanverfahren begleiten. Auch Peer-Beraterinnen können von Menschen mit Behinderung als diese Unterstützungsperson benannt werden.

Alle Peer-Beraterinnen, die in einer EUTB arbeiten, müssen darüber hinaus eine Grundqualifikation absolvieren. Für die Umsetzung dieser Qualifikation ist die Fachstelle Teilhabeberatung zuständig. Ein Curriculum für dieses Qualifizierungsangebot ist nicht öffentlich verfügbar. Erfahrungen wurden bisher nicht systematisch erhoben und ausgewertet, sodass bisher lediglich persönliche Eindrücke teilnehmender Beraterinnen vorliegen. Ein systematischer Einblick in Inhalte und Umsetzung von Qualifizierungsangeboten (auch besonders im Hinblick auf Peer-Beraterinnen mit sog. geistiger Behinderung) ist daher bisher nicht möglich. Die Umsetzung der EUTB-Förderung und die konkrete Arbeit der Beratungsstellen werden in den kommenden Jahren von einer wissenschaftlichen Evaluation begleitet. Die Ergebnisse gilt es abzuwarten.

Peer-Beratung in der heutigen heilpädagogischen Praxis

Beratung an sich stellt ein elementares Handlungsfeld der Heilpädagogik dar. Sie findet in allen möglichen Settings statt, ob in der Beratung junger Eltern, deren Kind eine Behinderung hat, als psycho-soziale Beratung in der Auseinandersetzung mit eigener Behinderung oder auch als sozialrechtliche Beratung.

Heilpädagogische Beratung ist thematisch breit aufgestellt und arbeitet jeweils mit den Themen, die Ratsuchende mitbringen. Je nach Lebenslage der Ratsuchenden kann dies etwa der Umgang mit Umbrüchen sein (bspw. der Übergang von der Schule in den Beruf). Als mögliche Aufgaben heilpädagogischer Beratung können Information, Vermittlung, Rückmeldung, Unterstützung, Hilfeplanung und Kriseninterventionen benannt werden (vgl. Greving/Ondracek 2013, 25 f.).

Es ist deutlich geworden, dass der Entstehungsgeschichte und den zentralen Kernmerkmalen von Peer-Beratung die Kritik an einem einseitigen Expertentum von Fachkräften innewohnt. Diese Kritik ist an vielen Stellen berechtigt und die daraus entwickelten Forderungen sollen nicht in Frage gestellt werden. Die deutliche Forderung nach Qualifizierung von Peer- Beraterinnen durch Fort- und Weiterbildungsangebote (vgl. Interessensvertretung Selbstbestimmt Leben in Deutschland ISL e.V. 2016, 4), die Entwicklung neuer Fortbildungsangebote zur Peer-Beratung gezielt für Fachkräfte mit Behinderung (z. B. angeboten durch das *Bildungs- und Forschungsinstitut zum selbstbestimmten Leben Behinderter e.V.*) und der offene Umgang mit Grenzen der Peer-Beratung, wie bspw. *Mensch zuerst* ihn pflegt, eröffnen gleichzeitig aber auch die Frage nach der Kooperation von Heilpädagogik und Peer-Beratung.

In der noch sehr jungen Praxis von Peer-Beratung von und für Menschen mit sog. geistiger Behinderung lassen sich unterschiedliche Bedarfe für heilpädagogische Unterstützung identifizieren. Die dargestellten heilpädagogischen Unterstützungsmöglichkeiten beziehen sich konkret auf die Unterstützung von Peer-Beraterinnen mit sog. geistiger Behinderung.

Sowohl in den *Goldenen Regeln* des *Netzwerk Mensch zuerst e.V.* als auch in ersten Ergebnissen einer Befragung von Peer-Beraterinnen mit sog. geistiger Behinderung und Fachkräften[30], die in einem kollegialen Verhältnis stehen, wird deutlich, dass die Frage nach Unterstützung im Beratungsprozess zentral ist. Die Unterstützungsleistung beschränkt sich dabei nicht nur auf das konkrete Gespräch, sondern auch die Vor- und Nachbereitung, eine Fachkraft beschreibt diesen Bedarf wie folgt: »Peer Berater sind Menschen und können auch mal an ihre Grenzen geraten, haben aber Hilfe-Netzwerke zur Unterstützung an der Hand, sowohl für sich als auch für den Ratsuchenden.« Als Lösungsstrategien werden Netzwerke benannt, aber auch Beratungsgespräche, die als Tandem-Beratung oder assistierte/unterstützte Beratung angeboten werden.

Da es sich nicht um geschützte Begriffe oder Konzepte handelt, gibt es auch unter dem Begriff der Tandem-Beratung unterschiedliche Angebotsstrukturen. Die Vielfalt der Herangehensweisen an Peer-Beratung von und für Menschen mit sog. geistiger Behinderung ist bisher wissenschaftlich kaum erhoben und daher nur schwer darstellbar. Die Unterstützung im Beratungsprozess verlangt von einer heilpädagogischen Fachkraft, die Prinzipien einer personzentrierten Beratung sowohl im Um-

---

30 Im Rahmen des inklusiven Forschungsprojektes »Peer oder Studier?« von Roemer in Kooperation mit betroffenen Peer-Beraterinnen der Lebenshilfe Berlin wurden im Sommer 2017 bundesweit 14 Beratungsstellen, die Peer-Beratung von und für Menschen mit sog. geistiger Behinderung anbieten, zu Qualitätskriterien einer solchen Beratung befragt. Die Antworten werden derzeit ausgewertet und sich noch nicht veröffentlicht.

gang mit der Ratsuchenden, aber auch der Peer Beraterin anzuwenden. *Mensch zuerst e.V.* beschreibt sehr deutlich, dass in ihrem Verständnis einer unterstützten Beratung die Fachkraft zurückhaltend sein muss und eine klare Absprache getroffen werden muss, wann in welcher Situation auf Bitte der Peer-Beraterin eine entsprechende Unterstützung erfolgt. Die Fachkraft muss in diesem Fall nicht nur die Kompetenz mitbringen, sich in dieser Zurückhaltung üben zu können, sondern muss die Vorgehensweise der Peer-Beraterin mit sog. geistiger Behinderung anerkennen und unterstützen.

Ein weiterer Anknüpfungspunkt für heilpädagogische Unterstützung im Kontext von Peer-Beratung ist die Fort- und Weiterbildung von Peer-Beraterinnen mit sog. geistiger Behinderung. Auch hier gibt es bisher wenige Curricula, die erprobt und evaluiert sind. Einige Beratungsstellen wie das beendete Peer-Beratungsprojekt der *Lebenshilfe Berlin* setzen auf modularisierte Weiterbildungen, die ähnlich des angesprochenen Konzepts von *Bifos e.V.* auf die Auseinandersetzung mit der eigenen Behinderung und Methoden von Beratung setzen. Auch das Thema des Umgangs mit persönlichen Grenzen und den Grenzen von Beratung sollte in Fortbildungsangeboten Raum haben.

Heilpädagogische Fachkräfte sollten sich im Kontext von Peer-Beratung als Unterstützerinnen verstehen – als Teil von Netzwerken, die mit ihrer fachlichen Expertise bspw. Informationen zu Methoden und gesetzlichen Rahmungen Unterstützung bieten können. Die konkreten Handlungsfelder in der Schnittmenge aus Peer-Beratung und Heilpädagogik ergeben sich erst in den letzten Jahren. Es ist deutlich geworden, dass Peer-Beratung als politisch verwurzelte Bewegung gerade nicht einer heilpädagogischen Professionstradition entsprungen ist.

Dieses Verhältnis verändert sich langsam: Zum einen ist es immer mehr Menschen mit Behinderung möglich, eine Ausbildung zu machen oder zu studieren und somit in mehreren Rollen angesprochen zu werden, als Peer und als Fachkraft. Zum anderen kann die Heilpädagogik mit ihrer fachlichen Expertise, sowohl im Hinblick auf Beratungstätigkeit als auch im Hinblick auf Bildungsprozesse unter besonderen Bedingungen, eine unterstützende Rolle für Peer-Beraterinnen darstellen.

Der Blick auf den Personenkreis der Menschen mit sog. geistiger Behinderung verdeutlicht, dass der Anspruch an Heilpädagoginnen in unterstützender Funktion als eine gedoppelte Anwendung der Prinzipien von Peer-Beratung verstanden werden muss. Gilt es seitens der Peer-Beraterin, sich parteilich mit ganzheitlichem Blick auf die Ratsuchende und mit dem Vertrauen in die individuellen Fähigkeiten zur Lösungsfindung der Ratsuchenden an die Seite ebendieser zu stellen, so ist die Aufgabe einer unterstützenden Fachkraft, sich genauso gegenüber der Peer-Beraterin zu verhalten. Die Kompetenzen, die Selbstvertretungsorganisationen an dieser Stelle für Peer-Beraterinnen benennen, können ebenfalls auf unterstützende Fachkräfte übertragen werden. Nun müssen Fachkräfte, die selbst nicht mit einer Behinderung leben, sich im Vorfeld nicht mit einer Behinderung und ihrem Einfluss auf ihr Leben und ihre Beratungsarbeit auseinandersetzen, aber sie müssen bspw. auf das von Miles-Paul angesprochene Dilemma reagieren und reflektieren, inwiefern Vorbehalte, Reproduktionen von Diskriminierung und gesellschaftliche Vorbehalte gegenüber Menschen mit Behinderung sich in ihrem Verhalten wiederfinden und ihre Unterstützung an der Stelle beeinflussen.

Auch das Merkmal einer Peer-Beratung, emanzipatorisch zu sein, kann die Heilpädagogik in ihrer unterstützenden Rolle als Auftrag annehmen und bspw. durch die qualifizierte Begleitung von Peer- Beraterinnen mit sog. geistiger Behinderung Angebote bekannt machen und auf die Notwendigkeit solcher Angebote aufmerksam machen.

Eine Peer Beraterin mit sog. geistiger Behinderung beschreibt es wie folgt:

> »Es ist sehr wichtig für Mensch mit Einschränkung eine Beratungsstelle zu haben. Es ist auch sehr wichtig Das es Anerkannt wird von der Gesellschaft. Leider ist die Gesellschaft immer noch der Meihnung das Behinderte Menschen keine Menschen für die Gesellschaft sind. Daher ist es schwierig für Menschen mit Einschrenkung ein vernünfitges Leben aufzubauen. Um das alles zu vermeiden sollte es die Peer-Beratung geben.«[31]

Literatur

Berufsverband der Heilpädagoginnen und Heilpädagogen Fachverband für Heilpädagogik (BHP) e.V.; Fachbereichstag Heilpädagogik (FBT.HP); Ständige Konferenz der Ausbildungsstätten für Heilpädagogik (STK) (Hrsg.) (2019): Positionspapier und Arbeitshilfe zum Bundesteilhabegesetz (BTHG), zuletzt geprüft am 25.09.2019

Bildungs- und Forschungsinstituts zum selbstbestimmten Leben Behinderter e.V. (Hrsg.) (2019): Peer Counseling Weiterbildung. Kassel: http://www.peer-counseling.org/index.php/peer-counseling-weiterbildung/peer-counseling-weiterbildung, zuletzt abgerufen am: 25.09.2019

Greving, Heinrich (2013): Heilpädagogisches Handeln in kontingenten Handlungsfeldern. In: Heinrich Greving & Sabine Schäper (Hrsg.): Heilpädagogische Konzepte und Methoden. Orientierungswissen für die Praxis. Stuttgart, 13–31

Greving, Heinrich & Ondracek, Petr (2013): Beratung in der Heilpädagogik. Grundlagen – Methodik – Praxis. Stuttgart

Greving, Heinrich & Schäper, Sabine (Hrsg.) (2013): Heilpädagogische Konzepte und Methoden. Orientierungswissen für die Praxis. Stuttgart

Günther, P. & Rohrmann, E. (Hrsg.) (1999): Soziale Selbsthilfe. Alternative, Ergänzung oder Methode sozialer Arbeit? Heidelberg

Hermes, Gisela (2006): Peer Counseling – Beratung von Behinderten für Behinderte als Empowerment- Instrument. In: Heike Schnoor (Hrsg.): Psychosoziale Beratung in der Sozial- und Rehabilitationspädagogik. Stuttgart, 74–84

Hermes, Gisela & Rösch, Matthias (2019): Expertinnen und Experten aus eigener Erfahrung: Peer Counseling und die ergänzende unabhängige Teilhabeberatung (EUTB). In: Archiv für Wissenschaft und Praxis der sozialen Arbeit 50 (1), 64–72

Interessensvertretung Selbstbestimmt Leben in Deutschland ISL e.V. (Hrsg.) (2016): Leistungsanforderungen an eine öffentlich geförderte von Leistungsträgern und Leistungserbringern unabhängige professionelle Peer Counseling Beratung. Berlin: file:///C:/Users/aroem/Desktop/Leistungsanforderungen_Peer_Counseling_ISL_.pdf, zuletzt abgerufen am: 25-09.2019

Jordan, Micah & Schreiner, Mario: Peer Counseling als Methode zur Unterstützung einer selbstbestimmten Lebensführung. Ein Beratungskonzept und seine Wirkweisen. In: Gudrun

---

31 Aussage einer Peer Beraterin im Rahmen der Befragung »Peer oder Studier?« von 2017. Die Rechtschreibung und Grammatik der Antwort wurden nicht verändert.

Wansing & Matthias Windisch (Hrsg.): Selbstbestimmte Lebensführung und Teilhabe. Behinderung und Unterstützung im Gemeinwesen, 168–180

Konieczny, Eva (2014): Bedeutung und Chancen des Peer Counseling: für die Planung selbstbestimmter Unterstützungsarrangements von Menschen mit Behinderungen. Saarbrücken.

Lebenshilfe Berlin (Hrsg.) (2019): Peer Beratung. Berlin: https://www.lebenshilfe-berlin.de/de/beratung/peer-beratung/index.php, zuletzt geprüft am: 25.09.2019

Mensch zuerst – Netzwerk People First (Hg.) (2018): Goldene Regeln. Das ist gute Beratung für und von Menschen mit Lernschwierigkeiten, zuletzt geprüft am 25.09.2019

Miles-Paul, Ottmar (1992): Wir sind nicht mehr aufzuhalten. Behinderte auf dem Weg zur Selbstbestimmung. Wasserburg, zuletzt geprüft am 25.09.2019

Netzwerk Mensch zuerst – People first e.V. (Hrsg.) (2019): Wer sind wir! Kassel: http://www.menschzuerst.de/pages/startseite/wer-sind-wir/verein.php, zuletzt geprüft am: 25.09.2019

Rösch, Matthias (1995): Peer Counseling und Psychotherapie. In: Die randschau – Zeitschrift für Behindertenpolitik, 2, 1995

Schäper, Sabine (2013): Heilpädagogische Ethik unter dem Primat der Praxis. In: Heinrich Greving & Sabine Schäper (Hrsg.): Heilpädagogische Konzepte und Methoden. Orientierungswissen für die Praxis. Stuttgart, 31–54

Schnoor, Heike (Hrsg.) (2006): Psychosoziale Beratung in der Sozial- und Rehabilitationspädagogik. Stuttgart

Stephan, Petra, Vieweg, Barbara, Frevert, Uwe & Winkelmeier, Wilhelm (2016): Leistungsanforderungen an eine öffentlich geförderte von Leistungsträgern und Leistungserbringern unabhängige professionelle Peer Counseling Beratung. Hrsg. v. Interessenvertretung Selbstbestimmt Leben in Deutschland e.V. (ISL), zuletzt geprüft am 25.09.2019

Theunissen, Georg (2001): Die Self-Advocacy Bewegung. Empowerment-Bewegungen machen mobil (II)

Van Kaan, P. (1999): Das Peer Counseling. Ein Arbeitshandbuch. In: Van Kaan, P. & Doose, S.: Zukunftsweisend. Peer Counseling und persönliche Zukunftsplanung. Kassel.

Wansing, Gudrun & Windisch, Matthias (Hrsg.) (2017): Selbstbestimmte Lebensführung und Teilhabe. Behinderung und Unterstützung im Gemeinwesen, Stuttgart

Wienstroer, G. (1999): Peer Counseling. Das neue Arbeitsprinzip emanzipatorischer Behindertenarbeit. In: P. Günther & E. Rohrmann (Hrsg.): Soziale Selbsthilfe. Alternative, Ergänzung oder Methode sozialer Arbeit? Heidelberg: Winter, S. 165-189

12 Rhythmik in der Heilpädagogik – Bewegungs- und musikorientierte Zugänge von den Anfängen bis heute

Frank Francesco Birk

Einleitung

Die Heilpädagogische Rhythmik ist eines der ältesten Konzepte bzw. Verfahren der Heilpädagogik, dessen Ursprung sich in der Schweiz verorten lässt (vgl. Theunissen 2016, 229). Durch die Ratifizierung des *Übereinkommens über die Rechte von Menschen mit Behinderungen* (2009) der UNO haben klassische heilpädagogische Konzepte und Methoden auch Einhalt in Regeleinrichtungen gefunden und werden im Kontext von inklusiver Bildung für Kinder mit und ohne Behinderung eingesetzt. Insbesondere in der Pädagogik der frühen Kindheit ist die Rhythmik in allen 16 Bildungs- und Erziehungspläne verankert, sodass Rhythmik eine bildungsbereichsübergreifende und -verbindende Funktion in frühkindlichen Bildungsprozessen hat. Dieser Beitrag möchte einen kurzen geschichtlichen Abriss über die Entwicklung der Heilpädagogischen Rhythmik geben. Zudem werden aktuelle Themen, wie beispielsweise die inklusive Bildung, die Psychomotorik/Motologie oder die Ästhetische Erziehung, in den Blick genommen, welche Querverbindungen zur Heilpädagogik aufweisen.

Rhythmus und Rhythmik

Rhythmen sind überall. »Wir werden in Rhythmen hineingeboren, wir leben inmitten von Rhythmen, Rhythmen begleiten und bestimmen unser ganzes Leben« (Bühler & Thaler 2001, 34). Der Rhythmus steckt in der Natur und zeigt sich durch die Jahreszeiten und durch den Tag-Nacht-Rhythmus. Das Menschsein ist ebenfalls durch Rhythmen geprägt. Die Körperlichkeit verbirgt zahlreiche Rhythmen, z. B. den Herzschlag, die Atmung, den Alterungsprozess, und findet sich in Bewegungsabläufen (u. a. im Tanz und im Gang) sowie in der Sprache wieder. Rhythmen finden sich auch in der menschlichen Beziehung. In Nähe und Distanz sowie im Führen – Geführtwerden werden Rhythmen in menschlicher Beziehung umgesetzt. Diese Komplexität lässt sich nur schwer definieren, sodass jede Disziplin seine eigene Definition von Rhythmik hat. Bitsch (2016) stellt dar, dass ca. 50 Definitionen zur Rhythmik existieren, die von Fach zu Fach sehr unterschiedlich sein können (vgl. Bitsch 2016, 9).

Das Potential von Rhythmik wird aktuell in allen 16 Erziehungs- und Bildungsplänen der Bundesländer abgebildet und erscheint in dem Bildungsplan von Bremen sogar als eigener Bildungsbereich. Nach dem Bremer Bildungsplan ist Rhythmik ein »ganzheitlicher Bildungsansatz [und] entspricht dem handlungs- und bewegungsorientierten Lernen von Kindern. Die rhythmisch[-]musikalische Erziehung (Rhythmik) zielt auf die Schulung der Wahrnehmung, Persönlichkeitsentwicklung, Verfeinerung des Hörens, des Singens, der Kooperation und Kommunikation, sowie die Entwicklung der Sprache ab. Zugleich stimuliert sie die Lust am Hören und Erzeugen von Tönen und führt in musikalische Formen und Traditionen ein. Rhythmusgefühl und Musikalität können und sollen auf verschiedene Weisen angesprochen und stimuliert werden« (Freie Hansestadt Bremen. Der Senator für Arbeit, Frauen, Gesundheit, Jugend und Soziales 2004, 14). Zwischen Rhythmik und den Entwicklungs- und Bildungsbereichen Musik, Ästhetik, Bewegung, Kognition und Sprache besteht daher eine enge Verbindung. Aus diesem Grund stellt Rhythmik nicht nur einen eigenen Bildungsbereich dar, sondern ist ebenso als ein Querschnittsthema sowie eine Verbindung zwischen verschiedenen Entwicklungs- und Bildungsbereichen zu verstehen. In diesem Beitrag wird auf das (pädagogische) Konzept der Heilpädagogischen Rhythmik fokussiert, »deren Wurzeln zu den reformpädagogischen Ansätzen zu Beginn des 20. Jahrhunderts zurückreichen« (Bankl 2016, 133).

Die Begründerin der Heilpädagogischen Rhythmik Scheiblauer (1936) erläutert, dass die Rhythmik vielfältig ist und ein umfassendes Konzept darstellt. Rhythmik ist nicht bloß eine Technik, »sondern stellt die Grundlage für verschiedene Techniken und Methoden dar, die in unterschiedlichen Disziplinen zur Anwendung kommen« (Hoffmann Muischneek 1989, 13). Ferner ist Rhythmik u. a. ein pädagogisch-therapeutisches Konzept, ein Unterrichtsprinzip, eine (förder-)diagnostisches Methode, eine Therapieform, ein Weg zur Selbsterfahrung, eine Sinneserziehung sowie ein ganzheitliches Erziehungsprinzip durch Musik sowie durch Bewegung zur Musik (vgl. Taler Battistini 1992, 9). Im nachfolgenden Kapitel wird die Genese der Heilpädagogischen Rhythmik dargelegt und das Verfahren kritisch analysiert.

Scheiblauers Rhythmik als Ursprung der Heilpädagogischen Rhythmik

Die Genese der Heilpädagogischen Rhythmik ist in der rhythmisch-musikalischen Erziehung nach Émile Jaques-Dalcroze (1865–1950) zu finden. »Jaques-Dalcroze ging davon aus, dass aus der Wechselwirkung zwischen musikalischem und körperlichem Rhythmus ein rhythmisches Bewusstsein erwacht, (…) [und] auch psychische und physische Körpervorgänge zu einem Ausgleich geführt werden« (Köppel & Vliex 2004, 10). Durch die Verbindung zwischen Musik und Bewegung gilt Jaques-Dalcroze als wesentlicher Ideengeber für seine Schüler und Schülerinnen in Theorie und Praxis. Zu diesen gehörten u. a. Marie-Elisabeth (Mimi) Scheiblauer (1891–1968), Elfriede Feudel (1881–1966), Christine Baer-Frisell (1887–1932) und Charlotte (Lotte) Pfeffer (1881–1970). Scheiblauer entwickelte die Heilpädagogische

Rhythmik und Freudel die allgemeinpädagogische rhythmische Erziehung (vgl. Weiss 2006, 133). Sie nutzte Elemente der rhythmisch-musikalischen Erziehung und transferierte diese auf die Arbeit mit Menschen mit Behinderung. Im Unterschied zu Feudel war Scheiblauer der Ansicht, dass jedes Kind bildungs- und erziehungsfähig ist, auch Kinder mit besonderem Förderbedarf. Ihre Hauptzielgruppe waren Kinder, Jugendliche und Erwachsene mit sensorischen Beeinträchtigungen, mit Verhaltensauffälligkeiten sowie mit geistigen Behinderungen (vgl. Neira-Zugasti 1987, 11).

Scheiblauer fand Unterstützung in der Konzipierung der Heilpädagogischen Rhythmik bei den Schweizer Professoren für Heilpädagogik Paul Moor und Heinrich Hanselmann, die zum Teil auch in der heilpädagogisch-rhythmischen Praxis im Erziehungsheim Zürich-Albisbrunn mitwirkten. Hierbei gaben diese Scheiblauer zahlreiche theoretische sowie praktische Impulse (vgl. Klein 2012, 150). Moor (1998) und Hanselmann (1970) würdigten die Heilpädagogische Rhythmik durch Beiträge in ihren Grundlagenwerken und stellen den besonderen Wert dieses Erziehungsmittels dar. Grundsätzlich ist Heilpädagogische Rhythmik Erfahrungslernen, das die drei Prinzipien *Erfahren-Erkennen-Benennen* beinhaltet.

- Das *Erfahren* beinhaltet Selbsterfahrung im Kontakt mit anderen Menschen »in Bezug auf Wirkung und Ursache und auf Manipulation von Objekten« (Bühler & Thaler 2001, 43).
- Das *Erkennen* ist nach Scheiblauer »vorsprachlich zu verstehen, indem es den Übergang zwischen dem unreflektierten Handeln und der sprachlichen Reflexion bildet« (ebd.).
- Das *Benennen* stellt »die sprachliche Inbesitznahme eines Lerninhaltes [...] nach vielfältigen sinnhaften Erfahren« (Bühler & Thaler 2001, 44) dar.

Somit ist die Heilpädagogische Rhythmik auch eng mit der Sprachförderung verbunden. Für Kinder mit Sprachstörungen oder -behinderungen gilt, dass es die Phase »vom Erleben zum Erkennen als Strukturierungshilfe einzusetzen und das Benennen zuweilen an Stelle des Kindes zu übernehmen, um ihm Begriffs- und Sprachverständnis situationsbezogenen zu ermöglichen« (ebd.). Neben den Prinzipien teilte Scheiblauer die Heilpädagogische Rhythmik in fünf große Ordnungsgruppen, und Nelkes (1998) erweiterte diese um drei weitere. Diese acht Gruppen sind: *Ordnungsübungen, Sozialübungen, Übungen zur Begriffsbildung, Sinnesübungen, Fantasieübungen* sowie *Übungen zur Koordination, Übungen zu Durchhalten* und *Ausdauer, Sorgfalt, Behutsamkeit* (vgl. Nelkes 1998). Intendiert ist, dass Kinder mit Behinderung »mit Hilfe der rhythmisch-musikalischen Haltungsmethode lebensbedeutende Inhalte der Bildung und Erziehung erleben:

- Eigenrhythmus entwickeln und ausdrücken,
- Bewegungen rhythmisieren,
- Bewegungen und Musik harmonisieren,
- seelische Kräfte der Phantasie bilden,
- soziale Kräfte ausbilden,
- innere Blockierung und Hemmungen überwinden,
- Beeinträchtigungen im Gefühls- und Willensbereich ausgleichen,

- Gefühlskräfte beleben,
- Geborgenheit und Halt empfinden,
- Wohlbefinden und Freunde spüren,
- Zutrauen und Zuversicht erleben,
- sich im Raum und in der Zeit orientieren,
- schöpferisches Denken und Raum-zeitliche Vorstellungen üben,
- groß- und feinmotorische Bewegungen und Körperlichkeit üben,
- ihren Lebens- und Lernraum erobern,
- im spielerischen Tätigsein und in den Bewegungen der Erzieher erleben und nachahmen,
- im spielerischen Tätigsein und in den Bewegungen das Zusammensein mit anderen Menschen erleben und Gemeinschaft gestalten« (Klein 2002, 299).

Diese Themen sind heute nicht nur in der Heilpädagogischen Entwicklungsbegleitung, sondern auch in der inklusiven Arbeit bzw. im allgemeinpädagogischen Kontext aktuell. Für die heilpädagogische Förderung bzw. Therapie nutzte Scheiblauer folgende Materialien: Klavier; Orffsche Instrumente sowie die rhythmischen Materialien nach Scheiblauer: Holzreifen, Naturholzstäbe/Schlaghölzer, kleine Naturholzstäbe, Naturholzklötze, Fäden, Schnüre, Holzkugel, farbige quadratische Tücher (Primär- und Sekundärfarben), Seile, Tennisball, Tafeln, Kreide, Rasselbüchse und Rahmentrommel (kein Tamburin) (vgl. Theunissen 2016, 227; vgl. Nelkes 1998, 19). Sie entwickelte mit diesen Übungsgeräten »677 Grundübungen mit steigenden Anforderungen« (Klein 2012, 151).

Die Scheiblauer-Rhythmik, die die Genese der Heilpädagogischen Rhythmik darstellt, lässt sich zusammenfassend als eine »behandlungsorientierte Ausrichtung« (Theunissen 2016, 229) beschreiben, die durch Übungszentrierung Gefahr läuft, Menschen mit Behinderung in ihrer »Subjekthaftigkeit zu verfehlen und als Objekt zu betrachten« (ebd.). »Wünschenswert wären Forschungen und Wirksamkeitsstudien in Bezug auf den Einsatz der Heilpädagogischen Rhythmik zur Förderung von Stärken sowie zur Prävention, Kompensation und zum Abbau von Verhaltensauffälligkeiten« (ebd.). Jedoch stellt die Heilpädagogische Rhythmik nach Schreiblauer eine wichtige Grundlage für die heutige Heilpädagogik dar. Die Verbindung zwischen den Bildungs- und Entwicklungsbereichen Bewegung und Musik ist heute hoch aktuell und die Übungsgerätschaft in der Praxis fest verankert. Die Heilpädagogische Rhythmik hat ebenfalls Einfluss auf andere heilpädagogische Verfahren, die im nachfolgenden Kapitel überblickshaft dargelegt werden.

Querverbindungen zu anderen heilpädagogischen Verfahren

Aus der Heilpädagogischen Rhythmik heraus haben sich durch die lange Tradition verschiedene heilpädagogische Konzepte und Verfahren entwickelt. In der Literatur lassen sich ebenfalls Querverbindungen u. a. zu folgenden Verfahren wiederfinden: Psychomotorik/Motologie, Ästhetische Erziehung, Bewegungserziehung (nach Frostig) und Eurythmie (anthroposophische Heilpädagogik) (vgl. Theunissen 2016, 229), die zum einen neue Impulse für die Heilpädagogische Rhythmik geben und sich zum anderen der Prinzipien der Rhythmik bedienen. Nachfolgend werden die Bezüge zur Psychomotorik/Motologie sowie zur Ästhetischen Erziehung dargestellt, welche in der aktuellen heilpädagogischen Praxis Anwendung finden.

Psychomotorik/Motologie

Die Wurzeln der Psychomotorik/Motorik sind neben der Rhythmik in der Kinder- und Jugendpsychiatrie, der Reform- und Heilpädagogik und der Leibeserziehung wiederzufinden (vgl. Fischer 2019, 11 ff.). Im ursprünglichen Konzept der Psychomotorik der Psychomotorischen Übungsbehandlung (PMÜ) (nach E. J. Kiphard) waren rhythmisch-musikalische Übungen ein fester Bestandteil. Die PMÜ war der erste psychomotorische Ansatz, der im Westfälischen Institut für Kinder- und Jugendpsychiatrie und Heilpädagogik in Gütersloh (später in Hamm) entwickelt wurde. In diesem Ansatz stand die Erziehung durch Bewegung mittels Übungen zu den Bereichen Sinnes- und Körperschemaübungen, Übungen der Behutsamkeit und Selbstbeherrschung, Rhythmisch-musikalische Übungen sowie Übungen des Erfindens und Darstellens im Vordergrund (Hünnekens & Kiphard, 1985). Rhythmisch-musikalische Übungen sind somit zentral für diesen Ansatz. Unterteilt war das rhythmisch-musikalische Übungsgut in folgende drei Spielformen:

- Rhythmische und dynamische Bewegungsübungen
- Schulung des musikalischen Gehörs
- Hören von Musik, Bewegen nach Musik (vgl. Hünnekens & Kiphard 1985, 84 ff.).

Die PMÜ, die heute als Meisterlehre verstanden wird und in der Praxis durch neuere psychomotorische Ansätze (u. a. Handlungsorientierter Ansatz [nach Schilling], Kindzentierter Ansatz [nach Zimmer], Verstehender Ansatz [nach Seewald]) abgelöst wurde, ist der einzige Ansatz, der der Rhythmik explizit Bedeutung zuschreibt. In den anderen Ansätzen wird Rhythmik nur als Medium unter vielen betrachtet. Eine Ausnahme bildet die Psychomotorik-Therapie in der Schweiz. Hier hat die Rhythmik eine lange Tradition und ist ein fester Bestandteil des Studiums. Die Psychomotorik-Therapeuten nutzen Rhythmik und Musik beispielsweise, um:

- »Bewegung und Wahrnehmung zu unterstützen
- Signale in musikalischer Form zu geben
- sich mittels Musik auszudrücken
- passende Stimmungen und Atmosphären zu schaffen
- Rituale zu gestalten, die zentrieren und Geborgenheit zu vermitteln
- (…) zu strukturieren und ordnen
- Therapiestunden mit dynamischen Bögen zu gestalten« (Hasler 2007, 61).

Für die Schweizer Psychomotorik-Therapeuten bilden Rhythmik und Bewegung eine Einheit, wobei Bildungs- und Entwicklungsprozesse durch Musik sinnvoll begleitet werden können. Zusammenfassend lässt sich sagen, dass die Rhythmik in der Psychomotorik/Motologie derzeit in Deutschland wenig Bedeutung hat, jedoch wird insbesondere in der Schweiz ein Fokus auf die Verbindung zwischen Musik und Psychomotorik gesetzt, sodass hier die Wurzeln der Heilpädagogischen Rhythmik klar zu erkennen sind.

Ästhetische Erziehung

Die Prinzipien der Ästhetische Erziehung lassen sich in der Heilpädagogik unter vielfältigen Ansätzen wie z. B. der *Pädagogischen Kunsttherapie* (Richter 1984/1999), der *Therapeutisch-ästhetischen Erziehung* (Theunissen 1980) oder auch der *Heilpädagogische Kunsttherapie* (Menzen 1998) wiederfinden (vgl. Theunissen 2016, 247). Die Genese einiger Verfahren ist auch eng mit der Heilpädagogischen Rhythmik verbunden. Im Vergleich ist jedoch die Ästhetische Erziehung umfassender, da diese vielfältige Künste wie Bewegung, Musik, Kunst, Theater, Fotografie und Film umfasst. Ästhetik wird im »Sinne des griechischen Begriffs ›aisthesis‹ verwendet, der sich auf die Lehre von der sinnlichen, körperlichen Wahrnehmung und Empfindung bezieht« (Thüringer Ministerium für Bildung, Jugend und Sport 2016, 222). Ziel der ästhetischen Erziehung ist es, mit Menschen mit Behinderung »in eine partnerschaftlich Beziehung zu treten und ihnen auf dem Hintergrund dieses kommunikativen Verhältnisses mittels ästhetischer Materialien und Prozesse zur Selbstverwirklichung in sozialer Bezogenheit zu befähigen« (Theunissen 2016, 247). Hierbei bilden sich ästhetische Erfahrungen zum einen im rezeptiv-sensorischen Umgang mit schon vorhandenen Objekten und Phänomenen (z. B. Kunstwerken, Architektur) und zum anderen im aktiven Gestaltungsprozess (vgl. Brandstätter 2013/2012, o.S.). Des Weiteren können ästhetische Erfahrungen »sowohl an einem Produkt, beispielsweise an einem selbstgestalteten (...) [Tanz], wie auch im Prozess der Arbeit mit Materialien entstehen« (Peez 2003, 66). Ähnlich wie die Psychomotorik/Motologie legt die Ästhetische Erziehung ihren Fokus auf die Prinzipien Ganzheitlichkeit, Zweckfreiheit sowie Prozess- und Ressourcenorientierung. Diese Prinzipien finden sich heute zunehmend auch in der Heilpädagogischen Rhythmik und sorgen dort für eine Fortentwicklung, die im nachfolgenden Kapitel dargestellt wird.

Heilpädagogische Rhythmik heute

Frohne (1982) stellt dar, dass die Rhythmik nicht (mehr) primär übungszentrierte Aufgaben stellt, sondern den Menschen mit Behinderung vielseitige Erfahrungen und Erlebnisse ermöglichen möchte. Intendiert ist in diesem Prozess, die Individualität der Kinder zu unterstützen, indem Räume für Kreativität und Spontanität geschaffen werden (vgl. Frohne 1982, 95 f.). In den Arbeitsfeldern integrative/inklusive Kindertagesstätte, (Förder-)Schule, Heilpädagogische Tagesstätte, in Heilpädagogischen Praxen sowie im Freizeitbereich wird Heilpädagogische Rhythmik angewandt. Die traditionellen rhythmischen Materialien nach Scheiblauer finden bis heute Verwendung in der Praxis, jedoch werden die dargestellten Materialien zunehmend mit Alltagsmaterialien (beispielsweise Zeitung, Stühle, Tische) sowie Naturmaterialien ergänzt, die als zweckfreie Materialien zahlreiche Impulse für Kreativität, Spiel, Bewegung und Musik bieten. Zudem werden in der Heilpädagogischen Rhythmik heutzutage auch psychomotorische Bewegungsmaterialien (u. a. Schwungtuch, Bohnensäckchen) genutzt.

Insbesondere durch die Ratifizierung des *Übereinkommens über die Rechte von Menschen mit Behinderungen* (2009) der UNO erhält die Heilpädagogische Rhythmik im Sinne von inklusiver Bildung zunehmend Bedeutung. Settings, in denen heterogene Zielgruppen partizipieren, werden relevanter, ohne dabei klassische heilpädagogische Zielgruppen wie z. B. Menschen mit Lernschwierigkeiten, mit Verhaltensauffälligen oder mit Entwicklungsverzögerungen aus dem Blick zu verlieren (vgl. Theunissen 2016, 226). Derzeit ist ausschließlich eine Publikation zur Heilpädagogischen Rhythmik in Bezug zur inklusiven Bildung bei Klein (2012) zu finden.

Heute leiden viele Kinder an mangelnden Bewegungserfahrungen, womit eine Diskrepanz zwischen Primär- und Sekundärerfahrungen einhergeht. Digitale Erfahrungen gewinnen bereits in der frühen Kindheit zunehmend an Bedeutung. Studien wie z. B. die KiGGS-Studie (2018), das Motorik-Modul (MoMo) (2015) und die KIM-Studie (2018) belegen, dass immer mehr Kinder Bewegungsauffälligkeiten zeigen und parallel vermehrt Zugänge zu virtuellen/digitalen Welten erhalten. Die Heilpädagogische Rhythmik kann als Erfahrungsraum genutzt werden, um freudvolle Möglichkeiten für Selbstbildungsprozesse durch Bewegung und Musik zu erhalten. Hierbei kann den Kindern durch das klassische Orff-Schulwerk, die rhythmischen Materialien nach Scheiblauer sowie andere kreative Materialien die Gelegenheit gegeben werden, ihren digitalen Erfahrungen einen Ausdruck zu verleihen. Durch die Orientierung an der Ästhetischen Erziehung sowie an der Psychomotorik/Motologie hat die Heilpädagogische Rhythmik ihren übungszentrierten Charakter abgelegt und bietet zunehmend auch zweckfreie Räume für Bildungs- und Entwicklungspotentiale durch Spiel, Bewegung und Musik. Die klassische Assoziationskette *Erfahren-Erkennen-Benennen* hat an Bedeutung verloren (vgl. Weiss 2006, 134). Ferner hat die Auseinandersetzung mit Polaritäten wie beispielsweise zwischen Führen – Geführt-werden, »zwischen Aktivität und Entspannung, zwischen Bewegung und Ruhe, zwischen Hören und Sprechen [sowie] zwischen dem Aufnehmen von Eindrücken und Ausdrücken von inneren Eindrücken« (ebd.) an Bedeutung gewonnen.

Didaktisch-methodische Durchführung und Ideen für die Praxis

Allgemein didaktisch-methodische Prinzipien, wie z. B. *vom Bekannten zum Unbekannten, vom Leichten zum Schweren, vom Einfachen zum Komplexen*, sind in der Heilpädagogischen Rhythmik gerade bei unerfahren Kindern bedeutsam. Kinder mit wenig Musik-Erfahrung können bei offenen Angeboten leicht überfordert werden. Insbesondere für diese Kinder eignen sich die vielen Übungen von Scheiblauer besonders gut, um erste Erfahrungen in und mit Musik durch Bewegung zu sammeln. Hierbei sollte die heilpädagogische Fachkraft darauf achten, dass insbesondere für Kinder, die neu an die Heilpädagogische Rhythmik herangeführt werden, ein geschlossenes Setting in der Kleingruppe vielfältige Vorteile bieten. Je nach Setting, Kontext und Gruppe können unterschiedliche Situationen für das kreative Spiel bedeutsam sein. In der heilpädagogischen Praxis kann jegliche Situation rhythmisiert durch Bewegung und Musik gestaltet werden. Bilderbücher wie die *Der Regenbogenfisch* (Pfister 1992) oder *Der Mondhund* (Moost & Bücker 2000) bieten für die Adressatinnen vielfältige Spielanregungen und kreative Impulse (vgl. Weiss 2006, 143). Im nachfolgenden Beispiel wird die Verbindung von Heilpädagogischer Rhythmik, Psychomotorik/Motologie sowie Ästhetischer Erziehung aufgezeigt, um die zuvor dargestellten Querverbindungen praxisorientiert zu erläutern. Exemplarisch werden rhythmische Spielsituationen rund um das Bilderbuch *Der Mondhund* vorgestellt:

Tab. 1: Rhythmische Spielsituationen, angelehnt an Weiss (2006, 142 f.)

Sequenz des Bilderbuches	Musikalisch-Rhythmische Impulse
Da sind zwei Hunde, die mit einem Boot gemeinsam unterwegs sind.	Die Kinder können entweder als Gruppe oder zu zweit aus Materialien der Turnhalle (z. B. Matten, Bänke, Gymnastikstäbe, Sandsäckchen) ein Boot bauen. Die Fahrt mit dem Boot auf dem Meer (Schwungtuch) kann mit Instrumenten von den Kindern begleitet werden. Eine Teilgruppe kann dabei Wellen mit dem Schwungtuch erzeugen.
Die beiden sind Freunde, zwei, die alles miteinander machen.	Spiele und Übungen können im Paar durchgeführt werden wie z. B. mit den Prinzipien Führen und Führen-Lassen, der Imitation oder der Spiegelbildlichkeit. Ebenfalls können von den Paaren Lieder erfunden werden oder die Paare transportieren auf einem Chiffontuch eine große Muschel.
Die Freundschaft ist bedroht, als ein dritter dazu kommt.	Die »Paare bewegen sich zu zweit durch den Raum, trennen sich, finden neue Partner – erst einmal fließend zur Musik, so schnell, dass jeder auch sofort wieder einen Partner bekommt. Dann auch einmal so, dass ein dritter sich ein Paar sucht und einer der beiden sich aktiv auf Partnersuche« (Weiss 2006, 143) begibt.

Tab. 1: Rhythmische Spielsituationen, angelehnt an Weiss (2006, 142 f.) – Fortsetzung

Sequenz des Bilderbuches	Musikalisch-Rhythmische Impulse
In dieser Nacht steigt der Mondhund vom Himmel, um dem kleinen Hund seine Freundschaft anzubieten.	Die Adressaten können im rhythmischen Spiel mit einem Fantasiefreund in der abgedunkelten Turnhalle spielen. Materialien, die im Dunklen leuchten, sowie Taschenlampen können ins Spiel integriert werden, sodass die Dunkelheit als Ressource genutzt wird und durch die besonderen Spielmaterialien selbst Ängste vor Dunkelheit abgebaut werden können. In Verbindung mit Bewegung und Musik entstehen Tänze, bunte Farben, leuchtende Sterne usw., die vielfältige rhythmische Erfahrungen bieten.

Neben Bilderbüchern als Vorlage für rhythmische Spielsituation können als Ausgangspunkte z. B. auch Beobachtungen aus dem Alltag (z. B. die Müllabfuhr, die Karnevalsfeier), Bewegungsgeschichten (z. B. Weltraumreise, Unterwasser-Abenteuer), Exkursionen (z. B. der Zoobesuch, der Waldtag) oder andere Situationen, die den Alltag der Kinder prägen, dienen. Klein stellt insbesondere viele Ideen für die inklusive Praxis in Kindertagesstätten dar (vgl. Klein 2012, 136). Hier können für den Bereich *Ordnung in den Dingen* folgende Spielideen exemplarisch genutzt werden:

- »Einen Reifen drehen: Schauen und hinhören, wann er fest am Boden liegt. Die Übung wiederholen und in den sich noch bewegenden Reifen hüpfen. Einzel- und Partnerübungen.
- Im liegenden Reifen bunte Holzkugeln rollen: Nach dem Signal (Ton) zuerst eine rote Kugel rollen; der rollenden Kugel zuhören, bis sie wieder stillsteht. Dann nacheinander eine rote und eine blaue Kugel Rollen; den rollenden Kugeln zuhören, bis sie wieder still stehen. Einzel- und Partnerübungen« (Klein 2012, 155).
- Ein Kissen (Alternativ: z. B. eine kleine Murmel, drei Bierdeckel) zur anderen Hallenseite transportieren: Jeweils zwei Kinder sollen, ohne die Hände zu benutzen, ein Kissen von der einen Hallenseite zur anderen transportieren (vgl. ebd.).

»Diese Beispiele zeigen, wie erlebnisorientiert rhythmisch-musikalische Arbeit bei aller heilpädagogischen Zielsetzung ist und welche emotionale Bedeutung sie haben kann. Sie ermöglicht jedem Gruppenmitglied, eigene Wünsche, Bedürfnisse und Ideen einzubringen und umzusetzen, in der Sicherheit, dabei begleitet, geschützt und unterstützt zu werden« (Weiss 2017, 93).

Fazit

Die Heilpädagogische Rhythmik bietet auch im 21. Jahrhundert ein großes Potential für die ganzheitliche Entwicklungsbegleitung von allen Kindern. Rhythmik entsteht aus dem Zusammenspiel von Bewegung und Musik. Diese Bildungsbereiche sind in allen Erziehungs- und Bildungsplänen als autonome Bereiche vertreten. Rhythmik als ein wichtiges Element für Bildung und Erziehung lässt sich in allen Erziehungs- und Bildungsplänen wiederfinden. In Bildungsprozessen übernimmt Rhythmik eine bildungsbereichsübergreifende bzw. -verbindende Funktion. Im Kontext der inklusiven Bildung müssen zukünftig vermehrt Praxis- und Theoriebezüge entwickelt werden, um die Heilpädagogische Rhythmik auch für Menschen ohne klassische Behinderungsformen bzw. für heterogene Gruppen zugänglich zu machen. Verbindungen zu heilpädagogischen Verfahren wie der Psychomotorik/Motologie und der Ästhetischen Erziehung erweisen sich hierbei als sinnvoll, da diese insbesondere im Kontext von inklusiver Bildung stärker in der Praxis etabliert sind als die Heilpädagogische Rhythmik. Zudem kann die Heilpädagogische Rhythmik weiterhin vielfältige Impulse für die dargestellten Verfahren geben. Weiterhin wäre eine Öffnung für Menschen mit Migrationshintergrund sowie mit Fluchterfahrung sinnvoll, da durch holistisches Spiel und musikalische sowie bewegungsbezogene Situationen vielfältige Bildungsanlässe geschaffen werden, die neben der Persönlichkeitsentwicklung auch den Spracherwerb fördern. Hierfür sind offene Spielsituationen sehr bedeutsam, wohingegen die klassischen Übungen von Scheiblauer insgesamt an Bedeutung verloren haben, jedoch im Einsatz für Kinder mit wenig Vorerfahrungen immer noch sehr zielführend sind, um erste Erfahrungen zu ermöglichen. Insgesamt hat die Heilpädagogische Rhythmik ein umfassendes Potential, das in Praxis und Theorie zukünftig mehr Anwendung finden sollte.

Literatur

Bankl, I. (2016): Rhythmik macht Schule! Lebendiges Lernen durch Musik – Bewegung – Sprache. In: Weiß, O., Voglsinger, J. & Stuppacher, N. (Hrsg.): Effizientes Lernen durch Bewegung. 1. Wiener Kongress für Psychomotorik. Münster, 133–148
Bitsch, C. (2016): Neue Perspektiven für die Teamarbeit: Wie das Erziehungsprinzip Rhythmik die Teamentwicklung fördern kann. Hamburg
Brandstätter, U. (2013/2012): Ästhetische Erfahrung. In: www.kubi-online.de/index.php/artikel/aesthetische-erfahrung (Zugriff am: 12.12.2018)
Bühler, A. & Thaler, A. (2001): Selber denken macht klug. Rhythmik, ein gestalterisches Verfahren in der Heilpädagogik. Luzern
Fischer, K. (2019): Einführung in die Psychomotorik. Stuttgart
Freie Hansestadt Bremen. Der Senator für Arbeit, Frauen, Gesundheit, Jugend und Soziales (2004): Rahmenplan für Bildung und Erziehung im Elementarbereich. Bremen
Frohne, I. (1982): Das Rhythmische Prinzip: Grundlagen, Formen und Realisationsbeispiele in Therapie und Pädagogik. Lilienthal
Klein, F. (2002): Mimi Scheiblauer (1891–1968). In: Buchka, M., Grimm, R., Klein, F. (Hrsg.): Lebensbilder bedeutender Heilpädagoginnen und Heilpädagogen des 20. Jahrhunderts. München
Klein, F. (2012): Inklusion von Anfang an. Bewegung, Spiel und Rhythmik in der inklusiven Kita-Praxis. Troisdorf
Klöppel, R. & Vliex, S. (2004): Helfen durch Rhythmik. Verhaltensauffällige Kinder erkennen, verstehen, richtig behandeln. Kassel

Hasler, E. (2007): Musik in der Psychomotorik-Therapie. Beispiele aus der Praxis. In: Buchmann, T. (Hrsg.): Psychomotorik-Therapie und individuelle Entwicklung. Bewegung bewegt das Denken und Fühlen. Luzern, 59–62

Hünnekens, H. & Kiphard, E. J. (1985): Bewegung heilt: Psychomotorische Übungsbehandlung bei entwicklungsrückständigen Kindern. Gütersloh

Neira-Zugasti, H. (1987): Rhythmik als Unterrichtshilfe bei behinderten Kindern. Wien

Nelkes, J. L. (1998): Scheiblauer Rhythmik. Orthagogische Rhythmik. Wuppertal

Peez, G. (2003): Ist der Weg das Ziel? Produkt- und Prozessorientierung. In: Stand, R., Peez, G., Groppe, H.-H., Kocot, S., Leder, V. & Negenborn, H. (Hrsg.): Kulturelle Bildung. Ein Leitfaden für Kursleiter und Dozenten. Bielefeld, 64–66

Taler Battistini, A. (1992): Einführung. In: Taler Battistini, A. (Hrsg.): Rhythmik in der Heilpädagogik. Positionen und Perspektiven. Luzern, 9–12

Theunissen, G. (2016): Geistige Behinderung und Verhaltensauffälligkeiten: Ein Lehrbuch für die Schule, Heilpädagogik und außerschulische Behindertenhilfe. Stuttgart

Thüringer Ministerium für Bildung, Jugend und Sport (2016): Thüringer Bildungsplan bis 18 Jahre. Bildungsansprüche von Kindern und Jugendlichen. Erfurt

Weiss, G. (2006): Kreative Arbeit mit Musik und Bewegung. Heilpädagogische Rhythmik für Menschen mit und ohne Behinderung. In: Theunissen, G. & Großwendt, U. (Hrsg.): Kreativität von Menschen mit geistigen und mehrfachen Behinderungen. Grundlagen; Ästhetische Praxis; Theaterarbeit; Kunst- und Musiktherapie. Bad Heilbrunn, 133–144

Weiss, G. (2017): Methoden zur Förderung von Motorik und Wahrnehmung. In: Theunissen, G. & Wüllenweber, E. (Hrsg.): Zwischen Tradition und Innovation. Methoden und Handlungskonzepte in der Heilpädagogik und Behindertenhilfe. Ein Lehrbuch und Kompendium für die Arbeit mit geistig behinderten Kindern, Jugendlichen und Erwachsenen. Marburg, 89–94

13 Grundlegendes zur Biografiearbeit

Maximilian Buchka

Biografie als Lebenslauf und Lebensgeschichte

Die biografische Arbeit als »Selbstbiographie« wurde von Wilhelm Dilthey und seinem Schüler Georg Misch in Form der »Autobiographie« zu Beginn des letzten Jahrhunderts in die Pädagogik eingeführt. Der Begriff »Biografie« ergibt sich aus den griechischen Wörtern »bios« (Leben) und »graphein« (Schreiben). Vom ursprünglichen Wortsinn her ist eine Biografie eine »Lebens-Beschreibung«. Sie kann als Beschreibung des Lebenslaufes oder als Darstellung einer Lebensgeschichte erfolgen. In beiden Darstellungsformen »geht es um die Gestaltung individuellen Lebens und in beiden Konzepten ist das individuelle menschliche Leben auf das Zusammenleben mit anderen Menschen bezogen – aber auf unterschiedliche Weise« (Schulze 1993, 194). Betrachten wir nun die beiden Formen der Lebensbeschreibung etwas näher.

Der Lebenslauf

Im Lebenslauf werden die wichtigsten Daten und Ereignisse im bisherigen Leben dargestellt. Je nachdem, für wen der Lebenslauf erstellt wird, werden zweckgebundene Schwerpunkte aufgeführt, wie z. B. Schul- und Berufsausbildungen, Wohnortswechsel, Familienstandsveränderungen etc.

Solche lebenslaufbezogenen Beschreibungen finden wir in Einrichtungen für Menschen mit geistiger Behinderung in Entwicklungsberichten, Sozialanamnesen, Überweisungsberichten, z. B. von der Sonderschule an die Werkstatt für Menschen mit Behinderung, um dort eine Aufnahme zu finden. Manchmal werden die Lehrer der Förderschule für geistige Entwicklung bei Anträgen der Erziehungsberechtigten auf Gewährung von Kuren oder Therapien von den Kostenträgern gebeten, einen Bericht über die Lebensumstände des Schülers bzw. der Schülerin anzufertigen. Lebenslaufbezogene Beschreibungen können auch manchmal, falls das lern- und erkenntnistheoretisch möglich ist, zum Thema des Unterrichts der Schüler in den Ober- und Berufsstufen der Förderschule für geistige Entwicklung gemacht werden. In diesem Zusammenhang würde das Thema lauten: »Mein Lebenslauf!«

Die Lebensgeschichte

Die Lebensgeschichte ist eine Beschreibung oder Erzählung von einer oder über eine Person. Sie wird erzählt oder beschrieben. Die Ähnlichkeit mit den Lebenslauf-

Beschreibungen liegt darin, dass ebenfalls über Lebensfakten berichtet wird, jedoch nicht formalisiert, sondern

> » ... es werden auch die Umstände erzählt, wie es dazu gekommen ist, die Motive, die zu ihnen führten, die Erwartungen, die an sie geknüpft waren, und die Emotionen, die sie begleiteten, die Voraussetzungen, die vorhanden oder nicht vorhanden waren, und die eigene Definition der Sachverhalte, die oft nicht mit dem übereinstimmt, die ihnen von den Vertretern der Institutionen gegeben wurde« (Schulze 1993, 190).

In Lebensgeschichten ist die Rede von persönlich erlebten Erfolgen und Misserfolgen, von Demütigungen, Enttäuschungen, Krisen, Zweifeln und Verzweiflungen und von den gemachten Anstrengungen, das Bedrohliche, Ausgrenzende und Schädliche im persönlichen Leben dennoch zum Guten zu wenden oder wenigstens zum Gewinn der Einsicht in die Gründe des Schicksalhaften zu gelangen. Lebensgeschichten unterscheiden sich von den Lebenslaufbeschreibungen dadurch, dass sie nicht chronologisch angelegt sind, sondern auf bestimmte Zeitabstände eingehen oder von bestimmten Zeitpunkten im Leben ihren Anfang nehmen. Sie unterscheiden sich auch dadurch, dass oft ganz andere als die bekannten Lebenslauf-Sachverhalte vorkommen. Während im Lebenslauf sich das Leben »ereignet«, wird in der Lebensgeschichte das Leben »ergriffen« und positiv zu leben versucht. Da die Lebensgeschichte im Unterschied zum Lebenslauf eine produktive Leistung des einzelnen Individuums ist, spricht man in der wissenschaftlichen Diskussion in jüngster Zeit von Lebensgeschichte als Dokument des Selbstkonzepts oder der Identität (vgl. Schulze 1993, 191).

Lebensgeschichten sind für den Unterricht bei Schülern und Schülerinnen bei geistiger Behinderung in zweifacher Hinsicht von Bedeutung. So werden einerseits wichtige Persönlichkeiten in Bildung, Gesellschaft und Kultur in »Lebensgeschichten« vorgestellt; andererseits wird oft der Schulgründer oder der Träger des Schulnamens (z. B. »Königin-Juliane-Schule«, »Hilda-Heinemann-Schule« etc.) als »Lebensgeschichte« zum Thema des Unterrichts. Manchmal wird auch die »Lebensgeschichte« eines Schülers oder einer Schülerin zum Unterrichtsgegenstand gemacht, z. B. wenn diese Schüler aus einem anderen Kulturkreis zu uns nach Deutschland gekommen sind und einen bemerkenswerten Lebensweg dabei zurückgelegt haben.

Lebensgeschichten sind nicht nur als Unterrichtsthemen für die Förderschule oder den gemeinsamen Unterricht (GU) von Bedeutung, sondern können auch die Basis für die heil- und sonderpädagogische Eltern- oder Familienarbeit sein. Viele Eltern oder Erziehungsberechtigte berichten in und durch ihre Lebensgeschichten, welche Krisensituation die Geburt des behinderten Kindes bei ihnen selbst oder in ihrer Familie ausgelöst hat. Oft erwarten sie gerade von Heil- und Sonderpädagogen Verständnis für ihre Lebensgeschichte und suchen ihren Rat, wie sie ihrem zukünftigen Leben mit ihrem behinderten Kind einen Sinn geben können, oder suchen nach dem Sinn ihres Schicksals, weil ihr Leben durch die Geburt des Kindes mit Behinderung so ganz anders verlaufen ist, als es von ihnen geplant war.

Fassen wir zusammen: Lebenslauf und Lebensgeschichte sind keine getrennten Bereiche, sondern sie sind aufeinander bezogen. Man kann oft eine Lebensgeschichte nur vor dem Hintergrund des konkreten Lebenslaufs eines Menschen verstehen, um zu einer Erklärung und Interpretation der Lebensgeschichte zu kommen (vgl. Schulze 1993, 193).

Beide Formen sind auch für die heil- und sonderpädagogisch orientierte Biografiearbeit relevant. Sie helfen dabei, krisenhafte Lebensereignisse im Leben des Kindes mit Behinderungen oder seiner Bezugspersonen hermeneutisch zu bearbeiten, um ein Erklärungsmodell für diese anbieten zu können.

Biografiearbeit als »Biografisches Lernen«

Wer sich mit biografischen Materialien auseinandersetzt, in der Aufarbeitung und Beschreibung eines Lebenslaufes oder einer Lebensgeschichte im Unterricht oder in der Beratung, vollzieht nach Behrens-Cobet ein »biografisches Lernen« (2000). Es ist das Lernen, das durch die bewusste Auseinandersetzung mit der eigenen oder mit fremden Lebensläufen und Lebensgeschichten bestimmt wird, mit dem Ziel, Erkenntnisse für das eigene oder das fremde Handeln zu erlangen. In den biografischen Zeugnissen setzt man sich nach Siebert (vgl. 1985, 21) mit dem Leben einer Person auseinander,

- um die biologische Entwicklung eines Menschen zu verstehen und Abweichungen erklären zu können (biologisch-entwicklungstheoretische Perspektive);
- um die Einflüsse der sozialen Bedingungen auf die Biografie eines Menschen aufzudecken und sein heutiges Verhalten so besser zu verstehen oder erklären zu können (milieutheoretische Perspektive);
- um die verschiedenen Wandlungen im Rollenstatuts und Rolleneinnahmen im Verlauf der Biografie eines Menschen herauszufinden, um sein heutiges Rollenverhalten erklären oder verstehen zu können (rollentheoretische Perspektive);
- um die Prägung der Biografie durch frühkindliche Sozialisation und Eltern-Kind-Beziehungen herauszufinden, um sein derzeitiges Verhalten durch diese frühe Prägung erklären oder verstehen zu können (psychoanalytische Perspektive);
- um die Formen der Auseinandersetzung des Menschen mit neuen Kulturinhalten und Sinndeutungen nachzuspüren, um sein heutiges Verhalten erklären oder verstehen zu können, wenn man sich neuen Wissens- und Einstellungsinhalten zu stellen hat (interaktionstheoretische Perspektive);
- um die Bildungsqualität eines Menschen erklären oder verstehen zu können, die durch die Beschäftigung mit philosophischen, religiösen, künstlerischen, sozialen, wirtschaftlichen und philosophischen Themen und Erkenntnissen zustande kommt (bildungstheoretische Perspektive).

Die Biografiearbeit als »biografisches Lernen« setzt sich einerseits mit den verschiedensten Aspekten eines gelebten Lebens auseinander, andererseits geht es bei der Interpretation immer um das Bemühen, das »ganze Leben« (Gesamt-Biografie) zu verstehen. Dazu sollte man nach Klingenberger (1996) immer alle »biografischen

Stränge« mit berücksichtigen. Zur Visualisierung seines Vorschlags legt er folgende Abbildung (▶ Abb. 1) vor:

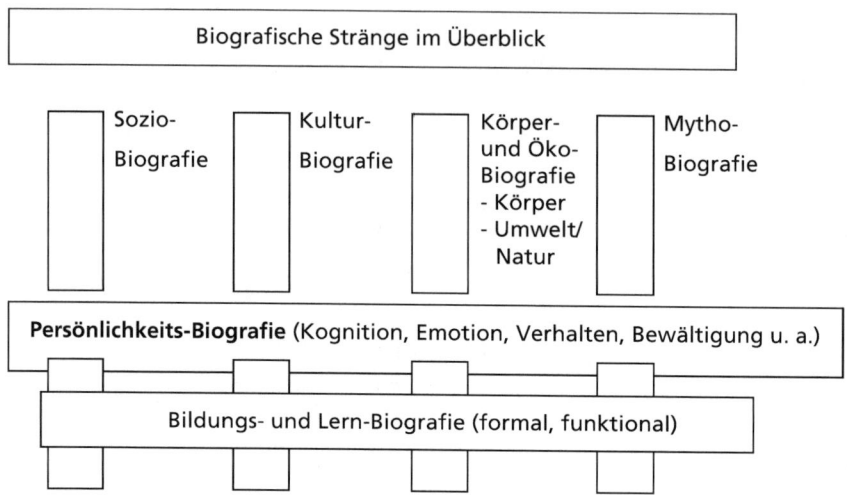

Abb. 1: Biografische Stränge im Überblick (Klingenberger 1996, 122)

Die einzelnen biografischen Stränge beschreibt Klingenberger (vgl. 1996, 120 f.) wie folgt:

- Sozio-Biografie (als Beziehung des Menschen zu Personen und materiellen Bedingungen);
- Kultur-Biografie (als Einbindung des Menschen in die konkrete Kulturwelt);
- Körper- und Öko-Biografie (als Beeinflussung des Körpers durch seine Leib-Seele-Geist-Organisation und durch ökologische Umweltbedingungen);
- Mytho-Biografie (als Beeinflussung durch unbewusste und bewusste Beeinflussungen transpersonaler Mächte);
- Persönlichkeits-Biografie (als Beeinflussung durch intentionale und funktionale Lern- und Bildungsprozesse).

Das biografische Lernen wird in der Heil- und Sonderpädagogik oft mit drei Schwerpunktbereichen in Verbindung gesetzt, mit Bildung, Begleitung und Therapie (vgl. Buchka 2003, 279 f.).

- In der biografischen Bildung wird die eigene oder fremde Biografie als Bildungsprozess organisiert, damit der Heil- und Sonderpädagoge selbst oder der von ihm zu unterrichtende oder beratende Mensch zu einem Selbstbildungsprozess angeregt wird, mit dem Ziel, zur »biographischen Selbstreflexion« (Gudjons et al. 1996, 24) zu gelangen.
- In der biografischen Begleitung versucht der Heil- und Sonderpädagoge, den Kindern und Jugendlichen und ihren Eltern/Erziehungsberechtigten lebensbe-

gleitenden Halt, Stütze, Rat und Lebenshilfe zu geben, damit sie mit ihrem Lebensschicksal und ihrer Lebenssituation in der für sie angemessenen Form umgehen lernen.
- In der biografischen Therapie geht der Heil- und Sonderpädagoge über den Umfang einer biografischen Begleitung hinaus und versucht, im Beratungsgespräch mit den Kindern oder Jugendlichen bzw. ihren Eltern/Erziehungsberechtigten auf die Krisen und das verborgene Schicksal in ihrem Leben (Gegenwart) einzugehen, die historischen Wurzeln (Vergangenheit) zu finden und daraus das vor ihnen liegende Leben (Zukunft) mit Selbstvertrauen anzugehen und es möglichst krisenfrei zu planen, damit das Schicksalhafte gelöst werden kann.

Bei allen Formen biografischen Lernens müssen wir wissen, dass, wenn man sich mit dem Leben eines anderen Menschen beschäftigt, man damit auch Teil dessen Biografie wird. Durch seine biografische Lernhilfe tritt der Heil- und Sonderpädagoge gleichsam in eine biografische Schicksalsgemeinschaft mit den Biografen ein. Durch sie wird nicht nur der Andere in seinem Leben beeinflusst, sondern durch die Beschäftigung mit dessen Leben lernt auch der Heil- und Sonderpädagoge etwas für seine eigene biografische Selbstreflexion und verändert damit letztlich seine Biografie, weil er vom Anderen Neues lernt und Bekanntes in der eigenen Biografie vielleicht neu entdecken kann. Das ist so, weil wir alle als menschliche Geistwesen »kongenial« (Dilthey) mit allen anderen menschlichen Geistwesen verbunden sind. Wären wir das nicht, darauf hat Dilthey (1979) hingewiesen, könnten wir anderes menschliches Leben nicht verstehen. Wir verstehen es aber, weil wir uns immer wieder in der Biografie des Anderen selbst entdecken.

Aufgaben und Wirkungen der Biografiearbeit

Die Aufgaben der Biografiearbeit werden unterschiedlich beschrieben. Für Theunissen handelt es sich »bei einer Biografiearbeit um eine persönliche und zugleich sozial vermittelte Lebensbeschreibung, bei der eine Rückschau auf das bisherige Leben statthat. In dieser Rückschau kommt es zur Reflexion, Deutung oder Bewertung des individuellen Lebensverlaufs, getroffener Entscheidungen, spezifischer Ereignisse und Handlungen« (2002, 113). In dieser Beschreibung wird die Zukunftsperspektive nicht genannt, die für Glöckler unbedingt dazu gehört, denn jeder Mensch hat immer auch eine »biografische Zukunft« (1995, 7), die für christliche Menschen sogar bis in ein zukünftiges Leben nach dem Tode hineinreichen kann. Für Theunissen (vgl. 2000, 79) ermöglicht das biografische Arbeiten einen wichtigen Zugang zum Verstehen des Anderen. Im Sinne einer Biografieanalyse können typische Verhaltens- und Einstellungsqualitäten herausgefunden werden, die einen wichtigen Zugang zum Verstehen des anderen Menschen sein können.

Die Biografieanalyse hat in pragmatischer Hinsicht große Bedeutung für die Analyse der Lebenswelten und der Lebensläufe der Kinder und Jugendlichen mit

Behinderung. Die Ergebnisse dienen zum Verstehen des konkreten Lebens mit einer Behinderung und fließen als Planung in den Förderunterricht oder als Veränderungsabsichten in den Hilfeplan mit ein. Ohne biografische Kenntnisse über den Menschen mit Behinderung und seinen Bezugspersonen ist heute keine ressourcenorientierte und passgenaue heilpädagogische oder rehabilitative Hilfe mehr möglich. Ebenso kann eine qualitative Eltern- oder Angehörigenarbeit kaum geleistet werden, wenn ihr nicht eine biografische Analyse der Lebensgeschichte der zu Beratenden zugrunde liegt. Wollen sich nun Heil- und Sonderpädagogen der Aufgabe einer Biografiearbeit stellen, so ist beim biografischen Arbeiten darauf zu achten, dass

- nur mit dem zu beratenden Menschen zusammen eine Sinngebung, Sinnklärung und Sinnsuche unternommen werden kann (Prinzip der Partizipation im biografischen Lernen);
- Lebenserfahrungen des Menschen aus seiner Vergangenheit für die Gegenwart und für eine mögliche Zukunft gesammelt und auszuwerten sind (Prinzip des Gegenwarts- und Zukunftsbezugs im biografischen Lernen);
- eine Veränderung im Leben des anderen Menschen nur mit seiner Zustimmung erfolgen darf (Prinzip der Respektierung des Eigenwillens im biografischen Lernen);
- der Andere immer wieder darauf hinzuweisen ist, dass die Vergangenheit durch Erzählung der Lebensgeschichte zwar einerseits wachgehalten wird, andererseits aber auch als Katharsis, als Reinigungsprozess, anzusehen ist, um sich von den negativen Lebenserfahrungen befreien zu können, um so freier das zukünftige Leben ergreifen zu können (Prinzip der Emanzipation im biografischen Lernen).

Die Aufgaben der Biografiearbeit sind, wie schon wiederholt angesprochen, von biografischen Zeitdimensionen geprägt. Mit dem Blick in die Vergangenheit verfolgt der biografisch arbeitende Heil- und Sonderpädagoge eine gewisse Lebensbilanzierung; mit der Auseinandersetzung der Gegenwart wird eine Lebensbewältigung im Rahmen der biografischen Begleitung angestrebt; durch die Zukunftsperspektive werden pragmatische Handlungspläne für die Bewältigung zukünftiger Lebensanforderungen oder neue Lebenspläne entwickelt. Diese verschiedenen Aufgaben und Funktionen hat Klingenberger in ein Schaubild gebracht (▶ Abb. 2).

Zu den Wirkungen der Biografiearbeit kann man festhalten:

- Die Biografiearbeit bringt für alle Beteiligten einen Zugewinn an Wissen und Einstellungen und kann der »biografischen Selbstreflexion« dienen.
- Die Biografiearbeit erzeugt eine Sensibilität dafür, dass das eigene Leben mit den gesellschaftlichen, kulturellen religiösen und naturhaften Strömungen verbunden ist.
- Die Auseinandersetzung mit der eigenen Biografie kann zur Entlastung von geschichtlichen Negativerfahrungen führen, um daraus eine Kraft für die Bewältigung der Gegenwarts- und Zukunftsaufgabe zu entwickeln.
- Die Auseinandersetzung mit biografischen Entwicklungen und Stationen wirkt sich fast immer förderlich auf die Identitäts- und Persönlichkeitsentwicklung aus.

- Das Erinnern an vergangene Lebenssituationen und Lebenserfahrungen in der Biografiearbeit ist letztlich auch ein Training der kognitiven Gedächtnisfähigkeiten.
- Die Weitergabe biografischer Erfahrungen an Angehörige jüngerer Generationen bringt eine Vermittlung traditioneller Werte mit sich und führt zu einem, wenn nicht besseren, so doch zu einem anderen Verstehen zwischen den Generationen und ist Teil des Generationlernens (vgl. Klingenberger 1992, 108).

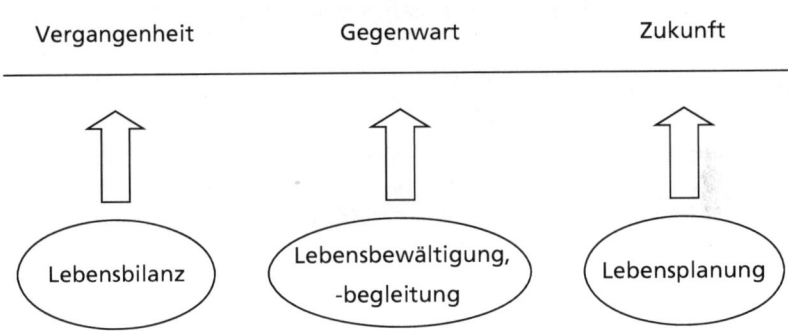

Abb. 2: Aufgaben und Funktionen der Biografiearbeit (Klingenberger 1996, 126)

Das biografische Arbeiten, so unsere feste Überzeugung, muss zu einer wichtigen professionellen Handlungsmethode von Heil- und Sonderpädagogen werden, um mit Kindern und Jugendlichen, aber auch mit Erwachsenen und älteren Menschen mit Behinderung und ihren Eltern/Erziehungsberechtigten, Angehörigen und Bezugspersonen eine biografisch orientierte Hilfe zum Verstehen des eigenen Lebensschicksals in Vergangenheit, Gegenwart und Zukunft zu geben.

Phasen und Schritte in der Biografiearbeit

Wenn man biografisch mit einem Menschen mit Behinderung, z. B. mit einer geistigen Behinderung, arbeiten möchte, ist es wichtig, dass man seine gegenwärtige Lebenswelt und Lebenssituation im Kontext seines Lebenslaufes und seiner Lebensgeschichte betrachtet, um, wie Plato das nannte, »die ganze Seele ins Auge zu fassen« (zit. nach Nohl 1981, 74). Dabei müssen gerade bei Menschen mit geistiger Behinderung aufgrund ihrer sprachlichen Beeinträchtigungen zusätzliche biografische Zeugnisse erschlossen werden, um ein ganzheitliches Bild ihres Lebens zu erhalten. Dieser Prozess der unmittelbaren Biografiearbeit mit dem zu beratenden Menschen (Face-to-face-Situation) sowie die sie begleitenden Ermittlungen weiterer biografischer Zeugnisse sind notwendig, um eine gemeinsame Findung eines neuen Lebenssinns und die davon abzuleitende Zukunftsplanung zu suchen.

Die Biografiearbeit selbst läuft nach bestimmten Phasen und Schritten ab. In der Literatur finden sich vielfältige Beispiele für ein solches Vorhaben. Wir selbst haben bei unserer Biografiearbeit uns an die Prozessphasen nach Lievegoed (1994) orientiert und dabei gute Erfahrungen gemacht, sowohl bei Kindern und Jugendlichen als auch bei Erwachsenen und Senioren mit geistiger Behinderung. Lievegoed beschreibt seine Prozessschritte als Planungs-, Diagnostik-, Bearbeitungs- und Konsolidierungsphase. Die einzelnen Phasen selbst haben wieder eine spezifische Binnenstruktur, die aus einzelnen Arbeitsschritten bestehen.

Planungsphase

In der Planungsphase wird darüber entschieden,

- wer an der Biografiearbeit zu beteiligen ist (Einzelne oder Gruppe; mit und ohne Bezugspersonen);
- wie umfänglich der Zeitrahmen sein muss (am Vormittag, Mittag oder Abend; Zeit pro Arbeitssitzung; Anzahl der Arbeitssitzungen);
- wo der Ort für die Biografiearbeit liegen soll (Raumbedarf, Raumgestaltung) und
- welches Arbeitskonzept für die Biografiearbeit gewählt wird.

Während die Auswahl von Personen, Zeitrahmen und Versammlungsort für die Biografiearbeit sich von selbst erklärt, müssen wir aber kurz auf das Arbeitskonzept der Biografiearbeit eingehen. In der Praxis gibt es drei einschlägige Biografiearbeitskonzepte: das rekonstruktive, kongeniale und applizierende.

Das rekonstruktive Arbeitskonzept

Das rekonstruktive Arbeitskonzept geht auf Friedrich Daniel Schleiermacher (1768–1834) zurück. Schleiermacher (1974) geht davon aus, dass Menschen durch ihre Lebensäußerungen unstete (zeitlich wechselndes Verhalten und Sprache) und fixierte (zeitlich überdauernde künstlerische oder technische Produkte) Botschaften an ihre Mitwelt senden. Ihren Sinn kann man verstehen, wenn man sich durch das sog. »rekonstruktives Verstehen« in die psychosoziale Situation des Senders der Botschaft hineinfühlt, um dadurch herauszufinden, unter welchen inneren Befindlichkeiten und Bedingungen der Mensch seine biografische Botschaft gesendet hat. Der Interpret »rekonstruiert« gleichsam die innere Situation des Botschaftssenders durch den einfühlenden »Vorgang gefühlsmäßiger Identifizierung mit dem anderen Menschen« (Bollnow 1949, 38). In diesem Didaktikmodell wird also versucht, durch die allseitig bekannte »Empathie« nach Rogers oder durch die heilpädagogische »Konviktion« (Lenzen 1996) sich in den Menschen mit geistiger Behinderung hineinzufühlen bzw. hineinzuversetzen, auch in die psychische Situation seiner Bezugspersonen, um mit ihnen »quasi gemeinsam« (Lenzen) den Inhalt der biografischen Botschaft des Biografen zu erleben, mit all ihren Höhen und Tiefen, um durch dieses »rekonstruktive Verfahren« zu einem inneren Verstehen des Anderen zu kommen. Der Biograf ist hier derjenige, der der Biografiearbeit sein biografisches Leben offenlegt. Der biografische Fokus liegt bei diesem Arbeitskonzept ganz bei dem anderen Menschen, die eigenen Biografieerfahrungen des Biografiearbeiters werden hier nur sekundär mit einbezogen.

Das kongeniale Arbeitskonzept

Das kongeniale Arbeitskonzept der Biografiearbeit geht auf Wilhelm Dilthey (1833–1911) zurück, für den das Verstehen einer Biografie nicht nur alleine durch ein Hineinversetzen in die Lebenssituation eines Menschen erfolgt, wie Schleiermachers Arbeitsansatz, sondern dass bei der Wahrnehmung und der Bearbeitung einer fremden Biografie zusätzlich auch immer die eigene psychosoziale Befindlichkeit und die gegenwärtig erlebte Zeit- und Kulturgeschichte mit in den Verstehensprozess hineinspielen (vgl. Dilthey 1979). Die biografische Botschaft eines anderen Menschen interpretiert Dilthey nicht mehr nur von der Lebenssituation des Biografen her, sondern nach ihm muss der Biografiebearbeiter auch seine eigenen Lebenserfahrungen und Lebenserkenntnisse mit hinzunehmen, um zu einem Verstehen des Anderen zu kommen. Dadurch erhält die Botschaft des Anderen eine neue Sinnqualität, auch für den Biografiebearbeiter selbst. Das bedeutet letztlich, dass der Biografiebearbeiter bei der Beschäftigung mit der Biografie des anderen Menschen, z. B. auch desjenigen mit geistiger Behinderung oder die seiner Bezugspersonen, diese mit seiner eigenen Biografie verbindet, weil er aus dieser Verbindung heraus zum Verstehen der anderen Biografie vordringen kann. Für Dilthey ist ein solcher biografischer Verstehens- und Deutungsprozess nur möglich, weil jeder Mensch eine geistige (kongeniale) Verwandtschaft mit allen anderen Menschen hat, auch mit denen, die eine geistige Behinderung haben. Als Mitglied der Gattung Mensch ist er mit allen Menschen verbunden, deshalb ist im Grunde ihm nichts Menschliches fremd.

Das applizierende Arbeitskonzept

Das applizierende Arbeitskonzept des biografischen Verstehens wurde von Hans-Georg Gadamer (1900–2002) entwickelt. Er kann sich nicht vorstellen, auch aus Respekt und Würde vor der Person des anderen Menschen und seiner Biografie und aufgrund der Schwierigkeit des Vorhabens, sich mit ihm kongenial zu verbinden oder sich in die Biografie des Anderen einzufühlen. Für ihn haben »historische Botschaften«, die nach einem Sinn suchende Menschen aussenden, nur für diesen selbst eine existenzielle Bedeutung. Was wir aber aus ihrer Biografie lernen können, ist die jeweilige »Sinnbotschaft« selbst. Diese kann der Mensch dann auf seine eigene Sinnsuche übertragen, im Sinne eines »applizierenden Verfahrens« (Gadamer 1975). Das Ziel dieses biografischen Arbeitskonzepts für die Biografiearbeit mit

Menschen mit geistiger Behinderung ist es z. B., dass wir lernen können, wie sie in ihrer Lebensgeschichte die Situationen des Leids, der Sorge, Stigmatisierung, Marginalisierung angenommen und verarbeitet haben, dass darin auch für uns mögliche Sinnantworten für unsere eigene Sinnsuche liegen können. Dieses biografische Arbeitskonzept ist für die heil- und sonderpädagogische Beratungspraxis weniger geeignet. Man kann es eher zu seiner eigenen »biografischen Selbstreflexion« (Gudjons) nutzen. Das biografische Arbeitskonzept kann aber interessant sein, wenn Biograf und Biografiearbeiter zu einer »gemeinsamen Daseinsgestaltung« (Kobi 1988) kommen wollen, weil am Ende des Prozesses biografischen Arbeitens beide, Biograf und Biografiearbeiter, jeder für sich oder gemeinsam, eine neue Sinndeutung oder Lebenszukunftsperspektive für ihr persönliches Leben suchen.

Neben der Entscheidung für das jeweilige biografische Arbeitskonzept, insbesondere für das rekonstruktive oder kongeniale, sind auch die methodischen Implikationen einer Biografiearbeit zu bedenken. Dazu gehören unter anderem spezielle biografische Einstellungen, wie z. B.

- dass wir wissen, dass biografisches »Verstehen nur möglich ist aus liebender Haltung« (Moor 1969, 306) heraus, z. B. gegenüber Menschen mit geistiger Behinderung;
- dass wir überzeugt sind, dass das Verstehen eine »notwendige oder doch sehr dringliche Voraussetzung einer erfolgreichen Erziehung« (Bopp 1926, 7) ist;
- dass wir bemüht sein müssen, für und mit dem Menschen mit geistiger Behinderung eine »Deutung« seiner Biografie zu geben, die ihm plötzlich oder allmählich ein Licht aufgehen lässt, sein Lebensziel und seinen zukünftigen Lebensweg zu verstehen (vgl. Bopp 1926, 19 f.).

Zur Biografiemethodik gehört weiterhin, dass wir den »hermeneutischen Zirkel« und die »hermeneutische Differenz« zu berücksichtigen haben. Mit hermeneutischem Zirkel ist gemeint, dass wir in jede Begegnung mit dem Anderen mit einem bestimmten Vorwissen hineingehen, das sich durch die nachfolgenden Begegnungen ständig verändert im Hinblick auf ein Mehr an Wissen über den Anderen. Bei der Erstbegegnung besteht noch eine große hermeneutische Differenz zwischen dem Biografen und dem Biografiearbeiter. Mit zunehmender Erfahrung mit ihm und Erweiterung seines Wissens über den Biografen wird diese hermeneutische Differenz immer kleiner. Im Lernprozess zum Biografieverstehen muss sich der Biografiearbeiter immer wieder fragen, wo er in der hermeneutischen Zirkelspirale steht und wieweit die hermeneutische Differenz schon abgebaut ist.

Weiterhin gehört zur Biografiemethodik, dass man auch die Handlungsprinzipien der Biografiearbeit zu beachten hat:

- Niemals das Vertrauen verraten, das der Biograf dem Biografiearbeiter schenkt.
- Nicht vermeiden, über Sachen zu sprechen, über die der Biograf sprechen will, obwohl sie dem Biografiearbeiter unangenehm sind.
- Dem Biografen keine Wörter in den Mund legen, die er so nicht gemeint hat.

- Der Biograf entscheidet darüber, wann eine Biografiearbeit zu Ende ist, weil er der »Herr des Verfahrens« ist, weil es um seine Biografie geht.
- Der Biograf entscheidet auch über die Geschwindigkeit des Vorgehens, nicht der Biografiearbeiter. Wenn der Biograf gehetzt wird, wird er das Gefühl haben, dass man kein Interesse an seinen Lebensdetails hat, und er wird allmählich »verstummen«.
- Weder das Endprodukt (Wie entwickelt sich die Zukunftsperspektive?) noch die durchzuführende Biografiearbeit als Belohnung oder Druckmittel benutzen, sondern sie lediglich nur als einen normalen Teil des gemeinsamen Arbeitens miteinander ansehen (vgl. Ryan & Walker 1997, 19 f.).

Diagnostikphase

In der Diagnostikphase wird

- das biografische Material erhoben und
- für die Bearbeitung strukturiert.

Erhebung des biografischen Materials

Dieses besteht einerseits aus unsteten Lebensäußerungen, wie sprachliche Mitteilungen, Körperausdruck, Sozialverhaltensformen des Kindes/Jugendlichen und/oder seiner Eltern/Erziehungsberechtigten oder Bezugspersonen. Unstet heißt dabei, dass es sich um Lebensäußerungen handelt, die durch Zeit, Raum und Situation sich wandeln können. Zum anderen sind auch fixierte Lebensäußerungen als biografisches Material zu erheben, wie Gegenstände aus dem Lebensumfeld (z. B. Spielzeug, Alltagsmaterial), Fotos aus der Mitwelt (Familie, Freunde) und der Sachwelt (z. B. Wohnhaus, die heimatliche Landschaft) oder selbst geschaffene Bilder, Plastiken, Werkstücke etc.

Eine besondere Schwierigkeit für die Diagnostikphase ergibt sich, wenn z. B. Menschen mit geistiger Behinderung aus ihrem Lebenslauf oder ihrer Lebensgeschichte erzählen sollen oder möchten, sie aber nur über ein eingeschränktes Sprachverhalten oder Erinnerungsvermögen verfügen. Hinsichtlich des Sprachverhaltens weist Theunissen darauf hin, dass Menschen mit geistiger Behinderung

> »oft nur kurze Antworten (z. B. Drei-Wort-Sätze) geben oder Probleme haben, in zusammenhängenden oder verständlichen Sätzen zu sprechen, sich nur für kurze Zeit auf eine Lebensrückschau konzentrieren können und häufig mit stereotypen, monotonen Äußerungen und Wiederholungen, längeren Sprechpausen und einer Langsamkeit, das Gespräch gestalten« (2002, 122).

Deshalb schlägt er eine inhaltliche Steuerung des Biografiegesprächs durch Nachfragen, Dolmetschen, rückfragendes Vergewissern und anamnestisches Fragen vor. Hilfreich seien außerdem ein biografischer Erhebungsbogen oder ein Leitfadeninterview. Gerade die gesteuerte Interviewform sei oft günstiger als ein rein narratives Interview, was üblicherweise für die Biografiearbeit empfohlen wird, da in einem solchen Leitfaden bereits wichtige Schlüsselthemen und Schaltstellen des Lebenslaufes oder der Lebensgeschichte aufgenommen werden können, um ein besseres Erinnern zu ermöglichen. Solche Biografiegespräche, die als Material für die Biografiearbeit nötig sind, erstrecken sich über einen längeren Zeitraum, weil die Konzentration der Menschen mit geistiger Behinderung bei diesen sehr komplexen und komplizierten Gesprächsinhalten schnell nachlässt – auf eine Ergänzung des Gesprächsmaterials durch die Möglichkeit, biografische Ereignisse und Erfahrungen auch mit »ästhetischen Mitteln« darzustellen, die dann einer »verstehenden Bilddiagnostik« zugänglich sind (vgl. Theunissen 2002, 123 f.), ist hinzuweisen.

Strukturierung des biografischen Materials

Nach Lievegoed (vgl. 1994, 176) sind folgende Arbeitstechniken möglich:

- Die ganze bisherige Biografie wird zuerst einmal chronologisch betrachtet.
- Die chronologische Biografie wird auf ihre Knotenpunkte hin untersucht, das sind zeitliche Punkte in der Biografie, an denen der Biograf entscheidende Weichen für sein Leben gestellt hat, und die es nun in den Blick zu nehmen gilt, um daraus die innere Dynamik der Biografie aufschließen zu können und andererseits die biografischen Konfliktbereiche ins Bewusstsein zu bringen und sie gegebenenfalls zu benennen.

Theunissen verwendet zur Strukturierung des biografischen Materials eine Biografieanalyse, die mittels von Problemfragen erstellt wird (▶ Tab. 2):
Man kann das biografische Material auch nach den Zeitdimensionen strukturieren, d. h. im Hinblick auf Vergangenheit, Gegenwart oder Zukunft hin.

- *Akzentuierung auf die Vergangenheit*: Das biografische Material wird unter der Problemstellung strukturiert: Gewordenes erkennen, z. B. in sich wiederholenden Lebensmustern und -themen; wichtige Knotenpunkte in der Vergangenheit herausfinden mit Wirkung auf Gegenwart und Zukunft hin (vgl. Vogt 1996, 47).
- *Akzentuierung auf die Gegenwart*: Hier wird versucht, durch das biografische Material die gegenwärtige Lebenssituation zu erkunden, inwieweit und welche Einflüsse Gewordenes auf das gegenwärtige Leben ausübt und wie daraus das aktuelle Leben eigenverantwortlich gestaltet wird (vgl. Vogt 1996, 47).
- *Akzentuierung auf die Zukunft*: In dieser Akzentuierung wird das biografische Material danach strukturiert, welche Konsequenzen sich für einen sinnorientierten Lebensweg in Zukunft ziehen lassen (vgl. Vogt 1996, 47). Eine wichtige Sinn- und Zukunftsperspektive ist dabei auch die »gemeinsame Daseinsgestaltung« (Kobi 1988), zwischen dem Biografiearbeiter und dem Biografen.

Tab. 2: Biografieanalyse (vgl. Theunissen 2000,79)

Biografieanalyse	
Biografische Verstehensbereiche	Stichwortartige Beschreibung biografischer Verhaltens- und Einstellungsmerkmale
Verhaltens- und Erlebnisweisen	
Daseinstechniken	
Sinn- und Zukunftsvorstellungen	
Individuelle Interessen	
Liebgewonnene Vorlieben	
Charakteristische Abneigungen	
Bräuche und Rituale	

Bearbeitungsphase

Für die Bearbeitungsphase werden jetzt die Entscheidungen aus der Planungsphase herangezogen und durch die Erkenntnisse aus der Diagnostikphase inhaltlich akzentuiert. Die Bearbeitungsphase ist geprägt durch die Prinzipien der Biografiearbeit, die von Herman Nohl (1970, 1981), dem Mitbegründer der hermeneutischen Biografiearbeit, beschrieben worden sind und die wir auf die biografische Situation von Menschen mit geistiger Behinderung übertragen haben (vgl. Buchka 2003, 299 f.):

- In jedem Menschen, auch bei dem mit geistiger Behinderung, sind alle menschliche Gestalten enthalten und potenziell vorgebildet. Wäre das nicht der Fall, könnten wir ihn nicht verstehen, und er wäre uns fremd (kongeniale Verbundenheit). Wenn wir ihn noch nicht verstehen, so liegt das daran, dass wir bei ihm auf eine Struktur stoßen, die wir noch nicht oder nicht mehr haben, oder dass bestimmte Lebensschicksale bei ihm in uns fremde Erfahrungen und Lebensäußerungen hervorgebracht haben.
- Wenn wir Menschen biografisch verstehen wollen, insbesondere Menschen mit geistiger Behinderung, »haben wir die Schwierigkeit, dass wir vor einem Äußeren oder vor Äußerungen [stehen; M. B.], die wir aus dem Innern interpretieren müssen, das wir doch selbst wieder nur aus diesem Äußern erschließen können« (Nohl 1981, 51).
- Zwischen dem Äußeren und Inneren eines Menschen, insbesondere bei einem mit geistiger Behinderung, ist beim biografischen Verstehen mit Widersprüchen zu rechnen und auch Täuschungen sind oft möglich. So geht z. B. das Kind, das Angst vor dem Keller hat, scheinbar fröhlich »singend in den Keller« (Nohl 1981, 51).
- Das Innere eines Menschen lässt sich nicht durch sein äußeres Leben erschließen. »Wir können ganze Hinterwelten in uns bewahren, ohne sie sehen zu lassen« (Nohl 1981, 51). Das gilt insbesondere für Menschen mit geistiger Behinderung,

die oft aufgrund fehlender Sprachkompetenz nicht mitteilen können, was sie alles in ihrer Biografie erlebt haben, was sie geprägt hat und was sie derzeit bewegt. Trotz dieser »Sprachlosigkeit« haben sie eine reichere »Hinterwelt« in sich, als wir es aufgrund ihrer eingeschränkten Leiblichkeit vermuten.
- Wir können einen Menschen nie ganz, sondern nur teilweise sehen und das nur in der Gegenwart. Die Zukunft hingegen ist von uns überhaupt nicht abzusehen, das trifft gerade auch auf das entwicklungsfähige oder geistig behinderte Kind zu. »Wir wissen immer höchstens nur, wie es jetzt ist, aber nicht, was aus ihm werden kann, kennen das Maß seiner schöpferischen Freiheit nicht« (Nohl 1981, 51 f.).

Nach diesen mehr methodisch-prinzipiellen Vorüberlegungen sind nun folgende Arbeitsschritte zu bewältigen:

Bearbeitung des Biografiematerials

In diesem Arbeitsschritt wird das Biografiematerial zuerst einmal kategorisiert und die Bearbeitungsaufgaben in eine konsistente Reihe gebracht, in dem Sinne: Was muss zuerst bearbeitet werden, und was kann sich daran anschließen? Dabei sind die jeweiligen Besonderheiten des rekonstruktiven und kongenialen Arbeitskonzepts zu beachten. Für beide Arbeitskonzepte gelten fast die gleichen Arbeitsschritte, die wir, in Anlehnung an Theunissen (vgl. 2002, 118 ff.), so beschreiben können:

- Erstellung einer Chronologie des Lebenslaufes durch Erzählen und Erinnern oder durch die zusammenfassende Darstellung einer Lebensgeschichte.
- Fokussierung subjektiv bedeutsamer Markierungen und Themen des Lebenslaufs zur Selbstvergewisserung und Vergegenwärtigung »gelebter Identität« in lebensweltlichen, interpersonalen, sozial-kulturellen und institutionellen Zusammenhängen sowie zur Bewusstwerdung und Herstellung von sozialer und kultureller Zugehörigkeit.
- Gemeinsame Spurensuche und Entdeckungsreise nach verschütteten oder verborgenen Stärken, Potenzialen, Interessen, Bedürfnissen, Ängsten und Leidenserfahrungen.
- Gemeinsame biografische Reflexion über Erlebtes und Erfahrenes, die den eigenen Lebensweg erschwert, blockiert oder gar beschädigt haben.
- Gemeinsame biografische Reflexion über »kritische Lebensereignisse«, Zeitetappen oder Umbrüche im Leben des Biografen mit dem Ziel, in ihm eine Akzeptanz gegenüber den Schattenseiten der eigenen Biografie zu entwickeln.
- Gemeinsames Suchen nach bisher schon erfolgreich eingesetzten Bewältigungsstrategien zur Lösung von Krisen und Suche nach Wegen, wie bislang für existenzielle Lebensereignisse Sinndeutungen gefunden sind.
- Gegenseitiger Austausch darüber, wie man in solchen Lebenserschwerungen noch einen Sinn finden und die gefundene Sinndeutung akzeptieren kann.
- Dabei entscheiden sich die Reflexionspartner der Biografiearbeit für eines der biografischen Arbeitskonzepte, d. h. für den rekonstruktiven oder kongenialen Verstehensansatz.

a) *Rekonstruktives Verstehen* bei Menschen mit geistiger Behinderung: Das Verfahren der biografischen Rekonstruktion besteht bekanntlich darin, dass die Frage zu beantworten ist, welche Sinn-Botschaften der Mensch mit geistiger Behinderung durch seine verschiedenen Lebensäußerungen für sich selbst und für seine Mitwelt aussendet. Der Biografiearbeiter versucht zum einen herauszufinden, warum ein Mensch mit geistiger Behinderung diese spezifischen Lebensäußerungen hervorbringt und wodurch er sich dazu anregen lässt, zum anderen versucht er die Frage zu beantworten, was der Mensch mit geistiger Behinderung damit ausdrücken will und welchen Sinn diese Lebensäußerung für ihn selbst oder für seine Mitwelt hat. Am Ende des rekonstruktiven Verstehensprozesses deutet der Biografiearbeiter, welche Sinn-Botschaften darin enthalten sind. Es ist dann seine Aufgabe, den Menschen mit geistiger Behinderung über diese Sinn-Botschaften, wie er sie bei ihm wahrgenommen hat, aufzuklären, sie für ihn zu verstärken oder zu vertiefen oder, wenn er das wünscht, ihm bei einem Wechsel der Sinndeutung für sein Leben beratend und begleitend zur Seite zu stehen.

b) *Kongeniales Verstehen* bei Menschen mit geistiger Behinderung: Das kongeniale Arbeitskonzept wird durch folgende Problemfragen begleitet: Was verbindet uns über diese Lebensäußerung miteinander? Welche gemeinsamen oder unterschiedlichen Sinnerfahrungen haben wir in der gleichen Lebensäußerung gemacht? Wodurch finden wir eine gemeinsame Sinnbasis, und wodurch unterscheiden wir uns? Wie können wir voneinander lernen, in Situationen des Glücks oder der Krise im Lebenslauf oder in der Lebensgeschichte Sinn-Botschaften zu erkennen? Womit und wodurch können wir uns gegenseitig helfen und stützen, den gefundenen Lebenssinn zu vertiefen oder, wenn nötig, zu wechseln?

Das Ende der Bearbeitungsphase ist normalerweise erreicht, wenn der Biograf und der Biografiearbeiter gemeinsam ein kritisches Lebensereignis aus der Gegenwart, vor dem Hintergrund der Lebensvergangenheit, verstehen können und für die nahe Zukunft einen neuen Lebensschritt oder eine neue Sinndeutung gefunden haben.

Bearbeitungsebenen

Die Bearbeitungsqualität erfolgt auf zwei Ebenen des hermeneutischen Einfühlens und Verstehens. »Die Einfühlung ist ein Vorgang gefühlsmäßiger Identifizierung mit dem anderen Menschen, das Verstehen dagegen der theoretische Vorgang einer denkenden Durchdringung seelischer und geistiger Zusammenhänge« (Bollnow 1949, 38). Beide Formen können sich verbinden und sind jeweils für die andere Form die Voraussetzung. Trotzdem muss klar bleiben, dass es Unterschiede gibt: »Die Einfühlung bezieht sich auf die Gefühls- und Stimmungszustände des anderen Menschen, das Verstehen dagegen nicht auf einzelne Zuständigkeiten, sondern auf die Strukturbeziehungen, auf Zusammenhänge, in denen das Einzelne zu einem Ganzen verknüpft ist« (ebd., 39). Das Verstehen selbst unterscheidet Bollnow in ein elementares Alltagsverstehen und ein höheres Sinn-Verstehen.

Das elementare Verstehen finden wir jeden Tag im Alltag. Damit »erfassen wir das menschliche und darum geistige Geschehen um uns herum als solches, ohne uns bewusst um Verstehen zu bemühen; es geschieht mit einer gewissen Selbstverständlichkeit« (Danner 1994, 45). Höheres (Sinn-)Verstehen ist komplizierter und baut auf das elementare Verstehen auf und »stellt einen individuellen oder einen allgemeinmenschlichen (Lebens-)Zusammenhang her«, erläutert Danner an gleicher Stelle. Als Beispiel führt er das Lachen des Kindes an. Lacht ein Kind, versteht es der Pädagoge als Ausdruck der Freude. Lacht das Kind aber ständig und ohne Anlass, beginnt der Pädagoge das Kind intensiver zu beobachten, bezieht seinen individuellen Lebenszusammenhang mit ein und geht die Lebensgeschichte des Kindes nach Auffälligkeiten durch; er bemüht sich also um ein »höheres Verstehen«.

Zusammenfassend können wir feststellen, dass es zwei methodische Wege zum höheren Sinn-Verstehen gibt, entweder über das elementare Verstehen oder über das einfühlende Verstehen. Das elementare Verstehen wird als Vorstufe für das Sinn-Verstehen gebraucht, wenn es sich um körperliche, d. h. materielle Dinge oder um äußere Lebensumstände und -situationen handelt. Das einfühlende Verstehen wird als Vorstufe gebraucht, wenn wir über Gefühls- und Stimmungszustände von Menschen zu ihrer Sinnhaftigkeit gelangen wollen.

Am Ende mancher biografischer Bearbeitungsprozesse kommt man oft nur zum elementaren Verstehen der Lebensumstände des Menschen mit geistiger Behinderung. Nicht so häufig gelingt dem Biografiearbeiter ein »Durchsteigen« durch das elementare Verstehen hindurch zum Sinn-Verstehen des biografischen Materials (Botschaften) des Biografen.

Konsolidierungsphase

In diese Phase der Biografiearbeit tritt man nach Lievegoed (vgl. 1994, 179) ein, wenn man z. B. mit dem Menschen mit geistiger Behinderung oder seiner Bezugsperson eine akzeptable Sinndeutung gefunden hat und mit ihm bzw. ihr die Zukunft plant, für die keine oder nur noch eine sehr lose Begleitung durch den Biografiearbeiter erforderlich ist. Ziel ist es, dass der Mensch mit Behinderung sein Leben eigenverantwortlich in die Hand nehmen kann, selbst wenn noch in der ersten Zeit eine Lebensbegleitung, im Sinne der Daseinsgestaltung nach Kobi (1988), notwendig ist. Die Konsolidierungsphase hat zwei Arbeitsschritte:

- Vorbereitung auf die Beendigung der Biografiearbeit.
- Gemeinsame Sinn-(Daseins-)Gestaltung.

Vorbereitung auf die Beendigung der Biografiearbeit

Es gehört zu diesem Arbeitsschritt, dass der Biografiearbeiter mit dem Biograf nicht nur eine »gemeinsame Rückschau auf sein gelebtes Leben, seine eigene Geschichte halten und nicht nach Problemen oder ›kritischen‹ Lebenssituationen suchen, sondern ›kleine Erfolgsgeschichten‹, positive Ereignisse sowie Stärken und Handlungen zu eruieren versuchen soll, die dazu beigetragen haben, das Leben zu meistern« (Theunissen 2000, 79). Auch für Vogt ist dieser Arbeitsschritt die Perspektive nach vorne, d. h. auf die Frage hin, wie der zukünftige Lebensalltag bewältigt werden kann und welcher konkrete Handlungsplan anzuwenden ist (vgl. Theunissen 1996, 54).

Zusammenfassend lässt sich dieser Arbeitsschritt verstehen als das gemeinsame Finden einer Zukunftsperspektive, um dem entdeckten Lebenssinn näherzukommen. Es ist sicher hilfreich, wenn der zukünftige Lebensplan oder die Sinnperspektive fixiert wird, in Form eines Spruches, eines Bildes, einer Geste, einer Aktion (z. B. Umgestaltung der Wohnung) etc. Die Fixierung hilft später, sich immer wieder an den Anfangspunkt der »neuen« Lebensperspektive zu erinnern.

Gemeinsame Sinn-(Daseins-)Gestaltung

Dieser letzte Arbeitsschritt ist nur möglich, wenn man mit dem biografisch zu beratenden Menschen mit geistiger Behinderung auch nach Abschluss der Biografiearbeit in einem Lebenszusammenhang bleibt, z. B. wenn der Schüler mit dem Lehrer zusammen in einer Heim-Sonderschule oder mit ihm in einer gemeinsamen Orts- oder Pfarrgemeinde lebt und von daher immer wieder engen Kontakt hat oder wenn der Biografiearbeiter mit dem Biografen zusammen in einer Wohnstätte oder Werkstatt in einem Arbeitsverhältnis verbunden ist. So kann man immer wieder »formlos« sich an die gemeinsame Biografiearbeit erinnern und über die weitere biografische Entwicklung austauschen und dazu Anregungen geben.

Dieser letzte Arbeitsschritt ist manchmal heil- und sonderpädagogisch sogar erforderlich, wenn das Leben des Menschen mit geistiger Behinderung existenziell erschwert ist und er nicht alleine in der Lage ist, ohne diese biografische Sinn-Begleitung »ein sinnvolles Leben führen zu können« (Speck 1996, 306) oder seinen neuen Lebenssinn, angesichts einer oft »schwach ausgebildeten Sinnfähigkeit und Sinnbestimmung« (vgl. Bopp 1958, 1) wieder zu verlieren droht. Diese Begleitung muss aber mit großer heilpädagogischer Zurückhaltung ausgeübt werden, damit er fähig wird, sein Leben selbstbestimmt zu führen und es auch mit eigener Sinnvorstellung erfüllen zu können (vgl. Moor 1974, 129 ff.).

Schlussgedanke

Zusammenfassend ist festzuhalten, dass man, trotz der vielen Möglichkeiten, die die Biografiearbeit enthält, um zum tieferen Sinn-Verstehen zu kommen, sich immer wieder bewusst bleiben muss, dass ein Verstehensvorgang nie abgeschlossen werden kann. Jegliche Interpretation menschlicher Individualität ist immer eine vorläufige. »Der Andere bleibt der Andere – die Individualität einer Person entzieht sich immer einem letzten Verstehen« (Warmbrunner 1998, 45).

Literatur

Beherens-Corbet, H. (2000): Biographisches Lernen. In: Becker Veelken, L. & Wallraven, K.-P. (Hrsg.): Handbuch Altenbildung: Theorien und Konzepte für Gegenwart und Zukunft. Opladen, 299–304
Bollnow, O. F. (1949): Das Verstehen: Drei Aufsätze zur Theorie der Geisteswissenschaften. Mainz
Bopp, L. (1926): Vom Verstehen und Verstandenwerden: Ein Beitrag zur Grundhaltung des Erziehers. Freiburg i. Br.
Bopp, L. (1958): Heilerziehung aus dem Glauben. Zugleich eine theologische Einführung in die Pädagogik überhaupt. Freiburg i. Br.
Buchka, M. (2003): Ältere Menschen mit geistiger Behinderung: Bildung, Begleitung, Sozialtherapie. München/Basel
Danner, H. (1994): Methoden geisteswissenschaftlicher Pädagogik: Einführung in Hermeneutik, Phänomenologie und Dialektik (3. Auflage). München/Basel
Dilthey, W. (1979): Der Aufbau der geschichtlichen Welt in den Geisteswissenschaften. In. Dilthey, W.: Gesammelte Schriften, Band 7. Göttingen
Gadamer, H.-G. (1975): Wahrheit und Methode: Grundzüge einer philosophischen Hermeneutik (4. Auflage). Tübingen
Glöckler, M. (1995): Die Biographie des Menschen und ihre geistigen Gesetze. Bad Liebenzell
Gudjons, H., Pieper, M. & Wagener, B. (1996): Auf meinen Spuren: Das Entdecken der eigenen Lebensgeschichte. Vorschläge und Übungen für pädagogische Arbeit und Selbsterfahrung (4. Auflage). Hamburg
Klingenberger, H. (1992): Ganzheitliche Geragogik: Ansätze und Thematik einer Disziplin zwischen Sozialpädagogik und Erwachsenenbildung (2. Auflage). Bad Heilbrunn: Klinkhardt
Klingenberger, H. (1996): Handbuch Altenpädagogik: Aufgaben und Handlungsfelder der ganzheitlichen Geragogik. Bad Heilbrunn
Kobi, E. E. (1988): Heilpädagogische Daseinsgestaltung. Luzern
Lenzen, H. (1996): Systematische Heilpädagogik in Ansätzen. Aachen
Lievegoed, B. (1994): Der Mensch an der Schwelle: Biographische Krisen und Entwicklungsmöglichkeiten (4. Auflage). Stuttgart
Moor, P. (1969): Heilpädagogik: Ein pädagogisches Lehrbuch (2. Auflage). Bern/Stuttgart
Moor, P. (1974): Heilpädagogische Psychologie: Grundtatsachen einer Allgemeinen Pädagogischen Psychologie, Band 1 (4. Auflage). Bern/Stuttgart
Nohl, H. (1970): Charakter und Schicksal: Eine pädagogische Menschenkunde (7. Auflage). Frankfurt a. M.
Nohl, H. (1981): Pädagogische Menschenkunde. In: Nohl, H. & Pallat, L. (Hrsg.): Handbuch der Pädagogik, Band 2. Weinheim/Basel, 51–75
Ryan, T. & Walker, R. (1997): Wo gehöre ich hin? Biografiearbeit mit Kindern und Jugendlichen. Weinheim/Basel
Schleiermacher, F. (1974): Hermeneutik. Hrsg. von H. Kimmerle (2. Auflage). Heidelberg
Schulze, T. (1993): Lebenslauf und Lebensgeschichte: Zwei unterschiedliche Sichtweisen und Gestaltungsprinzipien biographischer Prozesse. In: Baacke, D. & Schulze, T. (Hrsg.): Aus Geschichten lernen: Zur Einübung pädagogischen Verstehen (2. Auflage). Weinheim/München, 174–226
Siebert, H. (1985): Einführung: Lebensgeschichten aus theoretischer Sicht. In: Schuchardt, E. (Hrsg.): Krise als Lernchance: Eine Analyse von Lebensgeschichten. Düsseldorf, 13–27
Speck, O. (1996): System Heilpädagogik: Eine ökologisch-reflexive Grundlegung (3. Auflage). München/Basel
Theunissen, G. (2000): Alte Menschen mit geistiger Behinderung und Demenz: Handlungsmöglichkeiten aus pädagogischer Sicht. In: Bundesvereinigung Lebenshilfe für Menschen mit geistiger Behinderung e. V. (Hrsg.): Persönlichkeit und Hilfe im Alter: Zum Alterungsprozeß bei Menschen mit geistiger Behinderung. Marburg, 54–92

Theunissen, G. (2002): Altenbildung und Behinderung: Impulse für die Arbeit mit Menschen, die als lern- und geistig Behinderte gelten. Bad Heilbrunn

Vogt, A. (1996): Das Leben in die eigene Hand nehmen: Biographisches Lernen als gezielte Arbeit am eigenen Lebenslauf. In: Schulz, W. (Hrsg.): Lebensgeschichten und Lernwege: Anregungen und Reflexionen zu biographischen Lernprozessen. Hohengehren, 37–56

Warmbrunn, F. (1998): Hermeneutik: Ein unverzichtbarer Ansatz für Theorie und Praxis der Sozialen Arbeit. In: Huppertz, N. (Hrsg.): Theorie und Forschung in der Sozialen Arbeit. Neuwied/Kriftel, 33–46

Die Autorinnen und Autoren

Theresa Aßmann, Soziale Arbeiterin/Sozialpädagogin B.A. und Heilpädagogin M.A., ist wissenschaftliche Mitarbeiterin an der Katholischen Hochschule NRW, Abteilung Münster

Elke Biene-Deißler, Dipl.-Sozialpädagogin, Heilpädagogin, arbeitete an der Katholischen Hochschule NRW, Abteilung Münster

Frank Francesco Birk, Kindheitspädagoge B.A. und Motologe M.A., war wissenschaftlicher Mitarbeiter an der Katholischen Hochschule NRW, Abteilung Köln

Maximilian Buchka, Prof. Dr., lehrt an der Alanus Hochschule für Kunst und Gesellschaft, Alfter bei Bonn

Heinrich Greving, Prof. Dr., lehrt an der Katholischen Hochschule NRW, Abteilung Münster

Wolfgang Köhn, Dipl.-Sozialpädagoge, Heilpädagoge, arbeitete an der Katholischen Hochschule NRW, Abteilung Münster

Petr Ondracek, Prof. Dr., lehrte an der Evangelischen Hochschule RWL, Bochum

Barbara Ortland, Prof. Dr., lehrt an der Katholischen Hochschule NRW, Abteilung Münster

Anna Roemer, B.A. Integrative Heilpädagogik/Inclusive Education und M.A. Soziale Arbeit, ist wissenschaftliche Mitarbeiterin an der Katholischen Hochschule NRW, Abteilung Münster

Kai-Uwe Schablon, Dr., arbeitete an der Katholischen Hochschule NRW, Abteilung Münster, und ist heute Fachlehrer an der Fachschule für Soziale Arbeit Alsterdorf, Hamburg

Sabine Schäper, Prof. Dr., lehrt an der Katholischen Hochschule NRW, Abteilung Münster

Barbara Schroer, Dipl.-Heilpädagogin, ist wissenschaftliche Mitarbeiterin an der Katholischen Hochschule NRW, Abteilung Münster

Natascha Simanski, Dipl.-Heilpädagogin, Fachlehrerin für Förderschulen, arbeitete an der Katholischen Hochschule NRW, Abteilung Münster

Patrick Werth, Heilpädagoge B.A. und M.A. arbeitet als Lehrkraft für besondere Aufgaben an der Katholischen Hochschule NRW, Abteilung Münster